U0462779

中国社会形势研究25年

MAIN REPORTS FROM
BLUE BOOK OF CHINA SOCIETY, 1992-2017

主　编／李培林
副主编／陈光金　赵克斌

社会科学文献出版社
SOCIAL SCIENCES ACADEMIC PRESS (CHINA)

目 录

中国社会形势研究25年记述

李培林

《中国社会形势分析与预测》（又称“社会蓝皮书”）自1993年出版第1本，到2016年出版第25本，走过了整整25年的时间，最早参与这项研究的课题组主要成员，有的调离，有的退休，有的已经去世。我成为25年来唯一始终实际负责和参与这项课题的人，感到有责任对这项长达25年的连续滚动课题进行总结，以有利于这项课题持续下去和更上一层楼。

一　什么是社会形势？

20世纪90年代初，中国社会科学院经济学科片在总理基金的支持下，由著名经济学家刘国光研究员主持、数量经济和技术研究所所长李京文研究员实际负责，开始进行中国经济形势的分析和预测，并于1991年出版了《1992年中国经济形势分析与预测》一书。该书获得极大成功，以课题组名义撰写的总报告在《经济研究》上发表，在社会上产生极大反响。在这一背景下，次年，当时主管社会政法学科片的中国社会科学院副院长江流教授，提出由社会学研究所牵头，由当时的社会学研究所所长陆学艺教授实际主持，组成“中国社会形势分析与预测课题组”，核心组成员有我、方明、黄平、陆建华，还有负责课题辅助工作的胡刚，我成为核心组的负责人。记得当时一开始我们是从“什么是社会形势”开始讨论的。那时科研经费还比较紧张，我们核心组几个人住在社科院建国门大楼北侧的四川驻京办事处招待所，彻夜讨论。因为招待所当时没有早餐，我们的早餐就在周边几条胡同的早餐摊上解决。

究竟什么是“社会形势”，我们当时查阅了很多文献，都没有找到确切的说法。国外的文献中，几乎没有人在使用“社会形势”的概念进行学术研究，国内的文献中，有“经济形势”“政治形势”“国际形势”“军事形势”等说法，但也唯独没有“社会形势”的表述。在这种情况下，我们首先把“社会形势”拆分开，讨论什么是“社会”，什么是“形势”。对“社会”的理解比较好办，我们几个都是学社会学的，知道“社会”的含义有大小之分，可以是“社会主义社会”“工业化社会”那样的包罗万象的“大社会”，也可以是相对于“经济”而言的“中社会”，也可以是排除经济、政治、文化后的“小社会”。所以，我们把分析的基本范围限定在“中社会”，但又主张要与经济相联系，因为我们认为社会形势的判断要以经济形势为基础。对于什么是“形势”，从字面上理解，就是“形态”和“趋势”，由此可以把“社会形势分析与预测”理解为社会变迁发展的现状分析和趋势预测。第一本社会蓝皮书的总报告，一开始就给“社会形势”下了一个简单的定义，认为“社会形势是包括经济增长在内的社会系统运行状况的综合性表现”。

好在当时我们已经有一定的研究基础，陆学艺教授和我于1990年共同主编出版了《中国社会发展报告》。这是我国第一本社会发展报告，产生了很大的社会反响，该书还获得中国社会科学院首届优秀科研成果奖。写作这本书有两个背景，一是早在1982年底，第五届全国人大第五次会议在通过“六五计划”时，把“国民经济五年计划”正式改名为“国民经济和社会发展五年计划”，增加了“社会发展”的理念，但什么是社会发展以及社会发展的描述和分析体系是什么，直到20世纪90年代初才开始得到认真研究；二是联合国开发计划署从20世纪90年代初开始发表“人类发展报告”，用人类发展指数替代人均GDP对各国的发展水平进行排序，这促使人们思考更加全面的发展。在这样的背景下，我们希望社会学的研究能够具有更广泛的影响力，所以仿照世界银行的世界发展报告，组织撰写了《中国社会发展报告》。我是这本书的总报告撰稿人，当然撰写的思路是课题组很多人在北京西郊的一个养鱼场里侃了几天侃出来的。该报告用“我国正处在一个社会转型时期”作为总判断和理论框架，用大量的资料和数据从六大方面分析和描述了改革开放以来中国的巨变，即从自给半自给的产品经济向有计划的商品经济社会转型；从农业社会向工业社会转型；从乡村社会向城镇社会转型；从封闭半封闭社会向开放社会转型；从同质的单一性社会向异质的多样性社会转型；从伦理型社会向法理型社会转型。报告最后提出“全面推进社会改革”的方案，这在当时是很罕见的。

我们那时认为社会发展报告是一种中长期的分析和预测，而社会形势是一种年度的分析和预测，应当更容易一些。但后来才感到，这种看法是有偏差的。

二　社会形势的预测及其影响因素

经济蓝皮书比社会蓝皮书早出版一年，经济形势的预测采用了预测模型，每年公布下一年度的 20 个左右主要经济指标的预测数据。这个预测模型其实是假设经济的主要指标之间具有相关性，在一定的参数之下，指标可以呈现外推的线性变化。但实际上，由于模型的预测结果往往与现实的可能性并不相符，所以也要根据经验对结果进行人为调整。

社会蓝皮书一开始也想仿照这样的做法建立预测模型，预测下一年度的一些主要社会指标，如居民收入、城镇化率、失业率、犯罪率、基尼系数等。但后来发现，这样做的风险太大。我们曾去一些发达国家的研究机构，与做经济预测研究的人员座谈，绝大多数人认为，这种短期的系统性的指标预测，准确率不会超过 20%，特别是对于社会形势来说，更是如此。

社会科学的预测与自然科学完全不同，自然科学的预测模型几乎是封闭的，变量都是确定的，比如你可以根据推动力、空气阻力、摩擦力和抛物线轨迹测算出弹道导弹的运行轨迹，并进行拦截。社会科学的预测模型都是开放的，我们并不确切知道全部的影响因素，而一旦一个新的影响因素加入，原有模型的变量之间的关系就全改变了。社会形势比经济形势的影响因素要更加复杂，比如说你预测社会政策突然变化的影响和突发事件的影响，其实严格地说与算命和掷色子没有太大区别。

那么是不是说社会形势预测没有规律可循呢？那也不是。翻阅这 25 年的预测结果，绝大多数还是比较靠谱的。换句话说，如果没有特殊的不可预测的影响因素，多数指标的变化是稳定的。比如城镇化水平的提高速度，几十年中都是以每年 1 个多的百分点的速度在提高，增长和变化情况相当稳定；再比如我们测算出，居民收入差距的扩大，最重要的是受城乡之间居民收入差距和区域之间居民收入差距的影响，这两个因素就可以解释整个收入差距的约60%，那么一旦城乡和区域之间居民收入差距出现缩小的情况，就可以据此推论出居民收入差距扩大趋势开始出现逆转。当然，在社会形势方面，一些与政府政绩挂钩密切的社会指标，比如说犯罪率变化，往往很难找到稳定的变化规律。

我们经常讨论经济形势与社会形势的关系。一开始我们认为，经济形势是社会形势的基础，经济形势不好，社会形势也不会好。后来我们发现，即便在经济形势好的情况下，社会形势也未必好。再后来我们发现，即便在经济形势不好的情况下，社会形势也不必然会恶化。也就是说，经济形势与社会形势并不是一种简单的因果关系，更多的情况下是一种密切的相关关系。一般人判断经济形势，主要是根据增长速度，但经济增长速度一般并不会对社会形势产生直接影响，经济形势要通过就业、物价、居民收入等一些中介指标的变化对社会形势产生重要影响。对经济增长具有重要作用的大规模征地拆迁，反而会引发一系列上访和群体性事件，从而对社会形势产生负面影响。另外，对于影响社会形势的各种社会问题，我们一般也会归纳为经济体制转轨中的社会问题和社会结构转型中的社会问题，并根据转轨与转型的力度和速度，来判断某一类社会问题阶段性的集中程度。

总之，尽管经过了25年的探索，但我们对于社会形势的变化和影响因素，还不能说达到把握规律的程度，很多情况下还是凭借多年的经验进行判断，要想使社会形势的预测成为一门科学，还有很长的路要走。

三　社会形势的分析框架

这次我们收集了社会蓝皮书25年的目录，目录的变化，实际反映的是我们关于社会形势分析框架的变化。

经济形势的分析框架从一开始就非常明确，因为我们长期以来有国民经济的计划，政府的经济综合部门也有对经济体系的细致划分。但政府从来没有负责社会领域的综合部门，社会发展是一个什么样的体系也不明确，不仅在中国不明确，在国际上也不明确。

社会蓝皮书一开始的时候，涵盖的领域很广，甚至包括了政治、法治、宗教、民族等。随着实践的发展和研究的推进，也为了使社会形势的分析和预测更加聚焦于一些与社会发展联系密切的核心领域，各研究分报告也不断收缩范围，基本上形成了一个以民生为重点的社会形势分析框架，包括人民生活、城镇化进程、就业、教育、收入分配、社会保障、医疗、社会安全等。这就是社会蓝皮书分报告的主体部分，即“发展篇”。

每年都有一些公众关注的难点、热点、焦点问题，为了回应公众的关切，社会蓝皮书每年会根据形势的变化推出一些关于社会难点、热点、焦点问题的专题报告，形成一个“专题篇”。

为了显示社会学的分析视角，在很长一段时间里，社会蓝皮书都专门设置了一个“阶层篇”，反映各个社会阶层或社会群体的发展变化情况，如工人、农民、干部、私有企业主、青年、妇女等。但这个部分的一些报告，有时让人感到与社会形势并没有太直接的关系，所以这个部分后来就被合并掉了。

社会蓝皮书还有一个很特别的部分，就是“调查篇”，每年都要发表一些全国的大规模的社会综合调查结果和专题调查结果。因为我们国家的经济统计数据比较完善，社会统计是改革开放后才发展起来的，社会统计数据相对缺乏。为了使社会形势的分析和预测能够有扎实的数据支持，社会蓝皮书一开始就专门设置了这样一个部分，并坚持下来。

四　25 年社会发展趋势的几个阶段性判断

为了撰写这个记述，我重新认真研读了 25 年来社会蓝皮书的总报告，感到这些总报告在一些历史节点上所做的阶段性判断，还是很有前瞻性的，至今读起来仍然回味良久。

（一）关于1992年社会形势发生转折性变化的判断

《1992～1993 年中国：社会形势分析与预测》是第 1 本社会蓝皮书，那时刚刚发表了邓小平同志的南方谈话，国内经济社会形势发生了很大变化。

记得当时为了准备这篇总报告，我和方明专门去广东省的深圳、东莞、顺德等地进行了十多天的调研，对当时发生的快速而重大的变化印象极为深刻，但同时也对一些过热的现象感到担忧，这些调研都对总报告的判断产生影响。当年的总报告提出，“社会转型进入新阶段”和“社会形势发生转折性变化”，并从六个方面分析了转折性变化的特点，即社会主导价值发生变化；改革的深度和力度发生变化；经济发展速度明显加快；对外开放迈出了新步伐；社会变革的程序和社会参与方式发生变化；社会精神面貌和社会心态发生变化。该报告也清醒地提出警告：基建投资热、开发区热、房地产热、股票债券热和办公司热成为1992年中国经济的五大热点，从主流上看，这些“热”是积极合理的，但是从固定资产投资增幅过大、银行贷款增长速度过猛、货币超发问题严重、原材料和能源供应日趋紧张、价格上涨幅度较大、交通运输全面吃紧、工业品继续积压等情况看，这些“热”中显然存在某种盲目性和不合理因素。据统计，1992年全国各地乡以上单位计划建立开发区8700多个，如果全部投入开发的话，约需资金30000亿元。

这篇总报告关于社会形势发生转折性变化以及对过热经济现象的严厉口气，引起社会和政府部门的高度关注。而到2014年，1～9月份全国商品零售价格比上年同期增长20.9%，居民消费价格同期上涨23.3%，零售物价上涨率大大超过1988年的18.7%和1989年的17.8%以及15%的严重通胀警戒线。

（二）关于中国发展进入人均GDP1000～3000美元的关键时期的判断

2005年社会蓝皮书的总报告提出一个大的判断，认为中国发展进入人均GDP1000～3000美元的转型关键时期。这个关键时期往往是产业结构快速转型、社会利益格局剧烈变化、政治体制不断应对新的挑战的时期，是既充满新的机遇、又面临各种社会风险的时期。该报告还认为，国际上的一些国家和地区，曾在20世纪70年代经济起飞后进入这个时期，但后来却走上了截然不同的发展道路。一些发展顺利的国家和地区，如今人均GDP已达到1万～2万美元，而另一些没有解决好社会矛盾和发展问题的国家和地区至今人均 GDP 还停留在不足 3000 美元的水平，这是中国应当引以为戒的。

这篇总报告还特别强调，由于人口众多、受新的全球化影响等一些特殊因素，中国在进入人均 GDP1000 美元的关键时期之后，有一些不同于其他国家和地区发展经验的特殊国情。第一，在人均 GDP 达到 1000 美元之后，中国的农民数量以及农业从业人员还如此众多，要特别注重城市化的问题和降低农业从业人员比重的问题。第二，中国在人均 GDP 达到 1000 美元以后，收入差距没有按照应有的规律向缩小的方向发展，而是继续加速扩大。第三，中国在人均 GDP 达到 1000 美元以后，没有出现劳动力短缺，而是具有劳动力在一个较长时期供大于求的趋势，就业问题一时难以得到根本缓解。第四，与一些国家人口先富裕后老化的规则不同，中国由于人均寿命延长和严格的人口控制，人口还没有富裕起来就过早老龄化。第五，中国在人均 GDP 达到 1000 美元以后，农村按国际贫困标准（按购买力平价计算每人每天收入或消费不低于 1 美元，约折合 2.5 元人民币）还有 1 亿多贫困人口，这也是中国的特殊国情。第六，在全球化的新形势下，应当高度关注民主意识的成长，通过完善社会主义民主制度，坚决遏制腐败现象，保证长期的政治稳定。

该报告还提到，中国是一个大国，大国的兴起与小国的兴起的国际影响完全不同，以往的发展经验说明，大国的兴起和更替往往会改变世界经济政治格局并可能引发势力范围争夺的国际冲突。中国在目前快速提高国际经济社会地位的时候，应保持清醒的政治头脑，处理好国际关系，特别是处理好大国之间的关系，为中国的长期稳定发展争取较好的国际环境。

关于人均 GDP1000 ~ 3000 美元关键发展阶段的判断，被广泛引用，但也有一些争议和质疑。但现在看来，它很类似于一种低水平的“中等收入陷阱”的假设和判断。

（三）关于中国发展进入新成长阶段的判断

2010 年的社会蓝皮书总报告，以“中国进入发展的新成长阶段”为题，指出我国将率先走出国际金融危机的阴影，进入新一轮的增长周期，而从工业化、城镇化进程和居民消费的发展阶段来看，我国开始进入国际金融危机后的新成长阶段。这篇总报告从六个方面阐述了新成长阶段的特征，即工业化、城市化进程进入中期加速的新成长阶段；社会结构变迁进入破除城乡二元结构的新成长阶段；人民生活进入大众消费的新成长阶段；高等教育进入大众教育的新成长阶段；社会保障进入构建覆盖全民体系的新成长阶段；改革从主要是经济改革过渡到全面改革的新成长阶段。

该总报告强调，这个新成长阶段呈现的一些新特征，与过去相比有了很大的不同。新一轮增长周期的推动力，与过去相比将发生明显变化，将更加依赖于产业结构升级、经济社会结构转型和国内消费增长。并且认为，转变发展方式、深化社会经济结构调整、调整收入分配结构、不断提高人民生活水平是新成长阶段的主要任务。

应当说，我们比较早地感觉到，在2010年前后，中国的发展出现了一些深刻的结构性变化，使得改革开放前30年所面对的主要发展问题和挑战与之后的后30年相比，有了重大的差别。后来，我在2015年社会蓝皮书中，以"'新常态'背景下的新成长阶段"为题写了一篇代序，重新强调了这个判断，认为从近两年发展的情况看，这种新成长的特征越来越明显，越来越呈现出一些不同于以前发展趋势的新特点，或者说在社会发展方面呈现出一些转折时期的特征。该文以一些关键性的数据表明，我国发展出现六个方面的阶段转折，即城镇化发展的阶段转折；劳动力供求关系的阶段转折；收入分配变化的阶段转折；职业结构变动的阶段转折；居民生活消费的阶段转折；社会发展质量的阶段转折。

这些关于新成长阶段的研究和判断，可以说从一个更加广泛的社会层面，诠释了经济新常态作为一种发展阶段的社会背景以及我们面对的新的战略选择。

五　社会形势判断中几个引起争议的问题

在25年的中国社会形势分析过程中，也不断出现一些有争议的问题，有时我作为这项课题的实际负责人，也感受到不小的压力。所以说，这项课题研究能够坚持25年，也的确不容易。这里，我记述几个印象深刻的例子。

（一）关于“社会转型”的提法

在写作第一本社会蓝皮书总报告时，就讨论采取什么样的理论分析框架，最后还是选用了我们当时出版不久的《中国社会发展报告》的分析框架，即“社会转型”。但这个概念，当时媒体和官方文件都还很少使用，在含义的理解上似乎也有些敏感，因为当时苏联和东欧国家刚刚发生政治巨变，人们对“转型”的概念抱有警觉。当时在讨论中，社会蓝皮书的主编之一江流教授就提出一种担心，“人们会不会有疑问，社会转型是往哪里转呢”？另一位主编陆学艺教授和我，则认为“社会转型”的概念有力度，很难找到其他的概念来分析和描述中国改革开放以来的深刻变化。经过多次讨论，江流教授拍板，同意使用“社会转型”作为核心概念。第一本社会蓝皮书的总报告专门写了一段话来定义“社会转型”：“从 1978 年肇始的改革开放，将中国推上了由不发达的社会主义社会向社会主义现代化社会转化的轨道。十几年来改革开放成果的积累和巩固，使中国的社会运行机制和社会结构发生了巨大而深刻的变化。整个社会结构正处在转型时期，即从传统的计划经济体制向社会主义市场经济体制转化、从农业社会向工业社会转化、从封闭半封闭的社会向开放社会转化。”

“社会转型”后来成为学界普遍使用的分析概念，但伴随它的争议和讨论一直存在。对于这篇总报告中关于社会转型的定义，我后来概括为两个巨变的同步进行，即经济体制的转轨和社会结构的转型。

（二）关于“城镇调查失业率”的使用

2008～2009 年的总报告，用了一个很响亮、也很有力度的名字——《力挽狂澜：中国社会发展迎接新挑战》。2008 年是非常不平凡的一年，当时中国社会各界都在进行改革开放 30 年的回顾和总结，改革开放 30 年快速发展的成功经验，成为中国走向未来的新起点。很多人期待，2008 年在北京成功举办的奥运会，就像 1964 年的东京奥运会和 1988 年的汉城（首尔）奥运会一样，成为一个国家走向现代化的标志性事件。与此同时，国内发生了汶川地震灾害，中国政府和社会各界快速反应，国际上由美国次贷危机演变成的国际金融危机，也对中国产生深刻影响。在国际金融危机的影响下，2008 年我国经济和财政的增速明显放缓，出口导向的中小企业运行困难，我们派出的几个调查组，都感到就业形势急剧恶化，农民工失业返乡的情况比较突出。那时，国家统计局已经公布了 2008 年 1 ~9 月份“城镇登记失业率”为 4% 多一点，但人力资源和社会保障部统计的“城镇登记失业率”，只统计城镇户籍非农从业人员的失业情况，并不覆盖一些未登记的失业或农民工失业，因而失去了准确反映我国就业形势的灵敏度，十几年中每年的城镇登记失业率都是 4% 略多一点，而这个时期的就业形势有很大波动。

课题组在讨论中，为使用什么指标反映 2008 年就业形势的恶化而苦恼。恰好那一年中国社会科学院社会学研究所进行了第二次中国社会状况综合调查，最后就决定用这个调查的数据来测算全国“城镇调查失业率”。调查失业率是各国监测就业情况时普遍使用的指标，国家统计局也已经探索多年，但因为统计还不完善，一直也没有公布。

我们那一年的总报告，在分析就业形势时指出：“从 2008 年全年来看，就业面临五方面压力：一是以高校毕业生为主体需要就业的青年达到历史新高；二是自然灾害（雪灾、震灾、水灾）造成一批企业停产、停业和个体工商户歇业；三是一批出口导向的中小企业因经营困难倒闭；四是为节能减排关闭一些高能耗、高污染的企业；五是 2008 年是国有企业政策性破产的最后一年。”总报告还强调，“受国际金融危机的影响，我国东南沿海地区一批出口导向的中小企业出现经营困难和破产倒闭，农民工歇业、失业和返乡现象比较突出。根据对广东部分企业的调查，企业减员一般达到了 20%。另据中国社会科学院社会学研究所 2008 年 5 ~7 份的中国社会状况综合调查，城镇调查失业率达到 9.6%”。就是这个“城镇调查失业率达到 9.6%”的表述，因为与人力资源和社会保障部公布的“城镇登记失业率”差异很大，引起高度关注。而一些并不知道“调查失业率”与“登记失业率”差别的媒体，则对此广泛报道，一时间社会上议论纷纷。

在当年一次讨论就业的高层会议上，也有重要领导询问，到底政府部门公布的失业率准确还是中国社会科学院的调查数据准确。领导的询问给有关政府部门造成很大压力，好几个部门都来找我询问和沟通，并且详细检查我们全国大调查的抽样方案和城镇调查失业率的测算方法，我的心理压力也很大。有人授意我通过媒体采访，说明两个失业率的差别，以便消除某些误解。最后，我没有同意主动接受记者采访的建议，担心媒体会进行非学术性的新一轮炒作。我只同意就这个问题写一个内部的报告，并进行详细的说明。

在我们公布城镇调查失业率之后几个月，2009 年 2 月 2 日中央农村工作领导小组办公室主任陈锡文在国新办举行的新闻发布会上指出，受金融危机影响，目前因失业返乡的农民工达到两千万人，并预测 2009 年就业形势会十分严峻。据我了解，“失业返乡的农民工达到两千万人”的数据，是根据农业部 300 多个固定观察点的调查推算出来的，这与我们的数据反映的情况大体吻合，关于我们擅自公布城镇调查失业率一事，也因此不了了之。这次小风波和我写的关于建议使用调查失业率的内部报告，后来还是发挥了作用，近几年我国已经开始公布和使用大中城市的调查失业率。

（三）关于“幸福感”和“政府满意度”

社会形势分析有一个很独特的方面，就是它不仅仅根据客观指标的分析来反映现实层面的变化，也注重根据主观指标来反映社会心态的变化。“社会心态”这个词在我国目前已经用得很广泛，中国社会科学院社会学研究所的社会心理研究室还把“社会心态”作为一个重要的研究主题，并给“社会心态”下了一个定义：“社会心态是人们对自身及现实社会所持有的较普遍的社会态度、情绪情感体验及意向等心理状态。”这个反映社会心理变化态势的概念，在英文中其实很难找到完全对应的概念，相近的有 social psychology、social mentality、social attitudes 等，但都很难准确传达中文的“社会心态”的含义。

社会心态实际上是判断社会形势的一个重要因素。常言说，“水可载舟，亦可覆舟”。在很多情况下，人心向背都会成为社会形势变化的决定性因素。而且，随着中国的社会巨变和生活水平的提高，人们也更加关注对现实生活的主观感受，幸福感、安全感、公平感、满意度、相对剥夺感、获得感等，都成为了解社会形势的重要指标。但主观指标的变化，有其特殊的规律，往往与人们的常识判断有很大的不同。社会蓝皮书对社会主观指标调查数据的公布，也经常引起热议和受到非议。

2005 年的社会蓝皮书，公布了一项调查结果，即“近八成居民感到生活幸福，农村居民的幸福感强于城镇居民”。这个结果在社会上引起轩然大波，一些知名专家甚至也认为不合常理。他们认为，中国的农民那么穷、那么苦，你们还说人家幸福感强，这是御用文人在粉饰太平。其实，社会心理学界对幸福感的研究已经有近 70 年的历史，有大量的经验调查和分析结果。幸福感的变化有一个基本的公式，幸福感 = 幸福的期望值/获得幸福的能力。每个人对幸福的期望是不同的，如果你的信息比较封闭，你的对照比较的圈子很小，你就是与你周边的人进行比较，那么你的幸福期望值可能较低；当你从农村走入城市，从国内走向国际，你的对照比较的圈子大了，幸福的期望值也会大大提高。而如果你获得幸福的能力不变或者提高的程度不如幸福期望值提高的程度大，那么，你的幸福感就会降低。这也是为什么富人并不都是幸福的，例如不丹那样一个经济发展水平较低的国家，国民幸福指数却很高。所以，幸福感与发展水平或生活水平完全是两回事，幸福感这个指标也有它的两面性，一方面，幸福感可能表示经济发展和生活水平的提高比较和谐平衡，社会中没有充满焦虑和戾气；另一方面，也可能表示小富即安、封闭自足、不思进取。科学研究要秉持科学精神，不能因为社会舆论把专家讥讽为“砖家”，就向社会舆论低头。后来，很多学者对农民的幸福感进行了多方面的研究，几乎都没有得出与幸福感的公式相悖的结果。

2011 年的社会蓝皮书公布了一项调查结果，即 2010 年城乡居民的总体生活满意度比上年下降，这个结果被媒体广泛报道，引起政府高层人士的关注和质疑，我也被责令对此做出说明。全国城乡居民总体生活满意度的调查，由零点调查集团公司实施，已经进行了十几年。总的来看，这条满意度变化的曲线，每年都是沿着一条轴线上下进行微小波动，2010 年的情况并没有什么特别之处。总体生活满意度这个指标，实际上是由近 20 项分项调查指标合成。造成 2010 年总体生活满意度下降的主要因素，是个人经济状况满意度、职业满意度、社会保障满意度、娱乐生活满意度和物价承受能力等指标的下降。来自政府高层的质疑也不是完全没有道理，他们认为 2010 年就业形势稳定、居民收入继续提高、社会保障的覆盖面也加速扩大，这些领域的工作成绩都显而易见，那么，为什么这些方面的居民满意度还会下降呢？

这种质疑也促使我们对满意度这种主观指标的变化原因进行更加深入的研究。研究结果显示，影响总体生活满意度变化的因素很多，我们很难像用投资、出口和国内消费三大因素来说明经济增长那样，找到固定的几大因素来推定满意度曲线的变化。但是，我们可以总结出几条变化的规则：其一，生活满意度的变化不是一条持续增长的直线，而是一条沿中轴线波动的曲线，不要期望随着人们生活水平的提高或政府工作的努力，满意度也会像 GDP 一样，不断地增长。曾有一个时期，一些地方政府为了显示政绩，也自己组织满意度调查，结果每一任领导都要求满意度高于前任，结果出现有的调查就给被调查者两个选项，“满意”和“基本满意”，令人啼笑皆非。其二，一些关键点的不满情绪会产生扩散性的影响，把对一个问题的不满扩散到对其他方面的不满上，从而产生总体性的不满。比如物价是一个关键性的因素，2010 年的物价水平在多年平稳的背景下一度上升了 7%，尤其是其中影响人们日常生活的肉、蛋、菜等食品价格上升得更多，对庞大的低收入和中低收入阶层的生活产生很大影响，因为这些阶层生活消费的恩格尔系数（食品支出占家庭消费支出的比重）相对较高，这种不满产生了扩散效应，也影响到对就业、社会保障、娱乐生活等方面的评价。再比如，一年中的社会治安各项指标（包括犯罪率等）可能都还不错，但一次突发性的大规模群体性事件或暴力恐怖事件发生以后，经网络传播渲染，可能会搞得风声鹤唳，从而影响人们对整个社会安全环境的评价。其三，某些细微的社会问题，经长期积累和汇集，到一个关节点上，会借助一些偶发事情集中爆发，使社会心态发生意想不到的逆转。

总之，社会心态让人感到似乎是一个充满“神奇”和“意外”的研究领域，就像有时天气阴晴莫测，友谊的小船也说翻就翻。也正因为如此，在社会巨变的背景下，应当高度关注和深入研究社会心态的变化规律，要懂得得人心者得天下的道理。

六　继续做好社会形势研究应重视的几个问题

我国分析形势的蓝皮书，在 20 世纪 90 年代初期，还只有经济蓝皮书和社会蓝皮书两种，当时之所以叫作蓝皮书，是按照国际惯例，相对于各国政府部门发表的白皮书而言的。中国社会科学院的社会科学文献出版社，后来竟然创造性地发展出一个“皮书”系列，到现在每年出版多达 400 种，除了蓝皮书，还有绿皮书、黄皮书等。社会蓝皮书在 25 年的编写过程中，也培养出各方面的研究专家，他们通过连续地撰写某一领域的研究分报告，在那个领域成为知名学者。这些学者的大名，大家可以在本书附录的 25 年社会蓝皮书总目录里看到。社会蓝皮书的很多分报告，后来都发展成独立的蓝皮书，如教育蓝皮书、环境蓝皮书、大学生就业蓝皮书、社会心态蓝皮书等。25 年来，社会蓝皮书的年度发行量一直保持在 1 万多册，很多人到每年年底，都在等待社会蓝皮书的发布。国际上研究中国的学者，很多都是通过这本书了解中国的最新发展状况的。在世界各著名大学图书馆的书架上，你也能看到它的身影。一种学术著作，产生如此广泛的社会影响，还是不多见的，这也被人称为“皮书”现象。

社会蓝皮书这项研究课题，尽管已经进行了 25 年，但还会长期持续下去。我希望也祝愿再经过 25 年的发展，这项研究能够推陈出新，不仅每年要争取有新的亮点，而且要有新的进步，在见证中国长期的巨大社会变迁的同时，也见证自身的成长。自 2013 年我担任新的职务以后，社会蓝皮书的具体组织工作，都由现在社会学研究所所长陈光金研究员负责。但为了使社会蓝皮书更上一层楼，我记述下继续做好社会形势研究的几点心得。

（一）写好总报告

社会蓝皮书有很多研究分报告，不少研究分报告也非常精彩，但总报告一直是社会蓝皮书的灵魂，写好总报告是保证社会蓝皮书成功的关键一环。写好总报告有几个要点，一是不能简单地根据相关数据做平铺直叙的描述，要有更深入的分析和把握全局的眼光，有一个总的逻辑线索和总的判断，从而能够引领各分报告并以各分报告的研究为支撑；二是写作语言上要注意大众化，不必做过多的学术解读和理论阐述，因为蓝皮书面对的不都是学界专家，还有各种社会人士，如政策研究和制定人员、公务人员、记者、企业家、社会组织人员等，要用通俗易懂的话来说清楚基于学理的分析，这与写学术论文有很大的差别；三是能够把握社会形势年度变化的特点，在每年一样的分析中，写出不一样的东西，写出年度变化的亮点和趋势的走向。

（二）注意中长期发展趋势的研究

社会蓝皮书是年度社会形势的分析和预测，很容易囿于短期变化而忽略中长期的发展趋势。而经过这么多年对社会形势的分析，我们发现，那些囿于年度短期变化的报告，很容易随着时间的流逝而被完全忘掉，只有那些同时能反映中长期发展趋势的报告，才能真正具有学术积累的意义。比如，随着东亚经济的快速增长，自 20 世纪 90 年代中期以来，世界银行邀请相关领域的著名专家执笔，每四年发布一次对东亚经济增长的主题研究报告，已经先后发布了《东亚奇迹》《东亚的教训》《东亚奇迹反思》《东亚复兴》等研究报告，每个报告都是对中长期发展趋势的分析，都持续地产生影响并不断被引用，“东亚模式”“中等收入陷阱”等重要命题，都是在这些报告中首次提出的。

实际上，没有很好地对中长期发展趋势的把握，就很难有令人耳目一新的年度分析。

（三）注重社会形势的大数据分析

社会学是一门以调查和研究方法见长的学科，在社会形势的分析中，社会蓝皮书也专门设立了不同于其他蓝皮书的“调查篇”，而且在某些方面，大规模的社会抽样调查数据比报表统计数据更能够真实地反映实际情况。然而，2016 年的美国大选中，特朗普的当选完全出人预料，并几乎与各种民调结果相悖，这对抽样调查反映实际的有效性提出严峻挑战。当前世界正处于信息革命时代，信息的获得方式、积累方式和使用方式都发生革命性变化，整体的、综合的、不规则的、不同于一般统计数据的“大数据”，成为社会科学研究和分析的宝库。面对更多地使用新媒体获得信息和发表意见的社会，传统的入户抽样调查、电话抽样调查的有效性要得到重新的审视。对于社会形势的分析，也要大力推进大数据分析方法的使用，在这方面需要尽快做出更加积极、更加有效的探索。

（四）不断提高社会形势分析的学科规范化

蓝皮书作为一种面向社会大众的、公开出版的智库产品，不同于学术文章，一般不需要进行文献综述、研究评述、提出假设和进行论证等，但也不同于内部的动态情况报告和政策研究报告，在署名、注释、引用、参考文献等方面，还是需要遵守学术规范，以使其他研究者更加方便地使用这些材料，况且很多蓝皮书目前还出版英文版。要建立一套符合实际的、注重学术规范的、便于操作的分析智库成果的评价标准，在坚持问题导向的前提下，不断提高社会形势分析的学科规范化，使之不仅为社会所认可，也成为学术天地中的亮眼之星。

记录改革进程中的中国社会发展：1992~2016年

——基于《中国社会形势分析与预测》总报告的词频分析

范　雷

1992年邓小平同志的南方谈话在总结以往十多年中国改革开放的经验教训基础上，正式开启了中国由社会主义计划经济向社会主义市场经济、农业社会向工业社会、农村社会向城市社会、传统社会向现代社会的转型。经过20多年的努力，中国的综合国力得到极大提升，经济和社会活力持续增强，人民生活不断改善，中国在国际事务中的影响力稳步提高。而在这一历史性的经济转轨、社会转型中，始自1992年的《中国社会形势分析与预测》年度蓝皮书以广阔的视角、敏锐的洞察、深入的分析、科学的预测，忠实地记录了这一变迁过程，不仅为研判当年社会发展状况及走向提供了有益参考，同时也为跟踪中国社会发展进程留下了珍贵资料。

历年《中国社会形势分析与预测》（以下简称"社会蓝皮书"）总报告在全书中具有十分重要的意义。它不是对当年分报告要点的简单综合，而是基于分报告的研究结果所进行的全局性、总括性、趋势性分析。它不仅为分报告的分析、解读提供了坚实的背景资料，同时也对今后的社会发展进程做出了科学的预判。因此，本文拟对历年社会蓝皮书总报告进行词频分析，以便更好地梳理其基本的分析框架和要点，展现蓝皮书25年来所记录的中国社会发展变化的过程，探讨其未来可能的重点关注领域。

词频分析法是利用能够揭示或者表达文献核心内容的关键字或者主题词在某一研究领域文中出现的频次高低来确定该领域研究热点和发展动向

的文献计量学方法。与以文献题录为基本单位进行词频分析不同，本文以历年社会蓝皮书总报告为基础统计词频，以段落为基本单位进行关键词共现矩阵分析。本文使用 NVIVO 软件进行分词及词频统计，使用社会网络分析工具 UCINET 保存成专门文件，再使用 Net Draw 导入生成共现矩阵知识图谱，并根据以上结果进行分析。为准确描述和分析词频，分析过程中对分词后的数据进行了清理，删除如“中国”“我国”“问题”等一般性限定的高频词汇，同时合并如“农民工”“民工”“务工人员”等多词一义词汇，从而获得最终的分析数据。

一 历年社会蓝皮书的总体框架及路径分析

1992 年社会蓝皮书总报告开篇即将“社会形势”界定为“社会形势是包括经济增长在内的社会系统运行状况的综合性表现”，同时也点明了蓝皮书对“改革”这一时代背景的社会形势分析，即“中国社会在 1978 年实行改革开放政策以来发生了巨大变化的基础上，现在又进入了一个更加迅速而深刻的变革时期”[①]，从而确定了社会蓝皮书总报告的总体分析框架。具体来看，表现为以下特点。

第一，分析和预测现阶段改革背景下的经济增长与社会发展状况及趋势成为社会蓝皮书总报告的核心内容。

无论是从单词的词频统计看还是从词间的共现关系看，“社会”“增长”“经济”“发展”“改革”均表现出出现频率高、关系强度高的特点。其中，就词频而言，“社会”一词在历年总报告中的出现频率占所有词汇的 3%，“增长”占 1.77%，“经济”占 1.6%，“发展”占 1.44%，“改革”占 1.1%；就共现关系看，“社会”“经济”“发展”三者表现出较强的共现关系，而“经济”与“增长”之间、“社会”与“改革”之间也表现出较强的共现关系（参见图 1）。据此可以认为，经济增长与社会发展状况及其相互关系是历年社会蓝皮书总报告的分析核心，“改革”则作为社会发展的分析背景及关键举措而与“社会”紧密联系。

---

① 1992 年社会蓝皮书总报告。

就经济增长与社会发展间关系的分析看，社会蓝皮书总报告重点以国内生产总值（GDP）增幅、居民消费价格指数（CPI）、生产者物价指数（PPI）、采购经理指数（PMI）、财政收支情况、全社会固定资产投资增长、社会消费品零售总额情况等经济指标为基础，分析和预测当年经济形势及其对社会发展的影响，并预测来年经济发展趋势及社会发展可能面临的问题。历年社会蓝皮书总报告描述和分析了自 1992 年以来我国经济由高速增长向中高速增长转变、由注重增长数量向注重增长质量转变的发展历程；较好地揭示了经济运行的周期性波动及产业发展对社会发展，尤其是对城乡居民收入分配、消费状况、劳动就业等方面的直接影响；展现出经济增长对于我国社会民生及社会事业发展的强有力的支持作用。

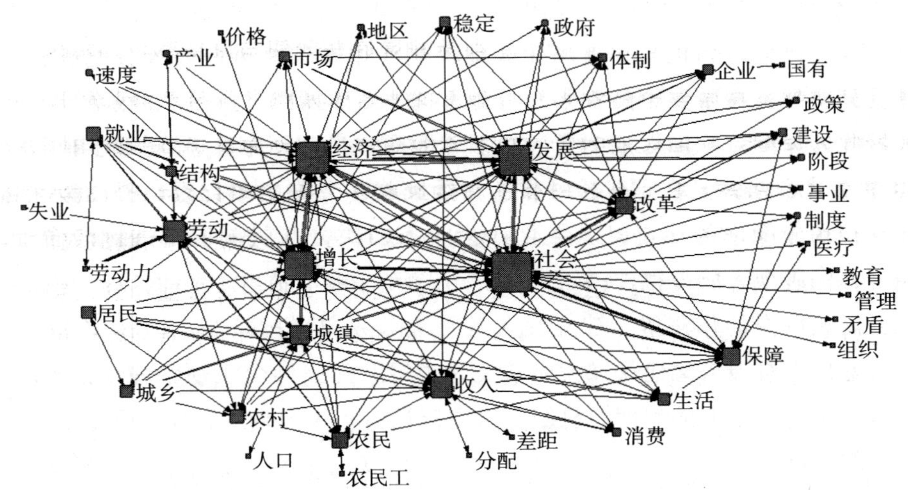

图 1　历年社会蓝皮书总报告关键字共现矩阵的知识图谱

就改革与社会发展间的关系看，改革背景下的居民收入分配及收入差距状况，劳动力规模、城镇就业状况、劳动关系等方面变化，城镇化进程中的城乡二元社会结构变迁、农村劳动力转移问题，以养老、医疗为核心的社会保障体系的建立和完善，与民生问题密切相关的教育、医疗等领域的社会事业发展，以及与社会治理相关的各类社会组织的发展和社会矛盾的化解等成为社会蓝皮书总报告关注的重点。历年社会蓝皮书总报告描述和分析了自 1992 年以来我国城乡结构、就业结构、收入分配结构、社会阶层结构等的社会结构变化状况及趋势，突出了与改革深化同步的社会民生领域的发展，关注改革进程中的社会矛盾化解及社会热点问题剖析。

第二，收入分配、劳动就业、城乡发展、社会保障等成为社会蓝皮书总报告的重点分析领域。

从共现关系看，居“社会”“增长”“经济”“发展”“改革”这五个词汇之后的是“收入”“劳动”“就业”“城镇”“农村”“城乡”“农民”“保障”等词汇，表明与此相关的收入分配、劳动就业、城乡发展、社会保障等成为历年社会蓝皮书总报告关注的重点领域。

在收入分配方面，随着市场经济体制的逐步确立，城乡居民收入分配机制逐渐多样化，原有计划经济体制下的收入分配绝对平均状态被打破，市场化分配机制日益发挥重要作用，为推动改革起到了较好的激励作用。而在某些领域市场化与非市场化分配机制作用交织，也使收入分配的公平性受到挑战。在城乡居民收入总体稳步增长的同时，地区间、城乡间、行业间收入分配差距加大成为严重的社会问题。因此，社会蓝皮书总报告自 2000 年代初期就建议提高居民收入在国民收入分配中的比重，提高劳动报酬在初次分配中的比重，以强化社会收入初次分配机制；通过打击偷税、漏税，完善个人所得税法并开征遗产税和赠予税，强化社会保障体系在收入分配调解中的作用等，建立完备的社会收入再分配机制。而在 2006 年，社会蓝皮书总报告又建议加大转移支付力度，建立健全激励各种社会捐助、发展社会慈善事业的制度与机制，以完善社会收入的第三次分配机制。

在劳动就业方面，社会蓝皮书总报告重点关注劳动年龄人口结构变化、就业结构变化、劳动者权益保障以及失业问题。就劳动年龄人口结构和就业结构变化看，自 1992 年以来，我国劳动年龄人口规模经历了总量供大于求的无限供给阶段和 2010 年代初期开始的劳动年龄人口规模下降、无限供给局面终结的阶段。而在这一转换过程中，社会就业中的结构性问题日益凸显，表现为农民工“用工荒”与大学毕业生“就业难”并存，技术工人严重短缺。为此，自 2000 年代中期开始社会蓝皮书总报告高度关注大学毕业生就业问题，并建议以建设现代职业教育体系为重要目标，对高中和高等教育体系的结构进行战略性调整。从劳动者权益保障看，随着劳动力市场化进程的加快，和谐劳动关系、加强劳动者权益保障成为社会聚焦的重要方面。为此，社会蓝皮书总报告重点关注国有企业下岗职工、农民工、非正规就业人员、外资企业雇佣员工等群体的劳动权益保障，并从建立职工工资增长机制、提高劳动合同签约率、妥善解决劳动争议、提高农民工社会保障覆盖率、加强工资集体协商制度落实、加快工会转型和能力建设等方面提出建议，以避免“劳资矛盾”转向“劳政冲突”。从失业问题看，蓝皮书总报告记录了1990年代后期国有企业改革中的职工下岗及2008年国际金融危机造成的较为严重的失业状况，并建议通过创造新的就业机会、完善失业保障制度、加强再就业培训等举措解决失业问题。而在失业统计方面，社会蓝皮书总报告除采用国家统计局发布的历年登记失业率数据外，还较早采用调查失业率数据，为推进我国调查失业率统计、发布制度的完善发挥了作用。

在城乡关系方面，社会蓝皮书总报告自1990年代初从关注农业收入过低、农民担负过重、农村社会问题过多入手，长期跟踪我国城乡二元经济社会结构的演变，并聚焦于农村劳动力转移，描述和分析了改革以来我国城市化发展的全过程。在这一进程中，随着我国农村居民非农收入的增加，农村居民人均可支配收入增速超过城镇居民，城乡居民收入差距不断缩小；农村居民社会保障体系逐渐建立和完善，覆盖率不断提高；农村劳动力转移的户籍等政策、制度限制不断减弱；农村居民税费不断减少、负担逐步减轻，极大地调动了农民生产的积极性，至2015年我国粮食生产实现十二连增；农村土地制度改革不断推进，全国承包耕地流转率超过1/3。近年来，蓝皮书总报告又将视线转向农村非农产业缺失，年轻劳动力缺乏造成的空心化，城市化进程中“土地城市化”所产生的矛盾纠纷，对农民权益的侵害，农村贫困地区、贫困人口的扶贫，以及推进以教育、医疗、社会保障等为重点的公共服务城乡均等化问题上。

在社会保障方面，市场经济体制的完善不仅对加强社会保障体系建设提出要求，同时也为其发展奠定了客观基础。社会蓝皮书总报告客观描述了1990年代中期社会对于建立完善社会保障体系的强烈呼声，也记录了自1990年代末期以来我国社会保障体系从法律框架形成、组织机构设立到制度设计完善、逐步推进实施的全过程，并在不同时期分别提出了多渠道筹措资金、不断扩大覆盖面、逐步提高待遇支付水平、推进社会保障体系整合及全国统筹、促进社会保障获得的公平性等建议，以使社会保障体系真正成为保基本、兜底线的社会安全网。

第三，关注社会热点，把握社会脉动。作为年度性社会形势分析，社会蓝皮书总报告及时捕捉社会热点，在注重社会发展趋势的同时，也反映了历年社会形势的特殊性。从词频统计看，在一些年份具有代表性事件的词汇进入当年词频前列。

如1994~1996年“物价”一词在当年词频统计中均进入前15位（参见表1）。随着1992年新一轮改革的启动，此后几年出现了经济过热状况，物价上涨严重，1994年1~9月份全国商品零售价格比上年同期上涨20.9%。社会蓝皮书总报告分析了当年物价快速上涨的原因及相关举措，准确预测1995年物价涨幅将逐渐回落。

1997年、2001~2002年“失业”一词以及1998年的“下岗”一词在当年的词频统计中均进入前15位，其中1997年达到第7位。随着国企改革力度加大，下岗人员急剧增加，1996年6月底全国登记的城镇失业人员达到525万人，比1995年同期增长9.4%，而1997年全国城市失业人员又有所增加，1997年城镇登记失业率由1996年6月的2.9%上升到3.2%。据此，社会蓝皮书总报告预测，现有的失业问题以及国有企业改革加速和传统产业调整带来的职工下岗问题，在今后也将会更加严峻。事实证明，到2001年6月底，全国城镇登记失业人数达到618.7万，登记失业率上升为3.3%，并突破20多年来的最高纪录。

2008~2009年“事件”一词在当年词频统计中均列前10位。社会事件是社会运行过程中局部矛盾长期积累转而爆发的表现，在历年社会蓝皮书总报告中，“事件”一词均有所显现。但在2008年，一方面，成功举办奥运会和“神舟七号”成为我国改革获得丰硕成果的标志性事件，另一方面，汶川地震及国际金融危机爆发等事件也表明我国社会发展进程面临各种天灾人祸的风险。此外，当年3月的“藏独”打砸抢烧恶性事件、6月的贵州瓮安事件、7月的云南孟连事件、10月的三聚氰胺事件等也表明各类社会矛盾、社会问题的积聚和爆发。而2009年各类群体性事件依然处于多发、高发阶段。对此社会蓝皮书总报告建议，要认真研究新形势下的社会矛盾，注意倾听人民群众的诉求，及时解决一些关系人民群众切身利益的民生问题，彻底扭转社会矛盾增多的态势。[①]

二　展现社会变迁进程中的阶段性特征

25年的经济增长和社会发展变迁除具有连续性演化外，同时也表现出一定的阶段性特征，因此社会蓝皮书总报告在部分词频上的变化，从某种程度上反映了不同的阶段特点。从历年词频排序前15位的词汇来看，大致呈现出以2000年代初期为界所划分出的两个不同阶段，并表现出以下特点。

第一，就改革的主要着力点看，2000年代初期以前侧重体制改革，2000年代初期则侧重制度完善，而2000年代初期以后更侧重政策调整，从而展现出自1992年以来改革的不断深化进程。从历年的词频看，1992~2005年，“体制”一词出现频率较高，与其相伴的是“建立”“社会主义”“市场经济”等词汇也进入当年前15位，而2006年以后，“体制”一词完全退出高频词行列；1997~2007年，“制度”一词出现频率较高，在当年总报告中与“制度”一词相联系的则是“人事”“社会保障”“行政管理”“户籍”“现代企业”“财税”“劳动”“住房”“土地”“村民自治”“政务公开”“反腐败”以及“制度建设”“制度保证”“制度化”等领域的词汇；而2010年以来，“政策”一词经过与此前“体制”“制度”并立后，成为这三个词汇中唯一的高频词，与之相联系的是“货币”“生育”“就业”“倾斜”“调控”“社会”“惠民”以及“支持”“调整”“出台”等词汇。表明25年来我国改革进程经历了由社会主义市场经济体制建立，到这一体制的不断完善及相关制度改革，再到以各项政策精准调控经济社会发展的变化过程。2000年代中期以后，有关惠民利民政策密集出台，极大地促进了社会发展和民生改善。在此过程中，社会蓝皮书总报告也更加关注与社会发展密切相关的社会政策出台及其实施效果评价，从而使社会蓝皮书总报告的分析深度、精度不断提高。

第二，就对社会经济运行的基本要求看，一方面，2002年以前“稳定”成为高频词，而2002年以后则相对淡化；另一方面，2006年以来“增长”

---

① 2008年社会蓝皮书总报告。

始终位居历年高频词的前两位。改革的目的是发展生产力，提高人民群众生活水平，实现国家的现代化目标。而在现实的改革进程中，“稳定”和“增长”则成为人们对于社会经济运行的基本要求。

就“稳定”而言，在快速的经济转轨和社会转型中，保持改革进程平稳有序发展是第一要务。因此，从历年高频词方面我们可以看到，1993~2001年，“稳定”一词几乎成为每年社会蓝皮书总报告的高频词，而2002年以后，“稳定”作为高频词仅出现在2009年和2013年。1992年新一轮改革快速启动，经济过热导致一定程度的经济秩序混乱，体制转轨带来的利益结构调整导致社会矛盾加剧，物价上涨和收入差距快速拉大导致社会公众不满情绪上升，因此在社会主义市场经济体制建立过程中，稳定就成为重要的现实诉求。随着市场经济体制逐步确立，“稳定”作为对改革进程的总体性、全局性诉求逐渐淡化，转而成为对局部性状态的描述，与之相关的是国际经济形势的不稳定性、就业形势保持稳定，以及群体性事件中对社会稳定的诉求等。

就“增长”而言，增长是体现和巩固改革成果的重要标志。自1992年以来，“增长”就进入历年社会蓝皮书总报告的高频词行列。但在2005年以前，“增长”在历年总报告的词频统计中，多居于“社会”“经济”“改革”之后。表现出在经济体制转轨初期，抑制过快增长、保持改革稳步推进是重中之重。而在2006年以后，其一，经济快速发展带动多项经济、社会指标出现增长，从而使“增长”一词成为高频词的前两位；其二，单纯追求GDP的经济发展模式开始受到质疑，因此对增长方式的探讨也使“增长”一词位居前列；其三，2008年国际金融危机以来，国际经济形势的不确定性增强。随着改革开放的深化，我国参与国际经济的广度、深度不断提高，国际经济形势变化在很大程度上对我国经济发展有着重要影响。因此，自2008年起，历年中央经济工作会议多将“保增长”“稳增长”作为下一年经济工作的重要方针。这也使“增长”成为近年来总报告高频词的前列。而且，在2016年社会蓝皮书总报告中，“增速”一词进入高频词，这也预示着在经历多年高速增长后，我国经济发展将步入长期的中高速发展“新常态”。

第三，从经济社会发展的重点领域看，2004年以后“消费”成为社会蓝皮书总报告的关注焦点之一。就经济增长而言，消费的增加是保障经济持续健康发展的内在动力；就社会发展而言，消费的增加是人民群众生活水平提高的标志。1990 年代末，随着经济的快速发展，我国正式告别长期以来的消费品短缺时代；2000 年代初期，城乡居民家庭消费支出中的恩格尔系数不断下降，消费结构呈现多样化发展的态势，住房及私家车消费逐渐成为消费热点。尽管此时消费对于我国经济发展的支持作用有所加强，但社会蓝皮书总报告则指出，中国的经济增长靠投资和外贸拉动的特点非常明显，而居民消费额占 GDP 的比例下降到近 20 多年来的最低点①，并建议要处理好生产与消费的关系，增强消费增长对经济增长的拉动作用。此后，不同收入群体间存在的消费结构失衡、教育及住房等领域支出负担过重对居民消费率的抑制、积极推进农村消费市场发展、缩小收入差距提高大众消费能力、以食品药品为代表的消费品安全，以及互联网发展对于中等收入群体消费的带动等成为历年社会蓝皮书总报告分析的重点。

表 1　历年社会蓝皮书高频词排名

年份＼排名	1	2	3	4	5	6	7	8	9	10	11	12	13	14	15
1992	社会	发展	改革	经济	变化	增长	体制	政府	开放	转型	建立	阶段	速度	人民	市场经济
1993	社会	经济	改革	形势	矛盾	体制	发展	严重	公众	地方	增长	稳定	中央	地区	收入
1994	社会	发展	改革	增长	经济	企业	人口	稳定	物价	体制	国有	工资	居民	农民	地区
1995	增长	社会	上涨	企业	农民	农业	经济	财政	物价	收入	国有	控制	城镇	工业	发展
1996	社会	经济	企业	增长	发展	工资	形势	稳定	改革	教育	人口	国有	地区	矛盾	物价
1997	企业	改革	经济	国有	社会	增长	失业	稳定	保障	人口	香港	体制	政策	就业	制度
1998	社会	改革	经济	政府	公众	形势	企业	稳定	下岗	发展	制度	体制	矛盾	居民	机构
1999	社会	改革	经济	发展	增长	企业	稳定	国有	农民	政策	农村	收入	财政	社会主义	市场
2000	社会	发展	消费	增长	就业	经济	人口	收入	改革	体制	农村	城镇	市场	现代化	农民

① 2005 年社会蓝皮书总报告。

续表

排名/年份	1	2	3	4	5	6	7	8	9	10	11	12	13	14	15
2001	社会	改革	经济	发展	收入	体制	企业	增长	严重	开放	政策	稳定	地区	环境	失业
2002	社会	收入	发展	农村	增长	人口	城镇	经济	就业	企业	地区	改革	失业	居民	劳动力
2003	发展	社会	农村	经济	农民	体制	改革	协调	地区	城乡	社会主义	收入	就业	市场经济	制度
2004	收入	增长	社会	人口	农民	经济	发展	就业	农村	财政	消费	增加	劳动力	土地	城镇
2005	改革	就业	收入	公共	农民	人口	市场	教育	劳动力	体制	制度	服务	城镇	短缺	医疗
2006	社会	增长	发展	就业	收入	劳动	农村	经济	教育	农民工	消费	医疗	保障	人口	城乡
2007	社会	增长	劳动	经济	发展	收入	医疗	就业	制度	保障	农村	改革	城镇	农民工	环境
2008	社会	增长	收入	劳动	发展	经济	事件	居民	企业	城乡	政府	就业	保障	安全	争议
2009	社会	增长	发展	就业	收入	经济	城乡	农村	保险	事件	稳定	保障	消费	医疗	改革
2010	社会	增长	发展	经济	收入	住房	城乡	政策	保障	农村	改革	城市化	房地产	分配	农民工
2011	社会	增长	发展	保障	收入	经济	就业	支出	城镇	劳动	财政	消费	改革	企业	政策
2012	增长	社会	就业	农村	发展	城镇	经济	保障	改革	收入	城乡	保险	劳动	医疗	支出
2013	增长	人口	就业	社会	改革	农村	经济	城镇	收入	农民工	稳定	发展	教育	政策	市场
2014	增长	收入	社会	发展	地区	经济	城镇	农村	就业	劳动力	支出	改革	财政	保险	保障
2015	增长	社会	收入	就业	发展	经济	企业	保障	消费	城乡	劳动	投资	劳动力	改革	教育
2016	增长	收入	社会	发展	经济	劳动	就业	城乡	下降	改革	投资	增速	环境	消费	支出

三　近年来社会蓝皮书的关注重点

为了解近年来社会蓝皮书总报告的关注重点，本文选择历年总报告中前50个高频词，计算其近三年出现频率占其在历年总报告中出现频率的比例，从而选出下列占比最高的前10位（见表2）。结合其在当年总报告中的上下文含义，大致可以归纳为以下五个方面。

表2　2014~2016年高频词占历年高频词比例最高的前10位

高频词汇	近三年累计词频占历年总词频比例（%）
支出	28.2
需求	25.3
劳动	23.4
群体	22.7
城乡	21.4
产业	19.5
劳动力	19.5
结构	18.9
投资	18.6
增长	18.3

第一，政府对社会民生保障方面的财政支持力度不断加大。“支出”在近三年的出现频率占其在历年总报告中出现频率的28.2%。而从历年总报告看，“支出”主要涉及两个方面，一是城乡居民消费支出，二是政府财政支出。前者因其与城乡居民生活相关，所以是历年总报告关注的重点，其在历年总报告的出现频率上也较为稳定；而后者则与社会民生保障相关，随着我国经济快速发展，解决人民群众最关注、最直接、最现实的民生问题成为政府工作的重要方面。从2016年社会蓝皮书总报告看，在经济增速下行的背景下，中央财政在社会保障和救助、企业和机关事业单位退休人员养老金、医药卫生、脱贫攻坚、保障性安居工程等方面的支出预算和当年1~10月实际支出仍呈现两位数的增长态势。而从近日财政部公布的2017年中央财政预算看，社会保障和就业、医疗卫生与计划生育等领域支出增幅超过两位数。其中医疗卫生与计划生育支出预算数，比2016年执行数增长50.3%；社会保障和就业支出预算数，比2016年执行数增长11.4%；教育支出也保持增长，比2016年执行数增长5%。体现出政府关注和重视民

生、加大投入解决民生问题的决心。但另一方面，政府在减税降费、支持实体经济的背景下，财政收入增长面临一定压力，以财政支出增长保障民生的持续性面临考验。为此，近日国务院发布《关于进一步激发社会领域投资活力的意见》，以政府与社会资本合作的PPP模式参与医疗、养老、教育、文化、体育等领域建设。因此，今后社会民生保障的进一步发展将在一定程度上有赖于社会资本的投入和社会活力的激发。

第二，劳动就业依然是目前最大的民生问题。在近三年增幅较大的高频词中，“需求”“劳动”“劳动力”在排名前10位词汇中占三席。从“需求”在总报告中的上下文含义看，“需求”主要指的是劳动力市场用人需求。自2011年以来，我国GDP增速逐年下行，2015年跌破7%，政府稳定就业的任务艰巨。2015年底，为从根本上解决长期困扰我国经济社会发展的结构性问题，中央经济工作会议提出实施供给侧结构性改革，并将“三去一降一补”作为近期工作重点。而其中“去产能”过程中的职工安置与分流成为影响全局的关键，这也给稳定就业带来巨大压力。为此，国务院提出坚持实施就业优先战略，支持新就业形态发展，并指导相关企业做好转岗培训，以实现下岗失业人员的平稳分流；鼓励自主创业，降低创业门槛，并给予创业资金及税收优惠政策；加强大学毕业生就业工作，为创业大学生提供项目开发、开业指导、融资服务以及跟踪扶持。上述举措取得积极成效，就业形势保持总体稳定。但另一方面，我国劳动就业领域的总量压力和结构性矛盾依然存在，劳动者就业质量有待进一步提高，经济下行背景下和谐劳动关系的巩固有待进一步加强。

第三，扩大中等收入群体规模成为当前我国社会发展的重要目标。在近三年增幅较大的高频词中，“群体”一词名列第4位。与其密切相关的是“中等收入”，表明中等收入群体成为近年来社会蓝皮书总报告的关注重点之一。近年来，扩大中等收入群体规模，构建“橄榄形”社会结构以拉动内需促进消费升级、保持经济中高速增长、维护社会和谐稳定已成基本共识。经过近40年的改革发展，目前我国现代型社会阶层结构初步形成并逐渐趋向合理，中等收入群体规模不断扩大，为改善人民群众生活、维护社会稳定、实现建成小康社会目标奠定了基础。但另一方面，目前我国中等收入群体自身的稳定性仍有待加强，在占我国人口多数的农民中提高中等收入群体比例的任务艰巨。同时以知识、技术为核心，以专业化职业发展为基础，具有有序社会流动机制的中等收入群体发展路径仍有待进一步完善。

第四，推进城乡一体化建设以彻底改变长期影响我国经济社会发展的城乡二元结构问题。在近三年增幅较大的高频词中，“城乡”一词名列第5位。从文中的关系看，“城乡”一词主要从收入、支出、社会保障等方面描述和分析城乡间存在的差距，着眼于城乡一体化建设并提出建议。2016年底我国常住人口城镇化率已达到57.35%，预计2020年将突破60%。但我国户籍人口城镇化比例依然较低，为41.2%。同时，城乡间在产业发展、基础设施建设、环境保护、社会事业发展、居民生活等方面仍然存在差距。因此，将工业和农业、城市和农村、城镇居民和农村居民作为整体，进行统筹规划，实现城乡一体化，就成为今后我国城市化发展的必然方向。这将对今后我国的经济增长、社会发展、体制机制创新、人民生活改善产生重大影响。目前，政府已通过设立新区、打造都市群、撤县立市等举措，提升城市对农村的辐射带动作用，这就为今后加快城乡一体化建设奠定了基础。

第五，经济增长仍将是社会发展的重要动力。改革以来的经济增长极大地推动了社会发展，这也成为社会蓝皮书始终关注的主题。而从社会蓝皮书总报告今后的发展看，经济增长仍将是关注的重点之一。在近三年增幅较大的10个高频词中，“产业”“结构”“投资”“增长”占4席。就文中的关系看，“投资”主要指固定资产投资，“产业”主要指产业结构调整和升级，“结构”主要指包括产业结构在内的经济结构调整，而“增长”则是蓝皮书总报告不变的主题。综合上述与经济相关的高频词，我们可以认为，社会蓝皮书总报告近年来重点关注经济结构与经济增长的关系。目前我国经济领域存在的突出问题是结构性问题，就投资而言，过于集中在基建及房地产领域，实体经济流动性不足、虚拟经济流动性泛滥；就出口而言，仍以劳动密集型产品、低附加值加工贸易为主；就就业而言，低教育水平、技术型劳动力短缺与高教育水平劳动力就业难并存；就技术发展而言，技术资源投入与市场需求匹配不够；就产业而言，农业大而不强，农产品多而不优，第二产业处于全球产业链的中低端且产能过剩，第三产业服务消费需求增长但服务有效供给不足且新兴服务业增长有限；就企业而言，国企规模大，效率低，民营企业效率高但技术门槛低、利润空间不大；就消费而言，中低端产品过剩、高质量产品短缺，针对中等收入阶层需求的产品不足；就收入分配而言，初次分配环节劳动所得过低、再次分配环节社保、税收等收入再分配机制存在不合理之处。而这些结构性问题的存在，不仅制约我国经济长期可持续增长，同时也影响社会发展。因此，近年的社会蓝皮书总报告重点关注我国经济增长中的结构性问题，关注供给侧结构性改革对于社会发展的影响，尤其关注与社会发展密切相关的就业结构、产业结构、消费结构、收入分配结构的变化，以便更好地跟踪经济增长对社会发展的影响。

数读社会蓝皮书：1998～2017

谢曙光　吴　丹

社会蓝皮书是由中国社会科学院著名社会学家领衔，成立“中国社会形势分析与预测”课题组，集合社会学界多位学者以“中国社会形势”为研究对象的年度性智库报告。社会蓝皮书对中国社会形势发展中的热点问题进行年度监测，从专业的角度、学者的视野，运用社会科学的研究方法，针对社会发展中的“大趋势”展开分析和预测。社会学所原所长陆学艺先生担任主编20年，中国社会科学院李培林副院长从第3本蓝皮书起担任副主编，2002年起担任主编，并13次执笔撰写总报告至今。

截至目前，社会蓝皮书已连续发布25本。2017年也是社会科学文献出版社实施皮书专业化品牌运作、实现数字化传播的20年。在这个重要的节点，对社会蓝皮书尤其是1998年以来发布的智库报告及其产生的影响力做一次全面的梳理、分析和评估，不仅对于社会蓝皮书本身的总结是一件有意义的事，而且能为更多的皮书及智库成果提供好的参照与镜鉴。

本文分析所用文本数据来源于皮书数据库①和社会蓝皮书课题组②，包含社会蓝皮书自《1998年：中国社会形势分析与预测》至《2017年中国社会形势分析与预测》所有的单篇报告篇名及作者。共获得单篇报告484篇；对于作者，我们统计了所有报告的署名作者，共计262位；对于研创单位，本文只统计第一作者（或署名执笔人）的工作单位。本文检索内容涵盖所

---

① 数据收集方法如下：在皮书数据库首页搜索栏中，以“社会蓝皮书”为主题词，年份1996～2017年进行检索，共检索到20本图书，选中20个检索结果，点击导出文献，进入“导出界面”。系统自动生成excel表格，形成文献初始数据。

② 由于版权的原因，1992～1996年的社会蓝皮书尚未进入皮书数据库，本文参照分析时所用到的相关书名、目录由社会蓝皮书课题组提供，特此致谢。

有单篇报告的标题、关键词、作者、第一作者工作单位等内容。将全部内容分类整理、编码形成数据库，并从基础数据、研创团队、研究方法三个方面对内容进行文献计量分析。

本文第四部分社会蓝皮书的传播影响力数据中，关于社会蓝皮书的点击量、下载量的数据来源于皮书数据库；社会蓝皮书的被引数据来源于谷歌学术；关于社会蓝皮书的媒体报道数据来源于讯酷搜索软件。

一　社会蓝皮书发布的基础数据分析

由社会科学文献出版社策划出版的《皮书手册：写作、编辑出版与评价指南》中，给智库报告做了一个相对完整的定义。该书认为，智库报告是指“由专业智库撰写，基于公共事务领域，对政治、经济、外交、国防、科技、社会等宏观或微观问题进行专题研究，旨在为决策机构估计形式、确定目标、制定政策提供建设性的决策依据和行动建议的研究性文献。”①皮书是智库报告的集合。自20世纪90年代末推出以经济蓝皮书为开端的皮书系列以来，社会科学文献出版社至今已出版皮书2000多部，内容涵盖政治、经济、文化、社会、法治、金融等领域。

社会蓝皮书发布以来，报告数量均衡、质量稳定。1998～2017年，20年来社会蓝皮书共发布智库报告484篇，平均每年发布24篇（见表1）。从图1可看出，报告篇数最多的是1998年出版的，共32篇；其他年份的报告数量在19～30篇，且大多报告篇数在25篇以内。

表1　社会蓝皮书报告数量及作者数量

版本年份	报告篇数	作者数量
1998	24	23
1999	32	31
2000	25	24

① 谢曙光主编《皮书手册：写作、编辑出版与评价指南》，社会科学文献出版社，2015，第1页。

续表

版本年份	报告篇数	作者数量
2001	23	22
2002	28	27
2003	29	28
2004	30	28
2005	27	26
2006	26	25
2007	24	24
2008	26	26
2009	23	23
2010	23	23
2011	21	21
2012	20	20
2013	22	22
2014	19	19
2015	20	20
2016	21	20
2017	21	21

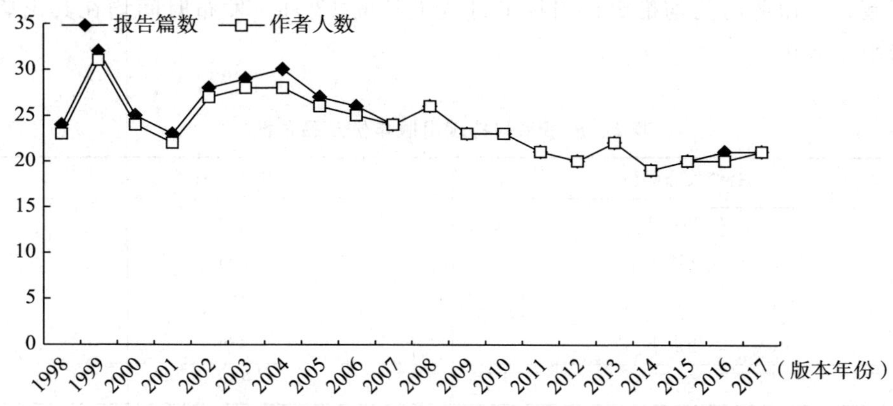

图 1　社会蓝皮书 1998～2017 年版智库报告数量及作者数量分布

1.《社会蓝皮书》持续且稳定的发布积累了宝贵的社情民意数据

美国管理学家、统计学家爱德华·戴明有句名言："除了上帝，任何人都必须用数据来说话。"美国的联邦政府构建了世界上最大的数据帝国。这些数据有三个来源：一是业务管理的数据，二是社情民意的数据，三是物理环境的数据。以社情民意数据为例，在1940年罗斯福引进民意调查后，美国政府为了了解社会开展了大量的专业调查，其中劳工统计局的"国家纵向调查"（National Longitudinal Survey），就是以时间轴为单位，在确定调查对象后，对其进行长期的跟踪、反复的问卷访谈，收集大量的数据后进行统计分析的调查。随着数据的积累，一个以个人成长为中心、越来越大的社会画卷也开始展开。这种以一个国家为单位的大型社会调查，是研究社会长期变迁不可或缺的重要资源，也为政策的制定、调整和评价提供了重要的参考和依据。①

连续发布26年的社会蓝皮书作为社会科学文献出版社"皮书系列"中最为亮丽的"皮书之星"，持续、稳定是其最难能可贵的"品质"。表2的数据说明，皮书系列截止到2017年7月已出版过的皮书品牌共计628种（含已淘汰品种），其中，连续发布20年以上的，只有3种；连续发布10~19年的，53种；连续发布5~9年的，136种；大部分皮书发布均未满5年，共436种。社会蓝皮书已经持续发布26年，从表3可以看出，自1998年起，其出版时间均稳定在当年1月或上年的12月，发布时间均在其出版后半个月内。

表2　皮书系列持续出版年份及品种数

持续发布年份	皮书品种数
20年以上	3
10~19年	53
5~9年	136
5年以下	436
合计	628

资料来源：皮书研究院统计。

① 徐子沛：《大数据》，广西师范大学出版社，2012，第1~3页。

表 3　1998～2017 年版社会蓝皮书出版时间

书名	主编、副主编	出版时间
2017 年中国社会形势分析与预测	李培林、陈光金、张翼、李炜、范雷、田丰	2016－12－01
2016 年中国社会形势分析与预测	李培林、陈光金、张翼、李炜、许欣欣	2015－12－01
2015 年中国社会形势分析与预测	李培林、陈光金、张翼、李炜、许欣欣	2014－12－01
2014 年中国社会形势分析与预测	李培林、陈光金、张翼、李炜、许欣欣	2013－12－01
2013 年中国社会形势分析与预测	陆学艺、李培林、陈光金、张翼、李炜、许欣欣	2012－12－01
2012 年中国社会形势分析与预测	汝信、陆学艺、李培林、陈光金、李炜、许欣欣	2012－01－01
2011 年中国社会形势分析与预测	汝信、陆学艺、李培林、陈光金、李炜、许欣欣	2011－01－01
2010 年中国社会形势分析与预测	汝信、陆学艺、李培林、陈光金、李炜、许欣欣	2009－12－01
2009 年中国社会形势分析与预测	汝信、陆学艺、李培林、陈光金、李炜、许欣欣	2008－12－01
2008 年中国社会形势分析与预测	汝信、陆学艺、李培林、陈光金、李炜、许欣欣	2008－01－01
2007 年：中国社会形势分析与预测	汝信、陆学艺、李培林、陈光金、李炜、许欣欣	2006－12－01
2006 年：中国社会形势分析与预测	汝信、陆学艺、李培林、黄平、陈光金	2005－12－01
2005 年：中国社会形势分析与预测	汝信、陆学艺、李培林、黄平、陆建华	2004－12－01
2004 年：中国社会形势分析与预测	汝信、陆学艺、李培林、黄平、陆建华	2004－01－01
2003 年：中国社会形势分析与预测	汝信、陆学艺、李培林、黄平、陆建华	2003－01－01
2002 年：中国社会形势分析与预测	汝信、陆学艺、李培林、黄平、陆建华	2002－01－01
2001 年：中国社会形势分析与预测	汝信、陆学艺、单天伦、李培林、黄平、陆建华	2001－01－01
2000 年：中国社会形势分析与预测	汝信、陆学艺、单天伦、李培林、黄平、陆建华	2000－01－01
1999 年：中国社会形势分析与预测	汝信、陆学艺、单天伦、李培林、黄平、陆建华	1999－01－01
1998 年：中国社会形势分析与预测	汝信、陆学艺、单天伦、李培林、黄平、陆建华	1998－01－01

资料来源：皮书数据库。

2. 社会蓝皮书报告的原创性是其高品质的保证

原创性是皮书区别于年鉴、志书类图书的重要特性。皮书的写作不是把从各方面收集来的资料和数据进行简单的罗列或梳理，而是在取得一手数据的同时，要有自己的理论假设和研究框架，并对数据进行结构化的分析，并提供有价值的观点。①

根据社会科学文献出版社皮书评价指标体系，皮书的原创和首发通过其内容重复率②指标可以测度。从 2013 ~ 2017 年的社会蓝皮书印后内容重复率数据③（见表 3）可以看出，社会蓝皮书的全书内容重复率始终保持在 10% 以内。这个数据说明，所检测的每本社会蓝皮书都能保证其 90% 的内容是原创、首发的，其全书引用政府公文、媒体报道、他人论文、著作，以及作者本人已发表或部分发表报告的字数总和占该报告总字数的百分比均不超过 10%。

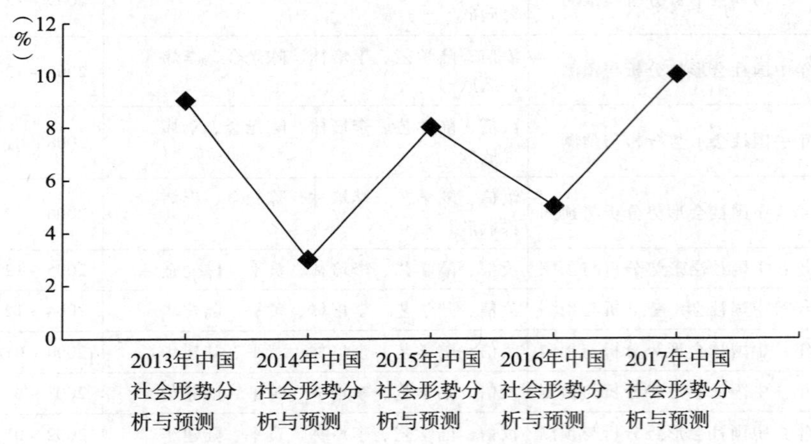

图 2　社会蓝皮书近五年内容重复率检测结果

3. 社会蓝皮书的规范性逐年提升

作为持续发布的“资深皮书”，社会蓝皮书每年除了在报告选题设置、方法论述以及对当年社会形势趋势性分析上力求严谨，对学术规范的要求

① 谢寿光、吴丹：《皮书与中国研究》，《出版广角》2016 年 8 月。

② 皮书的内容重复率是指：皮书可检测的正文中引用政府公文、媒体报道、他人论文、著作，以及作者本人已发表或部分发表报告的字数占该报告总字数的百分比。

③ 皮书内容重复率使用的软件为中国知网学术不端检测软件，是目前市场上通用的、引文数据库较为齐全的引文检测软件。

更是始终没有放松。从表 4 可见，自 2008 年起，社会蓝皮书补充了全书中英文摘要、主要编撰者简介；对单篇报告也进一步规范，开始有摘要、关键词；自 2016 年起，社会蓝皮书开始有全文规范的参考文献。

表 4　历年社会蓝皮书的学术要件规范性

书名	主要编撰者简介	全书摘要	单篇报告中英文摘要、关键词	引文注释（脚注）	参考文献
1998 年：中国社会形势分析与预测	0	0	0	1	0
1999 年：中国社会形势分析与预测	0	0	0	1	0.5
2000 年：中国社会形势分析与预测	0	0	0	1	0.5
2001 年：中国社会形势分析与预测	0	0	0	1	0.5
2002 年：中国社会形势分析与预测	0	0	0	1	0
2003 年：中国社会形势分析与预测	0	0	0	1	0
2004 年：中国社会形势分析与预测	0	0	0	1	0
2005 年：中国社会形势分析与预测	0	0	0	1	0
2006 年：中国社会形势分析与预测	0	0	0	1	0.5
2007 年：中国社会形势分析与预测	0	0	0	1	0
2008 年中国社会形势分析与预测	1	1	1	1	0.5
2009 年中国社会形势分析与预测	1	1	1	1	0
2010 年中国社会形势分析与预测	1	1	1	1	0
2011 年中国社会形势分析与预测	1	1	1	1	0
2012 年中国社会形势分析与预测	1	1	1	1	0.5
2013 年中国社会形势分析与预测	1	1	1	1	0.5
2014 年中国社会形势分析与预测	1	1	1	1	0.5
2015 年中国社会形势分析与预测	1	1	1	1	0.5
2016 年中国社会形势分析与预测	1	1	1	1	1
2017 年中国社会形势分析与预测	1	1	1	1	1

说明：表格中的 1 是指该要素齐全且规范；0.5 是指该要素有，但不完整；0 是指该要素缺失。

二　社会蓝皮书研创团队分析

1. 核心作者团队

核心作者团队是一本皮书持续高质量产出的基础。1998 ~ 2017 年版本的社会蓝皮书的484篇报告的署名作者共有262位。其中，共有18位学者（署名为第一作者）发表的报告篇数达到10篇及以上（见图1）。

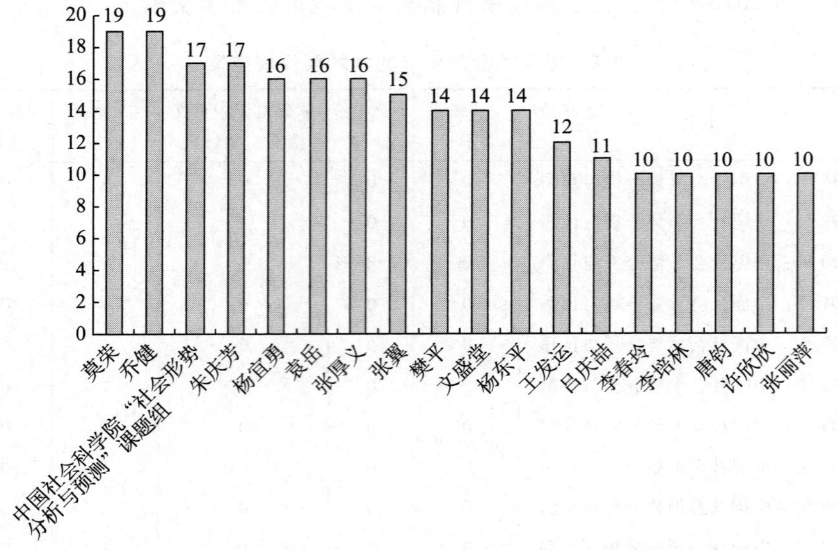

图3　报告数量在10篇以上的第一作者

说明：本数据仅统计署名为第一作者的报告数量。部分作者作为执笔人撰写报告，但书中署名第一作者为“课题组”的，均不算作个人独立报告，未计入统计。

从表5可以看到，25年的总报告中，均署名为“课题组”。这说明，社会蓝皮书的编撰尤其是总报告的研究、创作多为集体智慧的结晶。结合表1、表5可见，总报告的执笔人均为蓝皮书主编，其中担任总报告执笔人最多的为李培林，共计13次。

表5　社会蓝皮书25年总报告署名

报告名称	第一署名	执笔人			
1992～1993年中国：社会形势分析与预测总报告	中国社会科学院“社会形势分析与预测”课题组				
1993～1994年中国：社会形势分析与预测总报告	中国社会科学院“社会形势分析与预测”课题组	陆建华			
1994～1995年中国：社会形势分析与预测总报告	中国社会科学院“社会形势分析与预测”课题组	李培林			

续表

报告名称	第一署名	执笔人			
1995~1996年中国社会形势分析与预测总报告	中国社会科学院“社会形势分析与预测”课题组	黄平			
1996~1997年中国社会形势分析与预测总报告	中国社会科学院“社会形势分析与预测”课题组	罗红光	陆建华		
1997~1998年：中国社会形势分析与预测总报告	中国社会科学院“社会形势分析与预测”课题组	李培林			
1998~1999年：中国社会形势分析与预测总报告	中国社会科学院“社会形势分析与预测”课题组	陆建华			
走向新世纪的中国——1999~2000年中国社会形势分析与预测总报告	中国社会科学院“社会形势分析与预测”课题组	单天伦	陆学艺		
中国在改革开放新阶段的选择——2000~2001年中国社会形势分析与预测	中国社会科学院“社会形势分析与预测”课题组	李培林			
社会发展进程步入全新的开放阶段——2001~2002年：中国社会形势分析与预测	中国社会科学院“社会形势分析与预测”课题组	陆建华			
开创社会协调发展的新局面——2002~2003年中国社会形势分析与预测总报告	中国社会科学院“中国社会形势分析与预测”课题组	黄平			
走向全面、协调、可持续发展的中国社会——2003~2004年中国社会形势分析与预测总报告	中国社会科学院“社会形势分析与预测”课题组	陆学艺			
构建和谐社会：科学发展观指导下的中国——2004~2005年中国社会形势分析与预测	中国社会科学院“社会形势分析与预测”课题组	李培林			
中国站在新的历史起点上——2005~2006年中国社会形势分析与预测总报告	中国社会科学院“社会形势分析与预测”课题组	李培林			
中国进入全面建设和谐社会新阶段——2006~2007年中国社会形势分析与预测总报告	中国社会科学院“社会形势分析与预测”课题组	李培林	陈光金		
中国加快以改善民生为重点的社会建设——2007~2008年中国社会形势分析与预测总报告	中国社会科学院“社会形势分析与预测”课题组	李培林	陈光金		
力挽狂澜：中国社会发展迎接新挑战——2008~2009年中国社会形势分析与预测总报告	中国社会科学院“社会形势分析与预测”课题组	李培林	陈光金		

续表

报告名称	第一署名	执笔人			
中国进入发展的新成长阶段——2009～2010年中国社会形势分析与预测	中国社会科学院“社会形势分析与预测”课题组	李培林	陈光金		
新成长阶段的中国社会建设——2010～2011年中国社会形势分析与预测	中国社会科学院“社会形势分析与预测”课题组	李培林	陈光金	李炜	田丰
城市化引领中国新成长阶段——2011～2012年中国社会形势分析与预测	中国社会科学院“社会形势分析与预测”课题组	李培林	陈光金		
迈向全面建成小康社会的新阶段——2012～2013年中国社会形势分析与预测	中国社会科学院“社会形势分析与预测”课题组	李培林	陈光金		
在全面深化改革中创新社会治理——2013～2014年中国社会形势分析与预测	中国社会科学院“社会形势分析与预测”课题组	李培林	张翼		
中国社会朝着更加注重质量提升的发展导向迈进——2014～2015年中国社会形势分析与预测	中国社会科学院“社会形势分析与预测”课题组	陈光金			
迈入全面建成小康社会决胜阶段——2015～2016年中国社会形势分析与预测	中国社会科学院“社会形势分析与预测”课题组	陈光金			
扩大中等收入群体建设现代橄榄形社会——2016～2017年中国社会形势分析与预测	中国社会科学院“社会形势分析与预测”课题组	陈光金			

2. 社会蓝皮书报告作者的增复量

增复量是用于测度在一定时期内，蓝皮书中新作者和老作者所发表报告在报告总篇数中的占比。发表过一篇报告的为新作者，发表过两篇及以上报告的作者为老作者，新作者的增加和老作者的稳定是保证社会蓝皮书活力和质量的重要因素。

从表6可见，统计期20年中，社会蓝皮书的老作者比例保持在80%以上。这意味着，一方面，社会蓝皮书的主要研创团队始终保持稳定；另一方面，社会蓝皮书对新生作者团队可以考虑继续加大培养力度。

表 6　社会蓝皮书报告作者的新增量和重复量

	报告总篇数（N）	新作者报告篇数（C）	老作者报告篇数（B）	新增量（C/N）	重复量（B/N）
总计	484	76	408	0.157	0.843
1998～2007 年	268	52	216	0.194	0.806
2008～2017 年	216	32	184	0.148	0.852

三　社会蓝皮书研究方法梳理

1999 年社会蓝皮书中《1998～1999 年：中国就业、收入和信息产业的分析和预测》一文关于研究方法的一段说明文字就曾指出，“对社会形势的判断和预测，能否依赖更加计量化的规范步骤，这在学术上是一个很有争议的问题。因为严格地讲，在社会科学领域，由于社会现象的复杂性，没有考虑到的相关变量和无法实现操作化的相关变量总是存在的，这样，任何基于一定理论假设的模型和方程都不可能是封闭的。这就意味着，社会科学领域任何的模型测算结果，都存在着无法消除的误差和解释上的较大弹性。然而，社会统计技术的飞速发展及其在社会领域的广泛应用，拓展了社会科学研究的空间和深度，这方面的不断探索、尝试和完善，对社会科学的发展已经和即将产生巨大影响。”① 可以说，社会蓝皮书的研究者在不断摸索中始终在尝试通过运用社会调查、社会统计、大数据分析等定量、实证分析技术，提高报告的实证性和现实取向。

本文对社会蓝皮书 1998～2017 年 484 篇报告的研究方法进行了梳理，如图 4 所示，在这 484 篇报告中，完全使用实证或定量研究方法的报告有 131 篇②；使用了混合研究方法的，一共有 347 篇；二者占报告总数量的

① 许欣欣、李培林：《1998～1999 年：中国就业、收入和信息产业的分析和预测》一文关于研究方法说明的脚注，载于《社会蓝皮书：1999 年：中国社会形势分析与预测》，社会科学文献出版社，1998，第 18 页。

② 自《2008 年：中国社会形势分析与预测》起，社会蓝皮书每年新增了关于互联网舆情分析的报告，如 2007 年中国互联网舆情分析报告、2008 年中国互联网舆情分析报告，这些报告均以互联网文本为研究对象，也成为实证分析的一种模式。

98.8%。而完全使用理论演绎进行定性研究的文章仅有6篇，且多为早期(2004年前)的文章。该数据说明，20多年来，社会蓝皮书始终坚持对社会科学研究方法的探索，并已经走出了一条独特的、有效结合量化研究的智库报告研究之路。

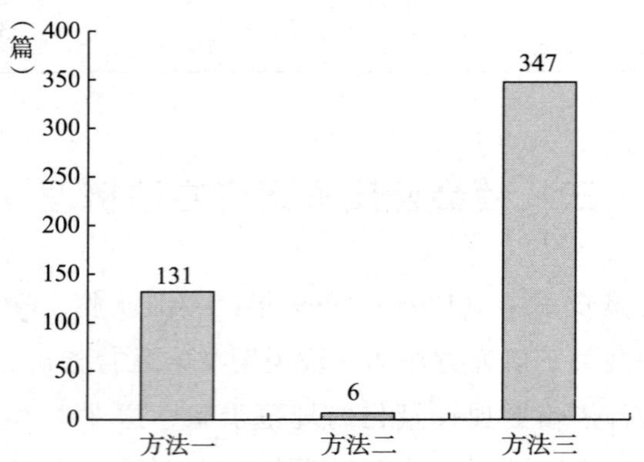

图4　社会蓝皮书报告研究方法统计

说明：图中方法一是指报告使用研究方法为实证研究方法（131篇）：使用一手的社会调查数据，建立指标体系或预测模型（如人口未来发展趋势）；方法二是指报告使用的研究方法为定性研究（6篇）：理论性分析；方法三是指使用混合研究方法（347篇）：包括使用定量的国家统计局数据、部门统计数据或其他社会调查研究数据，进行二次加工和分析，或使用研究媒体已公开的案例，进行分析。

四　社会蓝皮书传播数据分析

1. 社会蓝皮书在皮书数据库中的传播：奠定学科地位

皮书数据库致力于打造当代中国研究的智库成果整合、发布与知识服务平台，是以大型连续性学术成果——皮书系列为基础，整合中国发展与中国道路、世界经济与国际政治研究资源及媒体资讯构建而成的在线数字产品。皮书数据库涵盖图书、报告、数据、图表、视频、资讯等资源类型。截至2017年3月，库内收录图书6597本，报告13.6万篇，图片图表50.8万个，字数达30.1亿字。使用机构千余家，年点击量超过200万次，累计页面浏览量476万次。不仅是中国上千家高校和科研机构，哈佛大学、普林斯顿、耶鲁等世界著名大学及许多国际知名智库都把“皮书数据库”作为重要的学术资源。

社会蓝皮书从 1998 年起在社会科学文献出版社出版后，其所有报告电子版均被纳入了皮书数据库，成为皮书数据库中对中国社会形势分析预测的权威资源。截至 2017 年 6 月，社会蓝皮书总点击量和下载量达到 24814 次。其中，最受关注的报告点击量和下载量之和达到了 1313 次（见表 7）。

从社会蓝皮书中点击、下载量排名靠前的单篇报告来看，除了总报告外，教育、互联网舆情、中间阶层、农民工等热点社会问题的报告受关注程度较高。

表 7　社会蓝皮书单篇报告点击量排名（前 20 名）

书名	报告名	报告作者	点击量 + 下载量
2016 年：中国社会形势分析与预测	中国“十二五”教育成就与“十三五”教育发展展望	李春玲	1313
2016 年：中国社会形势分析与预测	当前中国社会质量状况调查报告	中国社会科学院社会状况综合调查课题组	1069
2015 年：中国社会形势分析与预测	2014～2015 年中国社会形势分析与预测	中国社会科学院“社会形势分析与预测”课题组	905
2016 年：中国社会形势分析与预测	2015 年中国互联网舆情分析报告	祝华新	485
2016 年：中国社会形势分析与预测	北京、上海、广州社会中间阶层调查报告	上海研究院城市社会治理研究中心课题组	437
2015 年：中国社会形势分析与预测	2014 年农民工调查报告	刘林平	398
2017 年：中国社会形势分析与预测	2016 年中国城乡居民收入和消费报告	吕庆喆	390
2017 年：中国社会形势分析与预测	扩大中等收入群体　建设现代橄榄形社会——2016～2017 年中国社会形势分析与预测	中国社会科学院“社会形势分析与预测课题组	390
2016 年：中国社会形势分析与预测	中国家庭户规模和结构状况调查报告	国家卫生计生委家庭发展司	384
2016 年：中国社会形势分析与预测	中国城乡居民二孩生育意愿与生育计划调查报告	张丽萍	377
2015 年：中国社会形势分析与预测	2014 年中国互联网舆情分析报告	祝华新	376
2016 年：中国社会形势分析与预测	2015 年医疗卫生事业发展报告	房莉杰	341

续表

书名	报告名	报告作者	点击量 + 下载量
2016年：中国社会形势分析与预测	迈入全面建成小康社会决胜阶段——2015～2016年中国社会形势分析与预测	中国社会科学院“社会形势分析与预测”课题组	320
2016年：中国社会形势分析与预测	2015年中国城乡居民收入和消费状况	吕庆喆	309
2016年：中国社会形势分析与预测	2015年中国农民生产生活基本状况调查分析报告	邹宇春	293
2017年：中国社会形势分析与预测	2016年中国医疗卫生事业发展报告	房莉杰	259
2015年：中国社会形势分析与预测	2014年中国城市居民生活质量指数报告	袁岳	245
2015年：中国社会形势分析与预测	中国收入差距变化及其未来发展趋势	杨宜勇	238
2015年：中国社会形势分析与预测	2014年中国医疗卫生事业改革发展报告	房莉杰	216
2016年：中国社会形势分析与预测	2015年中国就业：创新创业促进就业	莫荣	207

2. 社会蓝皮书在谷歌学术中的被引数据：扩大学科影响力

被引率一直是学界判断文章影响力的重要指标。与期刊文章不同的是，由于图书电子资源的版权原因，皮书的转引率很难检测，所能检测到的转引率仅能作为一个不甚全面的参照指标。

本文搜索了谷歌学术中社会蓝皮书的被引数据，从表8可见，社会蓝皮书的被检测文章仅为36篇，但被引次数达到了163次。从H指数来看，至少有7篇文章被引用过7次以上。就图书而言，这个可检测到的被引数据还是能够说明社会蓝皮书在业界所产生的重要影响力的。

表8　社会蓝皮书在谷歌学术中的被引数据

指标	查询结果	指标	查询结果
报告篇数	36	报告数/作者	34.5
被引次数	163	被引次数/年份	7.76
年份	21	被引次数/作者/年份	7.57

续表

每篇报告平均引用次数	4.53	H 指数	7

说明：谷歌学术是由谷歌公司针对学术内容建立的引文索引数据库，作为全球最大的跨语言学术内容引文索引数据库，业已成为全球学者最重要的检索工具之一。谷歌学术的数据建立在其强大准确的搜索引擎技术上，是与 Web of Science 和 Scopus 并列的重要引文索引分析工具。

资料来源：谷歌学术，2017 年 5 月 12 日。

3. 社会蓝皮书的媒体传播：极大地推动了智库影响力

显而易见的是，作为起源于中国社会科学院的智库报告，社会蓝皮书研创之目标非但不是学术界业内自娱自乐，出于报告的现实性，写作皮书的学者还尽可能用通俗易懂的语言把艰涩高深的理论、模型简单化，希望能够把学术界对于当年社会各个领域的思想成果普及给社会公众。

社会蓝皮书自出版第一本以来，就尤其重视皮书内容的发布。每本皮书发布都会掀起当天的新闻报道高潮。本文统计了 2017 年社会蓝皮书的新闻媒体报道数据。2016 年 12 月 21 日，2017 年版社会蓝皮书发布。当天新闻报道达到 420 条，一周后，迎来媒体报道的峰值 429 条，发布一个月内，新闻媒体报道近千条（见图 5）。从报道地域来看，社会蓝皮书的媒体影响力辐射全国及海外（见图 6）。从报道媒体来看，不仅包括人民日报、光明日报、中央电视台等国家一级媒体，还包括新浪、搜狐、网易等新媒体，很多热点报告如《中国高校毕业生工作与专业相关度》《北上广新社会阶层调查》等被多家媒体多次转载，关于“收入分配”的相关报告观点则被多家金融信息网站推为“头条”。

4. 社会蓝皮书的国际化传播：中国话语体系建设的先行者

社会蓝皮书是皮书系列中最先出版英文版的皮书之一。2007 年，第一本社会蓝皮书英文版——*The China Society Yearbook*（2006）——由具有三百多年历史的博睿学术出版社（Brill Academic Publishers）出版。至今，英文版社会蓝皮书已连续出版了 10 本（第十本即将出版）。可以说，外文版社会蓝皮书的翻译出版为国际社会了解中国打开了一个窗口。

皮书数据库的海外使用机构包括大学图书馆，如哈佛大学、普林斯顿大学、伯克利大学、斯坦福大学、杜克大学、约翰布鲁金斯大学、牛津大学等大学的图书馆；高级智库，如美国国会图书馆（为美国各级政府提供

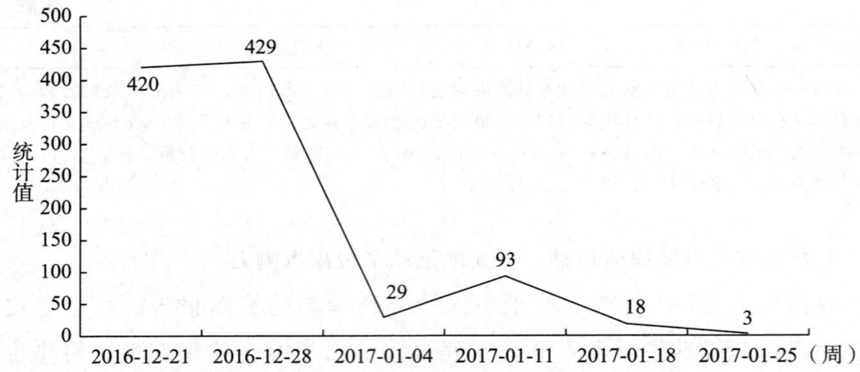

图5　2017年社会蓝皮书媒体新闻报道时间轴分布

说明：本数据来源于讯酷搜索软件。

数据来源：社会科学文献出版社学术传播中心统计。

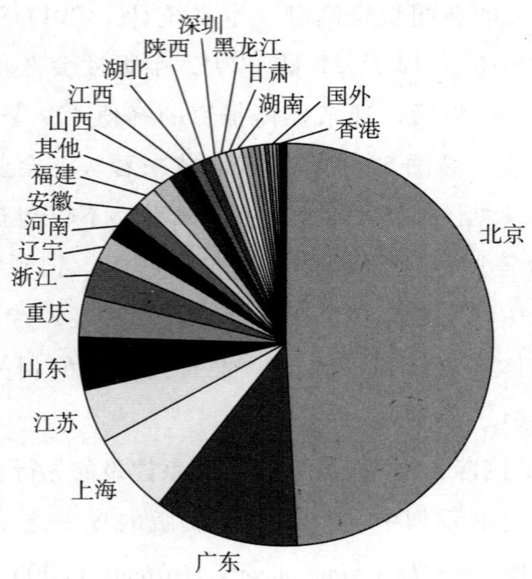

图6　2017年社会蓝皮书媒体报道区域分布

说明：本数据来源于讯酷搜索软件。

数据来源：社会科学文献出版社学术传播中心统计。

公共及外交政策领域全方位咨询服务的研究机构）。社会蓝皮书在海外机构的实际点击量（见表9）标志着社会蓝皮书已进入国际知名学术成果行列。

表9　社会蓝皮书海外点击量（1998～2007）

书名	合计
Analysis and forecast on China's social development（1998）	5
Analysis and forecast on China's social development（1999）	5
Analysis and forecast on China's social development（2000）	5
Analysis and forecast on China's social development（2001）	5
Analysis and forecast on China's social development（2002）	5
Analysis and forecast on China's social development（2003）	5
Analysis and forecast on China's social development（2004）	5
Analysis and forecast on China's social development（2005）	5
Analysis and forecast on China's social development（2006）	5
Analysis and forecast on China's social development（2007）	5

资料来源：皮书数据库。

1992~1993年中国：社会形势分析与预测总报告*

社会形势是包括经济增长在内的社会系统运行状况的综合性表现。社会发展目标、社会发展方式、社会结构、社会利益关系、社会控制机制、社会各构成部分的运行状况和相互协调程度的变化，都会使社会运行状况发生变化，从而使社会形势发生变化。1978 年实行改革开放政策以来中国社会在发生巨大变化的基础上，现在又进入了一个更加迅速而深刻的变革时期。从宏观上全面把握社会运行状况及其变化前景，对于正确决策，以保证社会变革的顺利进行，具有特别重要的意义。本报告试图在社会科学多学科综合研究的基础上，描述和分析 1992 年中国的社会形势，揭示社会形势变化的原因和后果，并对 1993 年社会形势的变化趋势进行预测。

一 1992 年社会形势的转折性变化：社会转型进入新阶段

从 1978 年肇始的改革开放将中国推上了由不发达的社会主义社会向社会主义现代化社会转化的轨道。十几年来改革开放成果的积累和巩固，使中国的社会运行机制和社会结构发生了巨大而深刻的变化。整个社会结构正处在转型时期，即以从传统的计划经济体制向社会主义市场经济体制转化、从农业社会向工业社会转化、从封闭半封闭的社会向开放社会转化为主要内容的整体社会结构转型的社会发展格局。到 1992 年，中国的社会形势发生了转折性变化，使社会转型进入了一个新的阶段。

* 方明执笔。

（一）1992年中国社会形势的变化是在以下几个条件构成的宏观背景下发生的

第一，党的“一个中心、两个基本点”的基本路线和“分三步走”基本实现现代化的战略为社会转型确定了明确的方向和具体目标，邓小平同志建设有中国特色社会主义的理论对中国社会所处的发展阶段、发展道路和发展动力做出了科学的论断，为社会转型提供了正确的理论指导。

第二，经济建设取得了巨大成就。从1979年至1991年，中国国民生产总值年平均增长率为8.6%，增长速度居世界第二；工业年平均增长率为12.2%，高出世界年平均增长水平近10个百分点；农业年平均增长率为5.9%，高出世界年平均增长水平4个百分点；人均国民生产总值年平均增长率为7.5%，高出世界年平均增长水平6个百分点。在1979~1991年的12年间，中国人均国民生产总值增加了1.4倍。进出口贸易在1990年改变了1984年以来连续出现逆差的基础上，1991年在进口明显回升的情况下保持顺差的发展势头；已经形成400多亿美元的外汇储备。经济建设所取得的巨大成就使中国的综合国力大大提高，为进一步加快社会发展创造了必要的经济前提。

第三，在党和政府的有效调控和社会各方面的积极调适下，政治稳定、社会稳定的格局已经形成。进入90年代以来，中央政府在坚持党的基本路线、促进社会持续稳定发展、廉政建设、抗灾救灾以及打击刑事犯罪活动、打击假冒伪劣产品等维持社会秩序、保障人民利益等方面做出的努力，提高了人民群众的信任程度；社会各阶层逐步形成了社会稳定是改革与发展，同时也是自身利益增长的必要前提这样一种共识。这些情况同通货膨胀得到控制（1991年全年零售物价仅上涨2.9%）、消费品供应充裕、人民生活水平有所提高等综合作用，造就了稳定的局面。

第四，近年来国际形势的发展和新技术革命，向中国提出了严峻的挑战，也给中国提供了新的机遇。把握机遇，加紧发展自己，迎接挑战，已成为中国政府和中国人民的共同奋斗目标。新的机遇是，伴随着两极世界的解体，新的世界格局正在形成，为中国的经济增长提供了新的空间；中国同周边国家的关系改善，1989年后曾一度不正常的西方国家同中国的经贸关系逐步恢复正常化，使中国的外部环境变得比较有利；亚太地区经济活跃，不断增强着中国经济发展的推动力；大陆同港台地区经济合作进一步密切，成为中国沿海开放地带经济发展的有利因素。

在这样一种背景下，1992 年中国的社会形势发生了转折性的变化。邓小平同志南方重要谈话以及由此启动的新的一轮改革开放高潮，党的十四大关于建立社会主义市场经济新体制和加快经济发展速度的决定，是引发这种转折性变化的主导因素。1992 年中国社会生活主要领域中所发生的种种变化表明，中国的社会发展和社会转型进入了新阶段。

（二）1992年中国社会形势所发生的转折性变化具体表现在以下6个方面

1. 社会主导价值发生变化。邓小平同志南方谈话中关于判断各方面工作的是非得失，要以是否有利于发展社会主义社会的生产力、是否有利于增强社会主义国家的综合国力，是否有利于提高人民的生活水平为标准的论述，关于“姓资姓社”、防“右”反“左”、市场与计划等问题的论述，打破了长期困扰人们、给改革开放和现代化建设造成很大障碍的一些思想禁锢，使人们的思想得到了更大程度的解放。这意味着社会的主导价值取向发生了重要的变化。这种变化，为推动社会转型的改革开放和现代化建设事业提供了明确的判断标准，为党在十一届三中全会以来确立的政治路线和思想路线得到更彻底和更全面的贯彻落实提供了新的基础，为不同层次、不同领域社会行动的整合提供了统一的标志。

2. 改革的深度和力度发生变化。前一时期的改革就实质而言以突破原有的体制为主。许多改革措施是循着“让利放权”的主线使微观层面上的社会运行机制发生变化，以此突破或弥补原有宏观体制框架的限制与缺陷。在城市改革中，这种特点尤为明显。邓小平同志 1992 年初南方谈话中关于“市场经济不等于资本主义，社会主义也有市场”的论断以及党在十四大上明确提出的建立社会主义市场经济新体制的改革目标模式，使中国的改革在力度上和深度上发生了重大变化。党和政府在 1992 年相继推出了一系列政策，包括贯彻落实《企业法》，加强农业和农村工作的决定，价格、物资体制改革以及建立与市场经济体制相配套的社会体制改革等，使新一轮的改革从一启动就强烈地显示出经济体制改革和社会体制改革全面铺开、整体推进的态势。从微观到宏观的体制改革表现出不局限于修补原有体制框架，而是建立一种新体制框架的明显特征。目前，在工业生产中，国家指令性计划部分只占10%多一点；在社会商品零售额中，国家定价部分只占10%；在工业生产资料销售额中，基本上由市场调节的部分占70%左右；在农业生产中，基本上实现了在国家政策指导下的市场调节，另外，由于新一轮改革有建立社会主义市场经济体制的具体明确的目标，有上一阶段改革提供的大量的可资借鉴的经验和教训，因此从一启动就表现出起点较高的特征。

3. 经济发展速度明显加快。1992年中国的经济运行状况发生了重大变化，在全国范围内形成了新的经济高速增长浪潮，国民生产总值增长率达到12.8%。这种发展速度不仅高于1989年、1990年的4%，1991年的7.7%的速度，而且超过了1988年11.2%的增长速度，大大超过了1992年年初6%的计划速度。在经济增长的同时，国家宏观调控政策较明显地表现出向基础设施、基础产业和第三产业倾斜的导向性，对经济效益和产业结构类型转换给予了充分的重视，这同50年代末到70年代初以牺牲消费为代价、发展重工业的发展模式有本质区别，也同80年代中期产业结构轻型化与片面追求产值的发展模式有重要区别。经济“上台阶”式的增长以及伴随着经济增长而发生的产业结构调整和产业升级，构成了社会转型进入新阶段的又一重要标志。

4. 对外开放迈出了新步伐。进入1992年以来，尽管对外开放仍以沿海开放地区为推动主体，但同前一阶段明显不同的是内地省份对引进外资和技术、兴办“三资”企业和开发区表现出空前未有的热情，对外合作和对外贸易蓬勃发展，“三资”企业数量大幅度增加。更重要的是，各级政府和人民群众对开放政策有了新的认识，“多一个合资企业就多一分资本主义因素”之类的观念已经失去了市场。全方位、多元化开放格局的初步形成标志着中国从封闭、半封闭社会向开放社会的转型进入了新的阶段。

5. 社会变革的程序和社会参与程度发生变化。前一阶段改革在社会动员程序上是循着由上（中央）到下（基层）的顺序逐层展开的，思想解放和改革操作交互促进，呈典型的渐变式推进特征；1992年由邓小平同志南方谈话启动的新一轮改革开放在社会动员上则是上下一致、一呼百应。中央政府和各级地方政府、社会基层单位以及社会各阶层成员在“要发展就必须改革”这一点上形成了共识，因而使社会变革迅速在全国形成高潮。从社会变革的参照系看，前一阶段的社会变革由于在农村率先发动并取得成功，农村成为变革的发源地和参照系；新一轮改革则在很大程度上由经济特区和沿海开放发达地区牵动，参照系由农村转变为开放发达地区。与此相连的是，前一阶段社会各方面对变革结果的期望是求温饱；新一轮改革则以走向小康和社会全面发展为目标，两者有明显的区别。就社会参与程度而言，在前一阶段的改革中，农民和乡镇企业无论在主动性方面，还是在相对利益增长方面都处于领先地位；新一轮改革的主体力量则产生于更广阔的社会基础上。在前一阶段表现出相对被动的城市全民、集体企事业单位和政府机关在新的形势下大幅度地增强了社会变革参与意识，并不同程度地做出了迎接市场经济新体制形成的积极反应。特别是国有大中型企业，尽管它们在转换经营机制的信心与所采取的方式上有所不同，但对于企业最终要作为独立的商品生产者进入市场，在市场机制的作用下优胜劣汰有了前所未有的认识。政府机构，特别是县以下政府机构在转变机制方面迈出了新步伐。变革程序和社会参与程度的变化正在造就使社会结构和利益关系格局发生重要转变的社会力量，社会转型正是在这种力量的推动下以超越前一阶段的速度向前发展，社会结构正在依照社会主义市场经济体制规定的方向发生着意义深远的变化。

6. 社会精神面貌和社会心态发生变化。邓小平同志南方谈话和党的十四大，对统一全国人民的思想，增强人民对改革开放和现代化建设事业的信心，振奋人民群众的精神，发挥了巨大的作用。社会心态的基调是积极的，绝大多数社会成员对进一步改革持拥护态度。本课题组与国家统计局社会司在 1992 年 5 月对全国 6 省 18 个城市 20500 名居民的问卷调查的统计结果表明：有 91.3% 的居民对在稳定的前提下加快改革步伐表示支持，60% 以上的居民对在 20 世纪末实现小康目标表示乐观。另外的研究表明，同前一阶段改革启动和推进过程中人们盲目乐观与疑惑悲观时常交替出现，对改革期望过高、心理承受能力相对过弱的情况相比，面对新一轮改革的到来，各阶层社会成员的心态变得更理性了，有相当一部分人已经不同程度地完成了接受下一步改革中可能产生的利益暂时丧失这一事实的心理准备，对具体的应对措施有所考虑，对改革的期望值变得更加现实。1992 年城市居民的房租、公用事业费用和粮食、副食品价格都不同程度地有所提高，但居民并未因此产生过度恐慌心理和非理性行为（抢购、挤兑等）。积极进取的精神面貌和稳定、理性的社会心态为下一步的社会转型营造了有利的社会环境。

上述 6 个方面的变化构成 1992 年中国社会形势演化的基本内容，这些变化是在 1978 ~1991 年改革开放的基础上发生的。但是，无论在程度上还是在所带来的社会后果上，这些变化都同前一阶段有明显的区别。由这些变化可以得出一个总体判断：从 1992 年开始，中国的社会转型进入了一个新阶段。

（三）1992年中国社会形势的变化趋势表明，在这一新阶段中，中国社会发展具有三个基本特点

1. 体制重建和经济发展并举。建立社会主义市场经济新体制的工作在经济运行速度加快的情况下展开，加快经济发展速度，使国民经济整体素质和综合国力迈上一个新台阶的任务在体制转换的背景下完成。体制重建和经济发展同时进行，为社会转型提供了双重动力，十分有利于社会转型的迅速进行。但是，由于这两个社会过程高度关联而具体目标不同，因此，决策和操作面临一系列新问题。

2. 社会重组和社会秩序调整并举。在改革开放的推动下，社会分化迅速发展，社会成员之间、各类社会组织之间的关系以及资源配置和分配方式正在发生重要变化。与此相关的是，原来以行政关系为基本纽带的社会组织体制正在被以包括市场经济关系在内的各种关系为纽带的社会组织体制所替代。社会成员和各种社会组织在社会中的位置正在被重新确定，原有的社会秩序（政治、经济、思想文化、社会生活等领域中的具体秩序）将根据社会主义市场经济发展的要求重新调整并确立。

3. 社会变革将以包括生产资料所有制结构、产业结构、社会组织结构、城乡结构、区域结构和阶层结构在内的社会整体结构变化为归结点。这意味着社会的利益格局将发生重大变化。

这些同时发生的社会过程能否形成良性促进关系，在互动中推动社会向预期的方向发展，将对今后几年社会形势的变化产生根本性的影响。

二 1992年社会形势其他方面的变化

社会成员生存和发展需求的满足程度，社会事业的发展状况，社会不同构成部分，即不同社会群体的活动状况，以及相互关系和社会运行秩序是构成社会形势变化的基本内容。在这一部分，本报告从人口状况、人民生活状况、社会保障状况、社会事业发展状况、民族关系状况、宗教活动状况和社会治安状况7个方面的状况描述社会形势在这些领域的变化。

（一）1992年是新中国成立以来第三次人口生育高峰的峰顶，育龄妇女人数和生育旺盛期的妇女人数都达到了历史的高峰

由于各地政府认真贯彻党中央和国务院关于在改革开放新形势下抓紧抓好计划生育工作的指示精神，全国大多数省、区、市全年人口出生数同计划出生数基本上持平或略低于计划出生数。1992年妇女总和生育率接近2，低于1991年的2.25，到1992年底，中国大陆人口净增1386万人左右。

流动人口大幅度增加，是1992年中国人口状况较为显著的变化之一。据估算，1992年全国流动人口接近1亿人。1992年人口迁移规模较前几年也有较大幅度增长，由于一些地方自行制定了“农转非”政策，由农村迁入市镇的人口明显增加。另外，随着农业劳动力转移人数的增加和城镇经济的发展，未办理户籍迁移手续但进入城镇务工经商的农民人数大量增加。人口迁移的基本流向是内地向东南沿海地区流动，农村人口向城镇流动。

从人口结构看，1992年有2143.8万儿童达到入学年龄，有2050.4万人达到劳动年龄，有440万人达到退休年龄。教育和劳动就业面临的压力较大。

继续抓好计划生育工作，有效地控制人口增长数量对中国社会发展有特殊重要的意义。从1992年的情况看，有些地方由于基层政府将主要精力用于“办第三产业”，计划生育干部队伍不稳定，对计划生育工作有所放松。另外，对进城农民的计划生育管理制度也有待进一步加强。

（二）1992年中国经济高速增长，第三产业发展迅速，国内市场繁荣、消费品供应充足，使人民生活水平有所提高

据国家统计局住户抽样调查，1992 年城镇居民人均收入达 1820 元，比上年增长 18.2%。农民人均纯收入 784 元，比上年增长 10.6%，扣除物价上涨因素，城镇居民收入实际增长 8.8%，农民人均纯收入实际增长 5%。1992 年在城镇居民中，职工平均工资达 2677 元，比上年增长 14.4%，扣除价格上涨因素，实际增长 5.3%，个体劳动者收入比上年增加 15%，增幅低于上年。在农村居民的收入中，来自第二、三产业的收入比上年增长 8%，来自第一产业的收入增长 5%。

1992 年中国居民消费稳步增长，消费结构档次提高。城镇居民人均消费支出比上年增长 14%，农村居民增长 7%，扣除物价上涨因素，城乡居民生活消费支出分别增长 5% 和 4%。1992 年，全国不同地区消费水平的差距进一步拉大，沿海地区社会商品零售额增幅在 15% 以上，其中广东为 22%。

居民储蓄在 1992 年有较大幅度增长。到 1992 年底，中国城乡居民的各种储蓄存款、有价证券和手存现金达 18000 多亿元，人均 1562 元。这一方面表明大部分居民的基本生活需求得到满足，另一方面也表明居民对中国的改革和发展抱有信心，消费行为日趋理性化。如何引导居民为这笔庞大的资金找到合理的投资和消费渠道已经成为值得认真对待的问题。

1992 年全国零售物价上涨幅度较大，比上年上升 6%，城镇生活费用指数上升 8.6%，农民生活费用指数上升 4.7%。物价的上涨对一部分低收入户的生活造成一定的影响。

（三）1992年，中国的社会保障事业在改革中有了进一步的发展，为社会稳定做出了积极的贡献

为了适应社会主义市场经济体制的建立，各级政府十分重视行业保险制度的建立，逐步扩大行业保险的范围，扩大对部分停产、破产企业职工进行行业保险补偿的试点面。到 1992 年底，全国参加行业保险的职工有 7100 万人，并对约 60 万人发放了行业救济金，全国还建立了县以上就业培

训中心2200个，对200万行业人员进行了培训。在社会保险方面，国有企业职工退休费用统筹、职工大病医疗统筹和离退休职工医疗统筹制度的建立和试行受到职工的欢迎；1992年初民政部颁发了《县级农村社会养老保险基本方案》，农村社会养老保险工作在各地迅速铺开，已有700多个县开展了试点工作，参加养老保险的农民达到2800多万人。

社会救济和扶贫工作得到政府的充分重视。1992年，中央拨出自然灾害救济费11.54亿元，救济灾民约8000万人次。另外，城乡贫困户有3600多万人次得到国家临时救济。有50万人得到定期定量补助。1992年全国扶转贫困户700多万户，其中有200多万户脱贫。

1992年中国的社会福利事业和社区服务工作取得了很大进展，社会福利事业和社区服务业在向市场化和产业化方向发展方面有新的突破，对提高人民生活水平发挥了重要作用。

值得注意的是，1992年有些地方在社会保险改革中制定了一些欠妥当的制度，如不考虑职工的承受能力将医疗费用平均分配使用，造成部分职工负担过重等；有些地方依照“卸财政包袱”的思路进行社会保障制度改革。

（四）1992年中国社会事业发展呈现出以经济增长为基础、以科技教育发展为先导、以提高居民物质文化生活水平为中心的良好态势

综合计算的社会发展总指数显示，1992年社会发展年增长速度达到12%左右，明显高于“七五”期间的速度。其中，科技教育、环境保护事业发展的增长速度分别达到20%和15%，高于总指数增长速度；医疗卫生和社会保障事业的增长速度在10%左右。1992年国家和社会对科技、教育的投入继续增加，科技投入占GNP的比重达到0.71%，比上年有所增加。高等教育在前几年调整的基础上，再次出现较大的发展，在校大学生达218万人，比上年增长7%。中等专业学校在校人数达到685万人。小学学龄儿童入学率达到98%，中小学生辍学率得到控制。1992年中国医院病床数达到274万张；图书、杂志出版70亿册，报纸出版192亿份；广播电台812座，电视台591座，广播、电视人口混合覆盖率都有较大提高。

1992年国务院关于加快第三产业发展的决定为一些社会事业的发展注

入了新的活力，环境保护、社会保障、医疗卫生、文化娱乐和居民生活服务等领域出现了产业化和市场化的新势头，民办、私营、外商投资的社会事业单位数目增加，社会事业发展同市场经济的联系更加密切，这对于新体制的建立十分有利。

在新的形势下，社会事业的发展也存在一些问题。一些地方片面强调经济发展，使社会事业的发展受到一定影响。在市场经济发展推动一些市场需求较大的社会事业发展的同时，一些属于基础性的有社会需求但缺乏市场竞争力的社会事业因为经费拮据、人才外流等原因在发展中举步维艰。此外，社会事业的发展尚存在以外延型扩大为主、质量指数和结构指数提高较慢的问题。

（五）在改革开放步伐加快、经济调整发展的背景下，1992年中国的民族关系呈现各民族交往联系空前密切、民族团结进一步加强的良好状态。民族地区社会稳定，基本上未发生大的突发性事件

1992 年初中央民族工作会议的召开提高了全党、全国对促进民族团结重要性的认识，对保证民族政策、法律法规的实施和完善有重要的意义，特别是中央民族工作会议提出了 90 年代少数民族及少数民族地区经济和社会发展的明确目标，重新规范了社会主义民族关系的本质特征为“平等、互助、团结、合作”，对新形势下民族工作的开展有积极的促进作用。

沿边开放的新格局使一些少数民族地区一跃成为改革开放的前沿，为边疆少数民族经济文化发展提供了新的机遇，也为加强内地与沿海地区同边疆少数民族地区的联系创造了条件，这对于密切民族关系十分有利。

从 1992 年地区间非均衡发展格局进一步强化的态势看，如何随着市场经济体制的建立加快少数民族地区经济的发展，发挥少数民族地区的各方面优势，防止由于经济差距过大而给民族关系带来消极影响将是今后一段时期内应当特别重视的问题。

（六）1992年中国宗教发展状况正常

广大信教群众和爱国宗教界人士对政府的宗教政策落实工作满意。各

教信教人数、教职人员数和寺观庙堂及宗教活动场所的数字都有所增长。从总的情况看，中国的宗教发展是在法律和政策允许的范围内正常扩大，公民宗教信仰自由和正常的宗教活动得到保证，对社会稳定有一定积极作用。

但是，在宗教发展中也存在一些值得注意的问题，比较突出的问题有：①某些地方的宗教房产政策有待进一步落实；②有些人以宗教活动为名进行封建迷信活动；③境外某些组织利用中国对外开放程度提高的机会，以传教、建教等形式从事不利于社会安定和民族团结的活动；④一部分信教群众处理不好正常生产、生活与宗教信仰的关系，如将大量钱物用于“供奉”，以至于影响生产、生活等。加强宗教教职人员队伍建设，提高信教群众的信仰素质，对群众的宗教活动进行合理、积极的引导，在新形势下变得更为重要。

（七）1992年中国社会治安形势基本稳定，政府有关部门通过进一步落实社会治安综合治理的各项措施，深入开展重点治理和打击犯罪活动专项斗争，对维护社会秩序，保证社会正常运行发挥了重要作用

1992 年全国范围内开展的打击犯罪团伙、反盗窃和“扫黄”等专项斗争取得很大成果，惩办了一批严重危害社会治安的违法犯罪分子，增强了人民群众的安全感，为改革开放和经济发展创造了良好的条件。1992 年 1 月至 9 月，全国共立报警案件 326 万起，比上年同期下降 4.5%。

三　1992 年社会发展中存在的问题

（一）体制重建和经济发展并举使各级政府在决策上面临一系列新情况和新问题

一些地方政府由于对社会转型新阶段的特点认识不足，对如何处理好体制重建和经济增长双重任务之间的关系尚无经验，因而在决策目标上过分追求多上项目，追求产值增长，特别是片面地将提高经济增长速度理解为拥护改革开放的实际行动，不顾市场和资源条件，给国民经济的健康发

展造成了潜在的不利影响。基建投资热、开发区热、房地产热、股票债券热和办公司热成为1992年中国经济生活中的五大经济热点。从主流上看，这些“热”是积极合理的。但是，从固定资产增幅过高（据预测将增长三成多）；银行贷款增长过猛（据预测将增长23%左右），货币超发行严重；原材料供应日趋紧张，价格上涨幅度较大；交通运输全面吃紧（尤其是铁路运力不足，其增幅仅在3.3%左右，同20%的工业增长速度极不协调）；从能源紧张和工业品继续积压等情况看，这些“热”中显然存在某种盲目性和不合理因素。建开发区被视为对外开放的标志，一些地方不管是否具备条件，都跑马占地，划出大片土地搞“三通一平”并自行制定有悖于国家政策的各种“优惠政策”。这已经成为较为突出的问题。据统计，在1992年全国各地乡以上单位计划建立开发区8700多个，如果全部投入开发的话，约需资金30000亿元。如何通过国家宏观调控和引导地方政府及企业的决策者将经济发展同体制重建有机结合在一起，使经济增长成为一种有效益的、能够推动市场体制建设的增长，成为目前迫切需要解决的问题。另外，有少数地方政府为了夸大政绩，显示拥护改革开放，对邓小平同志南方谈话和中央有关加快改革的指示做政治表态，虚报产值，制造虚假的高速度。这种现象尽管不普遍，但值得高度警惕。要积极采取措施，从根本上防止1958年浮夸风造成的悲剧在90年代重演。

（二）1992年各级政府推出了一系列有利于社会主义市场经济体制建立的改革措施，对加速经济发展发挥了重要作用

从具体操作上来讲，涉及人民群众（特别是城市居民）切身利益的改革措施出台显得过于密集。对于粮食、副食品、水电、房租、公费医疗、交通、学校、托儿所等费用在1992年都不同程度地提价或减少补贴，使城市职工生活费用指数上升幅度较大。据统计，35个大中城市职工生活费用价格在上半年上涨了10.5%；1992年全年全国城市职工生活费用指数将上涨9%以上。虽然这些改革措施在很大程度上得到人民群众的理解，但毕竟给群众造成了一种改革使他们“失大于得”的印象，并因此产生了一定的消极情绪，不利于保持良好的社会心态，对创造社会转型时期的社会环境有一定不利影响。

（三）干部队伍，尤其是基层干部队伍在一定程度上出现了人心浮动

不少县一级的党政机关将兴办第三产业视为头等大事，各类“官商一体”的公司大量涌现，不少干部在并未同机关脱钩的情况下经商办经济实体，不仅贻误本职工作，而且权钱交易现象有所增加。这已经在一定范围内成为影响政府机关发挥正常功能的突出问题，并影响了政府机关的威望。

（四）社会形势的转折性变化将人们带入了一个新的社会环境，但指导和规范人们在这一新环境中行动的价值和秩序尚未来得及建立或完善，在这种情况下，社会失序现象有所增加

1. 有些政府官员出于各种各样的原因，将市场交易引入不应该引入的领域，权钱交换现象有所增加。例如，卖户口的现象在许多地方有愈演愈烈的趋势。采取适当的政策措施，吸引从事非农行业活动的农民进城就业，对于加快农村剩余劳动力的转移，加速中国的城市化进程是十分必要的。但是，某些地方不考虑客观条件，不顾中央有关部门的政策，以获取“城建费”为主要目的变相出售城镇户口，这在社会上引起了有损于政府威望的不良后果。

2. 由于一些原有的规范和制度约束力变弱，一些国家机关人员和国有企业领导缺乏必要的约束而产生了越轨行为，其中有些由于长期得不到纠正变为“合理不合法”的模式化行为。私设小金库和违反各种财经纪律、制度的现象在 1992 年更为严重。值得注意的是，在社会转型新阶段中，社会成员都在积极探寻和确立适应自身条件的资源获得方式，迫切要求在资源获取方面机会均等。政府或国家机关人员利用职权谋取私利的行为，非常容易成为社会骚乱的诱因。如何建立一套约束和监督国家机关人员行为的规范和制度，是迫切需要解决的问题。

3. 原有行政控制手段的弱化，经济利益主体的多元化以及发财欲望的强化，使经济领域中的失序现象有日趋严重的态势。偷税漏税、制造和销售假冒伪劣产品与经济诈骗成为不容忽视的突出的问题。

4. 随着社会变化节奏加快，社会流动人口大幅度增加，人们的价值观念不断分化，原有的社会治安管理体制同迅速变化的社会形势不相适应，1992 年中国社会治安形势出现了一些新问题，最突出的问题是杀人、抢劫、爆炸等恶性案件有所增加，团伙犯罪严重，有向黑社会发展的趋势，卖淫嫖娼、吸毒贩毒、赌博、封建迷信等丑恶现象屡禁不绝，在一些地方有蔓延之势，贪污贿赂犯罪十分严重，大案、要案、特大案件增加，交通和火灾增加。出于经济动机的犯罪和恶性暴力案件增多是 1992 年社会治安形势变化的重要特点之一。

四　对 1993 年社会形势的预测

根据 1992 年社会形势的特征和趋势，综合社会各方面的情况，我们认为，如果 1993 年经济在保持高速增长的同时不出现大的波动和严重的比例失调，中国社会形势变化的基本趋势将是：新一轮改革开放和社会结构转型仍将保持较快的速度；社会将保持基本稳定。但是，对社会转型进入新阶段后将出现的一系列情况（尤其是新旧体制转轨中所产生的张力、发展冲动和现实条件的矛盾）要有足够的预见和应对准备，对 1992 年已经显现和潜伏的社会问题应及早着手解决，否则，不排除有遇到较大困难的可能。

在很大程度上，1993 年社会形势的具体变化取决于体制重建、经济发展、社会重组、社会秩序调整和社会利益关系调整这五个社会过程的发展和相互协调状况。如果中央政府能够根据十四大确定的战略部署，运用有效和适度的宏观调控手段理顺这五个社会过程之间的关系，使之沿着建立社会主义市场经济体制和实现第二步战略目标规定的方向发展，那么，可以预期 1993 年中国社会形势将发生以下具体变化。

（一）国民经济仍将以较高的速度发展

1992 年国民经济的高速增长引起了人们的普遍关注。有不少人对此既喜且忧。从 1992 年经济运行中显现出的问题和国家宏观监测系统显示的结果（1992 年上半年经济运行处于“绿灯区”，到 10 月份已处于“黄灯区”和“红灯区”的交界点）看，这种担忧不无道理。但是，由于中央政府对此有清醒的认识，在1992年年末先后给各地发出指示：严格控制银行贷款、货币发行量和债券发行总规模，严格控制批租土地，不要乱建开发区，并反复强调经济增长要以效益提高为前提。如果中央政府的这些宏观调控措施在各地切实生效，1993年的中国经济运行速度将略低于1992年，有可能避免重新进入“过热－紧缩”的循环，避免由于“急刹车”、大起大落而对社会形势造成不利影响。

（二）地区间非均衡发展格局进一步形成并巩固

改革开放以来一直处于经济发展领先地位的珠江三角洲、长江三角洲、胶东半岛、辽东半岛和闽南三角地带及其所在的省份，由于积累了比较雄厚的经济实力和发展经验，市场经济比较发达，因而在新一轮改革开放中能以高出其他省份的速度发展，并在产业升级和社会事业发展方面遥遥领先。这种变化对在全国范围内“示范效应”的生成有重要意义。经济相对发达地区所发挥的示范作用无论对坚定人们改革开放的信心，还是牵动全国经济发展都有不可忽视的积极意义。

（三）随着市场体系的建立，中央与地方之间的关系、区域之间的关系以及政府与企业之间的关系将发生变化

变化的方向是强制性的行政关系性质进一步弱化，建立在商品经济和法律法规基础上的法理型关系性质将进一步加强。其中，随着改革的深化和企业法的落实，政府同国有企业的关系将发生较显著的变化。

（四）在社会结构方面，生产资料所有制结构仍将以乡镇集体经济和非公有制经济成分的迅速增加为主要内容

从1992年有关变化显示出的征兆看，以“官本位制”、行政隶属关系和“单位人员所有制”为核心的社会组织结构在1993年有发生较大变化的可能性。变化的具体内容可能以更多的企业通过各种方式（如合资、股份制等）成为独立的经济实体，官方色彩较淡的中介性组织大量产生和单位间人员流动增加为主。另外，户籍制作用的减弱、农民进城从业人数的增

加、乡镇企业的发展以及小城镇和城市郊区这类中介性社区的发展将进一步改变原来的城乡二元结构。

（五）在微观层次上，社会成员原有的身份体系会因为“官本位制”的淡化、单位之间利益差距拉大、在城市中从事经营活动的农民和城市职工从事第二职业人数的增加等原因发生变化，模糊身份体系初步形成

这意味着原有的阶层结构将进一步被打破，新的分层标准和地位层序进一步巩固并得到越来越强的社会认同。与此相关联的变化是社会成员的价值观念和生活方式进一步分化。年轻一代的择业观、成就观、事业观和人生观都将在这种背景下发生较明显的变化。

（六）在社会心态方面，社会成员积极主动地适应社会转型的新形势，人心稳定仍将是1993年的主调。但是，大多数社会成员的价值取向在现阶段仍不可能超出追求自身生活水平提高这一限度

本课题组 1992 年对 20500 个城市居民的问卷调查分析结果显示，居民最关心的改革是工资与分配制度改革（占 37.6%），第二是住房制度改革（占 31.3%），第三是社会保障制度改革（占 27.6%），而对全民企业经营机制、股份制、税收、金融体制、流通体制等项改革表示关心的人数则明显减少（分别占 2.9% ~16%）。同时，在对自己目前生活水平进行评价时，有 2.9% 的居民认为自己处于“尚不得温饱水平”。有 43.9% 的居民认为自己处于“勉强度日，温饱水平”，两者相加占 47.8%。上述情况表明，如果 1993 年生活费用价格由于在 1992 年生产资料价格上涨的拉动下以较大幅度上升，如果劳动人事制度的改革力度过大且没有相应的社会保障制度相配套，尽管未必出现 1988 年那样的抢购风潮和人心恐慌，但对社会心态仍可能产生较大的不利影响。

从外部环境看，1993 年有若干可能在一定程度上对社会形势产生影响的新变数，如美国新总统对华政策和中国有可能加入关贸总协定等。加入关贸总协定后，国内某些生产企业会因进口产品的增多而受到冲击，如何

应付这种挑战和可能产生的不利后果（如安置因减产或停产而出现的待业工人等），是值得认真研究的问题。

在 1993 年，随着社会转型速度的加快，有可能出现下列问题。

1. 由于地区间不平衡发展的格局已经确立，新经济区域在经济生活中发挥的作用越来越大，如果不积极创造在宏观上整合各区域的新机制，有可能造成地方主义的膨胀，这不仅直接妨碍国内统一市场的形成，从长远看，还有可能出现影响政治整合的潜在因素。

2. 社会流动人口将大量增加，有可能出现农村人口由不发达地区向经济发达地区和沿海开放地区的大规模流动。如果流入发达地区的人口规模过大、速度过快将引发一系列社会问题，如造成交通紧张，治安状况恶化等。

3. 粮棉产量有增幅不大或减产的可能性。从 1992 年的情况看，由于粮食丰收，粮价已跌到保护价以下。许多地方出现卖粮难的现象，这已经成为引起农民调整 1993 年种植计划的刺激信号；由于各地大搞开发区和兴办大型集贸市场，1992 年占用耕地的数字已远远超过占地最多的 1985 年的 2400 万亩；农业生产资料价格上涨使粮棉生产成本增加，同其他行业相比的比较利润率进一步降低，农民反映“干一年不如赶一个集”。另外，一些地方乱摊派、乱收费，使农民负担增大，在粮棉收购中“打白条”，严重影响了农民的生产积极性。这些情况有可能影响 1993 年的粮棉产量。尽管国家有一定的粮棉储备，但如果粮棉产量减产幅度较大，势必使粮棉价格上涨，并带动以粮棉为原料的消费品价格上涨，从而使城市居民生活费用指数上升，诱发一系列社会问题。

4. 上一轮改革中出现的一些问题，如对发展第三产业的片面理解和急功近利的取向所造成的不正常的“经商热”，在 1993 年有可能重复发生，并引起“官倒”、流通环节增多之类的问题。

5. 原来以社会组织（工作单位）对其成员实施社会管理的制度与户籍管理制度为核心的社会控制体系由于组织功能的专一化和社会流动率的提高在功能上有所减弱，社会成员价值观念的变化使原有的道德约束大大削弱。在这种情况下，阶层利益加剧、以私营企业主和外资企业中方雇员等“大款”组成的“新富豪”阶层生活方式的诱惑以及社会分配不公现象的不良刺激，使一部分社会成员的相对剥夺感与急于致富、不择手段的心理进一步强化。与此相对的则是有利于促进和保证市场经济体制建立的社会控制体系与社会秩序尚未建立与完备，执法机关人、财、物力不足。由于这些原因的存在，1992 年就已增多的社会失序现象在 1993 年会进一步增多，各类违法犯罪活动，尤其是出于经济动机的违法犯罪活动有可能明显增加。根据社会分化和社会重组的新情况，建立和维护与之相适应的社会秩序，增强人民群众的安全感，为社会转型创造有利的社会环境将成为 1993 年的一项刻不容缓的任务。

从 1992 年社会运行态势和人民群众的情绪、心态与生活状况看，1993 年尚无酿成大范围社会动荡的明显征兆。但是，在社会形势急速变化和社会气氛进一步宽松的情况下，局部性、小范围集体行为或社会骚乱发生的可能性增大。我们认为，如果在 1993 年出现这类事端的话，其诱发原因很可能集中在两个方面：第一，地方政府官员严重的以权谋私或滥用权力；第二，某一范围内群众的利益受到严重损害或威胁（如不合理的地方性改革措施出台，政策不兑现或因停工停产导致职工收入大幅度减少等）。

五　对策与建议

中国前一阶段改革开放的经验和其他国家社会转型的经历表明，一个具有足够权威、能以适当的宏观调控手段对社会发展过程进行有效干预的中央政府，是社会转型能够以较小的代价顺利进行的必要保证。在市场经济条件下，中央政府过去那种以高度集权、指令性计划和行政手段为特征的社会管理和社会控制方式将发生重要变化，但这绝不意味着中央和各级政府对社会发展的调控作用可以削弱。具体来讲，中央及各级地方政府能否充分、合理地发挥宏观调控作用，妥善处理好体制重建与经济发展的关系，及时解决社会转型加速过程中日益增多的新问题，对 1993 年和其后相当长一段时间社会形势变化的性质与方向有关键性的影响作用。我们认为，根据 1993 年社会形势有可能发生的变化，政府应充分重视以下几方面的工作。

1. 紧紧围绕市场经济新体制的建设进行改革。这要求政府对不同领域中的改革进行全盘考虑、整体设计，把握好改革的力度、节奏，使各项改革措施相互配合，改变一度曾使用过的“单项突破”和“闯关”型的改革模式。要加强对改革的策略研究，通过提高改革的操作水平消除可能产生的问题或消极因素。例如，对于有可能被群众认为带来自身利益丧失的改革措施，选择合适时机分期出台，从而避免由于此类改革过于密集或时机不当造成震动，引发社会问题；也可以考虑将给有关社会成员带来利益丧失和增加利益的改革措施同时推出，以平衡其心理感受。

2. 加强建立和维护市场经济秩序的职能，并在这一过程中使手段逐步法规化，即少用行政调控手段，充分发挥法律法规的作用。

3. 市场机制不可能在任何领域都发挥作用。在市场机制尚未或不应发挥作用的领域，如环境保护、基础科学研究、教育、社会福利、社会保障等领域，政府应充分发挥作用。

4. 调整利益分配格局，改变收入分配不公的状况对于调动社会成员的积极性，消除社会不稳定因素有特殊重要的意义。在机构精简的前提下提高国家机关工作人员的收入水平已经成为必须认真对待的一个问题。改进和严格执行税收制度，限制不正当收入的增加，坚决打击偷税漏税现象应是开展这项工作的重点之一。

5. 用坚定的态度和严厉的措施惩治贪污腐败，严厉打击刑事犯罪活动，打击经济生活中的违法活动；维护和增进人民群众的切身利益，密切人民群众同政府的关系。为此，应当考虑尽早制定反贪污腐败的专项法规。

建立新的社会整合机制以适应社会分化加速和社会重组的新情况，保持社会形势向有利于社会转型的方向发展变得日益迫切。鼓励和支持在符合经济规律前提下的跨地区经济社会合作，适当加快股份制的发展，将市场关系转化为社会成员与社会组织利益整合的新纽带，发展中介性组织，在国家与个人、政府与企业之间建立连接点或公共领域，将社会转型中有可能出现的各种矛盾和问题分散化，避免将冲突的焦点聚集于政府一身。加强精神文明建设，坚持“两手抓”，用新的价值观念和道德规范指导人们的社会行动，使其在基本目标上协调一致，这些工作都将有利于新的社会整合机制的建立。

许多国家社会转型的经验表明，导致社会转型停顿乃至失败的原因往往不是一个而是多个，如果经济危机、认同危机、整合危机、政治危机在一个时点上同时发生，即使每种危机的程度都不太严重，也会造成极其严重的后果。而戏剧性偶发事件则往往成为危机总爆发的导火索。

有鉴于此，以下几个特点值得我们注意。

1. 1992 年的新一轮改革开放具有启动迅速、启动过程中反面意见十分微弱、启动受阻较小的特点，这固然对下一步改革的推进十分有利，但在这种有利中也潜藏着在推进过程中由于缺乏反向约束而过于放任的可能，从而使本来不应发生的问题有可能发生。

2. 新一轮改革全面铺开、整体推进的态势有可能使某一改革项目出现的问题影响到其他改革项目的进展，即产生影响改革开放全局的连锁反应。这同上一轮改革过程由于改革项目不配套而影响改革深化是性质不同但结果相似的问题。

3. 新一轮改革开放各方面的条件和基础都优于上一轮改革的条件和基础，例如，思想解放程度、社会动员程度、经济结构合理程度、经济实力以及人民群众的承受能力等均比上次要好得多。因此，这有可能使各种问题和危机积累到一定程度才显现或爆发。

这些特点决定了各级决策部门应充分重视、尽早发现并消除产生问题或危机的因素，及时解决已经出现的问题。若无法避免社会问题的发生，应尽力将问题的出现在时间上分散化，防止各种问题或危机在同一时点上发生，从而保证社会转型不受较大的挫折。

社会转型是全社会、全民族共同参与、长期奋斗才能够完成的事业。在 1993 年，应当充分利用贯彻十四大精神和第八届人民代表大会精神的机会进一步统一全国人民的意志，坚定人民的信心，使人民充分认识到中国社会发展所处的阶段以及这一阶段的特点和任务，团结一致，为社会主义现代化事业共同奋斗。

1993~1994年中国：社会形势分析与预测总报告*

一 1993 年社会形势的基本判断

（一）1993年，社会形势在总体上呈现为稳定和活跃

国民经济和各项社会事业的建设都取得了显著成绩；经济体制改革取得了重要进展；综合国力进一步增强；公众心态基本上保持平稳。与此同时，许多社会经济生活领域也出现了比较严重的问题，某些矛盾开始公开化，对此，中央政府采取了一系列坚决措施，已初见成效，矛盾有所缓解。

（二）1993年是新一轮改革启动的第二年，启动初期的“急转效应”开始消失

经济建设和改革措施的实施既受惠于“急转效应”，开始跃上新的台阶（比如经济快速增长，改革力度加大），又受制于这种效应所带来的种种消极后果（比如一些经济领域出现的“过热”现象和社会失序状况带来的负面影响）。

二 1993 年社会形势的基本特点

（一）1993年社会形势呈现为总体稳定和活跃

1. 经济依然保持较快的增长速度。国内生产总值突破 3 亿元，增长率

---

* 陆建华执笔。

为 13.5%，比 1992 年高速增长还高一些，全社会固定资产投资增长率为 43%，也呈快速增长趋势。在此基础上，人民生活水平有所提高，另外，经济的增长以及社会经济环境的改善，使吸引外资的工作进展顺利。乡镇企业的发展呈现良好势头。特别是在沿海开放地区，经济活力进一步增强，为 1994 年乃至以后的经济快速、健康发展奠定了基础。和 1992 年相类似，1993 年经济生活依然是最活跃的社会生活领域，以经济建设为中心的原则已成为全民的共识。

2. 社会政治形势比较平稳。上半年相继召开的“八届人大”“八届政协”和年末召开的中国共产党十四届三中全会，以及《邓小平文选》（第三卷）的出版发行，是 1993 年最瞩目的政治大事。各民主党派、社会团体的代表大会和代表会议也顺利召开，这表明，各种政治关系的调节没有出现较大障碍；一些消极的政治因素得到较好的控制；一些具有较明显政治色彩的社会经济问题（如腐败现象蔓延、干群关系紧张、物价上涨过快等），未演化为剧烈的冲突。政治稳定、经济高速增长保证了整个社会的总体稳定，这是 1993 年社会形势的基本特点之一。

3. 各项体制改革继续推进，企业管理、外贸、价格、社会保障、教育、财税、金融、行政、文化以及人事等体制改革，均在原有的基础上出台了新的举措，其实施过程基本平稳。全国已有 29 个省、自治区、直辖市，出台企业转换经营机制的规定，赋予企业的 14 项自主权，已有 8 项得到落实；股份制试点企业在全国已有 3800 家；以县乡级为重点的地方机构改革试点已扩大到全国 1/5 的县；全国已有 50 多万家各类企业、8500 多万名职工和 1700 万名离退休职工参加离退休费用的社会统筹等。有的改革举措力度较大，但由于预期准确、对策得当，没有出现较大的负面后果。本年度最重要的改革进展是价格的全面放开，目前，国家定价的生产资料只有 25 种，占生产资料销售总额的 20%，国家定价的农产品仅 6 种，占农产品销售总额的 15%，国家定价的工业消费品只有两种，然而，这一大幅度的改革并未形成对社会形势稳定的冲击力。这标志着，十数年改革的经验教训使改革决策在方向、操作和预期对策方面，正在趋向有序、合理；公众对改革的认识也逐步合理化，应变的心理准备比较充分，这表明公众参与和接受改革的心理趋于成熟，改革措施的到位率正在提高。因此，为下一轮进一步改革，准备了条件。

4. 社会的文化与精神生活趋于活跃。各种出版、演出、展览、节庆活动，大大丰富了公众的文化和精神生活，公众的精神追求越来越多样化，业余消遣的空间越来越大，机会也越来越多。科技、教育、体育等各方面都取得了显著的成就。加强精神文明建设的呼吁也越来越多。

5. 中央政府对各种紧迫的社会经济问题的处理、对各种利益关系的调整，显示出较大的决心，并积极付诸实施。1993 年，最主要的举动有：加强经济的宏观调控，抑制经济过热，开展惩治腐败的斗争。另外，像减轻农民负担、严厉打击刑事犯罪活动，克服行业不正之风等举动，都显示出，中央政府注意采取积极的措施，以保证社会的稳定。

6. 公众心态较为活跃，参与社会经济活动的热情依然十分高涨。对各种社会经济问题以及相关现象，也依然持有高度的兴趣乃至警觉，特别值得提出的是，各界公众对改革必然伴随的利益调整和可能带来的某种利益损失，心理承受能力较以前有所增强，在本年度的价格改革过程中，公众的应对心态基本上平稳。另外，对一些意外事件或现象的反应，理性程度有所提高，像申办奥运未获成功并未引起大规模的情绪迷乱和有失理智的行动。

（二）1993年社会形势也存在着比较严重的问题

1. 一些重要的社会经济领域出现严重的混乱，尤其在上半年，经济过热，导致资金、物资全面紧张，增长速度难以为继；乱拆借、乱集资，使金融秩序混乱；盲目批租大批土地，使国家资产严重流失；到 6 月份，辽宁、河北、江苏、福建、广东、广西等地“开发区”共达 1200 个，规划面积达 7500 平方公里，“股票热”“房地产热”造成严重的“泡沫经济”现象；大中城市物价轮番上涨，仅 1 ~ 9 月份，大中城市居民生活费用价格上涨 18.9%，是近年来同期价格涨幅最大的时期。乱上项目、盲目投资屡禁不止，形成不健康的攀比现象；各种欺诈、失信行为层出不穷，使经济信用严重下降，影响了市场规则的建立和健全；相当部分的大中型企业的效益依然在下降；公款挥霍现象日益加重，1 ~ 5 月份，全国公款购买小汽车，耗资达 145 亿元，比 1992 年同期增长 137%；1 ~ 3 月份，全国公安机关受理各类报警案件达406.47万起，比1992年同期略有增长；到年底，城镇待业率升至2.6%左右……这些混乱涉及社会经济生活的很多领域，并且相当严重。

2. 中央与地方、条条与块块、部门与行业、政府与企业的关系调整未有大的进展。围绕利益分配与整体协调（如财税体制的改革、查禁走私等）问题，中央和地方的摩擦增多。一些地方出于自身利益的“扩张行为”愈演愈烈，其自成体系的事务垄断范围扩展到经济、贸易、财税、投资、福利以及治安管理等许多方面；这也在地方与地方之间关系中引出诸多不利因素。1993年，地方本位主义抬头，国家调控措施受阻，一些地区性、局部性的严重事件，以及经济混乱局面，均与此有关。

3. 相当部分政府官员贪污受贿、以权谋私的腐败现象愈演愈烈，各类经济犯罪案件大幅度上升，在1993年上半年达到极为严重的程度。仅在1月至9月份，全国检察机关侦破的案件中涉及党政机关工作人员5040名，其中厅局级干部20名，副部级干部1名，查办构成犯罪的司法人员1163名；这一期间，共立案侦查贪污、贿赂、挪用公款等经济罪案40209件，其中，万元以上大案23993件，县处级以上干部504名。与此同时，政府职能转换步伐过于缓慢，政府机关工作效率低下与机构膨胀现象，尚未得到缓解。

4. 社会分配不公、发展机会不均等的现象仍然严重。1993年各所有制、行业以及脑体之间的收入差距还在扩大，也引起大量纯粹的以提高收入为动机的职业、行业流动，使职业等级的声望序列发生混乱，社会各阶层之间的利益关系格局，受到明显的消极影响。1~9月份，全国城镇居民生活费收入为1710元，比1992年增长29%，扣除物价上涨因素，实际增长12%，而农民同期的现金收入为630元，增长17%，扣除物价上涨因素，实际增长仅为5%。1993年居高不下的通货膨胀率，又使低收入阶层的实际收入增长速度大大下降。在农村，农民担负过重、过多的摊派，使其利益大大受损，影响了劳动生产积极性，一些地区出现的农民集体过激行为，多与收入下降有关。

5. 经济发展与社会发展不协调的现象依然突出，在发达地区尤为明显。这些地区的经济发展速度在1993年依然很快，公众的收入增长也较快，经济生活十分活跃，增长潜力也相当大，但是，社会秩序的混乱程度也在加剧，精神文明建设大大滞后，社会治安状况日趋严峻，经济生活中的各种不正当行为依然比较严重。一些社会丑恶现象，在1993年依然呈禁而不止的态势，日益严重的刑事犯罪活动造成公众的安全感下降。在不发达地区，人们则依然面临着资金短缺、人才流失的严重困境。地区差距依然十分明显，仅就投资而言，东部沿海地区的增幅明显高于中西部地区。1993年10月份的国有单位投资中，12个东部沿海地区投资达431亿元，比1992年增长75.9%。中部8个地区投资168亿元，增长40.5%，而西部9个地区投资为86亿元，仅增长20.7%

6. 社会道德价值观的整合程度未见提高，“拜金主义”、唯利是图以及伴生的各种道德败坏现象还在蔓延。不少公众对各种社会经济问题和矛盾持情绪化的批判性评价，各种牢骚和不满在相当范围内蔓延。有人说生活从来没有这几年这样好，各种牢骚意见从来没有这几年这样多。这正是这种现实的反映。

7. 立法以及执法保障方面的进展过于缓慢。1992年就出现的大量矛盾和问题，在1993年没有获得有效解决，依然缺乏明确的法律框架。有法不依的现象依然比较严重。在市场经济建设和运行过程中急需大量法规、准则的建立和推行，在1993年未见重大进展。这在一定程度上影响了改革和经济建设的健康发展，也影响了对已有社会经济问题的解决。

总之，上述问题涉及社会形势的许多方面，有些直接影响到全局的稳定，有些则直接引发了地区性、局部性的冲突事件。

三　1993年社会形势的分析

（一）1993年社会形势的演进基本上可以分为两个阶段

第一阶段即上半年，在经济建设和改革不断取得进展的同时，各种问题和矛盾也已经积累到相当程度，社会经济形势中的混乱现象趋重，引发一些严重事件，也招致公众心态的一度不稳定。第二阶段即下半年，进入7月以后，中央政府针对已有的问题和矛盾，相继采取了一系列重要措施

（如继续减轻农民负担、加强宏观调控、整顿金融秩序、提出惩治腐败和全面开展专项斗争等），动作明显，声势浩大，对缓解、治理已有的严重问题和矛盾起到了很好的作用，从而阻滞了那些问题和矛盾演化为更严重的动荡。所以，在下半年，矛盾和问题趋向缓解，民心趋稳。我们认为，若没有一系列应急措施出台的话，下半年会影响社会的整体稳定，从另一方面看，这些措施能否保持足够时间的有效性，则会影响到1994年社会形势的演化。

（二）从总体上看，1993年社会形势呈现下述方面的内在特征

1. 经济建设、改革成就的不断获得与社会经济矛盾的积累、加重并存。1993年，第二轮改革的启动已经完成，改革成为社会发展的突出主题，以经济建设为中心的原则得到坚持，各项体制改革的深化与社会经济事务的日常工作联系在一起，从而保证了经济和各项社会事业的建设不断获得动力、不断取得成就，公众的心态渐入常轨，改革启动带来的兴奋与渴盼开始让位于务实。所以与1992年相比，1993年社会形势没有出现转折性变化，基本上沿着1992年转折所确定的框架发展，并保持了总体稳定和活跃。但同时，各种问题和矛盾也在积累、加剧，甚至公开化。社会某些方面的失序现象在蔓延，特别集中地表现在经济领域、道德领域和政府行为领域这三个方面。和1992年相区别的是，1993年的一些问题和矛盾不再受到“急转效应”的掩盖，而是通过各种方式暴露出来。这里，既有原有的内在矛盾的积累，也有1992年转折带来的各种过热的负面后果，其程度的严重性不容忽视。

2. 形势的动态发展暴露出越来越多的结构性矛盾。1993年的社会形势承续了1992年的基本格局，保持了总体稳定和活跃，但并未阻止各种深层次的矛盾的积累和加剧。像地区差别、双轨制、权力膨胀、行为失序等结构性矛盾早已有之，但不断受到本年度诸多现实因素的刺激和促动，从而趋向严重。比如，城乡差别继续扩大、农民实际收入增长速度放慢、东南部经济发达地区与中西部欠发达地区的差别还在继续扩大、同一地区内单位之间的差别也在扩大，从而衍生出一些矛盾与摩擦。我们认为1993年社会形势中的问题和矛盾，很少是本年度新近形成的，和问题与矛盾的常年

积累有关，像社会治安状况不理想、腐败、中央与地方关系扭曲、分配不公等，都不是1993年新出现的，各种过热现象及其严重后果，尽管是1993年新出现的，但它与政治、经济的传统运作模式依然在起作用有关，而且这也暴露了中央与地方、行政权力与经济规则、投资体制以及监督机制方面久已存在的弊端，因此，1993年，整个社会依然承受着各种问题、矛盾的积累、公开化所带来的种种消极后果。这已经成为社会形势演变中一种较为恒定的因素。

3. 社会形势的客观发展与政府的主观干预、控制之间的距离在拉大。1993年，作为积极干预、控制社会形势的一种努力，中央政府对许多社会经济领域采取了类似“紧急干预”的做法（我们习惯称之为“集中力量解决紧迫的问题”），主要是减轻农民负担、整顿金融秩序、惩治腐败、加强宏观调控、加强社会治安工作等。这对消除社会经济发展中的不利因素、缓解矛盾、保持社会的稳定起到了显著的作用；这些做法针对性强，力量使用也集中。但是，这一系列做法基本上属于“应对性干预”，即哪些问题和矛盾已经影响或可能影响到社会形势的稳定、经济建设和改革进程，就对此实施紧急治理措施。这种做法在过去若干年内反复使用过，如1983年的“严打”、1988年的“治理整顿”、1989年的“加强党群联系”“扫六害”。1993年的应对干预措施中存在的最大问题也由来已久，即基本上还都是属于治标未治本、深层次的问题仍未得到解决。可以断定，若不从体制改革、立法措施等方面根本解决这些深层次结构性的问题，影响未来社会形势的稳定与活跃的消极因素就不可能被根本消除。

1993年社会形势演变中的现状表明：我们对社会形势的认识与分析必须保持清醒的头脑，形成合理的判断，既应该看到本年度在经济建设与改革方面取得的巨大成就，也应该看到依然存在的迫切需要解决的相当严重的问题和矛盾。

1993年之所以能够保持社会形势的总体稳定和活跃，主要是因为以下三方面的因素。

第一，经济建设和改革取得的成就极为显著，过去十数年的社会发展成就，不断赋予整个社会以强大的活力。这是改革与社会形势发展的主导性因素，1993年也是如此。

第二，中央政府的紧急干预措施在短时期内获得明显的效果，缓解了矛盾，抑制了消极因素的增长。

第三，民心思定、思稳、求发展，尽管现实社会经济生活中存在严重的问题和矛盾，但公众依然企盼社会形势的稳定，依然对国家的发展和个人的发展抱有积极的期望。

对于1993年社会形势中存在的问题和矛盾则应该从社会转型时期的社会失序现象的不可避免性方面来理解。

1978年以来的改革意味着中国的社会体制发生重大变化，与之相伴的是社会结构、社会观念乃至日常生活方式的巨变。旧的规范、准则已经遭到怀疑乃至否定，必须有新的规范、准则来规定、调节改革以后的社会关系、社会道德以及公众行为方式。而这种新规范、新准则不是一朝一夕就能确定起来的。所以，改革起步以后，各种社会关系、社会运行方式、行为都发生了变化，但它们所依循的并不完全是新规范、新准则，也不完全是旧规范、旧准则，即没有哪一种规范、准则在规定、调节各种社会行为和社会活动过程中有绝对的有效性，由此就引起广泛的行为越轨和混乱，这就构成了社会失序现象，各种社会经济问题和矛盾由此不断形成、不断积累，乃至公开化，这在社会转型初期是难以避免的。

中国的社会转型又有其独特性，从而导致失序的普遍化和持久化。首先，中国的改革是从经济体制入手的，其直接结果是经济建设不断取得成就，经济体制的转轨也开始实现。相比之下，其他社会体制的改革（如政治、文化、法律）相对落后，这些领域难有显著进展，体制转轨十分滞后，形成了经济发展与社会发展总体上不协调、经济增长与社会体制重建不一致的矛盾局面。这一状况造成两个后果：一是经济体制改革难以深化，结构性矛盾无法克服，二是经济发展中的利益追求原则深化到社会各领域，普遍的具有灵活性的社会规范迟迟未建立起来，社会的激励机制发生紊乱，出现大量的失序行为。其次，中国的改革是从高度集中的计划经济体制向社会主义市场经济体制的转轨，其中的重要内容就是简政放权，以调动地方的、部门的和个人的积极性。这意味着原先的行政束缚在松弛，必然导致各部门、地方和个人的活动空间的扩大，选择机会的增多，再加上规范、准则的模糊，这在客观上增加了行为失控的可能性。

四 1994 年社会形势的几点预测

1994 年社会形势的健康发展，取决于下列因素是否具备：改革进程不出现中断；经济建设不出现大的波动；政治生活格局不出现逆转；公众对改革依然持积极参与的态度；中央政府的权威不断提高。

（一）具体预测如下

1. 经济建设和各项社会事业发展将保持较好势头，但速度略低于 1993 年，趋于合理。涉及诸多社会经济问题的物价上涨依然引人注目，涨幅不会加剧，但在短时期内不会很快减小，特别是在大中城市。公众的生活水平将有所提高，但生活压力不会降低。

2. 各项改革大规模出台新的方案，并开始实施，大中型企业的效益提高问题依然是焦点，金融、财税、外贸、国有资产管理、投资等体制的改革具有急迫性，预计将大幅度推进，这对保持经济的健康快速增长、增强社会活力将起到积极作用。

3. 社会政治生活将趋于活跃，各种社会团体的活动参与程度提高、参与面会扩大。行政管理体制的改革会逐步实施，公众对政治活动的关注程度会有所提高。《中共中央关于建立社会主义市场经济体制若干问题的决定》将产生广泛的政治效应。

4. 公众的心态依然比较平稳，对经济建设和社会进步的前景依然持有较积极的期待；价值观念多元的状况还会存在，另一方面，社会道德水准的下降局面一下子难以改观。

5. 农村的形势将以稳定为主，随着 1993 年 10 月中央农村工作会议精神的贯彻和落实，农村生产体制、社会化服务体制的改革将深化，农民的利益将有更多更有效的措施来加以保证，农民的收入水平的提高将比 1993 年略快。

（二）1994年社会形势还可能出现如下问题和矛盾

1. 中央和地方的关系调整将面临全面的考验。1994 年将实行中央和地方的分税制，中央收中央的税，地方收地方的税。中央在财政收入中的比重将逐年提高，中央的调控能力也将增强。推行分税制后，中央和地方的关系会有新的调整，逐渐形成新的格局，但这项改革不会在短时期内到位。所以在 1994 年度，心理认识方面的变化会很大，因为这毕竟是一项重大的改革。对于利益的重新分配、中央和地方关系的调整和重建，一定要有充分的准备、周密的盘算，务求稳妥地实施和推行，否则会引发中央和地方之间一些新的摩擦。

2. 反腐败斗争面临严峻的考验。1993 年出台的各相关措施要有相应的体制改革和立法跟进，否则这会影响到 1994 年反腐败斗争的深入，致使公众对反腐败斗争的高度期望转化为不满，从而反过来影响到反腐败斗争的深入，以致影响党和政府在人民群众中的威信。

3. 地区发展水平的差距、各阶层收入分配差距会进一步加剧，这会成为影响 1994 年公众心态的一个重要因素。

4. 不能排除某些地方、局部出现严重的突发性事件的可能性。特别是在经济社会发展极不协调的地区和少数民族地区，起因很可能是收入下降、治安形势恶化、干群关系紧张、民族矛盾、宗教矛盾以及政府对某些问题处置失当，也不排除一些偶然事件引发严重后果的可能性。

5. 社会治安状况依然是 1994 年的严重问题，各种刑事犯罪活动虽然在 1993 年遭到严厉打击，但未见下降势头。流动人口增加、警力不足、治安体制上的漏洞等客观原因，都使 1994 年治安形势的改观相当困难。另外，各种社会丑恶现象在 1994 年将依然存在，并在一定范围内蔓延。这又构成了社会形势健康发展的重大隐患。

五　建议与对策

1994 年，政府面临着极为艰巨的任务。既要推进经济建设、改革的进一步发展，又要解决大量复杂的社会经济问题，还要解决自身职能转换问题，三管齐下，任重道远。

要保持 1994 年社会形势的稳定和活跃，关键是提高政府对形势的合理干预和控制能力。其基本点是：逐步确定系统地解决社会经济问题的宏观框架，逐步完善各种干预、控制的技术性手段，两者缺一不可。

就1994年可能出现的具体的社会经济问题，我们提出如下建议。

1. 在推进经济体制改革的同时，加快对各项社会体制的改革。要把配套改革的重要性、急迫性提高到关系改革成败的高度来认识。这既可以清除深化经济改革过程中的障碍，又能对促进社会稳定、增强社会活力起到积极的作用。像社会保障制度、人事制度、行政管理制度的改革在1994年应该出台新的举措，加大改革力度；已经酝酿的改革方案要果断地实施，力争使1994年的社会保障体制的改革有重大突破，使经济体制改革和经济发展有良好的基础。应加快社会失业保险机制的建立与完善，使企业破产以及企业人事制度和党政机构的改革有所突破，为从根本上解决大中型企业效益不高和机构膨胀的问题迈出关键的一步，同时也消除已经存在的待业、失业现象可能招致的不稳定因素。

2. 强化对政府官员的行为约束，同时大力推进政府职能转换，建立高效、廉洁的政府。在1994年，应重点提高政府官员的收入、办事程序、政绩这三方面的透明度。建议建立专门的、全权的廉政机构，专事反腐败斗争。推行严格的政绩考核，政绩的评定应由两部分组成：上级部门评定和公众的评定，在根绝官员“只向上级负责”这一弊端方面，迈出关键的一步。在政府机构职能转换方面应侧重管理层次的改变而不仅仅是管辖范围的变化，可鼓励成立多种中介组织来替代政府的某些职能，逐步简化手续，提高效率。另外，在减撤机构、精减人员方面，应更果断、更坚决；由中介组织或社会保障机构来担负被裁人员的工作、生活问题的解决。

3. 在调节中央和地方的关系方面，要通过提高中央财政的比重，增强中央调控能力；与此同时，为维持和发挥地方的积极性，应予以更多的政策优惠和其他方面的自主权，作为补偿，也作为建立新型的中央和地方关系的尝试，即在充分放权的同时，严加监督。另外地方领导人的调动应该形成制度，必须保持必要的交流格局，同时要完善“因咎就地免职”的制度。

4. 强化治安，增强公众的社会安全感、消除公众不满情绪。这对保持1994年的社会形势稳定有重要作用。在适当时期展开严厉打击刑事犯罪活动的集中行动；增加警力，提高社会治安管理的现代化水平；专项斗争的开展与相应的法规、体制的健全相结合。1994 年的专项斗争应集中在“流窜犯罪”“抢劫”方面。在罪犯的追捕形式上，要制定规则和条例，利用大众传媒的途径，动员全社会的力量。这是在新形势下动员、强化全民治安意识、提高法律水平的一种新方法。

5. 在调节各社会阶层收入关系方面，应有大的举措出台和实施。尽快出台和完善《中华人民共和国个人所得税法》《中华人民共和国继承法》和一系列法律；打破各行业、职业流动上的种种障碍，使低收入者能如愿地流向可能获得较高收入的单位，以提供机会的方法，来抵消那些低收入者的不满，对畸高收入者的收入来源进行厘清和监督、严厉打击侵吞国有资产的违法活动，在这方面要排除各种顾虑，果断地整顿社会秩序；制定严密的税制和个人财产公布制度、银行储蓄制度，对个人大户的储蓄动向进行及时把握。要把对社会收入差距的调节任务放到维护社会形势稳定、推进社会发展的高度来认识。

1994~1995年中国：社会形势分析与预测总报告*

1994 年 10 月，中国社会科学院“社会形势分析与预测”课题组召开了 1994~1995 年中国社会形势分析预测座谈会，40 多位属于不同研究领域的专家学者参加了会议，他们分别来自中国社会科学院社会学所、法学所、人口所、政治学所、民族所、世界宗教所、经济所、农村发展所、国务院发展研究中心、国家体改委、国家统计局、公安部、人事部、最高检察院、民政部、统战部、建设部、国家计生委、全国总工会、北京大学、北京理工大学、中国经济社会调查所以及中国社会科学院有关厅、局等，部分新闻出版单位的同志也参加了会议。此外，课题组还在 1994 年 10~11 月就中国 1994~1995 年的社会形势对全国 170 多名不同领域的专家学者和权威人士进行了问卷调查，并对全国 10 个省区的 2 万多名城乡居民进行了问卷调查。根据对专家学者意见的归纳整理和对来自各个方面调查统计资料的综合分析，现将我们对 1994~1995 年中国社会形势的分析预测结果报告如下。

一 1994 年社会形势的基本判断

经过 16 年改革开放历程的中国，已经进入一个加快建立社会主义市场经济新体制和社会持续稳定发展的新时期，这同时也是一个体制过渡和结构转型的关键时期。1994 年，对于社会发展总的形势可以从以下几个方面做出基本判断。

（一）经济持续快速增长

在经历了 1992 年和 1993 年连续两年经济增长速度达到 13% 以上之后，

* 李培林执笔。

1994年国内生产总值又比上年增长11.5%左右，仍是当今世界经济增长最快的国家之一，国内生产总值已突破4万亿元大关；工业保持快速增长，乡及乡以上工业增加值比上年同期增长16%以上，农业的主要农产品除粮、糖减产外，其余均获得稳定增产，粮食总产量可达4.45亿吨；国家财政收入情况转好，1994年1~9月份全国财政收入比上年同期增长18.5%，支持和促进了各项改革的平稳过渡，另外实行外汇体制改革后，前三季度国家外汇储备增长140多亿美元，等于增加1000多亿元人民币的基础货币。

（二）国民经济的结构性发展出现新的增长点

1994年1~9月份，国有及国有控股企业完成工业增加值比上年同期增长5.8%（其中国有工业增长4.5%），集体工业增长21.2%（其中乡办工业增长28.2%），以股份制和三资企业为主的其他工业增长28.9%。另外，上半年全国私营企业户数、从业人员和注册资金分别比上年末增长38.0%、34.4%和53.0%，个体工商户的户数、从业人员和注册资金分别比上年同期增长21.9%、27.2%和52.7%。在全国工业总产值和外贸出口交货值两项指标中，1994年乡镇企业首次占据“半壁江山”，并出现中西部地区乡镇企业产值的增幅高于东部地区20多个百分点的新局面。而且，在国民经济的持续增长中，继乡镇企业之后，国家控股的股份制企业、各种合作经济以及其他各种非公有制经济正在成为国民经济新的增长点。进入1994年第四季度后，国有工业的增长情况也达到了近两年的最好水平。

（三）人民生活水平稳步提高

1994年国内商品市场繁荣，生活消费品供应充足，在物价增幅较大的情况下并没有出现挤兑和抢购风潮，粮油价格较大幅度的调整对日常生活的影响相对平稳，消费支出继续朝着多样化的方向发展，住房装饰、电话、空调和子女教育投资成为城市居民继电视机、电冰箱、洗衣机之后的新的消费热点，农民现金收入的增幅也大于前几年。1994年1~9月份，扣除物价上涨因素，城乡居民人均生活费收入比上年同期实际增长6.8%，城镇居民人均生活费收入比上年同期实际增长8.2%，农民人均纯收入比上年同期实际增长5%左右，全年城乡居民新增储蓄存款达到5000亿元以上。到

1994年底，90%以上的城镇企业职工参加了失业保险，8600万城镇从业人员参加了离退休费用社会统筹，4500万农民参加了农村社会养老保险，全国养老保险金累计结余已达近500亿元。

（四）人口继续呈低增长率、高增长量的趋势，国民素质有所提高

1994年全国人口出生率保持在18‰左右，人口自然增长率大致在11.4‰，全国已经有十几个省和直辖市的人口自然增长率下降到10‰以内，全国妇女总和生育率保持在2左右，已略低于人口替代水平。但是，由于人口基数庞大，全年净增人口仍达1400万人左右，人口总量已接近12亿，人口形势依然严峻。与此同时，国民素质显著提高，婴儿死亡率接近高收入国家水平，人均预期寿命达到70岁左右，成人识字率提高到80%以上。

（五）城市化和农村剩余劳动力转移的速度加快

1993年末《中共中央关于建立社会主义市场经济体制若干问题的决定》中提出，“逐步改革小城镇的户籍管理制度，允许农民进城务工经商，发展农村第三产业，促进农村剩余劳动力的转移”，此后，全国各地许多省份制定了一些具体的实施措施，加快了城市化进程和小城镇的“农转非”速度。根据对来自各方抽样调查结果的综合分析，目前全国跨区域流动的农村劳动力达到5000万人左右；在外出农村劳动力中，主要停留在大城市的占27.8%，主要停留在中小城市的占45.1%，停留在外省市乡村的占20.8%，另有6.2%难以确定；从外出时间看，全年外出在10个月以上的占到53.2%。1994年，中国的城市化水平（市镇人口占总人口的比重）达到约30%。

（六）社会秩序开始向好的方面转化

经济生活中打击假冒伪劣、保护知识产权、反暴利、反不正当竞争、反走私等活动的开展，遏制了市场秩序的恶化；社会生活中对杀人抢劫、车匪路霸、卖淫嫖娼、黑社会团伙的严厉打击，也使这些活动有所收敛；司法、工商、金融、铁路、供电、电话、医疗、报刊、电视、出版、文艺演出等领域对行业不正之风的治理收到较好成效；以打击贪污受贿、以权

谋私、权钱交易、挥霍公款、变相侵吞公有资产等为主要内容的反腐败斗争继续向纵深发展。

（七）社会舆论和社会心态基本保持着健康态势

根据本课题组和国家统计局于1994年10月对全国10个省市27个地区约20000名城乡居民的抽样调查，大多数人认为1994年社会形势“很稳定”和“基本稳定”（5.61% +58.33%），多数人认为“改革顺利推进”是1994年的最重要进展（占50.88%），公众对改革成效评价较高方面依次为“工资改革”（占38.32%）、“财税改革”和“住房改革”（均占24.26%）、“公务员制度推行”（23.25%）等；另外，1/3强的居民感到“生活水平有所提高”（占38.41%），但也有1/5多的居民认为自己家庭生活水平“略有下降”（占21.23%）；公众认为1994年社会经济方面存在的最主要问题依次是：“物价上涨过快”（占79.8%）、“社会治安不够好”（33.05%）、“反腐败进展不快”（28.14%）、“社会风气不良”（19.15%）以及“国有企业效益提高慢”“失业加重”“农业不稳定”等。

此外，教育、科技、医疗卫生、社会保障、生态环境、文化体育以及其他各项社会事业的改革和发展，也都取得了明显的进展。

二　1994年社会发展的基本特点

1994年的社会形势以改革加快、持续发展和基本稳定为主要特点，总体上处于经济开始“软着陆”但社会结构仍加速转型的阶段，转型期中社会稳定的价值更加受到关注。具体表现在以下几个方面。

（一）从政治上为坚持建设有中国特色社会主义的路线进一步提供保证

继1993年出版《邓小平文选》第3卷之后，1994年又出版了《邓小平文选》第1卷和第2卷的新版修订本；同时1994年召开的中共十四届四中全会，专门做出《中共中央关于加强党的建设几个重大问题的决定》，这意味着继1993年中共十四届三中全会确定了社会主义市场经济体制基本框架之后，要为在进入世纪之交的过渡期中坚持建设有中国特色的社会主义，保持改革开放路线的持续性和政局的稳定性，在思想上和组织上进一步提供保证。

（二）强调了正确处理改革、发展和稳定的关系

中央在年初就提出了要正确处理改革、发展和稳定的关系，在高层领导中取得了比较一致的认识，把保持社会稳定放在了重要位置，特别是在上半年，正确处理和调整了一些涉及全局的重大关系，保证社会稳定，下半年则重点强调平抑物价，抑制通货膨胀和加强“菜篮子工程”。

（三）经济社会领域的重大改革初步实现平稳过渡，新经济体制形成初步框架

1994年是重大改革措施出台比较集中的一年：财税制度由地方财政包干制改为在合理划分中央和地方事权基础上的分税制，建立了中央税收和地方税收两套体系，按照统一税法、公平税负、简化税制的原则，推行以增值税为主要内容的流转税制度，建立政府公共预算和国有资产经营预算的复式预算制度；金融体制实行了政策性业务与商业性业务的分离，中国人民银行作为中央银行在国务院的领导下独立执行货币政策，新组建了国家开发银行、进出口信贷银行和中国农业银行三家政策性银行，现有的专业银行要逐步转化为商业银行，此外还对银行业和证券业实行了分业管理；外汇体制实行了官方汇率与市场汇率的并轨，国家有秩序地放开进出口商品经营权，一律取消外汇留成，实行统一结汇制（外商投资企业实行过渡办法），出口配额实行招标、拍卖和规则化分配；国有企业改革已做好了建立现代企业制度的试点准备工作，由国家经贸委、国家体改委等16个部委参加的部际协调会已通过了现代企业制度试点方案，与此相关的12个配套规章正在分头拟定，改革将从经营状况好的企业开始，逐步实行公司制改组，根据不同情况改为国家控股、参股的股份有限公司或多个法人出资的有限责任公司；在工资改革方面，国家机关实行了公务员工资制度，国家事业单位也实行了套改，使这些部门的工资水平有了较大幅度的调整；价格改革方面较大幅度地调整了国家对粮棉油的合同收购价格以及原油、成品油、煤炭等生产资料价格，在理顺价格关系方面迈出较大步伐。这些改

革措施相对集中地出台必然会使政府从不同的方面对原有的利益格局做出调整，但是由于加大了改革配套的力度，体制改革的过渡相对来说比原来预想的要更加顺利和平稳。

（四）宏观调控取得成效，经济开始实现“软着陆”并避免了大起大落

1993 年一度偏热的经济在政府干预下 1994 年开始逐步降温，投资膨胀有所遏制，1～9 月份国有单位固定资产投资比上年同期增长 43.9%，其增幅比上年同期回落 22.5 个百分点，1994 年的全社会固定资产投资比上年实际增长 18%，其增幅也明显比上年回落，基本建设和更新改造新开工项目比上年减少一成多，大上度假村、高级别墅以及炒卖地皮的现象得到有效抑制。不过，固定资产的投资增长仍远远高于国内生产总值的实际增长速度，经济增长仍主要靠投资推动而不是效益提高。

（五）社会稳定更加受到重视，整顿社会秩序的力度明显加大

缩小地区差距已提上议事日程，增加农民收入和减轻农民负担备受政府重视，扭亏无望的国有企业破产中对职工生活的妥善安置排在首位，消除贫困的财政支出有较大幅度增加。在整顿社会秩序方面，1994 年先后开展和继续进行了严厉打击刑事犯罪、加快清理经济犯罪大案要案、打击假冒伪劣的制造和商业行为、“扫黄打非”、反腐败等一系列活动。截至 1994 年 9 月，据统计，全国公安机关共破获刑事案件 113.6 万起，摧毁和破获各类犯罪团伙 10.9 万个，查获团伙成员 41.2 万人，缴获赃款、赃物折合人民币 41.4 亿元，一大批罪大恶极、危害一方、群众深恶痛绝的流氓恶霸落入法网；同期还相继追捕了各类重大逃犯 1.2 万人，一批杀人、抢劫、车匪路霸、诈骗、盗窃、拐卖妇女等重大逃犯被抓捕归案；此外，还查处了一大批卖淫嫖娼、赌博、吸毒贩毒、色情服务和制贩淫秽书刊、录像等违法犯罪分子，净化了社会空气。

（六）社会发展压力加大，社会发展意识增强

经济改革向纵深发展所遇到的种种难题，使人们更深切地感受到社会

保障、就业、教育、城乡管理、医疗、住房等社会体制配套改革的必要性，而且，如果这些领域的改革没有新的突破，微观经济基础的再造就很难进一步向纵深发展，但社会体制的配套改革更多地涉及利益格局的调整，所以目前仍在谨慎地通过试点进行。另外，为配合将在1995年召开的社会发展世界首脑会议，1994年中国进行了一系列推进社会发展的活动，国家在着手制定“九五计划”和1996~2010年发展规划的同时，也在酝酿和制定第一部“中国社会发展纲要”。1994年国务院召开了新中国成立以来第一次“全国社会发展工作会议”，同时在北京举办了“中国社会发展成就展览会”，中国政府还向是年9月在开罗召开的“国际人口与发展大会”提交了《中华人民共和国人口与发展报告》。干部和民众的发展意识也开始从单纯注重经济增长转向更加注重整体的社会发展以及生活质量的提高，教育、科技、社会保障、生态环境等在发展中的价值得到更加普遍的认同。

三　1994年社会发展中存在的若干问题

在1994年的发展过程中，也存在着若干值得高度重视的问题。

（一）物价上涨超过警戒线，一部分群众生活水平下降

1994年1~9月份，全国商品零售价格比上年同期上涨20.9%，全国居民消费价格累计平均上涨23.3%，35个大中城市居民消费价格平均上涨24.5%，农业生产资料价格累计平均上涨20.0%。1994年零售物价上涨率超过了1988年的18.7%和1989年的17.8%，是改革16年来的第三个物价高峰年，大大超过15%的严重通胀警戒线，更远远超过3月份人代会提出的要把物价控制在10%的要求。1994年，在全国居民平均收入水平继续提高的同时，约有1/5的城市家庭实际收入水平下降，农村中的这一比重则更大，部分县市的实际收入水平下降的居民占到五成以上，银行的居民储蓄也出现了事实上的负利率或零利率。此次物价高涨是在国家已经紧缩银根、大力压缩固定资产投资的情况下形成的，原因主要是成本推动，包括部分企业税负增加后的上抬物价，国家机关和事业单位的工资套改以及套改中的部分失控和由此带动的企业工资水平攀升（1994年全国工资总额比上年

增长26%，职工工资比上年增长24%），对粮棉油收购价格和原油、天然气、煤炭价格的上调，汇率并轨以及压缩外贸财政补贴后带动的进口原材料价格上升，近两年投资品涨幅过高形成的成本压力，等等。不过，由于经济持续增长，商品供应充足，国库券发行成功，对长期储蓄实行了保值，居民对物价上涨已有预期，所以此次物价高涨并没有引发抢购风。短缺经济的结束和总体上供大于求局面的形成对人心稳定起到重要作用。

（二）农业的粮棉生产形势依然严峻，城乡和地区差距继续拉大

1994年的粮食总产量比上年减少近1000万吨，同时人口比上年净增1400万人左右，虽然由于食品结构的变化，居民的直接消费用粮在持续降低，但粮食转化产品的生产用粮和饲料用粮在大幅度增加，国内粮价也已逐步接近国际市场水平，国家不得不动用大量外汇储备进口粮食。棉花收购虽然实行了严格的国家专营，但收购工作在实际执行中也遇到很大阻力。而且，由于农用生产资料，特别是化肥的价格上涨幅度过大，粮棉价格上涨的收益不能全部落实到农民手中以及粮棉的市场价与收购价的价差又有所拉大，粮棉种植者收入增长过缓的局面仍未得到根本扭转，这会进一步影响农民粮棉生产的积极性。1994年城乡之间和地区之间的经济发展差距以及居民收入差距继续拉大，而且造成这种差距的原因越来越集中在产业结构的差别上，“农业大县、经济小县、财政穷县、居民收入落后县”的状况更为突出，使一些地方政府以农业为基础的意识发生动摇。1993年通过各种措施全国共减轻农民负担103亿元，使农民人均承担的村提留、乡统筹费占上年人均纯收入的比例由1990年的7.88%下降到4.68%，但是1994年有些地方又出现农民负担的明显“反弹”，造成干群关系紧张。

（三）部分职工、部分离退休人员和低收入阶层生活比较困难

1994年，亏损企业破产的数量规模明显扩大，全年法院受理的破产案件大体上相当于1989～1993年法院受理破产案件的总和，破产企业职工的生活多数得到妥善安排，但也有部分职工陷入困难境地。部分国有企业的亏损状况依然严重，库存积压、产品和设备老化、资金紧张、债务负担重、历史包袱多、冗员过多等造成经营艰难，部分国有亏损企业发不出工资或

只能发40%～60%的工资。据劳动部门统计，1994年城镇失业率达到3%，城镇失业人员达到500万人，比上年增加80万人；城镇还有停产半停产企业2.8万户，涉及职工580万人，其中减发工资的314万人，占城镇职工总人数的2%，占企业职工总人数的3%。另外根据对一些省区的调查，有些省区至今尚有60%～70%的县市由于财政紧张没有进行机关和事业单位的工资套改，西部地区一些地方连机关干部都发不出工资，拖欠工资的情况较为严重。特别是部分离退休人员，由于物价上涨幅度过高，感到生活负担难以承受。截至1994年9月底，全国因故不能及时领到离退休金的有49万人，占离退休总人数的1.8%。与此同时存在的问题是，由于收入差距的拉大，总体的消费资金膨胀，职工平均工资的增长也大大超过劳动生产率的增长，公费医疗目前以年均20%以上的速度增长，超过了财政收入增长幅度，劳保医疗费的提取占企业工资总额的10%，而且漏洞很大。

（四）社会治安仍存在诸多问题，反腐败斗争的任务依然艰巨

1994年的刑事案件发案率又有所上升，特别是查处的一些刑事犯罪和经济犯罪大案要案令人触目惊心，且增幅较大，有些恶性刑事案件在社会上造成极坏的影响，部分农村地区治安情况较差，群众缺乏安全感。卖淫嫖娼、吸毒贩毒、赌博、贩制淫秽书刊和音像品等行径虽经严厉打击整治，但禁而不止，在有些地方仍十分猖獗。反腐败斗争虽已取得很大成效，但与中央的要求和民众的期望还有相当大的距离，从目前查处的结果看，存在的问题不少，仅1994年上半年，全国纪检监察机关就新立案60014件，结案41341件，查处44105人，其中涉及省部级干部7人，地厅级干部99人，县处级干部1141人，为国家挽回经济损失9.74亿元。

（五）教育、科研领域的改革仍存在许多困惑，总体发展滞后的状况未得到根本扭转

目前全国高等院校已发展到2200多所，在校生达到440万人，其中在校研究生达到约11万人，但从每万人口占有的大学生比例、教育结构的调整、教材改革的情况、在校学生的学习热情来看，还远远滞后于经济发展的要求。财政性教育经费总支出占国内生产总值的比重目前虽已提高到

2.8%左右（其中国家财政预算内拨款约占61%），但绝大多数仍是用于教师员工的“人头费”。为弥补教育经费的不足，1994年全国37所高校试行部分学生收费制度，但试行过程中也出现一些高校竞相以降低入学分数为代价招收“高价生”的现象，引起群众，特别是低收入阶层的议论，中小学生经济负担加重的情况近两年也比较突出。基础科研队伍人心不稳的局面尚未得到根本扭转，就是一些亟须发展的应用科研领域，在“放开一片”的过程中也出现高度的不适应，在市场选择面前深感困惑。教育科研领域的稳定人心、新老继替、防止人才外流、建立优胜劣汰机制、培养跨世纪学术带头人等，都还是亟待解决的问题。

以上这些发生在不同领域中的问题总体上都明显地带有转型期的过渡特征：有的领域是旧的体制打破以后，初建的新体制还未能真正有效地发挥作用，需要一段时期的磨合；有的领域旧体制打破以后，新体制没有随之建立起来，从而出现体制规范的“真空”或“漏洞”；也有的领域是新旧两种体制规范并存，出现体制摩擦和冲突，相互抵消有效性，并造成行为规范上的混乱和价值观念上的困惑；还有的领域是较为敏感地涉及历史形成的刚性利益格局，仍在谨慎地积极探索改革，还没有进入新的运行机制轨道，因而对新的发展形势产生“不适应症”。

四　1995年社会形势预测

1995年社会仍会保持积极、健康的发展态势，经济将持续、稳定增长，初步构建的社会主义市场经济宏观框架将面临新的考验，国有企业的改革将明显加大力度，与之相伴随的就业、医疗、住房、社会保障等体制的改革将被推到前台，社会领域的发展价值和发展中存在的问题将更加受到各个方面的关注。根据我们对来自各方调查统计资料和数据的综合分析，现就1995年的社会形势做出如下预测。

（一）经济继续“软着陆”，但仍保持较高增长速度

1995年若继续维持中央现行的紧缩银根、压缩固定资产投资规模的政策，经济增长将缓慢回落，但并不会出现大起大落。由于乡镇企业等国民

经济新增长点的大力推动、产业结构持续地"非农化"和旺盛消费需求的牵动以及1994年仍然较高的投资比重，1995年经济增长仍将保持较高速度，预计会达到10% ~11%。在价格信号的引导下，如果不出现特别严重的自然灾害，1995年的粮食生产会转好，但对棉花的供销政策若不进行某些市场化的调整，形势会变得更加严峻。

（二）人民生活水平继续提高，物价涨幅将逐渐回落

随着经济增速的缓慢回落和对固定资产投资规模的压缩、控制，如果1995年没有牵动全局的新的物价上调措施出台，物价涨幅将会有明显下降，但考虑到物价翘尾因素、成本滞后期推动因素以及1994年尚未进行工资套改的机关事业单位将继续兑现和追补从而带来需求拉动等因素，预计1995年商品零售物价的上涨仍不会低于13%。扣除价格上涨因素，预计城乡居民人均生活费收入将增长6% ~8%。中西部地区在乡镇企业加速增长的推动下，农民人均纯收入增幅会有明显提高，但与东部地区收入差距的绝对额会继续加大。另外，由于国家加大了消除贫困的努力和扶贫的力度，中央的扶贫投入已从80年代初的十几亿元增加到1994年的近百亿元，1994年全国人大通过的财政预算法也把扶持老少边穷地区的资金列入单项预算，保证国家二次分配向贫困地区倾斜，在今后的扶贫工作中每年再增加10亿元以工代赈资金和10亿元专项贴息贷款，重点扶持592个贫困县，所以预计缩小贫困面的速度将有所加快。不过根据国际经验，当贫困人口比例达到10%的时候，贫困问题的解决将进入瓶颈阶段，为实现到20世纪末解决8000万贫困人口温饱问题的目标，今后年均要减贫1142.8万人，较之1986 ~1992年每年减贫642.8万人，任务增加近一倍，难度还是相当大的。

（三）国有企业的改革步伐将明显加快，企业效益可能有显著好转，破产企业职工的生活安置问题会变得突出

国有企业的改革和组织创新是1995年经济体制改革的重点，改革的步伐将明显加快，效益好的国有企业的资金紧张状况可望有所缓解，而一批长期亏损、扭亏无望的企业将会通过破产保护逐步退出一般竞争领域。如果这一改革进展顺利，国有企业的增长速度、亏损面、亏损补贴、综合经

济效益等多项指标将会有十分显著的好转。但是，在这一过程中，亏损破产企业职工的生活安置和再就业问题将会变得非常突出。

（四）人口继续维持低增长率、高增长量，形势依然严峻

1995 年中国人口年自然增长率预计会维持在 12‰左右，全年人口出生率在 19‰左右，但人口总体上仍处于增长的高峰期内，1994 年 15～49 岁的育龄妇女仍达 3.26 亿人，比上年增加 300 万人，20～29 岁的生育旺盛年龄段妇女接近 1.2 亿人，处于 23 岁生育峰值年龄的妇女仍有 1200 多万人，所以人口的绝对增长量仍不会低于 1400 万人，1995 年中国大陆人口总量预计将达到 12.13 亿人。如果没有大的波动，估计到 2000 年可把中国大陆人口控制在 12.8 亿人以内。

（五）城市化和劳动力转移继续加快，农民工流动的季节性压力将减弱

随着乡镇企业的迅速发展，特别是县以下市镇“农转非”速度的加快，市镇人口占总人口的比重会继续有所提高，1995 年中国的城市化水平有可能达到或超过 31%，在产业结构的调整和比较利益的驱动下，农村剩余劳动力向二、三产业的年转移量有可能达到 900 万人。与此同时，由于农村非农产业的活跃、城市新开工基建项目的压缩和择业渠道的多样化，农民工向大城市涌动的势头会趋缓，跨省的季节性流动压力会减弱，省内农民工的季节性输出根据各省的不同情况将占总输出量的 30%～50%，但农民工的节假性流动的压力仍然会很大，特别是春节期间，仍会因农民工集中返乡而出现铁路、公路和水路交通异常紧张的状况。

（六）社会秩序会继续好转，但治安问题仍然是民众关心的焦点之一

1995 年打击刑事犯罪、整顿经济秩序、“扫黄打非”、反腐败等斗争将继续以较高的力度进行。反暴利、反知识产权侵权行为、反偷税漏税、整顿农村治安秩序将会广泛开展。不过，一些破坏社会秩序的不法行为和社

会丑恶现象，风头一过还有卷土重来的可能，特别是经济领域的违法犯罪活动，在牟取暴利可能性的诱惑下，还会有一些人铤而走险。在对国有严重亏损企业实行破产保护的过程中，要高度警惕国有资产的流失，防止出现炒卖国有企业产权的现象。在社会转型的过渡期中，社会治安秩序将始终是民众关心的焦点问题之一。

（七）妇女和家庭问题将会更加受到关注

1995 年将在北京召开第四次世界妇女大会，这将会推动政府、民众、新闻界和社会舆论对妇女和家庭问题的关注。妇女的权益保护、妇女的社会参与、家庭核心化对人际关系的影响，离婚率的上升，与独生子女伴随的性别比例失调以及计划生育等问题有可能成为社会讨论的热点。

（八）根据上述提到的本课题组对全国20000名居民的抽样调查，公众在1995年最关注的三大焦点问题将是："控制物价上涨"（71.67%）、"严惩腐败"（39.97%）和"社会稳定"（24.99%）

根据专家组的意见，对社会经济持续、快速、健康发展产生不利影响的关键因素可能主要来自下列方面。

1. 1994 年全国的零售物价上涨率达到新中国成立以来的最高峰，虽然预计 1995 年会有明显回落，但回落是有过渡期的，不能指望一步到位，若能回落到 1993 年的 13% 的水平就很不错。在这种情况下，一部分低收入家庭的实际生活水平仍会受到很大影响，从而导致社会阶层利益摩擦的加剧。加之国有企业的加快转型很可能使一部分亏损企业的职工面临艰难的选择，打破他们长期以来的心理平衡，社会新增劳动力带来的就业压力也会变得更加突出。近几年来稳定在 2% ~3% 的城镇失业率有可能因为隐性失业或就业不足的显化而有所上升。如果一旦出现异常的（按照菲利普斯曲线描述的一般经济规则，通货膨胀率与失业率成反比）通货膨胀率和失业率"双高"的现象，将会对经济社会的改革与发展所依赖的稳定环境十分不利。

2. 1994 年粮食比上年减产了 1000 万吨，这固然有自然灾害的原因，但更重要的因素是前两年各地大上经济开发区后造成耕地面积锐减，大量农村劳动力外流后土地没有制度化的转包程序而造成抛荒撂荒，以及在比较利益驱动下粮田改种经济作物等。这些因素在 1995 年并不会消失，一旦粮食再度减产，将会产生一系列连锁反应，对稳定物价造成威胁。而且，1994 年国内主要粮食品种的价格几乎比上年增长了 1 倍，已逐步接近国际市场价，部分东南沿海省份开始把眼光转向粮食进口，今后仅靠提高粮价来刺激农民种粮积极性的余地已很小，但即便是如此，比较利益的差距仍在拉大，相当一部分粮农的收入增长过缓的问题没有解决。1994 年农民平均生活水平有较大幅度提高，但平均数后面掩盖的问题是，农民中实际生活水平下降的人数所占的比重比上年有所提高。在目前，对于社会稳定来说，农民的真正问题不是来自所谓的“民工潮”。因为民工是在流动中获益并使社会获益的人，而是来自在农村发展中利益应当得到补偿而未获补偿的那一部分人，前者面临的是加强管理和疏导的问题，而没有前者，后者的问题就更难解决。

3. 1995 年仍是新经济体制宏观框架经受考验和利益格局处于新的调整之中的关键时期，而且改革向纵深的发展愈来愈触及利益格局中的刚性部分，保证政局稳定和中央的权威变得更为重要。1994 年实行分税制以后，中央和省区之间的财政利益划分是清楚的，但在省区内的地方四级财政之间，并没有法定的比例关系，结果是往往出现自下而上层层截留和自上而下层层加大提成的并行现象，而对一个具体的地方来说，为此表示财政紧张的最有效方式就是发不出工资。但不发工资不但违反法律，更悖人心，新中国成立以来罕见。社会稳定的核心是人心的稳定，而在人心的稳定中尤其要重视基层干部队伍的人心稳定和知识分子群体的人心稳定。

五　若干对策和建议

根据对 1994 年经济社会发展状况、发展中出现问题的分析以及对 1995 年社会发展趋势的预测，综合课题组各方面专家学者的意见，现提出如下对策建议。

（一）继续加强宏观调控，坚决控制物价涨幅

继续坚持紧缩银根和通过商业银行的市场化来控制固定资产投资规模的宏观调控政策，严格控制物价的上涨幅度，放缓出台新的生产资料价格调整措施，做好 1994 年五项重大改革后的配套工作，对居民储蓄继续实行保值，并防止工资总额的增长大大超过劳动生产率的增长和不同部门之间的工资攀升，打击经济领域中的牟取暴利和欺诈行为，对过分的投机活动加以限制。

（二）国有企业改革必须有保障制度改革的配套措施

在加快国有企业改革的过程中，要注意解决企业的历史性负担，尤其要注意企业保障制度改革方面的配套措施，启动近几年已有一定储备规模的社会失业保险基金和社会保障统筹资金，加快变“企业保障”为“社会保障”的体制改革。要妥善安置好破产企业职工的生活和再就业问题，在必要的情况下通过开办各种“职业培训班”进行过渡。各地应加紧根据实际物价水平和工资水平制定最低工资标准和失业保险金标准。同时，在改革中要建立清产核资等一系列的制度化规章和程序，防止国有资产的流失现象的加剧。

（三）加强农业基础地位的关键是增加对粮棉种植业的投入

中国的农业由于劳力多耕地少，在一个较长的时期内很难获得规模经营的收益，所以以农业为基础的关键是增加对农业的投入和坚持实行国家对粮棉种植业的补贴政策，并通过大力鼓励和扶持粮棉种植者从事兼业活动来提高农民的收入。应有计划地组建大规模的农副产品期货贸易市场，使农民在粮价放开后能够得到粮价的准确信号并具有稳定的预期。1994 年国家采取了严格的棉花专管措施，虽然国家棉花收购计划完成情况并不理想，但使国有棉纺企业避免了大范围的停工待产，不过这毕竟是以棉区地方利益的让渡为代价的，可能会在一定程度上影响 1995 年地方上落实棉花种植面积的积极性，建议在 1995 年棉花播种季节之前，考虑部分调整棉花价格和流通政策，制定补偿棉区地方利益的措施。

（四）改革城乡管理体制，加快城镇化速度

应使城乡管理体制的改革尽快进入实际操作阶段，逐步放开小城镇的户籍管制，加快县以下的“农转非”速度，这不仅仅是为了减少流动人口对大城市的压力，更重要的是城市化的推进会对产业结构的调整和经济社会的发展形成新的推动力。大中城市也应当积极制定把流动就业人口纳入城市管理的规章制度，并纠正目前在收取农民进城定居费用方面的无序状态。

（五）继续坚持严格控制人口增长的计划生育政策

近几年的计划生育工作取得明显成效，但不能因此而盲目乐观，在一个相当长的时期内，中国将一直面临着沉重的人口压力。中国的人口老龄化趋势是一个问题，但全面考虑，不宜提高二胎生育率，现在有些农村地区计划外的三胎、四胎甚至五胎仍然不是个别现象，有的省的出生漏报率仍高达20%~30%，计划生育稍一松懈，人口增长就会反弹。要利用物质利益的导向，继续鼓励计划生育、少生优生、晚婚优育，今后要特别注意加强对流动人口生育行为的管理。

（六）进一步加大打击违法犯罪活动和整顿社会秩序的力度

加紧清理在反腐败斗争中查出的大案要案，通过公布大案要案的处理结果向民众进一步表示将反腐败斗争进行到底的决心，并促使犯罪者早日投案自首，不对漏网抱有任何幻想。在对各种经济犯罪依法进行法律制裁时，要注意不使犯罪者在经济上得到任何好处，以起到警戒和威慑作用。要进一步建立健全法制，特别是要解决有法不依问题。改革开放16年来，全国人大及其常委会已经制定了250多个法律和有关法律问题的决定，国务院制定了700多个行政法规，地方人大及其常委会制定了3000多个地方性法规，现行有效的地方性法规中经济法规占到近40%，而且近两年的立法速度明显加快，但有法不依、执法不严、违法不纠的现象还比较普遍，群众意见较大，而一般群众的法律知识和法律观念也还比较薄弱。

（七）大力发展科技教育，进一步加大对科技教育的投入，把科技教育立国作为一项基本国策

1994 年，联合国教科文组织在《世界科学报告》中指出，国家的科研经费占国民生产总值的百分比与国家的经济发展程度有密切的相关性，今后造成国家之间发展差距的主要原因是“知识的差距”，没有科学知识的传播就不会有持续的经济增长。但是，由于科研教育是一种投入产出期长的“产业”，任凭市场选择是不行的，国家必须从长远考虑整体投入问题。1995 年要做好减轻中小学生经济负担和课程负担的工作，在扩大高校招生自主权的过程中防止出现竞相压低分数、招收高价生的现象，尽快制定资助低收入家庭的子女接受高等教育的有效办法，进一步稳定科研教育队伍，停止科研教育部门在第二职业和创收问题上的误导，在全社会，特别是青少年中间进行普遍的社会公德教育。

（八）进一步加强生态环境的保护工作，坚决纠正一些地方“先污染后治理”的错误认识

在制定相应法规的基础上，把环境保护和资源的合理开发列入考核各级政府政绩的指标中，绝对不能宽容以谋求“群众福利”和“发展经济”为借口对环境、资源有危害的行为，任何组织和个人都必须对危害行为做出赔偿和付出代价。要进一步明确和划分资源的产权和责任承担者，注意在保护环境和合理开发资源方面的利益导向与激励。

（九）把缩小地区之间发展差距摆在更为重要的位置

中国在 90 年代的经济持续发展和社会保持稳定在很大程度上将取决于中西部地区的经济起飞。要采取各种扶持措施和有效的倾斜政策，帮助落后地区改变交通、电力等基础设施状况，给予少数民族和宗教信民集中的地区更加灵活、更加优惠的经济政策，大力推动中西部地区乡镇企业的发展，积极培育西部地区经济的新增长点。

1995~1996年中国社会形势分析与预测总报告*

一　对1995年社会形势的基本判断

1995年社会形势总的特征是：社会整体保持稳定，经济与社会结构均得到改善，整体发展速度更加合理，物价上涨幅度明显回落，社会心态比较平稳。

1992年以来，中国经济发展势头较猛，由于社会整体发展相对缓慢，能源、交通、通信和教育、科技、卫生事业跟不上，发展本身受到限制，社会承受力也受到挑战。其中最为突出的是较高的通货膨胀率和物价上涨指数。1994年通货膨胀率达到新中国成立以来的最高水平，商品零售价格指数尤其是生活必需品价格上涨指数平均上涨20%以上。因此，抑制通货膨胀、控制物价上涨幅度，便成为1995年保持社会稳定的关键环节。尤其是考虑到效益不好的国有企业内的大量职工实际生活承受能力和广大农村居民的实际收入水平，控制物价上涨幅度便不只是经济领域中的问题，而且也具有非常敏感的社会-政治意义。1995年，在控制物价方面花了较大的力气，成效也较为显著，全年物价上涨下降到计划控制范围内。

应该看到，这一成效的取得，在很大程度上，仍然依靠的是行政手段。并且，原定的一些改革方案，特别是国有企业改革的一些方案，也只好推迟出台，或仅仅局限于试点。问题的难度在于，现存的物价（特别是生活必需品）高速上涨，与大量效益不好的国有工业企业所产生的下岗半下岗人员及其家属子女的生活困难之间的尖锐矛盾，迫使在决策上把控制物价

* 黄平执笔。

放在重要位置上，而为了控制住物价，就必须压缩投资，但压缩投资又会使企业更加困难，从而又会有更多的职工下岗或半下岗。

在目前情况下，中国的失业率与通货膨胀率都不算低。如果只看登记失业率，也确实并不算高，但是，如果把在许多效益不高的企业、大量人浮于事的事业单位中的“隐性失业”人员（包括下岗或半下岗人员）以及农村中存在的数以千万计的剩余劳动力也考虑进去，则目前面临的实际困境就是：高通货膨胀率与高失业率同时并存。这也是国有企业改革和城市改革举步维艰的主要原因之一。

本来，解决职工下岗或隐性失业的希望在于建立完善的社会保障与社会救济制度，但是在目前中央财政能力有限的情况下，社会保障制度却很难在短期内全面建立起来，而国有企业在社会保障制度全面建立起来以前，不得不担负起社会保障和社会救济的担子，这又使得广大国有企业更难搞活或提高效益，参与市场竞争。

在国有工业企业亏损面继续扩大、亏损额继续增加的情况下，不但控制物价上涨，而且维护整个社会的稳定，显然就成为进一步发展的前提。从社会的角度看，压缩投资规模，控制货币流量，适当放慢发展速度，试图对流动农民工进行更规范化的管理，更严厉地惩治贪污腐败，打击各种经济犯罪和刑事犯罪，都是题中应有之义。1995 年，在社会各方面的配合下，以上这些方面都取得了较为显著的效果。

（一）宏观调控目标基本实现

1. 1995 年适度从紧的宏观调控政策，使中国的国民经济增幅逐渐回落，基本回落到适度的增长区内。一至三季度的 GDP 为 36495 亿元，按可比价格计算，比上年同期增长 9.8%，与上年同期相比，涨幅回落 1.6%，预计全年增长率在 10% 左右。

2. 粮食油料与肉类增产，农业畜牧业均获得丰收。1995 年农作物总播种面积 1.49 亿公顷，比上年增加 109 万公顷，其中粮食播种面积 1.1 亿公顷，比上年增加 10 万公顷，油料播种面积 1310 万公顷，增加 101 万公顷。农业产量呈稳定增长的态势，一至三季度农业比上年同期增长 5%，10 月底粮食累计收购 486.9 亿公斤，比上年同期增长 24.8 亿公斤，油脂收购 132.3

万吨，增长19.5%。全年主要农牧产品大都会有不同程度的增产，其中粮食可望达到9100亿斤以上，增产200亿斤左右，平均每亩增产10斤左右；油料创历史最高水平，超过2100万吨，增产110万吨；肉类产量达到4700万吨，人均肉类占有量达历史最高水平；只有棉花播种面积与上年持平。

3. 工业经济运行基本正常，在结构调整中平稳增长，而且涨幅逐季回落。一至三季度乡以上工业比上年同期增长13.4%，其中一季度增长14.4%，二季度增长14%，三季度增长12.3%。预计全年工业增长可控制在13%~14%，涨幅回落约4%。乡村工业1~9月比上年同期增长30%以上。

4. 财政收入保持较高的增长幅度。1995年1~10月完成年度预算的近80%，比上年同期增长24.3%，其中中央财政增长17.1%，地方财政增长32.5%。比较突出的是，1995年个人所得税收入首次突破100亿元，仅1~10月已经达到100.9亿元，比上年同期增长82.2%。前10个月全国财政支出完成年度预算的70%以上，比上年同期增长22.8%，其中中央本级财政支出增长14.4%，地方财政支出增长27.1%。财政支出中，支援农业、文教、科学、卫生事业费都有较多增加，其中支援农业费增加46亿元以上，教育事业费增加110亿元以上。全国财政收支相抵，支出大于收入不到70亿元。换句话说，从1995年1~10月的情况来看，中央和地方财政收入增长幅度略高于支出增长幅度。前三季度货币流通量比上年同期增长15%（回落11%），货币投放比上年同期少466亿元。全年财政赤字可望控制在预算额度之内。全年外汇储备超过700亿美元。

5. 几类增长差距有所缩小：1995年国有工业与整个工业增长的差距、轻重工业之间的增长差距，以及东中西部工业增长的差距，都在缩小。1~9月国有工业增加值6630亿元，增长了7.1%，与整个工业的增速相比，较年初缩小了5.7%；前三季度累计轻工业增长17.0%，重工业增长10.7%，轻重工业的增速逐月缩小，9月重工业的增速只比轻工业的增速低1.7%；一至三季度东南沿海工业平均增长15.5%，内地平均增长10.7%，差距比上年同期缩小3.4%。

（二）社会基本稳定

1. 农民种粮积极性提高，农村总体呈现稳定局面。由于1994年采取粮食收购价格调整和1995年增加对农业的投入等措施，也由于农产品市场价格上升、需求旺盛，调动了广大农民的种粮积极性，农民自己的生产投入增加较多，不仅体现在粮食播种面积和产量增加，而且农民也更加安居乐业。

2. 农民工人数虽然增加，但更加有序。根据有关研究推测，1995年到本乡以外务工的农村人口总数在6500万~7500万人。到1995年10月底，跨省（区）的进城流动农民工数量达到3000万人，比上年增加了20%左右。但是，由于各输出地与接纳地都纷纷采取了一些与输出或接纳有关的管理措施，1995年的农民工流动总体来说向着比较有序的方向发展变化，没有出现难以驾驭的“民工潮”现象。

3. 就业结构变化，第三产业及非国有经济单位职工比重上升。在国有单位内，第三产业职工到第三季度末达到5852.1万人，增加了86.6万人，而第一产业职工为1440.1万人，比上年同期减少46.3万人；第二产业职工为3541.4万人，减少了106.1万人。1995年以来，国有单位和集体单位的职工持续减少，前三季度城镇国有单位职工比上年同期减少了65.8万人，城镇集体单位减少了205.3万人，而其他各种经济单位的职工则持续增加，到第三季度末已经由上年同期的3.8%上升到5.2%，城镇从业人员中私人个体经营者已经占到10.9%，达到1800余万人，比上年同期增加400万人。

4. 城乡居民收入均有提高，物价涨幅逐月回落。1995年一至三季度城镇居民人均生活费收入为2880元，扣除物价上涨因素，实际比上年同期增长5.8%；农民现金收入为1127元，增长12%左右，农民人均纯收入比上年增长约5%。一至三季度城乡居民在购买上千亿元国债的情况下，新增储蓄6034亿元，比上年同期增长38.1%，居民储蓄存款余额达到27570亿元。同一时期物价涨幅逐月下落，全国商品零售价格的涨幅由1995年1月的21.2%回落到1995年10月的10.3%，1~11月平均涨幅为15.4%。全年零售物价上涨控制在15%左右的目标可望实现。

5. 反腐败有较大举措，打击犯罪比较得力，城乡秩序基本安定。1995年在反腐败方面，查出一些较大的贪污、贿赂、非法集资案件，对社会各界震动较大。1~8月全国检察机关立案侦查贪污贿赂等经济犯罪案件44813件，比上年同期增长2.4%。上半年全国纪检监察机关一共审理违反党纪、政纪案件54653件，处分48054人，移送司法机关处理2997人。1995年1～8月全国检察机关查处贪污贿赂和挪用公款万元以上的大案20903件，比上年增长18.9%；立案查处了县处级以上干部贪污贿赂等腐败犯罪要案1552人，比上年同期增长22.5%，其中县处级干部1468人，司局级干部82人，省部级干部2人；立案侦查司法人员犯罪814人。此外，1～9月破获刑事案件120.7万起，比上年同期增加6%以上，摧毁各类犯罪团伙15万个，抓获犯罪团体成员60万人以上。整个社会治安状况呈基本平稳的态势，社会形势的总趋势没有因为治安问题而逆转。

二　主要问题

（一）经济领域

1. 经济结构并不合理，突出的问题是微观经济困难依然存在，工业经济效益总体水平下降。企业亏损额与亏损面都呈上升趋势，1995年1～9月亏损企业亏损额增长31.8%，亏损面上升24%以上，其中国有企业亏损面在45%左右。虽然前三季度独立核算的工业企业的工业产值和销售收入都分别增加了25%以上，但是实现利润却下降了近10%。商业、粮食、外贸企业亏损也大幅度上升，银行、保险业出现了前所未有的大幅度亏损，纺织业严重开工不足。与此同时，企业间拖欠现象严重，截至9月底，国有企业应收账款金额已经接近4300亿元，比年初增加了460多亿元。估计全年37万户独立核算的工业企业应收账款总额接近8000亿元，新增1200亿元以上。

2. 财源流失，国家财力不足。与经济增长相比，财力增长相对滞后，财政收入在GDP中所占比重持续下降，中央财政收入占全国财政收入的比重也不断下降。针对这一情况，1995年并未出现大的转机。尽管1994年财政体制改革以后，中央财政收入的比重有所提高，但是所占比重仍然太小，而收支差额却越来越大，债务不断增加，1995年当年发债额1500亿元以上，占中央财政支出的50%以上。到10月末，全国欠缴工商税收余额已达230多亿元，欠税呈逐月上升之势。在地方，相当一部分县及县以下财政仍然十分困难，有的连正常支出也不能保证，致使拖欠干部职员工资，有的达数月之久，严重影响了基层工作的正常开展和工作人员的日常生活。

3. 农业增产的基础并不稳固，农民负担越来越重的问题仍不可轻视。1995年农业虽然收成较好，但实际上粮食产量只是相当于1993年的水平，加上人口因素，人均占有量还在下降。1995年棉花播种面积没有在上年基础上增加，加上春天北方部分棉区干旱，影响了播种面积和产量。到11月20日，累计收购皮棉5082万担，离8000万担目标尚有一段距离。1995年农业的总量投入有较大幅度增加，但比重并不高，县级农业投入还在减少，农业基建在中央计划内基建投资中的份额也呈下降趋势。1995年农用生产资料价格上涨幅度太快，1~9月农户用于生产的人均货币支出，在扣除了农业生产资料价格上涨的因素后，仍比上年同期增长12%，但是农资价格上涨的幅度以及由此产生的对农民承受能力的影响，都是不小的。9月份农资销售价格比上年同期上涨25%以上，其中化肥上涨33%，涨幅太大太猛，大大高于同期社会商品零售价格和居民消费品价格的上升，严重弱化了提高粮价带给农民的益处。与此同时，农作物收购价格虽有所调整，但与市场价格仍然相差很大，粮食订购价格和市场价格平均每斤相差0.3~0.4元，不仅增加了收购的难度，而且也影响到1996年农民的生产积极性。全年农民收入虽有较大幅度提高，但负担也在加重。根据农业部百县调查，1995年农民社会负担和集资摊派分别增长20%和14%。县及县以下财政困难也进一步加重了农民的负担。

（二）社会领域

1. 通货膨胀压力依然很大，零售物价涨幅依然偏高，消费品价格涨价更快，生活必需品价格更是逐月上涨，抑制通胀涨幅回落的基础并不稳固，导致通胀的深层矛盾并未解决。1995年，尽管花了很大的力气控制通货膨胀率，并且使得涨幅回落，但是，商品零售物价上涨仍然偏高，1~9月达到16.6%，1~11月平均为15.4%。并且，必须看到，即使全年能够控制在预定的15%左右，仍然是偏高的。由于原材料、能源涨价，农业生产资料也就随之上涨，一方面影响了农民的实际收入，另一方面致使农产品价格上涨。商品零售物价上涨的直接原因是农产品供应偏紧，价格猛涨。但是，1~9月，没有任何农产品调价措施出台，粮食价格依然比上年同期上涨21%以上，这就直接导致了其他农副产品价格上涨，最后的结果是城乡居民生活必需品价格的逐月上涨，其中食品涨幅最高，达到25%（肉禽及制品为31%，鲜菜为28%），饮食业涨价27%，服务业上涨21%。值得注意的是，1995年农村物价涨幅高于城市，西部高于沿海。

2. 今后每年需要减少1100多万贫困人口，任务艰巨，而企业停工下岗人数增加，使贫困问题更加突出。按照国家扶贫攻坚计划，1995年中国农村的绝对贫困人口应减少1100多万。但是与此同时，城市尚有1500万左右的贫困人口。这样，总计仍有8000多万贫困人口，约占人口总数的7%。与此同时，由于工业企业内部微观机制和效益不好，1995年停工半停工问题并未得到缓解，反而有所加剧。这样，即使不考虑通胀压力，部分效益不好的企业职工及其家属实际生活也很困难，尤其是"双停工"职工日常的基本生活缺乏保障。根据国家统计局的数据，到9月底，"双停工"职工已达700多万人。另外，还有200万下岗人员，700万左右城镇失业人员（登记失业人员约500万人，登记失业率2.8%）。这几部分人及其家属，以及部分相对收入下降的退休人员，成为城镇中的相对贫困人口。如果按城镇10%的最低收入（人均收入130元/月）计算，则涉及3000多万人。绝对贫困与相对贫困同时并存，城镇贫困与农村贫困相互交错，加大了消灭贫困的难度。

3. 收入差距继续拉大。1995年非国有经济单位职工年平均工资比国有企业职工工资高出33%，并且有进一步扩大的趋势；城乡之间，城镇居民人均生活费收入与农民人均纯收入之间的距离比上年扩大0.15倍，城乡消费水平即使不算各种补贴、保障费用和服务水平也相差3.7倍以上；贫富之间，按照五分法统计，根据国家统计局对10万户城乡住户的调查，1995年高收入户与低收入户之差扩大0.2倍，相差3.3倍，如果按城市20%高收入户与农村20%低收入户相比，则差距要大得更多，达到十数倍。

4. 社会治安尚未根本好转，大案要案立案率上升。1995年1~9月，全国重大案件立案近50万起，立案率比上年同期上升近13%。在各种重大案件中，居前的是重大盗窃案（近30万起）、重大抢劫案（8万余起），分别增加16%以上和近10%。并且，团伙犯罪问题很突出。经济领域内的犯罪也明显增多，重大诈骗案比上年同期上升近15%，其中金融诈骗案（包括非法套汇、骗取出口退税、盗窃或伪造增值税发票等）明显增多，在整个诈骗案中由过去的10%上升到30%。贩毒案仅上半年就比上年同期增加40%以上，卖淫嫖娼1~9月上升27%以上。另外，影响社会稳定的群体性事件也在增多。这些群体性事件，包括械斗、罢工、上访、游行等，大多由于各种利益关系得不到及时而妥善的处理而发生，例如国有亏损企业职工（含下岗半下岗、离退休人员）生活得不到保障，城镇征地、物价上涨或管理收费太多、农村山水土地纠纷、征地占地补偿不足或不及时、集资摊派过重，以及部分三资外资企业职工工资偏低、正当权益得不到保障等。

三　趋势预测

维护稳定并保住发展势头，并不是一年可以完成的。由于1996年是“九五规划”的第一年，各部门、各地区要求增加投资，新上项目。在这种情况下，如何使经济发展总量基本平衡，经济增长幅度与物价涨幅继续回落，并在此前提下深化改革，特别是国有大中型企业的改革，又同时保持社会的基本稳定与起码秩序，是需要认真加以对待的。

1. 1996年仍然处在经济运行周期的后期，加上继续实行“适度从紧”和以控制通货膨胀率为主要目标的宏观调控政策，如果不出现大的意外，上半年把经济增长速度控制在9%左右、商品零售价格控制在13%左右，不会有太大的问题。但是，如果注意不够，下半年就有可能反弹上来，特别是到了最后一季度，前者超过10%，后者超过15%，都有可能，从而对社会及有关阶层造成更大的压力，并影响1997年的稳定与经济－社会协调发展。

2. 1996年中央财政在GDP及财政总收入中比重偏低的局面还会持续，并延缓建立社会保障体系的速度。部分县及县以下财政困难的局面在1996年也很难有大的改观，但由于1995年底开始加强税收监督与税收执法，1996年的税收情况会在1995年的基础上有较大程度的改善。

3. 1996年国有企业的改革会朝着纵深发展，但是试点经验怎样推广，“抓大放小”如何落实，仍然还有许多环节不甚明确。这样，对下岗半下岗职工如何妥善安置，对退休职工如何适当补偿因物价上涨造成的损失，仍然是影响城镇社会稳定与否的重要变数。

4. 1996 年会进一步加大对农业的资金和科技投入力度，并使粮食等保持在比较合理的定价范围内，这会使粮食等农作物在 1995 年的基础上播种面积和产量都继续增加。但是人口也在增加，需求也在增大。农业发展的基础仍不会很牢固，农业在国民经济中的薄弱地位不会有太大改变。农用生产资料价格将继续上涨，这又会影响农民种粮积极性及农业增产的幅度和意义，也会影响农民的实际收益，甚至又出现增产不增收或增产多增收少、负担实际上进一步加重的情况。同时，财政状况不好的县及县以下的工作如何正常开展，县财政如何确保对农业的投入，或至少不进一步增加对农民的负担，都是很重要的问题。

5. 1996 年新增出村务工者在 10% ~15%，农村人口向非农行业转移的规模和压力不会缩小或减轻。城镇化进程会有所加快，但基础设施严重滞后的制约仍然存在。在城镇失业率继续上升、国有企业下岗人员日渐增多的情况下，如何妥善吸纳和组织大量农村剩余劳动力，仍然是各级城镇政府面临的难题之一。

6. 社会治安方面，如果各级加强惩治犯罪，立案率、破案率都会进一步提高。经济领域的犯罪行为还会继续增加，特别是金融诈骗案，是向市场经济转轨时期经济犯罪的一大特点，这在 1996 年不会有大的改变。团伙犯罪、盗窃、吸毒、走私案件还会呈上升之势。贪污受贿等腐败现象会受到更多的谴责与制裁。

7. 地区差异、城乡差异、阶层差异、行业差异和部门差异，在 1996 年都将继续存在，有的还会有所扩大。在社会各界心理承受力逐渐增强的情况下，也不排除因为上述差异而产生的局部事件或个别事端的可能性。

四　对策建议思路

1. 继续把抑制通货膨胀作为维护社会稳定的关键，严格控制商品零售价格的上涨，特别是生活必需品价格的上涨幅度。即使达到了预定的抑制商品零售价格上涨的目标（1995 年为 15% 左右，1996 年为 12% 左右）也仍然不算低，尤其是考虑到实际的失业（包括显性失业与“隐性失业”）与通货膨胀、物价上涨并存的情况，更是不可掉以轻心，宁可再适当放慢经济发展速度也要抑制通货膨胀和物价上涨幅度。

2. 继续控制发展速度，防止各部门、各地区以“九五”规划第一年为契机乱上项目，盲目投资。尤其要防止下半年（特别是最后一季度）需求增长及各种社会、政治、经济因素的相互作用而导致的速度回升或速度反弹。1996年的经济增长率预计在10%左右，仍然属于高速增长。如果稍微不注意，就有可能在年底或1997年初反弹上来，从而冲破“九五”规划的未来5年控制在8%左右的目标，并导致更严重的通货膨胀。

3. 继续坚持国有大中型企业改革试点的做法，试点不成功以前不急于全面推开，同时，试点必须认真考虑普通职工特别是老职工的利益。对于破产企业、下岗职工，一定要妥善安置，使其基本生活有起码的保障，在建立起最低限度的养老保险和失业救济以前，不能将其简单地推向社会和市场，否则今后会有更多更严重的社会不稳定因素。

4. 进一步调整农业价格与农业政策，包括棉花收购价格的合理调整及增加对农业的资金和科技投入，防止在农作物增产的情况下又变相地对农民进行过多的索取（包括增加各种不合理的摊派、提留、集资等）。如何调动农民务农积极性的问题，实际上是如何维护农民利益的问题。农业在国民经济中的薄弱地位，是同农民连续多年实际收入停滞或徘徊有关的。解决问题的关键思路，是不仅要向农民要粮食、棉花、油料、生猪等，而且要让农民在向国家做贡献的同时，也能不断从中获益。而为了做到这一点，不仅要继续增加资金与技术的投入，而且，更重要的是，也要让广大农民能够比较公平地参与到正在形成的商品、资金、技术和劳动力的市场中去。

5. 对于日益增加的流动农民工，只能从市场经济与改革开放的大局着眼，从合理调整城乡关系的角度出发，创造良性而有序的自由流动环境和公平竞争条件，防止简单的行政限制与“堵流”。农民外出务工，既是人多地少的矛盾、城乡关系不顺的后果，也是农民走向市场、发展自身的标志。现在的问题在于，一方面，中国城镇化长期以来严重滞后，城镇基础设施（水、电、气、通信、交通等）与人文设施（医院、学校等）跟不上城镇人口的增长，加上城镇中许多国有企业效益不好、经营不善，导致城镇“超载”；另一方面，随着大量年轻农民外出务工，农村本身也存在如何创造可持续发展的条件、如何使农业发展的基础更加牢固的问题。但是，很明显，问题的解决办法，绝对不可能从沿袭城乡分割的格局中去寻找。从大的趋势上看，由于中国农村人多地少，也由于农业生产比较效益低下，大量农民外出务工是不可避免的，这既能减缓严重的人多地少矛盾，也能逐步改变城乡二元格局。

6. 加大反腐败斗争的力度，特别是要加强反腐败的制度性建设，防止一阵风。1995 年抓了一些大案要案，1996 年应在此基础上继续加强反腐败，并且不应仍然停留在抓几个典型的阶段上。反腐倡廉，只有从“运动式”转入“制度式”，才有可能见到持久效应。在这里，增加财务、项目等管理与运行的科学性和透明度，加强人大、政协、各社会团体及报刊舆论的监督与批评作用，比一两个因为偶然事件而暴露出来的大案要案具有更强的反腐防腐作用。同时，对腐败和各种形式的经济犯罪的依法制裁，应该是官员从严、执法人员从严，而不是相反。

1996~1997年中国社会形势分析与预测总报告*

一　对1996年社会形势的基本判断

1996年的社会形势可以用三句话来概括其特点：基本格局稳定、发展势头良好、改革进程加快。

基本格局稳定是指，最主要的政治经济社会关系及其变化显现出平稳的局面，社会各领域中存在的一些矛盾和问题被控制在一定范围内，没有引起社会形势总体上的动荡；发展势头良好是指，新一轮经济和社会发展的潜力正在逐步显露出来，特别是在经济方面，启动经济向更高台阶迈进的工作初见成效，社会事业发展的重要性被广泛关注，相应的举措也在逐步完善，经济与社会发展的协调因素正在增长；改革进程加快是指，一些重要领域的改革开始步入新阶段，从规划论证、试点经验总结的过程，开始进入全面实施阶段。由此可以说，1996年的社会形势基本上是健康的、有序的和充满活力的。中国社会科学院“社会形势分析与预测”课题组实施的对全国120名专家的问卷调查结果显示，78.8%的专家认为，1996年社会形势是“基本稳定”的。

（一）宏观经济形势良好，发展平稳

1996年1~9月份国内生产总值为45675亿元，按可比价格计算，比1995年同期增加9.6%。这一成果与1993年整顿经济秩序、1996年提高投资质量和上半年综合条件基本适度有着密切的关系。此外，与1995年同期

* 罗红光、陆建华执笔。

相比，经济增长速度的涨幅回落了0.2个百分点，基本上实现了把经济增长速度控制在9%左右的目标，与1993年同期相比，在保持经济增长的同时，涨幅回落了4个百分点。通货膨胀势头有所控制，全年的涨幅在7%左右，是近三年来第一次回落到两位数以内的新纪录。农业经济总的形势是好的。1996年全国部分地区不同程度地遭受了旱涝灾害，但仍然出现了一个新的产粮高峰。全国早稻总产4400万吨，比1995年增产179万吨。全国夏粮总产量比1995年增加35亿公斤，比1995年增长了3%，全年粮食总产将超过4800亿公斤，创历史最高水平。1996年1~9月份，全国乡及乡以上工业完成增加值13575亿元，按可比价格计算，比1995年同期增加12.9%。1~7月累计，全国乡及乡以上工业共完成增加值10585亿元，比1995年同期增长13.1%。由此可见，工业生产增长速度有所减慢，而结构调整的步伐正在加快。经济发展的平稳，对整个社会形势的平稳产生了积极的作用。1996年是"九五"规划的第一年，以往新周期开头年份的那种经济过热现象，由于多方面的努力，没有出现，从而保证了各种重大社会经济关系没有出现大的不协调，社会形势得以实现大势平稳的局面。

（二）城乡居民收入继续有所增加，经济社会发展与公众实际利益增加基本保持在同步的水平

1996年1~9月份，城镇居民人均生活费收入比1995年同期增长了13%，农民人均现金收入增长20%，扣除物价上涨因素，城乡居民实际收入分别增长3%和10%，是近年来农民收入增长较快的一年。1996年职工工资发放总额继续增加，但增幅回落较大。如：1996年1~6月份，全国累计发放职工工资总额3889.2亿元，较1995年同期增长15.3%，扣除物价因素的影响，实际增长5.1%。纵观近年来的变化，1994年1~6月份增幅为29.7%，1995年为28.3%，1996年为15.3%。1996年较1995年同期回落13个百分点。扣除物价因素的影响，实际增长4.7%。可见，虽然职工工资总额发放量有所增加，但工资增长的速度趋于缓慢，增幅继续回落。职工工资回落的主要原因：一是经济增长速度放慢，奖金的发放量减少。二是通货膨胀得到有效的抑制，各地在物价方面出台的补贴政策较少。此外，职工人数的减少以及一些地区和单位拖欠职工工资等也是工资增幅回落的

主要原因。随着7月份粮价的调整以及地区津贴的即将出台，下半年的工资增幅有所回升，但比较缓慢。

（三）就业结构有所变化

随着经济的持续发展和《劳动法》的推行，就业结构发生了一些积极的变化。1996年上半年从业人员保持正常增长，达到68800万人，比1995年底增加600万人。职工人数较1995年底减少了217.9万人，合同制职工继续增加，职工队伍结构有所变化。其中，第三产业为5303.6万人，比1995年同期增加了122.8万人。在第三产业中，职工增长最快的行业有：社会服务业为5%，教育、文化、艺术及广播电影电视业为3.6%，卫生、体育和社会福利业及金融、保险行业均为3.4%。随着全国劳动制度的全面推行，合同制职工的增速加快。到6月底为止，合同制职工达6470.2万人，较1995年底增加374万人，增长6.1个百分点，比1995年同期增加2456.4万人，增长61.2%。6月末合同制职工占全部职工的比重达到了44%，比1995年同期上升了16.6个百分点。从用工形式上来看，长期工为13497.9万人，比1995年同期减少72.2万人；临时工为1192.2万人，比1995年同期增加103.9万人。这主要是许多企业着眼于降低人工成本、提高经济效益，而宁愿使用临时工所致。另外，截至6月末，三次产业职工人数占国有经济单位职工的比重分别由1995年同期的5.9%、45.9%和48.2%转变为1996年6月末的5.7%、45.3%和49%，这也从一个侧面反映出企事业单位对市场经济转变过程中出现的失业现象的应变能力和承受能力开始逐渐有所提高。

（四）农民工大量进城的现象有所缓解

其原因主要是：1996年粮食定购价的提高激发了农民种田的积极性；一些城市对外来农民工的使用和管理加强了，有些城市还做了限制性的措施，铁路运输票价的提高加大了外出打工的成本；另外，“严打”的深入开展也在某种程度上加强了对流动人口的管理和限制。目前已有大量农民返回了第一产业。有关统计表明，目前中国有近千万城镇劳动力在乡镇企业和农村就职。在广东和江苏两省，这部分劳动力占到当地乡镇企业人员的

10%以上。

（五）公众心理总体上趋于平稳

人们开始对“八五”期间经济发展带来的过高的利益预期有了适当的心理调整，并将经济行为纳入社会行为的范畴来考虑，开始比较严肃地看待经济与社会的关系。依据国家体改委研究所的调查结果，如果将“八五”期间人们的心态变化分为三个阶段的话，那么，第二阶段的1993年7月至1994年底，宏观上紧缩和重建经济秩序成为主旋律。人们对支持改革的态度基本没变的同时，对政府控制物价和惩治腐败的信心不足，公众对社会稳定的需求增加了，社会心理环境出现了趋紧的态势。相比之下，1994~1995年，由于政府控制物价上涨和建立经济秩序的努力开始收效，公众对改革和控制物价上涨以及建立经济秩序的信心开始出现上升趋势。针对这一点，1996年上半年，国家停办保值储蓄和降低利率后，人们对此反应相当平静。上半年城乡居民储蓄存款余额达35460亿元，比1995年末增加5700亿元。这充分显示了人们对抑制通货膨胀、稳中求发展，在心理准备上已经具备了一些理性判断的基本素质。本课题组进行的百名专家问卷调查表明，认为自己在1996年收入有所上升的人的比例，比认为收入有所下降的人高出1倍，这是人们在1996年能保持心理平稳的基础。

（六）政府在处理改革、发展、稳定之间关系的过程中，加强有关法制教育和提高管理质量的同时，卓有成效地开展了“严打”斗争和查处侵害知识产权、伤风败俗的行为

1996年春季开始实施的严厉打击刑事犯罪活动，对缓解多年来紧张的社会治安秩序起到了明显的作用。据统计，1996年1~9月份，全国各级公安机关共破获刑事犯罪案件92.5万起，比1995年同期增加0.8%，其中破获大案要案36.7万起，比1995年同期增加5.9%。立案侦查工作有很大进展的同时，1~9月份刑事案件发案率也比1995年同期减少了1.3%。1996年对社会治安秩序的整顿是1983年以来力度最大的一次举措，对打击日益猖獗的犯罪活动、恢复社会成员对社会秩序的信心、保持社会整体稳定局面，起到了积极的作用。

（七）1996年政府格外突出地强化了精神文明建设的工作

从中共十四届六中全会决议的通过，到对各行各业英雄模范人物的大力宣传，从对一些成功经验的总结和推广，到相应的组织机构的建设，从理论研究的进展，到制度规范的确立，形成了近十年来最有力度、影响最广泛的声势，对净化社会道德风尚起到了积极的作用。尤其要指出的是，精神文明建设的重要性被放到国家和社会建设的宏观格局协调的高度，并从社会各个成员做人的基本行为准则的实处来认识，体现了社会形势变化过程中，思想、文化、道德因素的重要性。

二　1996年的主要问题

1996年的社会形势发展，也面临着许多不容忽视的矛盾和问题，有些问题是经往年日积月累遗留下来的，也有些矛盾是新生的。保持社会基本格局的稳定，并不意味着局部性，甚至带有根本性的矛盾和问题都获得了解决。可以说，1996年基本格局的稳定，仅仅是由于政府有效地阻止了上述矛盾及其摩擦将会引起的严重的关联性后果而得以实现的，而并不意味着已经从根本上解决了这些矛盾和问题，不仅如此，在一些社会领域，有些矛盾与问题正趋于严重化。前面提到的专家问卷调查结果表明，专家对国有企业、反腐败、反犯罪等领域的现状反应比较强烈，这就意味着这些问题的严重性依然不容忽视。

（一）人口问题

1996年中国人口自然增长率已下降为10.55‰左右。1991年全国人口出生率为19.68‰，比1990年下降了1.38个千分点，这是自1985年以来出生率首次降低到20‰以下。1992年以后每年又在不断地下降，到了1995年人口出生率又大幅度下降到17.12‰，比1994年下降5.8个千分点，根据1995年全国1%人口抽样调查的主要数据来分析，在“九五”期间，如果总和生育率为2.5，到2000年底的总人口将突破13亿；如果总和生育率为2.25，到2000年底的总人口将突破12.91亿；如果总和生育率为2，到

2000 年底的总人口将突破 12.79 亿。目前中国妇女的总和生育率已经低于更替水平（2.2 左右），1995 年已达到 1.8 左右。但这都是在实施强有力的政策措施的前提下得以实现的，如果稍有松懈，反弹的可能性就很大。这种反弹的潜在因素之一在于，只考虑人口与资源的平衡问题，我们对因人口措施带来的家庭结构的变化，以及由此所即将面临的中国国情的“老龄化”社会问题的对策估计不足。这也预示着“九五”期间人口与社会问题的艰巨性。

（二）国有企业的改革

据分析，当前企业生产经营效益有所改善，但总运行质量仍有待提高。1996 年上半年，工业经济效益出现缓慢的好转趋势，企业盈利水平有所提高，特别是国有工业企业扭转了盈不抵亏的局面。1～6 月，国有独立核算工业企业盈亏相抵之后的利润总额已上升到 35 亿元。但亏损企业亏损额仍居较高水平，相互拖欠现象比较突出。成品库存规模偏大，影响了工业资金的正常周转率和商品率的提高。这种工业产品产销衔接与循环不良的现象，使得国有企业效益下滑，直接造成了部分地区、部分职工生活困难，使城市中处在最低生活水平线以下的人数增加速度加快，与此相关的集体性行为的发生次数以及参与人数都增加较快。这给部分地区的社会局势稳定带来了一定的压力。

（三）教育问题依然较为突出

公众对教育问题的议论依然是 1996 年舆论的主题之一。从根本上说，教育投资问题比较明显。中共中央、国务院 1993 年发布的《中国教育改革和发展纲要》提出，逐步提高国家财政性教育经费支出占 GNP 的比例，21 世纪末达到 4%。从现在到 21 世纪末还剩下 4 年。“八五”期间，国家财政性教育经费的投入在绝对值上有了较大幅度的增长，但其占 GNP 的比重仍呈下降趋势。1995 年与 1994 年相比，财政性教育经费支出占 GNP 的比例由 2.62% 下降到 2.40%，降低了 0.22 个百分点。1991～1995 年预算内教育经费占国内生产总值的比重平均每年递减 2.9%；1996 年比 1995 年，尽管预算内对教育经费投入的绝对值增加了 11.8%，但占国内生产总值的比重与

1995 年相比基本保持了持平水平。从全国人大常委会《教育法》执法检查组的调查结果来看，如 1996 年与 1995 年相比，经济较落后的青海省的教育经费增幅大于经济较发达的广东省，而就 1996 年的情况来看，广东省的财政性教育经费支出却是青海省的 20 多倍。这表明，由于各地 GNP 指标、经济结构以及经济发展水平的差异，国家财政性教育经费支出占 GNP 的比例也会出现参差不齐的现象。自《义务教育法》颁布后，国务院 1986 年发布了《征收教育费附加的暂行规定》。目前，教育费附加已成为除财政拨款外教育投入的第二大经费来源渠道。1995 年实征城乡教育费附加总计 177.93 亿元，其中，城市附加 64.73 亿元，农村附加 113.20 亿元。目前全国城市教育费附加实征额的比例只有 80%，农村还不到 70%。

（四）劳动就业与工资关系方面存在着较明显的问题

1. 停产半停产现象有所扩大。如大连，1～9 月份从业人员和职工的增长呈负增长态势，目前，停产与半停产企业已增至 560 多家，涉及职工 10 万余人，比 1995 年同期增加 3 万人，占职工总数的 38%。承德市 600 家企业，涉及职工总数的四成；本溪市涉及职工 9 万多人，占 17%。原来引以为豪的一家人同在一个企业里工作的“双职工”家庭（有的是全家），在这种形势下家庭经济却发生了质的变化。这种大量下岗职工的存在，不仅是劳动力资源的巨大浪费，而且增加了社会不稳定因素。

2. 拖欠职工工资现象普遍且严重。许多地区的企业经济效益差，长期拖欠职工工资，调资政策虽已出台，但难以兑现。黑龙江省上半年累计拖欠职工工资达 17 亿元，本溪市有的企业拖欠长达 59 个月。拖欠现象的普遍存在，则使职工滋生了不满情绪，应当引起各级政府部门的重视。

3. 工资差距仍呈扩大之势，且尚未见到差距缩小的迹象。如到 1996 年 6 月末，上半年全国平均工资最高的上海为 4621 元，最低的黑龙江省只有 1846 元，上海是黑龙江的 2.5 倍。最高工资与最低工资差距较 1995 年拉大了 12.7 个百分点。分经济地带看，东部地区平均工资为 3092 元，中西部地区只有 2220 元，东部比中西部高 39%，两者差距较 1995 年同期的 35% 又拉大了 4 个百分点。另外，由于对垄断性行业的高工资问题尚未拿出有效的调控办法，垄断性与非垄断性行业之间的工资差呈现扩大之势。6 月末，上半年平均工资最高的金融、保险业为3895元，电力为3873元，而制造业只有2591元。工资差距较1995年有所拉大。

（五）失业问题呈严重趋势

国家统计局的资料表明，到1996年6月底全国登记的城镇失业人员达到525万人，比1995年同期增长9.4%，全国城镇登记失业率为2.9%，比1995年同期增长0.1%。随着国有企业状况的日趋恶化，下岗人员急剧上升，达到数百万人，这直接造成了城镇低生活水平人口的增加，给一些地区的社会稳定带来不利的因素。城市贫困人口增加，基层企事业单位拖欠工资现象极为严重，下岗人员的再就业问题，老工业企业的包袱等改革中出现的新问题并未得到有效的解决，相反有所加重。再就业工程的实施无疑给下岗和失业人员提供了新的就业机会，但这还需要进一步的完善和巩固。

（六）“严打”虽然取得了很大的成效，但社会治安形势依然比较严峻

上面提到的百名专家调查结果显示，大部分专家认为，社会治安问题的根源远没有消失，一些直接或间接地导致社会治安状况恶化的社会问题（如失业、腐败、收入差距、流动人口管理不当）等没有得到根治。在1996年入秋以后，一些地区相继又有一些大案要案发生。

三　1997年社会形势走向的预测

1997年将是中国经济建设和社会建设发展进程中极为关键的一年。在1997年，中国共产党将举行第十五次全国代表大会，也是在1997年，中国恢复行使香港的主权，香港特别行政区将宣布成立。这两个重大的政治事件将对整个社会形势的基本走向形成决定性的影响。同时，1996年社会经济发展过程中出现的，并且没有得到完全解决的矛盾和问题，在相当范围内、在相当程度上还会存在，并对社会形势的演变造成一定的消极影响。

（一）经济能否走出低谷从而实现真正的健康、平稳、快速的增长，将是1997年举国上下关注的焦点，并直接影响到社会的稳定状况

从各种资料分析来看，中央政府实施正确的经济调控政策将是经济稳定、快速发展的主要促进因素。全国上下对经济的新的启动已经形成高预期，在1997年将面临一个如何引导的问题。最主要的政治事件无疑将有助于新的经济周期的来临，但与此同时，如何防止出现经济启动初期常见的“过热”现象，依然是中央政府面临的主要社会问题。在1994年开始进行的各项宏观经济管理体制的改革，是否具有足够的效果，将受到检验。

（二）1996年中共十四届六中全会所掀起的精神文明建设热潮，将在1997年的大部分时间里继续延续发展

1996年的高强度宣传在1997年仍将继续保持下去，但随着精神文明建设进程的推进和深入，一些深层的理论问题和实践问题将更加明确地提到议事日程上来，像制度建设问题、市场经济与精神文明建设的内在关系问题、精神文明宣传的实效保证问题、改革与精神文明建设的关系问题等，都将使精神文明建设活动提高到一个全新的水平和阶段上。围绕精神文明建设的实效，将展开比较广泛的讨论和争论。

（三）香港的回归将在全国范围内增强国家意识与民族意识

1997年7月前后的宣传，将在很大程度上吸引全国公众的主要注意力，爱国主义教育的各种活动、各种仪式，将在全国特别是在青少年中间普遍出现。这是中国对被外国占领一个半世纪的领土恢复主权的重大事件，这将使中国在那一段时间里成为国内外共同关注的焦点，中国公众将由此而产生前所未有的国家主权意识。连续多年在社会各界出现的关于民族、国家问题的种种思考，将在1997年继续深入和强化。

（四）1997年秋天举行的中共十五大将成为重要的关注焦点

在中共十五大前后出现的社会的、经济的、思想文化方面的政策调整

及其取向，会对1997年乃至以后一段时间社会形势的演变造成明显的影响。十五大所确立的思想路线、组织路线，将对中国的跨世纪建设和改革进程产生深远影响，因此，围绕国家与社会发展的一系列问题进行较为广泛的讨论，将是必然的。邓小平的“建设有中国特色的社会主义”理论，作为以后相当长一段时期的主导性思想，将获得更加明确和具体的认定。

（五）一些已经存在的社会与经济的问题和矛盾，将会出现一些新的特点

主要有：①随着国有企业改革力度加大、速度加快，企业职工的下岗、失业问题会达到一个新的程度，这将对社会保障体制，特别是失业保障制度造成比前些年更大的压力。地方政府、企业以及社会各部门是否能够及时、有效地找到缓解问题的办法，将是相关的稳定问题演变的主要决定因素。②1996年开展的“严打”斗争对遏制严重的刑事犯罪势头起到了明显的作用，但是，社会治安问题的解决，还是一个十分艰巨的问题，1997年公众的社会安全感能否有效地提高并保持下去依然是一个较大的问题。防治犯罪势头在短期内反弹的任务十分严峻。③公众生活压力是否能得到缓解，将取决于对物价控制的成效，经济的启动若伴以高通货膨胀，继而使物价快速上涨，将会给相当多的群众（特别是低收入者）带来很大的生活困难，会导致一部分人的实际生活水平下降，由此会明显地影响到人心的稳定，乃至社会稳定。

（六）1997年将较大幅度地推进社会保障体制的改革

对社会成员的福利享用模式进行改造，像养老保险、医疗、住房等体制的改革，将在前几年谨慎实验的基础上较大规模地在全国推进，这样的改革将会牵动经济管理体制、行政关系、社会成员的思想观念和利益格局。在宣传工作的具体部署和落实方面的稳妥和大胆，将是这些改革能否在获得大力推进的同时又不至于引起社会不稳定的关键。

（七）1996年农村经济获得的较好发展势头，将对1997年农村形势的演变产生积极的影响

1996年粮食丰收给农民带来了较为明显的好处，它在一定程度上缓和

了农村中的干群关系，与此同时，中央政府强化了减轻农民负担的工作。1997年，政府将想尽办法来确保农村经济持续增长的势头，确保农民收入持续增长的态势，农民将体现出更高的生产积极性，生活水平会有进一步的提高。农村社会管理体制的改革，将为解决农村中存在的大量社会经济矛盾开辟新的道路，提供更多的手段和途径。1997年农村形势将以稳定为主，这将对整个社会形势的稳定起到明显的促进作用。

四　几点建议

“九五”规划第一年所获得的正反两面的经验，将为1997年中共十五大解决改革、发展与稳定之间的协调关系问题提供良好素材。“九五”规划已经从宏观上制定了中国的社会发展与稳定的蓝图。在这个框架下，我们提出如下几点建议。

（一）提高我党和行政干部在基层组织中的模范带头作用

在实践过程中，一方面要加大针对大案要案、恶性事件的打击力度，与此同时，要更加强调社会各个成员做人的基本准则，加大通过教育手段从正面鼓励和奖励社会公德的投入。如何将精神文明建设落到实处？首先我们还应当看到：作为行政体制中的末端组织，在城镇的企事业单位层面上，领导人的形象取决于他在单位中的工作能力。然而，他的日常家庭生活却在单位中反映不出来，或者说，他的社会生活对单位本身的形象和凝聚力来说几乎无足轻重。这样，他的影响力也只取决于工作过程中的领导艺术和工作才干。目前我们倡导的“职业道德”“敬业精神”对城镇企事业单位中的成员，尤其对领导是有效的。然而在村镇层面上，各成员基本上都是一职多功能。他的社会生活也构成了他在当地形象的一部分。这样，他的形象不仅反映在他的生产过程中，而且还将反映在他的社会生活的过程中，他的威信和社会影响力的形成要比城镇单位里的人复杂得多，也全面得多。也就是说，他要同时受当地人的生活情操、文化观念和经验性行为的制约。所以，同样是基层干部，他们却有着不同的运作机制。精神文明的建设如果不去考虑这两种运作机制，并与当地文化的积极因素相结合，那它将失去在本土扎根的土壤，变成一种没有具体依托的抽象概念。如同我们在宏观意义上讲“有中国特色的社会主义”一样，我们倡导的精神文明在实践过程中也面临着因地制宜和具体化的问题，少数民族地区和宗教地区更不例外。为此，我们应该真正调动政治家、实业家、评论家以及有关专家学者研究和解决社会矛盾和问题的积极性，让他们真正发掘当地文化中的积极因素，从而做到法治与德治并举。

（二）继续深入搞好国有企业的“两个根本性转变”

从实现两个根本性转变的机制问题上来讲，我们面临着社会重建、企业重建、单位结构重建等任务。在现有的体制下，企业单位仍然作为国家福利体系中的一员，它所承担的社会义务和作为企业所应该实现的社会效益、经济利润之间的矛盾仍然是引起社会问题的前提所在。企业是生产单位还是福利事业单位？在具体的运作过程中它模棱两可。由于企业承担了过多的国家和社会义务，这样无形地加大了单位内部在劳资、雇佣、行政关系上的复杂程度，导致非经济因素的增加。这一现象大大削弱了国有企业改革进程中的经济基础。因此，建议国家在微观与宏观问题上，首先考虑完善一整套减少成本的社会机制，然后再加强税法运作过程的体系。

（三）加强对失业问题的治理

在创造利润的社会机制中，公平原理不是针对利润结果而言的数据上的平等分配体系，而是劳动者行为过程中的公平规则问题。也就是说，贫富差距并不等于不公平。譬如，在就业机会平等的条件下，它的贫富差距不应该是竞争规则上的问题，而应该是体现劳动在质和量上不同的差距问题。从1996年的发展情况来看，固然城市贫困人口有所增加，但这并不能将它与农村经济发展的势头相提并论。这是因为城市贫困人口的增加并不是由乡村经济的发展所造成的，而是由城市改革中所反映出的那种国有大中型企业在承受能力上的缺陷所致。企业生存的基本前提在于它的生产效益和利润，不是原有的福利单位。但是，从目前一些国有大型老企业的现状来看，有的企业在职人员和下岗人员的比重已经达到了近1∶1的局面。大多数下岗人员既不能搞高新科技开发，又不能从事流动人口所能干的那些工作，这样，国家要财政，企业要利润，就必须将住房、医疗等一部分福利事业投向社会保险市场，使之成为一种对受益者来说是社会福利，对经营者来说又是一个经济实体的运作方式。事实上，我们还需要进一步巩固和发展在这方面的经验。如社会保障治表，二次就业治本，国家、企业和个人之间成为一体，分流安置。另外，作为个人还需要转换择职观念。

（四）提高市场的理性化程度，继续抑制通货膨胀

中国的通货膨胀有相当一部分因素是复杂的机制所造成的结果，而不纯粹是市场经济的结果。造成这种复杂性的原因主要是国家垄断型企业、私营企业、合资企业、独资企业以及背有沉重包袱的国有大中型企业等几种机制并存，而且在同一个市场中共同发挥作用，并互相影响所致。它反映在生活层面上则表现为工资制度、购买力水平、商品率以及人们对物价水平认识上的差异。所以，目前我们抑制通货膨胀的主要手段应该是通过科学的分析，尽快恢复那些有效益前景的国有企业的生产力水平，提高它们的商品率。在强调完善税收过程之前，应尽量创造实现商品率、实现利润的机会，然后加强通过银行渠道控制投资、生产与包括物价在内的流通领域的管理方式，以此来进一步促使市场竞争的理性化和规范化程度的提高。

（五）继续促进农业生产、稳定粮食价格、提高农民自身的“造血功能”仍然是1997年乃至今后的艰巨任务

由于受粮食价格上涨的影响，1996 年世界小麦和玉米的价格均上涨了60%。为此，国家也及时地做了相应的反应。在保证粮食市场价格基本稳定的同时，国家提高并稳住了粮食收购价格以后，农民种田的积极性有了相应的提高。这无疑对提高产粮大省的农业经济收入和非产粮大省的粮食自给能力产生了积极的意义。与此同时，农业大省要努力提高粮食商品率，沿海地区要努力提高粮食自给率。提高粮食的商品率和自给率实际上也就是加强农业和第二、三产业之间协调发展的问题。农业经济在供产销一体化的过程中，将对城乡之间的流通业有一个较大的促进。

1997~1998年：中国社会形势分析与预测总报告*

一　1997 年社会形势的基本判断

1997 年中国的社会形势在经济高增长的情况下仍然保持着基本稳定的发展格局，在市民的抽样调查中，大多数市民认为目前我国社会是稳定的，80.3%的市民对自己现在的生活感到比较满意和非常满意；领导干部对社会稳定标志的认定，选择最多的是经济持续稳定发展，其余依次是政治稳定、人心稳定和生活水平稳定。

（一）新时期确立的基本格局得到进一步稳定，改革理论有新的突破

1997 年对中国来说是非同寻常的一年，在这一年中发生了三件大事：邓小平同志逝世、中国对香港恢复行使主权、中共十五大召开。邓小平同志逝世后中国的走向，是国内外关注的焦点。中国共产党于 1997 年 9 月召开的第十五次全国代表大会，以高举邓小平理论伟大旗帜，把建设有中国特色社会主义事业全面推向 21 世纪为主题，重申了在整个社会主义初级阶段以经济建设为中心、坚持改革开放的基本路线，强调在邓小平同志逝世后，要坚持十一届三中全会以来的路线不动摇，从而使路线、政策的连续性和稳定性得到保证。大会在经济体制改革理论方面取得重大突破，如明确提出公有制实现形式可以而且应当多样化，一切反映社会化生产规律的经营方式和组织形式都可以大胆利用，股份制是现代企业的一种资本组织

* 李培林执笔。

形式，非公有制经济是社会主义市场经济的重要组成部分，把按劳分配和按生产要素分配结合起来，继续推进政治体制改革，强调依法治国，建设社会主义法治国家等。国有企业的改革成为本次大会关注的一个重点，大会强调要加快推进国有企业改革，对国有企业实施战略性改组，力争到 20 世纪末大多数国有大中型骨干企业初步建立现代企业制度，开创国有企业改革和发展的新局面。大会还对社会保障体制的改革以及其他社会体制的改革做了新的部署，以便使过渡时期的中国保持协调、稳定和可持续发展的态势。

（二）经济的持续发展和通货膨胀的平抑奠定了社会稳定的基础

1997 年，在连续若干年采取的适度从紧的宏观调控政策下，经济保持着持续稳定增长，国内生产总值按可比价格计算比上年同期增长 9.5% 左右。1997 年 1～10 月份，全国乡及乡以上工业完成增加值 16523 亿元，比上年同期增长 11.1%，全国固定资产投资总额完成 10613 亿元，同比增长 12.1%，社会消费品零售总额 21507 亿元，同比增长 11.4%，进出口总额 2580 亿美元，同比增长 14%，外汇储备继续增加。通货膨胀已基本消除，物价涨幅继续回落，1997 年 1～10 月份，全国商品零售价格比上年同期上涨 1.1%，居民消费价格比上年同期上涨 3.2%，已达到正常的水平，特别是作为往年涨价龙头和涉及低收入居民主要消费的食品价格，物价涨幅明显回落，某些食品加蛋类、蔬菜，已出现价格下降的局面。在农业方面，近年来投入有较大幅度增加，继 1990 年、1994 年两次按国家保护价收购粮食以来，1997 年实行了第三次保护价敞开购粮，农民的种粮积极性得到保护。尽管由于部分产粮区大旱，全年粮食总产有所下降，特别是玉米减产，但全国夏粮和早稻比上年增产 133 亿公斤，全年粮食总产可达 4800 亿公斤左右；全年棉花总产 8500 万担，进口棉花总量达 1600 万担，1997 年全国纺织行业出现一些转机，出口增加，亏损减少，棉花供大于求、库存亏损大的形势趋缓。

（三）社会保障体制改革取得新的进展

1997 年，职工养老保险的覆盖人数达到 11220 万人，养老保险基金滚存结余达到 689 亿元；养老保险国有企业的参保率为 95.2%，集体企业为

51.5%，而包括外资、私营在内的其他所有制企业仅为27.5%。1997年7月，国务院发布了《关于建立统一的企业职工基本养老保险制度的决定》，要求统一和规范养老保险制度，规定企业缴费比例一般不超过工资总额的20%，个人缴费比例1997年不低于4%，从1998年开始，按照至少每两年1个百分点的速率，逐步提高到8%。1997年，57个医疗保障制度改革试点城市的试点工作在加快进行。失业保险的覆盖范围在逐步扩大，目前参加失业保险的职工已达1亿多人，占全国职工总数的73%。全国已有28个省区市正式发布本地区的最低工资标准，206个大中城市建立了最低生活保障线。在住房改革方面，加大了推行和完善住房公积金制度的力度，逐步实行住房商品化，1997年4月中国人民银行颁布了《个人住房担保贷款管理试行办法》，随后中国工商银行率先宣布，1997年新增40亿元专项贷款用于支持个人购买住房。

（四）国有企业改革有重要突破

1997年成为国有资产重组年。“抓大放小”和股份制改造是国有企业资产重组的主要形式，1000家国家重点支持的国有大中型企业，其利税总额约占全国的85%，其中半数以上的企业明确了主办银行。全国2343家现代企业制度试点企业，已有84.4%的企业实行了不同形式的公司制，股份有限公司和有限责任公司的法人治理结构已初步建立。1997年优化资本结构试点城市扩大到111个。据不完全统计，目前全国以国有企业为主改造或新设的股份有限公司约9200家，股本总额约6000亿元，其中国家股占43%，法人股占25.1%。在乡镇企业中，股份合作制企业已占50%。到1997年8月底，全国上市公司达708家（其中1997年新上市200家），上市股票市价总值达16400亿元（其中1997年新股额度500亿元），市价总值占国内生产总值的24%。1997年国家安排了300亿元银行呆坏账冲销资金，支持优化资本结构试点城市的企业破产，1~9月份，在试点城市中已有389户企业破产终结，77万人进入再就业中心，632户企业被兼并，分流人员116万人。

（五）人民生活继续有所改善，消费领域全面实现买方市场

1997年1~9月份，城市居民人均可支配收入3850元，比上年同期增

长了6.8%，农村居民人均现金收入1445元，比上年同期增长7.2%，扣除物价上涨因素，分别增长2.9%和4.7%。1~9月份全国职工平均工资4379元，比上年同期增长9.2%，扣除物价因素，比上年同期实际增长5.3%。农副产品供给充足，城市菜篮子工程收到明显效果，生活必需品价格稳中有降，整个消费领域全面实现从卖方市场向买方市场的转变，生活消费品价格已有95%由市场调节，全国613种主要商品，供求基本平衡的占66.6%，供大于求的占31.8%，供不应求的仅占1.6%。消费结构也有新的改善，调查显示，如果将私人购车、购房、子女教育等新的大项开支计算在内，我国城镇居民生活消费的恩格尔系数（食品支出占消费总支出的比重）已下降到46%左右，在耐用消费品的购买中，大屏幕彩电、全自动洗衣机、空调和家用电脑的购买量增幅明显，分别增加35%至1倍多。城市住宅建设和安居工程也取得了新的进展，城市人均居住面积从上年的8.5平方米增加到约9平方米，国家取消房地产开发中的48项收费项目，使1997年的商品房销售价格有所降低。1997年1~9月份，城乡居民储蓄存款余额达44139.5亿元，比上年同期增长18.1%。到1997年年底，城乡居民储蓄存款余额可达5.4万亿元，加上居民的手持现金、国库券、债券、股票、企业内部股、保险基金、外币储蓄等，估计居民拥有的全部金融资产已达7万多亿元，上海市的户均金融资产已超过3.5万元。

（六）城市化水平继续提高，就业结构发生具有里程碑意义的变化

1997年，中国建制城市已达近700个，建制镇达到近2万个，由于通过各种形式进入城市长期生活、就业和经营而未进行户籍登记的人数不断增多，目前关于市镇人口的统计可能误差较大，根据多方面调查结果的推算，实际的城市化水平（市镇人口占总人口的比重）在35%~37%。1997年中国就业结构发生的一个非常重要的变化，就是第一产业从业人员占全部从业人员的比重在中国有史以来第一次下降到50%以下，这个变化在中国就业结构转型史上具有里程碑的意义；第二产业从业人员所占的比重稳定在23%左右，而第三产业从业人员的比重迅速增加，达到27%以上。到1997年6月底，全国城镇职工为14671.5万人，比上年底减少173.8万人，其中国有经济单位职工10849.3万人，减少100万人，城镇集体经济单位职

工2876.9万人，减少73.8万人，各种合营和外资经营的其他经济单位职工945.2万人，增加3.5万人，城镇私营个体从业人员2500万人，增加170万人，城镇非公有制经济已成为城镇吸纳新增劳动力和失业下岗人员的主要渠道。

（七）人口保持低增长率、高增长量，劳动年龄人口增长快

如果按照目前我国妇女总和生育率1.9测算，1996~2000年，平均每年将出生2060万人，每年净增人口1211万人，年平均自然增长率为9.78‰。到2000年，全国总人口（不含台湾和港澳）将达到12.72亿人。今后几年仍是劳动年龄人口增长较快的时期，2000年以前，劳动年龄人口（男16~59岁，女16~54岁）年均增加1000万人左右，劳动力市场总体上是供大于求的局面，就业的压力会越来越大。必须通过保持较高的经济增长速度和大力发展新兴产业来不断创造大量新的就业机会，才能够防止劳动力资源的大量闲置和保证实现劳动力的产业转移。

（八）社会治安状况略有好转

1997年1~9月份，全国公安机关发现受理的报警案件共318.93万起，比上年同期下降3.3%；刑事案件立案110.85万起，比上年同期下降5.2%；发现受理的治安案件239.43万起，比上年同期下降5.5%。公安机关在社会秩序治理方面的“严打”行动取得明显成效，仅在1997年“春季严打整治行动”中，全国公安机关就破获各类刑事案件44万余起，其中大案17万起；查获各类违法犯罪团伙5.9万个，其中带黑社会性质的犯罪团伙131个；抓获逃犯2.3万余人；取缔各种有违法犯罪活动的娱乐场所1.4万家。此外1997年开展了禁毒专项斗争，截至1997年6月底，各地公安机关共新办强制禁毒所187个，强制禁毒近3万人，破获各类毒品违法犯罪案件39015起，抓获涉案人员55211名，缴获海洛因1623千克，摧毁了499个毒品分销网络和1196个毒品地下销售市场。社会公众对社会治安问题的不满情绪和关注度已开始有所下降，据1997年7月对北京、上海、广州、重庆、厦门5城市的民意抽样调查，社会治安尽管依然是公众关注的热点问题之一，但在国内公众关注的十大热点问题排序中，已从1995年和1996年

连续两年居第一位下降到第八位，这是1993年以来排序位次最靠后的一次。不过，目前的治安形势仍难以说已有根本改善，1997年前3个季度，刑事大案立案数仍略有上升，刑事案件分月立案数仍呈上升趋势，个别城市的社会治安状况出现加剧恶化、民惧夜行的现象，值得高度重视。

（九）香港回归强化国家主权意识，香港公众心理保持进取态势

1997年中国对香港恢复行使主权，香港回归祖国，标志着“一国两制”构想的巨大成功，华夏子孙无不为一洗百年耻辱而扬眉吐气，法律意义上的和情感意义上的国家主权意识在民众中普遍强化。部分城市的抽样调查显示，95%左右的中国大陆市民通过电视屏幕目睹了香港回归祖国的历史时刻。香港回归后能否顺利而切实地实行“一国两制”“港人治港”和高度自治，保持长期繁荣稳定，受到世人极大关注。1997年下半年，国际金融投机家对东南亚多国货币采取行动，导致金融动荡和股市狂跌，香港汇市和股市也一再受到大规模投机行为的冲击，香港恒生指数从8月份的16600多点跌破万点大关。对此香港特区政府快速反应，采取果断的紧急措施，稳定汇市和股市。这次金融风暴使回归后的香港经受了严峻考验，显示了香港特区政府处理类似危机的能力，也考验了香港政治、经济、社会的稳定状况和香港居民对香港未来的信心。1997年香港的经济增长率仍可达5.5%，香港的民意调查显示，香港回归后的信心指标呈上升趋势，据1997年10月份的调查，香港居民的政治信心指数达96%，是1988年以来同类调查的最高纪录，1997年香港的公务员流失率约为4%，亦为近10年来的最低比例。

二　1997年的社会发展中存在的主要问题

（一）相当一部分企业，特别是部分国有企业处境艰难

1997年1~8月份，全国37万户乡及乡以上独立核算工业企业经济效益综合指数达到87.51，比上年提高3.83个百分点。1~8月份企业实现利润总水平同比增长32.4%，税金增长9.8%。然而效益回升主要是由于政策

因素，一方面，石油、电力调价，烟草调税，使工业利润增加；另一方面，银行调整存贷利率，使企业贷款利息支出减少。据匡算，1997 年企业少支出的利息额占新增利润额的 85%。随着市场竞争的加剧和多数商品的市场饱和，困难企业面仍在扩大。企业资金紧张、库存增加、循环欠债等问题十分突出，特别是相当一部分国有企业处境艰难。到 1997 年 8 月底，国有企业亏损面达 46.8%，较上年同期增加 2.9%；亏损企业的亏损额达 575 亿元，较上年同期增长 2.2%，国有小型企业净亏损 71.5 亿元。截至 1997 年 6 月底，全国已有 6 万多家小企业关闭，涉及的职工人数众多，特别是煤炭、森林、机械、纺织、兵工等传统产业密集的地区和老工业基地，困难的程度更严重一些。

（二）失业问题比较严重

全国城市失业人员又有所增加，1997 年国家劳动部门的城镇登记失业率为 3.2%，登记失业人数 600 多万人，登记失业人数比上年增加 0.2 个百分点；国家统计部门的城镇调查失业率为 4%，调查显示的失业人数为 900 多万人，调查失业率比上年有微小上升。而企业下岗人员（指职工因企业经营等原因离岗回家，但与原企业仍保留名义劳动关系并领取一定下岗津贴的人员）的总数，不同部门的统计结果出入较大。据 1997 年多项大范围抽样调查的结果显示，下岗人员规模为城市职工总数的 7% 左右，据此推算全国企业下岗人员为 1028 万人，约一半集中在制造业，下岗人员中已经再就业的约占 1/2。这样，城镇失业人员加上下岗无业人员约占城镇职工总数的 7.5%，失业和下岗无业的总人数达到约 1500 万人。考虑到还有一部分困难企业处于发不出工资或减发工资以及在岗职工无活干的状况，目前城市的失业问题在通货膨胀基本消除以后已上升为城市宏观经济要解决的首要问题。据测算，1997 年大约有 630 万失业和下岗人员参加了转岗、转业培训，450 万人实现了再就业，150 万人参与了生产自救活动。

（三）城市低收入群体的人数规模有所扩大

1997 年 1～9 月份，全国城镇家庭中有 45% 的家庭人均生活费收入水平降低，减收家庭的比重比上年增加了 5 个百分点，减收户主要集中在中低收入户，占82%，其中低收入户减收面高达69%。据住户调查，目前的城镇低收入家庭年人均生活费收入在1400元左右，大约只相当于全国年平均家庭生活费收入水平的30%。1997年全国城镇低收入群体为3000多万人，失业人员、下岗后未能再就业人员和困难企业的离退休人员及他们的赡养人口成为城镇低收入群体的主体。据对部分城市的实地调查，相当一部分企业职工的公费医疗保障已经名存实亡，只有极少量的定额医疗包干费。

（四）老龄化使社会保障面临严峻形势

随着生活质量的提高以及采取严格的控制人口增长的政策，中国人口平均预期寿命达到70岁，生育率下降到17.1‰，人口老龄化的速度大大加快。1997年中国65岁以上人口达到8400多万，占总人口的比重约达到6.8%，到2000年，65岁以上老龄人口占总人口的比重将达到7%，开始步入“老龄化”社会。由于老龄人口和提前退休、企业内退人员的增加，以及失业人员、下岗人员的增加，社会受养人口的总量会大量增加，从而加大社会保障的压力。现在的养老保险社会统筹是按照工资总额提取和现收现支，保险储备金还有限，要解决好今后的老有所养、老有所医问题，应尽快考虑社会保障，特别是养老保障方面的立法。另据调查测算，目前我国8000多万老龄人口中，有68%的人的主要经济来源依靠子女、亲友和储蓄，因此家庭养老和储蓄养老在相当一个时期仍可能是我国农村的主要养老形式。

（五）贪污腐败的现象仍比较突出

1997年中国继续加大反腐败的力度，而且重点清查惩处官员腐败和司法腐败，并将此继续作为1998年反腐败的重点。尽管如此，腐败现象在部分地区仍有蔓延的趋势，有些人甚至顶风作案。1997年1~10月份，全国检察机关共立案侦查贪污贿赂、徇私舞弊等职务犯罪案件63574件；立案查办“三机关一部门”（党政机关、司法机关、执法机关和金融部门）涉嫌犯罪人员12420人；查办涉嫌犯罪的县处级以上干部2312人，其中厅局级干部129人，省部级干部3人；挽回直接经济损失36亿元。

（六）部分城市和地区的生态环境进一步恶化

中国已开始进行生态环境综合治理，1997 年关闭了大量污染严重的企业，但目前生态环境的状况仍非常严峻。全国城市的空气污染严重，城市空气中的总悬浮颗粒物浓度普遍超标，北方城市重于南方城市，汽车尾气污染趋势加重，氮氧化物已成为部分大城市空气的主要污染源，大城市空气污染以严重程度为序依次为广州、北京、上海、鞍山、武汉、郑州、沈阳、兰州、大连、杭州等，其市区总悬浮颗粒物、二氧化硫和氮氧化物均大大超过国家空气环境质量二级标准。1997 年我国酸雨区已扩大到占全国面积的 40%，森林的酸雨受害面积达 128 万公顷。全国七大水系中的辽河、海河、淮河、黄河的污染程度在加剧，范围在扩大；主要淡水湖泊中的巢湖、滇池、南四湖、太湖污染最重；50% 的城市地下水已受到污染；近岸海域的污染也有加重趋势。据 1997 年 5 月发布的全国沙漠戈壁及沙化土地普查结果，我国沙漠戈壁及沙化土地总面积已达 169 万平方公里，占国土面积的 17.6%，近 20 年来沙化土地以年均 2460 平方公里的速度扩展；而根据《联合国防止沙漠化公约》对荒漠化的定义，我国荒漠化土地已占国土面积的 27.3%，我国已成为世界上荒漠化严重的国家之一。

三　1998 年社会形势基本走向的预测

（一）经济和社会将保持平稳发展的态势

1998 年国家将继续坚持适度从紧的宏观调控政策，经济增长速度将会大体上与 1997 年持平，达到 9% 左右，近几年的经济增长自改革以来首次表现为一条比较平滑的曲线。物价将不会有大的波动，生活必需品的价格会比较稳定，部分商品的价格甚至有所下降。城乡居民的平均生活水准将继续稳步提高，城市居民住房条件的改善将成为生活改善的重要标志，农村贫困人口将进一步减少，但城市低收入群体的扩大趋势还难以得到根本性的改观。

（二）国有企业的改革将加快步伐

在鼓励探索不同的有利于发展的公有制实现形式和把非公有制经济视为社会主义整体经济的重要组成部分的政策引导下，多年来难以有实质性进展的国有企业改革，1998 年将大大地加快步伐，取得一些突破性的成果，为达到 20 世纪末之前使国有企业走出困境的目标奠立基础。特别是加快放开国有小企业的举措，会在国有企业资产重组和存量资产盘活方面取得明显的进展，会更多地涌现股份制和股份合作制企业，产权市场会出现活跃的局面。随着多数国有企业真正进入优胜劣汰的市场竞争，严重亏损的国有企业被改组或实行破产兼并，整体国有经济的效益状况会得到明显改善。

（三）所有制结构和产业结构将会出现新的变化

随着国有企业改革的深入和步伐加快，所有制结构将出现一些明显的变化。在整个工业总产值中，公有制经济（国有和集体）仍将占绝对主体，集体经济的比重会进一步提高，个体私营经济，特别是混合经济的比重会有较大提高。国有经济在关系国民经济命脉的重要行业和关键领域仍居绝对主导地位，存量资产中最主要的房地产仍主要由国家和集体所有，但在工业总产值中国有独资经济的比重在 1998 年很可能会下降到 20% 左右。但是，以国有资本参股控股为特征的各种股份制经济以及各种形式的股份合作经济，将创造出社会主义公有制的多种实现形式。在产业结构方面也会出现一些新的变化，第三产业的增长速度会有所加快，其在国内生产总值中的比重将会走出近几年的徘徊状态，达到 35% 左右。

（四）就业形势将会更加严峻

1998 年我国劳动年龄人口将净增 1263 万人，比 1997 年的 869 万人有较大幅度增长。若按劳动力参与率 85% 计算，1998 年新增加的劳动力供给是 1073 万人。如果 1998 年的国内生产总值增长速度为 9%，那么按照正常的相关弹性系数测算，新增劳动力需求约为 1100 万人，这样就出现了近几年少有的当年新增劳动力供给已经填补新增需求的状况，这意味着目前劳动力市场供大于求的局面不仅难以缓解，还可能会加剧，而现有的失业问题以及国有企业改革加速和传统产业调整带来的职工下岗问题，在1998年也将会更加严峻。

（五）社会保障体制的改革将会取得新的进展

1998年将统一全国的企业职工基本养老保险制度，以解决目前的制度不统一、政策不规范、企业负担重、统筹层次低等问题。职工退休金水平的高低将主要取决于其缴费时间的长短和缴费额度的高低，并轨后的退休金与现行办法相比不会降低，对于大多数人来说，待遇还会有所增加，即使按新办法计算待遇有所减少，也会按老办法计算的待遇水平补齐。1998年将加快医疗保险制度的改革步伐；为推动住房的商品化，银行用于支持个人购买住房的专项贷款会有新的增加，住房的公积金制度将得到进一步完善，公房出售将逐步实现从标准价向成本价的过渡。

（六）换届选举和机构改革将会有新的举措

1998年将召开第九届全国人民代表大会，完成各级人大常委会、政府、政协和法院、检察院的换届，更加年轻和更加专业化的干部班子将走上领导岗位。通过换届选举，以提高政府行政效率和人大监督力度为主旨的社会主义民主法治建设将得到加强，提高政府效率和依法治国将成为政治体制改革的主要内容。为解决长期以来存在的政府部门机构庞大与臃肿、政企不分和官僚主义严重的问题，在机构改革方面会有一些新的举措和实质性的进展。要把一些综合经济部门改组为宏观调控部门，调整和减少专业经济部门，加强执法监管部门，培育和发展社会中介组织，严格控制机构膨胀，坚决裁减冗员。

（七）公众关注的三大首要问题将是就业、社会保障和国有企业的改革

1998年，就业以及失业问题将上升为涉及改革、发展和社会稳定的首要问题。由于经济体制改革、产业结构的调整和增长方式的转变都开始进入实质性阶段，国有企业的改造和组织创新、传统产业的衰落和重组以及外延扩张增长方式的放弃都使原来积淀掩盖的矛盾显露出来，我国正面临

改革以来第三次失业周期的高峰区，企业职工的失业和下岗问题已成为改革的沉重代价，成为必须解决好的不可回避的全局问题。与此同时，与广大职工利益密切相关的各项社会保障体制改革（失业、养老、医疗、住房、福利等）将使人们面临新的利益格局的重大调整。人们对国有企业改革抱有高度的期望，其成功与否在很大程度上也取决于利益格局调整中能否保证基本的稳定和公正。

四　若干政策建议

（一）保持宏观经济政策的稳定，适度刺激需求

在继续坚持适度从紧的财政和货币政策，保持宏观经济政策的稳定和连续性的情况下，应利用各种经济杠杆，减轻企业负担，适度刺激需求，使居民的收入在消费、储蓄、投资等方面合理分流，鼓励在个人购房等方面的分期付款消费，通过拉动需求来推动经济进一步稳定、高速增长。在国有企业改革方面，要防止把股份制单纯作为融资手段一哄而起，国有企业改革成功的标志是效益的提高而不是所有制的变更。在国有企业的资产重组中应特别注重与产业结构的调整相结合，从而促进生产因素向新兴产业转移，不断创造能够满足社会稳定需要的新的就业机会。

（二）建立改革成本的合理分摊机制

任何改革都必然是有成本的，但中国目前改革成本的形成，具有历史上、政策上和体制上的多种复杂因素，因而必须在国家、企业和个人之间，在不同社会群体之间，在不同历史时期的社会主要受益者之间，建立起一种相对合理的改革成本的分摊机制，不能使改革成本过于集中在某个社会群体或社会阶层身上。目前的改革，特别是涉及人们切身利益的就业制度、分配制度和社会保障制度改革，实际上是一个重大利益格局的调整过程，而在这一转型期保证社会公正原则的贯彻尤为重要，因为利益分配的失衡很可能会形成利益冲突的倒逼机制，强行闯关则会使改革受阻和对社会稳定产生负面影响。因此，要从财政、税收、价格、利率、保障金分摊额、

社会政策等多方面综合考虑如何尽快建立改革成本的合理分摊机制。

（三）推进机构改革，转变政府职能

到 1997 年 6 月末，在国有企业职工比上年同期减少 127 万人的同时，国有事业单位却增加 108 万人，国家机关单位增加 27.3 万人。改革以来机构改革中的精简－膨胀已屡次出现反复。因此，在今后推进机构改革的过程中，必须根据市场经济的要求进入法制化的轨道，并把行政机构和事业单位人员规模的控制作为一个重点，改变目前行政经费增长大大超过经济增长的状况。随着国有企业的改革加快，政府的职能转变也要加快步伐，要逐步减少政府对企业运行的直接干预，加强政府对经济生活和社会生活的执法监管和宏观调控，发挥各种社会中介服务组织的作用。

（四）增加新的就业机会，把失业问题作为宏观调控的新重点

目前通货膨胀已经完全得到控制，随着国有企业改革的突破性进展，失业和职工下岗问题将上升为经济的首要问题。失业问题不仅是一个经济问题，也是一个关系到社会稳定的全局问题，各级政府都应当将此作为一项大事来抓。我国失业保险还处于起步阶段，失业保险金的储备还需要一个过程，国家财政也不可能一下子拨出足够的资金用于失业保障。在这种情况下，应把解决失业问题的重点放在增加新的就业机会方面，特别是应当逐步把非国有经济作为吸纳劳动力和增加就业的主导力量，对增加就业的企业给予政策上的支持，力争把实际的失业和下岗人员比例控制在 7% 以下。同时，应进一步加强失业和下岗人员的再就业培训；完善对失业率的调查统计、监测和预警；完善涉及解雇等劳动争议的调解和仲裁制度，争取在 1998 年出台《促进就业法》《失业保险条例》和《劳动合同法》。

（五）加快东北老工业基地的改组和改造，使其成为新的经济增长区域

东北地区是我国重要的能源产地，国有大中型企业比较集中，工业设备、技术力量和人口素质都有相当的基础。随着经济增长重心逐步地北移西渐、国有企业的改造和改组成为改革的重点以及市场竞争加剧，东北地

区的经济正经受着脱胎换骨的转变和非常严峻的挑战，同时也面临着新的机遇。国家应当考虑到东北地区作为老工业基地和国有经济重镇在实现经济转型方面的特殊困难，通过减税让利给予一定的财力支持，以作为对改革成本的补偿。东北经济如果能够顺利实现转轨和转型，很可能将成为全国经济增长的新的激发点和巨大推动力量。

（六）扩大税基，严格税收，改变国有企业税负过重状况

目前在全国工业总产值和社会消费品零售总额中，国有经济的比重只占 1/4 左右，但在国家的财政收入中，60% 左右来自国有企业的税金。国有企业的税负过重实际已成为一种新的竞争不公平。这主要是因为我国的会计制度还很不健全，相当一部分非国有的小型企业实行“包税”制，而所包的税额离实际的应缴税款相距很远，某些地方的税收不严格也使偷税漏税现象比较严重，这些都会使竞争市场发生扭曲。在国有企业大范围改组、改造的过程中，要特别注意扩大税基、严格税收，使税收的主要来源根据所有制结构的变化和经济比重的分布而有所调整。

（七）加快社会保障体制的改革

社会保障体制的改革已经进行了多年，这方面的试点工作也取得了丰富的经验，同时随着国有企业改革和机构改革的深入，原有的单位保障体制在很多方面已经无法适应新的发展状况，有些方面的保障不仅入不敷出，而且矛盾愈积愈重，甚至名存实亡，因此必须加快缩短新旧保障体制的过渡转换期，通过社会保障体制改革的立法，确立量入为出的和节约有效的新型社会保障体制，自上而下地予以推行，使新体制尽快发生作用，为经济体制改革的深化和攻坚保驾护航，为在 20 世纪末基本建立起社会主义市场经济新体制奠定保障基础。

（八）加快农业的贸工农一体化，走出卖粮难 – 缺粮的循环

从长远的经济发展和比较优势来看，由于我国农户的户均拥有的耕地面积极为有限，在粮食价格上不可能具有规模经济的国际竞争能力，中国进口一定数量的粮食恐所难免，要使广大农民脱贫致富和不断提高农民的

收入水平，必须走农业的高效、深加工和贸工农一体化的道路。然而，我国作为人口和粮食消费大国，不能冒粮食的基本需求依靠进口供给的社会风险，建立规范的粮食储备制度以丰补歉，实行长期的粮食保护价格以工补农，这是完全必要的。但目前更为紧迫的是，要建立起能够快速反映全国粮食交易市场价格信号的系统，使农民通过提供中介服务的合作组织与交易市场紧密联系起来，改变目前指导粮食种植和粮食进口的价格信号总是滞后的状况，走出年复一年卖粮难－缺粮的循环反复。

（九）稳定农村基本政策，加强农村基层组织建设

中国在今后相当一段时期，应稳定当前的农村基本政策，特别是土地方面的政策，坚持做到“土地不能动，负担不能重，粮价不能低”。中国人多地少，耕地愈来愈成为稀缺资源，切实保护好耕地，扭转耕地面积锐减的趋势，是保障农业发展和社会稳定大局的关键所在。而坚持减轻农民负担，实行粮食保护价，是保护农民的农业生产积极性，提高农民收入的重要前提。同时，要强调继续加强农村基层政权的组织建设和民主建设，大力发展农村自愿合作性质的各种中介服务组织，整顿好农村的社会治安秩序，以促进农村的社会稳定。

1998~1999年：中国社会形势分析与预测总报告*

1998 年是争取实现经济和社会发展既定目标、继续推进面向社会主义市场经济体制的改革、全力保持社会稳定的关键一年。分别于 1997 年秋天和 1998 年春天召开的中共十五大和“两会”（全国人大和全国政协换届大会）确定了未来时期经济社会发展的基本方向和基本方针，产生了新一届党政领导班子，由此形成了 1998 年社会形势总体稳定的格局；与此同时，经济社会发展进程中的种种矛盾和问题表现出了一系列新特点，带来了一系列新后果。

影响 1998 年社会形势基本走向的主要因素是：①政府努力扭转国民经济发展速度减缓的趋势，与此同时，经济景气回升缓慢，这种经济格局是 1997 年格局的延续；②政府加大力度推进从行政机构、国有企业、粮食流通、金融到住房、医疗、社会保障等各领域的改革，与此同时，改革所触发的各阶层、各群体、各集团之间利益关系的调整在机制上还有待完善，在后果上还有待观察；③政府采取集中行动对社会各执法部门进行整顿，包括教育整顿政法队伍、严厉打击走私、全面禁止军警和政法部门经商、改革审判制度、强化舆论监督等；与此同时，相关的制度建设和法规建设的重要性还没有得到应有的重视。

在上述各种因素的综合作用下，1998 年社会形势呈现出如下基本特征：基本格局保持稳定，各经济社会领域进展巨大，公众对现实社会及其未来发展前景期望上升；与此同时，局部领域依然存在不稳定因素，各种矛盾与问题还比较严重，社会心理的波动还时时出现。

---

* 陆建华执笔。

一　经济社会各领域进展巨大

1998 年春，在九届人大一次会议上产生的新一届政府宣布了一系列具体的政府工作目标，强调要阻止经济增长速度减缓的势头，全面推进各领域的改革，保证人民生活水平提高。从经济社会现实状况与政府的施政重点来看，这一年是建立社会主义市场经济体制的关键一年。

（一）政府成功地实现了年初制定的经济发展目标

其主要意义是，在东南亚金融危机日益加重、国际经济形势趋于严峻的情况下，在我国若干年经济发展速度逐年趋缓的背景下，成功地实现了一定速度的增长，并保持了人民币的稳定。

全年经济增长速度达到了 7.8%，这是 1993 年实施宏观调控政策以来发展速度继续缓慢回落并保持较高增速的一年，各项重要经济指标开始显出较为活跃的特征，其中，全社会固定资产投资总额达到 28680 亿元左右，比 1997 年增长 15% 左右；进出口贸易总额达到 3400 亿元左右，与 1997 年相比，增长幅度为 6% 左右；1998 年 1 月到 8 月，实际使用外资总金额达到 274.17 亿元。考虑到东南亚金融危机日益加深并向世界其他地区蔓延的情况，考虑到 1998 年遭遇了 40 多年以来最严重的洪水灾害的情况，考虑到经济社会结构和运行机制内部的一系列深层次矛盾没有得到根本解决的情况，这些成就的获得确实是来之不易的。中央政府关于扩大内需的总政策方向的调整以及财政政策、货币政策的转向，尽管在本年度还没有充分显示其效应，但已经有了一个良好的开端。

（二）一些领域里的体制改革进展显著，特别是中央政府的机构改革，平稳地实现了预定目标

1. 到 1998 年底，国务院所属 29 个部委和 32 个直属机构精简、部门裁并和人员分流工作基本完成，有数万名行政干部被分流到非行政部门，或者进入各种教学机构接受定向培训。改革后的国务院各部门均大大精简；同时，各省市机构改革的方案拟定工作进展基本顺利，大部分省区市已经

向中央上报机构改革草案。这是20年来第五次规模最大也是力度最大的一次机构改革。这是对数目庞大的公务员队伍既有利益格局的重大调整，也对政府职能的转变具有明显的积极意义。

2. 一直引人瞩目的国有企业改革在股份制改造、“抓大放小”方面取得新的进展，国家在数百家企业推行的现代企业制度改革试点，获得了宝贵的经验，数以万计的中小型企业依循不同的模式实行了有效的改制，增强了企业活力。

3. 住房制度的改革在全国部分地区和部分行业系统实现了突破性进展，尽管在具体操作层面还有许多需要完善的地方，但是，围绕着住房制度改革，较好地实现了相关的舆论动员，所有相关人群对房改的重大意义和迫切性以及基本原则具有了较高程度的认同。

4. 金融管理体制改革在1998年末终于推出了酝酿已久的重大举措，开始部署撤销各省区市级中央银行的分支机构，设立七个大区分行，以加强全国金融系统的统一性和相对于省区市党政机构的独立性，在强化金融约束、规避金融风险的制度建设方面迈出了重要一步。建立各大区的机构也是60年代中期撤销各大区中央局以后第一次设立的跨省区市的实体机构，对国家管理体制改革的进展具有重要意义。

另外，在粮食流通体制、金融体制、住房体制等方面，改革也实现了相当程度的推进。由于经济景气原因、所涉及的深层矛盾的原因，各阶层人士对改革带来的利益调整持有不同看法，加上操作技术层面上的原因，1998年是改革的推进难度最大的年份之一，正是在这种情况下，上述进展同样是来之不易的。

（三）解决国有企业职工下岗问题正在逐步制度化，积累了一定的经验

1998年5月召开的全国再就业工作会议为下岗职工问题的解决进行了全面的部署，一些应急性措施的提出与长远的制度化解决手段的探索开始较好地结合在一起。1998年，是下岗职工问题真正引起政府和全社会关注并开始寻求解决途径的重要一年。面对下岗职工在就业、生活和培训等方面的严重困难，各级政府、企业和相关社会力量合力一致，广开门路，千

方百计地施以缓解之道。据统计，全年共实现下岗职工再就业300余万人，是全部下岗职工的30%多；到9月底，在全国共建立各级再就业服务中心（或类似机构）12.4万个，有701.1万名下岗职工进入服务中心，占全部下岗未实现再就业职工的98.1%。这对缓解下岗职工生活困难和求职困难、保持社会稳定，起到了极其明显的作用。

（四）对一些社会主要领域的秩序进行了有力整顿，取得了显著进展

这些进展表现在反腐败斗争、对政法队伍的教育整顿、严禁军队和武警等执法部门从事经商活动、严厉打击走私活动等方面。

长期以来，一些执法部门疏于自身建设，社会监督不力，造成一定程度的混乱，给整个社会秩序带来明显的消极后果，一些地区和部门出现的局势不稳定和失范现象与此有关。1998年，中央政府开始着手解决这一事关大局的问题，除了强化教育整顿之外，还前所未有地呼吁对这些部门进行有效的舆论监督。经过教育整顿，一些混迹于政法队伍中的不良分子被清除，到1998年8月，全国各级检察机关共清理编外检察人员16000人，强化自我管理的规章和条例的实施得到重视；地方各级法院清退多收费827万元、赞助费586万元；到9月，公安机关共查处民警违纪违法案件7000件，涉及10000余人；司法行政系统共查处违纪案件1000余件，涉及1200余人。这一进展与加强人民代表大会的立法活动和监督职能一起，成为20年来向法治国家目标迈出的空前一大步。从改善政法队伍和军警部门的社会形象、提升公众对其社会评价、提高社会透明度、强化舆论在社会秩序维护和社会道德公正的重大作用等方面看，1998年的上述进展具有不可低估的意义。反腐败斗争也取得一定进展，延续3年之久的前北京市委书记陈希同案获得司法解决，一批腐败分子被揭露出来。一批新的规章制度逐步颁布，并在实践中开始获得良好的实绩。

（五）关注民生的改善，政府在确保经济增长目标的过程中，竭尽全力提高城乡居民的收入水平

受到经济增速放慢等因素的影响，城乡居民的收入增速也呈下降趋势，

特别是在 1998 年整个经济景气回升缓慢的情况下，保证城乡居民收入增长的有利条件难以完全具备。政府为实现承诺，使经济增长的益处落实到公众，想尽办法，从增加收入来源和减轻负担两方面入手，采取了一系列措施。1998 年 1 月至 9 月，比 1997 年增长 6%，城镇职工工资同比增长 5.8%；1998 年全年城镇居民人均可支配收入 5454 元，农村居民人均纯收入 2150 元，分别比 1997 年增长 6.6% 和 4%。这是连续第 20 个城乡居民人均收入实现增长的年份。另外，城镇居民人均居住面积同比从 8.8% 增长到 9% 以上。据测算，恩格尔系数从 1997 年的 46.6% 下降到 1998 年的 45%。

（六）中央和各省市党政领导换届工作基本顺利结束，形成新一届跨世纪的中央和地方领导人群体

1998 年春举行了全国人大和政协的换届大会，会议顺利地产生了新一届人大、政府、政协和两院领导班子，这是改革开放以来第五次换届。1998 年各省区市的党政人大政协的班子先后进行了换届选举。这是 20 年来第四次地方党政换届，关系到是否能够有一支具有高素质的地方领导集体成为地方政治经济格局中的主导性力量，以治理社会主义市场经济体制建设过程中出现的越来越复杂多变的关系、问题和矛盾。整个换届过程基本平稳，新一届领导人集体在保持必要连续性的前提下，大量吸收一批新生力量，显示出新的活力。新领导人的年轻化、知识化、专业化程度大大提高，据统计，新一届省区市主要领导人的平均年龄较上一届有所下降，具有大学或大专文化程度者比例有所上升。从换届中职位变动的幅度看，也是比较小的，非常规的震荡现象大大减少。这是中国地方政治格局变化的一个重要标志，将对未来一段时间整个国家的政治格局产生影响。

（七）全新社会保障体制的建设迈出了关键一步，中央政府开始把社会保障体制的更新与再造作为建立社会主义市场经济的有机组成部分

全国性社会保障领导机构在政府机构调整中得以建立起来，新组建的劳动和社会保障部在职能上被赋予全面的、集中的领导责任，延续数十年

的多头并管、政令不统一的局面将结束，各系统、各地区的社会保障事务的管理权将集中统一起来。作为事关经济社会发展的全局性问题，社会保障开始前所未有地被放到一个极其重要的位置。另外，在解决遗留问题方面取得了重要进展，延续多年未获解决的养老金发放拖欠问题得到较好的处理，经过三令五申，从1998年6月到10月，全国养老金按时足额发放率从97.5%上升到99.5%，另清欠18.6亿元，涉及204.9万人次。城市最低生活保障制度建设取得突破性进展，到10月，全国共有576个城市建立了最低生活保障制度，占所有城市的86%；另有200多个县根据自己的实际情况和能力建立了最低生活保障线。根据城镇部分居民生活困难的情况，全国总工会与劳动和社会保障部向全国贫困户发放20多亿元帮困资金，有500多万人次受益。失业保险机制建设也有了进展，从1998年开始，政府提高了企业失业保险基金的收缴比例，从原占企业工资总额的1%上升到3%，以强化社会失业保险网。

（八）各级政府成功地动员起民众和军队力量，抵御特大洪水的袭击，取得了抗洪救灾的胜利

1998年夏天，长江和嫩江、松花江发生全流域性特大洪水，造成严重的生命财产损失，仅在长江流域的湖南、湖北和江西三省的受灾面积就达1590万亩；三江（长江、嫩江和松花江）流域总受灾人口达到2.3亿，死亡3656人，2000多万间民房倒塌或受到不同程度的损坏。此次洪水来势大、持续时间长，是1954年以来最严重的水灾。面对严重的自然灾害，中央政府全力部署和指挥抗洪抢险，并大范围调动军警力量，其中灾区公安机关出动警力142.1万人次，抢救遇险群众44.2万人次，迁移受灾群众348.2万人次。全国公众通过媒体关注着抗洪事态的每一步进展，并展开了规模空前的捐助活动。通过民政部、慈善总会和红十字会，共获得国内外捐助金额达29亿元。在相当长的一段时期内，三江抗洪抢险成为最主要的社会性事件，吸引了社会各界的注意力。经过各方面的努力，抗洪抢险取得决定性胜利。抗洪救灾的决定性胜利，充分显示了社会主义制度在实施广泛的社会动员方面的巨大优势，提高了党、政府、军队在公众中的威信，密切了党群关系和军民关系。

（九）农村社会保持了基本稳定，农村的社会经济发展在社会形势格局中的地位越来越突出

1998年10月，中共中央召开十五届三中全会，一致通过了《中共中央关于农业和农村工作若干重大问题的决定》，这一决定高度评价了20年来农村改革取得的巨大成就，并系统总结了一系列丰富经验，向全社会阐明了中共中央对有关农业、农村和农民重大问题的基本方针和政策。1998年农村发展取得了重大进展，这与坚持和完善以家庭承包责任制为基础的经营制度是分不开的，全会对此给予充分肯定。农村的土地制度、乡镇企业制度、村民自治制度等在很大程度上改变了农村的社会经济面貌，大大激发了农民的积极性。特别是1998年村民自治选举在一些既定省区市依照计划顺利推进，并得到全社会的更多关注，被认为是推进具有中国特色的社会主义民主制度的重要组成部分。

二　若干经济社会矛盾依然显著

1998年，在经济社会各领域取得巨大成就的同时，也显示出一些显著的矛盾和问题。这些矛盾和问题，有的是经年积累下来的，有的是随着改革的深化而逐渐暴露出来的；有的是早就被人们所认识到的，有的是早就存在而过去不被人们所认识的；有的是内在体制既有弊端的外在反映，有的是政策实施或管理上的漏洞所致。这些矛盾和问题构成了社会形势格局中的不稳定因素，在部分地区和部分领域已经而且正在造成明显的消极后果。

（一）下岗问题成为1998年的重要社会问题，对经济社会发展的实现、社会稳定局面的保持、公众心理的正确引导，构成了明显的压力

经济景气回转缓慢使得相当部分国有企业的扭亏增盈工作丧失良好的外在环境，企业效益下滑势头没有得到抑制，出现较大面积的停产半停产现象，部分职工被迫下岗，再加上部分企业改制过程中减员，到1998年9月，全国范围内企业下岗职工数量依然处在高位。据劳动部门统计，下岗

职工总人数为1070万，其中，国有企业下岗职工人数是714.4万，占下岗总数的66.8%；下岗职工中的50%得到定期生活补助，人均为182元，生活困难。另外，部分效益不好的企业离退休人员的生活也出现普遍困难，主要是不能按时领取离退休养老金和报销医药费，据统计，到1998年12月底，拖欠上述费用达到200多亿元，涉及人数1700万。城市生活困难人员在街头频繁请愿的现象依然存在，在部分地区还有矛盾激化的迹象，造成不稳定的后果，对公众心理造成明显的消极影响。下岗问题依然是影响城市乃至整个社会稳定的主要隐患之一。

（二）经过多方努力，在1998年，社会治安形势保持了总体稳定，但部分地区大案要案增长势头没有得到抑制，一般案件的发生率下降速度不明显，部分城乡居民的安全感略有下降

据统计，全国各级公安机关在1998年1~9月，立案侦查的犯罪案件为135.2万起，比1997年同期上升22%；其中杀人案件2.1万起，比1997年同期上升5.8%，爆炸案件2500起，比1997年同期上升9.1%。1998年，一些抢劫银行、绑架、凶杀（包括雇人杀人）之类暴力案件的频繁发生，比较明显地冲击了公众的心理。这显示出社会治安形势的根本好转还有待更有力的整治措施。值得注意的是，涉枪、涉毒案件发生率一直居高不下，借助高科技手段的智能犯罪现象也开始出现，团伙犯罪的现象依然很严重。治安问题容易发生的特殊地带（如城乡交界地带、新建住宅区）和高发人群（如流动人口）之类的基本特征，没有出现大的变化。据北京零点调查公司1998年11月对城市居民的调查结果，居民对社会治安的关注点排序在1997年一度下降以后，在1998年又开始上升，安全感也略有下降，以五分法计算，1997年是3.57，1998年降为3.42。

（三）一些经济社会领域的消极现象没有得到明显的抑制，部分党政官员的腐败行为比较严重、假冒伪劣商品和劣质服务对消费者权益的伤害比较普遍、社会道德风尚的改观比较缓慢、社会丑恶现象在部分地区还在蔓延

据统计，到1998年7月，全国各级检察机关共受理贪污受贿、渎职案件

67842 件，初步调查 50068 件，立案侦查 24131 件，起诉 11852 件，在立案案件中，贪污受贿金额在 5 万元以上的，共 7743 件，渎职大案共 618 件，涉及县处级以上党政官员 1226 人，司法人员 2841 人。据中国社会科学院“社会形势分析与预测”课题组 1998 年底对全国 22 个省区市的 2278 名城镇居民的调查，“惩治腐败”居公众关注的社会问题的首位，有 65.2% 的居民表达了这种判断倾向。这说明，腐败现象还远未到根绝的地步，腐败问题依然比较严重。

在社会秩序的其他领域，问题也比较突出。针对各主要商品和服务领域的投诉均出现增长。政府部署的“扫黄打非”活动再三掀起高潮，但据统计，各类违禁书刊和音像制品在许多地区重新泛滥。考虑到政府部门和社会力量一直努力采取各种手段以图抑制这些现象，上述消极现象的愈演愈烈之势表明，整个社会在制约消极现象方面尚缺少有效的措施和手段，相关的制度和法规建设也亟待完善。这种局面显然是较长时期以来没有重视（或措施不力）经济发展进程中的各类社会问题及其严重后果所造成的。

（四）在城乡人民收入增长速度趋缓的情况下，对因为种种原因而利益损失明显的社会人群的扶助，还没有形成制度化的手段，各阶层利益分配格局依然处在变动不居的阶段，一些社会阶层的利益损失感比较明显

1998 年，收入分配领域中的矛盾依然没有得到解决，主要体现在部分城乡居民的实际收入有所下降，基本生活发生困难，据统计，在城市中因为各种原因生活困难的人员数量依然处在高位。农村居民实际人均收入增长幅度从 1997 年的 4.6% 下降到 1998 年的 4%，加上负担过重问题没有得到根本解决，一部分农民的实际生活水平有所下降，据对城市住户的调查，1997 年城乡居民收入差距是 2.46 倍，到 1998 年上升为 2.6 倍。另外，正在各地城市建立的最低生活保障线制度因为经费原因和操作原因，无法实现既定目标，与此同时，高收入人群的偷税漏税现象没有得到有效抑制。各地区各行业系统之间的收入差距远没有合理化。不同收入层人群之间的收入差距在拉大，由此影响到他们对社会现实的公平问题的认识趋向，也影响到他们对改革政策和政府其他政策的态度和立场。基于这种利益得失而

形成的观念差异和冲突，已经影响到不同人群的现实行为选择。比如，相当多的国有企业改制面临着如何解决职工的积极合作问题以及宏观经济政策实施过程中涉及地方利益或部门利益格局的调整如何获得相关领导人的支持等问题。在普通公众中，对收入差距拉大的事实的认可程度在逐渐上升，但对差距背后蕴含着的不平等现象、法纪松弛现象产生越来越明显的不满。据中国社会科学院“社会形势分析与预测”课题组与中共中央党校社会科学部在1998年10月的调查，党政干部对改革中的受益最少群体的排序依次为：工人（28.1%）、农民（24.8%）和机关干部（12.4%），而受益最多的群体是个体私营企业主（59.5%）。

这一评价格局与前几年的格局基本相同，与这种评价相应的关于收入分配领域现状的担忧也未见消减。据中国社会科学院“社会形势分析与预测”课题组1998年对2278名城镇居民的问卷调查，在所列的9项改革中，被认为与1997年相比人们会“有所损失”的比例上升的只有一项，即人事机构改革。但对改革可能带来的利益得失判断就复杂得多。国有企业的干部、工人和党政机关干部均认定即将推行的医疗改革对他们来说是“失大于得”；另外，国有企业工人还认为企业改革对他们来说损失最大，而其他人群对此的担忧没有这么严重。

三　1998年社会形势的主要特点

总的看来，1998年的社会形势有如下若干特点。

（一）1998年，政府实施经济启动措施开始显现出一些效果，但整个社会经济生活还没有进入一个新的活跃期，社会形势总体保持了平稳格局而部分领域矛盾依然显著

社会的生产领域景气回升缓慢，使得其他社会领域的活跃程度受到限制，但同时保持社会形势总体稳定的有利条件也在增多。从另一方面看，经济景气回升缓慢，劳动力市场供求矛盾十分突出，使得就业问题（包括失业、下岗、进城农民无业）的缓解遇到了极大的困难，这一部分人群成

为整个社会中利益损失感最强烈者，由此出现一些过激行为；城市中的部分离退休人员的生活困难也与经济活跃程度低有关。1998 年的市场销售状况总体上低迷，反映了公众的消费活动的活跃程度偏低，这本身就是宏观经济的结构性矛盾未获解决的结果，公众收入增长速度减缓也是其中的一个原因。1998 年，经济景气回升缓慢是全国性的，经济较为发达的沿海地区和经济发展水平不高的中西部地区，均是如此。各社会领域的活跃程度偏低，也呈全国性，各地区之间的社会形势格局没有实质性差异。

（二）体制改革到了一个关键阶段，在深化宏观经济体制改革的同时，在那些与城乡居民日常生活相关的领域内，体制改革也逐项展开

特别是住房、医疗、就业方面的改革，在 1998 年以较快速度和较大密度推进，显示出与经济体制相对应的社会体制改革面临重大突破，以适应新的市场体制。这些改革在获得推进的同时，也直接引发或强化相当部分公众的利益损失感，围绕着在顾及社会承受能力的前提下实现改革目标，进行了一些有益的尝试，其后果总体上看是积极的；另一些改革措施已经涉及经济社会体制的最核心部分，因而进入最艰难的阶段，如金融体制改革广泛地涉及社会的企业制度、投资体系、决策制度、社会管理结构和一系列技术难题，在相关领域的改革进展缓慢的情况下，每一步进展都很艰难。1998 年，这方面的改革还停留在总体尝试性阶段，也是现实所使。在 1998 年经济社会宏观格局之下，经济增长 8% 的目标不断被强调，而一些改革措施的实施与上述目标之间的契合程度一直是一个难以解决的问题，一些矛盾的出现就与此有关。1998 年的改革历程表明，改革在获得更广泛的公众支持和更有效的技术支持这两方面均面临严峻的考验，社会的稳定格局由此也面临考验。

（三）在社会形势总体稳定的大背景下“进展巨大”与“困难显著”并存的格局，已经维持了相当长阶段，而其中各种社会关系、社会要素组成方式和社会运行准则不间断地发生变化，显示出社会转型的某种阶段性特征

自 1993 年年中宏观调控措施实施以来，5 年的社会形势总体保持了上

述并存格局，1998 年，这种格局依然存在，还有强化趋势。但是，这期间整个社会的基础条件和若干重大关系都出现了新变化，那么，社会形势逐年变化的真实含义是什么呢？首先，影响社会形势的最主要因素本身依然充满矛盾，以经济结构为例，宏观经济管理体制、企业制度、市场发育程度、法制法规的完善性和有效性等还存在十分严重的问题，以政府权力行使为例，决策的科学化合理化、效率的提高、行政权威的强化、党政关系的理顺等还有待时日；与此同时，所有上述方面，在过去的 5 年时间内都有缓慢的改进，引发各领域内的改革或发展的新成就，但这些成就无一例外地伴随着新旧矛盾和困难。其次，在关于社会形势的主观判定方面，各界公众依据不同的立场从不同的角度，提出不同的有时甚至是相对立的看法，这本身构成直接影响社会形势的重要因素。也应该看到，过去的 5 年，随着社会经济的变化，公众对许多社会经济问题的看法、对社会利益格局变化的评价、对自身行为选择的预期都出现了明显的变化，一些社会经济问题在过去被认为是焦点，而在 1998 年就成为冰点，如通货膨胀问题；一些问题过去未被充分地认识到，而今引起全社会的高度关注，如职工下岗问题；另有一些问题一直是公众关注的焦点，成为他们据以评价社会、实施自身行为选择的依据，如关于官员腐败问题的看法。这种认识上的变化既有落后于现实变化的地方，也有超前于形势发展的方面，对“进展巨大”和“矛盾显著”的主观判定也出现分歧。这在 1998 年尤为明显。

（四）社会稳定含义中的人心稳定的重要性日益突出，特别是公众的关注点、满意度和信心量，成为社会形势演变的重要因素

在经济景气回升缓慢、日常生活因为一些改革政策的实施而受到影响的情况下，公众对政府及其政策的信心、对未来生活前景的预期，出现了新特点。1998 年，由于受到亚洲金融危机的影响，人民币是否贬值问题就成为国家经济生活中的主要话题之一，公众对此给予高度关注，但未见市场上的恐慌现象出现，可见人心基本上是稳定的，但这不一定表明公众具有相应的满意度。1998 年，城乡居民的储蓄余额继续上升，一方面是对政府的信心依然存在，另一方面也因为消费结构出现断裂、个人投资渠道狭窄和已有的投资（如股市）渠道回报前景不明朗，对此，部分公众的不满

相当外显。政府推行的政策（特别是改革政策）能否获得公众的认知和支持，正在成为具有决定意义的因素，它不仅影响到政策的实施效果，也影响到决策者们对现实经济社会问题的基本判断和方向。“社会承受能力”概念正在成为某些重要政策实施所要考虑的前提之一，就是一个实例。这对社会形势的演变具有多方面的影响。关于部分党政官员腐败行为的严重后果，除了明显的经济损失之外，主要是党政官员形象、党政机关形象在公众中急剧降低这一事实；腐败问题是否最终影响到社会形势的稳定，也主要看公众的评判和应对行为。

四　1999年社会形势的预测

1999年，政府启动经济的政策将显示出更明显的后果，经济生活将趋向活跃，社会生活也将逐步活跃起来。1999年，是新中国成立50周年，又是五四运动80周年。这一年澳门将回归祖国。这是具有极大象征意义的年度，社会局势的稳定将成为各级政府工作的中心。保持社会各领域稳定的预定要求将导致一系列相应的措施出台。全面宣传50年建设成就、强化全国公众的爱国精神将成为媒体的主调。

（一）政治稳定将成为1999年政府优先考虑的主题

除了更加突出地强调全国上下的政治统一之外，将更加关注如何有效地消除那些不利于政治稳定的现实或潜在的因素。事关全局性的各种活动和工作将会以百倍的谨慎和防范之举来安排和实施。

宣传舆论将更加强化其导向作用，对新中国成立50年来的成就的展示和总结将成为主旋律。有关宣传报道对整个年度的社会舆论氛围产生决定性影响。

（二）农村、农业和农民问题将被提高到一个更加重要的地位上

根据十五届三中全会的决定，家庭承包制度的坚持和完善、乡镇企业的发展、小城镇的建设、基层政权的强化、农田基本建设的推进，都将显示出加快的步伐，尤其是农村的稳定将被大大强调。各级政府将采取更加

积极和谨慎的态度来寻求解决农村现存的一系列问题和矛盾，如农民负担过重问题、粮食市场秩序问题、社会治安问题、一些地方基层政权涣散问题等。

（三）体制改革将在一定范围内获得推进

各省区市的机构改革将进入操作阶段，国有企业改革要获得突破性进展还需要克服许多严重困难，住房制度改革在大部分地区将实现突破，医疗、养老制度的新改革措施将逐步出台和实施。

各项改革将进入一个更加艰难的攻坚时期，改革进程中的机制理顺和利益关系的理顺将更加紧密地联系在一起，出现更加错综复杂的局面。正因为如此，任何可能会激发各种矛盾或利益冲突的改革措施都会被更加谨慎地推行甚至延迟，以保大局的稳定。

在要求总体稳定的前提下，各项改革的实际进展将被更加积极地争取，特别是在一些与大局稳定没有直接关联的技术方面，改革的突破还是可能的。国有企业的改革实现实质性突破的可能性不大，但在探索解决企业改革中的具体难题方面会积累起更多的经验，如债务的解脱、下岗职工的安置、企业社会负担的减轻、资产重组等。

（四）反腐败斗争将进入一个更加严峻的阶段

政府将加大对腐败现象的治理力度，对腐败分子将采取更加严厉的清除之举，以肃党纪政纪，恢复党和政府在公众中的良好形象，为推进改革、发展经济扫除障碍。对那些身居高位的腐败分子的揭露和打击，将继续进行，形成巨大声势。反腐败的制度建设会迈出新的步伐，将更加强调对已经颁布的各项有关合理措施和法律法规的实施。

（五）下岗问题依然会是一个显著的社会问题

据各种动向分析，在1999年，整个劳动力供大于求的局面将不会有根本改观。国有企业改革的进一步推进将不可避免地伴随着职工下岗现象的出现和延续。政府在尽可能的范围内尝试建立起各种制度来解决下岗问题，但就目前各种条件的限制来看，1999年不太可能完全消除下岗现象的蔓延。

特别是在一些传统工业结构占主导地位的城市，无论从产业结构调整的需要出发，还是从减员增效的目的出发，一批职工将以各种方式离开工作岗位而暂时没有新的岗位可据。他们的生活会出现一定困难，情绪的波动难以避免。

（六）政府将继续花大力气控制社会治安局势

配合新中国成立 50 周年庆典，为强化社会治安，政府将采取有力行动，以更加严厉的手段打击各种刑事犯罪活动，以净化社会环境，提高公众的安全感。在建立健全社会治安管理体制方面，会进行更加大胆的探索，如社区警务体系、农村治安的综合治理、对突发事端的快速反应机制等。

（七）科教兴国的思想将进一步在社会各界获得共识，并在经济社会发展各领域中逐步得到全面的体现

在经济社会发展具体工作的实施过程中，科学与知识要素的重要性将进一步体现出来；在各界人士的日常活动中，也把新知识因素放到越来越重要的位置上。各级政府对教育工作的重视程度将进一步加强，广义的教育活动将逐渐遍及全社会各领域，特别是继续教育、终身教育、远程教育以及专业技能教育等将得到更大的发展空间，获得更明显的发展实绩。

（八）社会开放程度将进一步加强

主要表现为舆论监督的力量将得到进一步张扬，对社会经济各领域的舆论监督，将不仅赋予公众以前所未有的知情权，也将强化社会舆论对社会经济事务的监控作用，公众的参与机会将由此显著增加，参与意识将有新的提高。

（九）法制建设进入新阶段

法制建设将获得进一步发展，一些重要的经济社会领域没有立法的局面将结束，社会的法治意识将在更广泛的范围内得到传播。

全民普法教育将进入一个新阶段，更加强调对特定人群的普法教育，

突出针对性和实效性，对青少年、农民和执法人员的教育将被突出出来。社会舆论监督与法律监督的两重作用将被提高到一个十分重要的地位上。各级立法机构将加快立法步伐，一些重要的法律法规将出台，以弥补空缺；另一方面，执法的严肃性问题会更加突出，成为全社会关注的焦点。

走向新世纪的中国*

——1999～2000年中国社会形势分析与预测总报告

一　对1999年社会形势的几个主要判断

1999年中国社会形势总的特点是：大事多、喜事多、难点多、突发事件多。新中国成立50周年庆典和澳门顺利回归祖国，增强了广大公众的成就感和自豪感，提高了建设民主、繁荣、富强的社会主义现代化国家的信心；经济发展方面，在克服国内外各种困难后预计能够实现7%以上的适度快速增长目标；少数"法轮功"组织者策划了在中南海的非法聚集，并由此引发了中央以舆论手段和法律手段与"法轮功"邪教开展斗争的行为；以美国为首的北约组织轰炸我国驻南使馆和李登辉分裂国家的言论，激起了全社会的强烈反应，激发了广大公众特别是青年学生的爱国热情，加深了对提高综合国力、保持社会稳定重要性的共识，增强了中华民族的凝聚力。中央政府在年初提出的要保持社会环境稳定的目标基本上得到实现，整个社会形势呈基本稳定局面，且形势发展的主流显现出诸多积极的趋向。但是，若干年以来改革和发展过程中逐步出现和积累的许多深层次社会矛盾依然存在，少数地区和少数社会领域中的不稳定因素继续增长，严重影响改革、发展和社会稳定的局面。

（一）新中国成立50周年成就回顾和大规模的庆典活跃了社会氛围，激发了公众的爱国热情

1949年10月1日，中华人民共和国宣告成立，到1999年，恰逢50周

* 单天伦、陆学艺执笔。

年。这成为主导1999年社会形势的最主要因素。全社会上下在沉浸于欢乐气氛的同时，也推进了对共和国50年社会经济发展道路及其经验教训的全面思考；在回顾50年辉煌成就的同时，也更加关注解决现阶段社会经济和改革所面临的种种现实问题。整个社会氛围兼有热烈、务实和期盼的特色。

围绕着国庆50周年，舆论宣传和庆典活动在精心安排之下逐次展开，引导着广大公众的注意力和情绪指向。这是过去数年间所没有过的。公众对共和国50年历程的回顾与总结，导出了强烈的爱国热情和民族振兴意识。10年来最大规模的国庆盛典展示了空前的气魄、力量和信心，极大地激发了公众的自豪感。

中央政府在1999年的若干重大举措，也大大提升了国庆期间公众情绪的活跃程度，其中最主要的是惠及8000万人的增加工资的政策和延长节假日的安排。这些政策和安排汇同各地举办的各种展览活动和庆祝活动，成功地营造了1999年的喜庆气氛。

（二）澳门回归祖国、李登辉分裂国家言论以及以美国为首的北约轰炸我国驻南斯拉夫使馆，激发了公众的主权意识、大局意识，强化了凝聚力

继1997年中国对香港恢复行使主权以后，1999年澳门又顺利回归祖国，这是国家统一历程上的又一重要里程碑。“一国两制”的成功实践，本已为实现国家完全统一打开了通道。但是台湾当局领导人李登辉却逆历史潮流而动，抛出了“两国论”“特殊两国论”，公然挑衅举世公认的一个中国原则，破坏两岸关系发展，阻碍中国和平统一进程。李登辉的行径理所当然地激起了公众的强烈义愤，中央政府的严正立场和广大公众的激愤言辞均透露出明确的信息：国家统一，势不可当。

1999年5月8日，以美国为首的北大西洋公约组织在侵略主权国家南斯拉夫期间，公然轰炸中国驻南斯拉夫联盟大使馆，这一侵犯中国主权的野蛮举动，激起了全国一些中心城市居民的大规模示威抗议活动。这是20多年来针对外国势力侵犯中国主权的第一次街头示威抗议活动，参与者虽以高校学生为主，却真实地体现了广大公众的爱国热情。由于引导得当，示威抗议活动基本上保持了理性与秩序。政府在引导公众自发的街头示威

抗议活动方面，也积累了新的经验。

（三）经济增长的预期目标基本实现

1999 年是中国改革开放和社会主义现代化建设承前启后的关键一年。面对国内外各种严峻的挑战，为了克服困难，保持经济适度增长，实现既定的目标，中国政府适时对宏观经济政策进行了重大的调整，其核心是采取积极的财政政策，加大宏观调控力度，继 1998 年下半年增发 1000 亿元国债之后，1999 年下半年又增发 600 亿元国债，大力推进基础设施建设，以扩大国内需求，拉动经济增长。为此，先后出台征收个人储蓄存款利息所得税、增加职工工资、提高城镇中低收入居民收入、稳定农村家庭承包责任制、增加农民收入等政策措施，以启动消费，改善城乡消费环境。由于调控措施适时，从第 3 季度开始，工业生产增长速度加快，出口贸易恢复性回升。国民经济发展基本保持了平衡发展的好态势。1 ~ 9 月，国内生产总值完成 56800 亿元，比上年同期增长 7.4%；夏粮产量 1185 亿公斤，是中国历史上夏粮生产的第 2 个高产年。1999 年南涝北旱，秋粮略有减产，但经济作物和其他农产品增加，所以全年农业生产与上年持平。工业生产平稳增长，企业效益回升。1 ~ 9 月，全国完成工业增加值 14440 亿元，比上年同期增长 9.3%，实现利润比上年同期增长 75.2%，亏损企业亏损额下降 13.7%。固定资产投资继续增长，基础设施建设得到加强。1 ~ 9 月，国有及其他经济类型（不含城乡集体和个人投资）完成固定资产投资 11764 亿元，比上年同期增长 8.1%。市场消费平稳，1 ~ 9 月，社会消费品零售总额完成 22149 亿元，同比增长 6.3%，加上价格下降因素，实际增长 9.7%。对外贸易方面，在调整经济结构、克服亚洲金融危机带来的各种困难的情况下，1 ~ 9 月，进出口累计完成 2546 亿美元，比上年同期增长 9.4%，实现贸易顺差 194 亿美元。出口比上年同期增长 2.1%。外汇储备余额到 9 月份为 1515.1 亿美元。财政收入增长较快，金融运行比较平稳。1 ~ 7 月，全国财政收入比上年同期增长 23.7%，财政支出比上年同期增长 16.5%，完成年度预算的 58.6%。海关税收首次超 1000 亿元。

1999 年经济发展基本上实现了预期增长目标，整个经济状况景气回升，这是在克服国内外诸多不利因素下取得的，确实来之不易。

（四）国有企业经济效益出现恢复性提高，国有企业改革和发展进入一个新阶段

国有企业改革和发展，关系到国民经济能否保持健康运行和实现持续发展，这是中国经济体制改革成败的关键，1999 年的国有企业改革的现状更证明了这一点。由于实行结构调整、减员增效，特别是 1998 年下半年以来采取了一些有针对性的政策措施，促使国企改革和发展在 1999 年初步出现了良好的势头。据统计，全国国有及国有控股工业上半年完成增加值 5538 亿元，比 1998 年同期增长 7.6%，增速提高 4 个百分点。实现利润 243 亿元，同比增加 2.8 倍。有 3 个特点尤其值得注意：①实现利润呈上升趋势。第 1 季度为 11.5 亿元，4 月份为 43.6 亿元，5 月份为 75.9 亿元，6 月份为 112 亿元。②大部分省、自治区和直辖市减亏增盈。31 个省、自治区和直辖市中效益好于上年的有 26 个。③多数行业效益明显好转。如石油化工、机械、电子、轻工、纺织等行业，分别出现了增利、扭亏为盈或减亏的良好势头。如纺织业 1998 年出现大幅度亏损，而到 1999 年上半年已整体上扭亏为盈。

1999 的全国财政工作会议提出并由 8 月份举行的全国人大常委会批准的增发 600 亿元国债措施，进一步加大了实施积极财政政策力度，增加固定资产投入，增加职工工资和城镇中低收入居民收入，以拉动消费、投资和出口需求，加快了结构调整步伐，这为国民经济保持稳定发展的态势奠定了基础，也为国有企业改革的推进注入了新的动力。9 月 22 日中共中央十五届四中全会通过了《中共中央关于国有企业改革和发展若干重大问题的决定》，在总结 20 年国有企业改革经验教训的基础上，确定了在社会主义市场经济体制建立过程中国有企业改革和发展的指导方针，也提出了一系列相关的重大改革措施。11 月，中央召开了全国经济工作会议，再次强调要把国有企业改革作为中心环节，积极促进扭亏增盈和建立现代企业制度，做好债转股工作，帮助国有企业减轻债务负担，在改善企业外部条件的同时要抓好企业自身经营机制的改革和完善。国有企业改革和发展由此进入一个新的阶段。

（五）科教兴国战略进一步加强

1998 年新一届政府明确提出了政府工作的重心，其中之一就是加大力度实施由党中央、国务院在 1995 年确定的科教兴国战略，对促进中国经济和社会发展产生了重大影响。1999 年是科教兴国战略逐步落实的关键一年，无论在舆论方面还是在政策制定与落实、制度的建设与健全方面，均出现了良好的势头，取得了显著的进展。6 月，召开了改革开放以来第三次全国教育工作会议，中共中央、国务院做出《关于深化教育改革全面推进素质教育的决定》；会议确定，大幅度增加今年及以后大学招生的名额，并明确了社会办学的方向。这些深得民心和符合社会发展要求的举措符合科教兴国战略的基本方向，也得到了各界公众的普遍欢迎，教育和教育发展问题由此成为 1999 年的全社会性话题。8 月份以党中央、国务院名义召开的全国技术创新大会，做出《关于加强技术创新，发展高科技，实现产业化的决定》，极大地激发了全社会对科技发展的关注程度，活跃了科技事业发展的社会经济环境；《面向 21 世纪教育振兴行动计划》、《国家科学技术奖励条例》、奖励有突出贡献的科技专家、中央财政提高教育支出比例、为创立国家创新体系而增加投入等一系列方针、政策和措施在 1999 年连续出台，在大大地强化了全社会的科教兴国意识的同时，也推进了科教兴国战略的制度建设和政策体系的建立。可以说，1999 年是科教兴国战略提出以来实施力度最大、进展最为显著的一年。

（六）法治建设有新的突破性发展

到 1999 年，中国已经初步建立以宪法为核心的社会主义法律体系框架，包括全国人民代表大会及其常务委员会依据宪法相继制定的国家机构组织法、选举法、民族区域自治法、行政、民商、经济、刑事和社会保障等基本法律及有关法律问题的决定 300 余件；国务院制定的行政法规 800 多件；享有地方性法规制定权的省、区和市人民代表大会及其常委会制定的地方性法规 6000 多件；国务院部委和省、区、市地方政府制定的行政法规 30000 多件。这些法律、法规立足于适应改革开放的需要和反映社会主义市场经济发展规律，基本上反映了国家经济、政治、社会、科技和文化发展的需要。在中国社会经济等主要领域，制定了一系列基本的法律法规。法治建设成就进展巨大。

1999 年 3 月举行的第九届全国人民代表大会第二次会议，在法治建设方面又有新的突破性发展。会议认真总结了中国改革开放和社会主义现代化建设的实践，立足于中国实际，总结了国内外立法经验，对宪法做了若干重要修正，通过了《中华人民共和国宪法修正案》。宪法修正案明确规定了“中华人民共和国实行依法治国，建设社会主义法治国家”的治国方略和目标。这是中国法治建设新的里程碑，表明党和国家领导人决心与缠绕和影响了中国数千年的“人治”彻底决裂，建设一个社会主义法治国家。宪法修正案中对经济制度和分配制度做出明确规定，“国家在社会主义初级阶段，坚持公有制为主体、多种所有制共同发展的基本经济制度，坚持按劳分配为主体、多种分配方式并存的分配制度”“在法律规定范围内的个体经济、私营经济等非公有制经济，是社会主义市场经济的重要组成部分”“农村集体经济组织实行家庭承包经营为基础、统分结合的双层经营体制”等。这些法律规定汲取了多年探索的成功经验，集中体现了人民的利益、意志和愿望，对保证中国长期稳定和大力促进生产力发展，不断提高人民物质文明、文化生活水平，具有重大意义。宪法修正案的通过，使 1999 年成为社会主义法治建设的一个重要里程碑。

二　1999 年社会发展中的主要问题

1999 年，在一系列积极调控措施下，克服了各种困难，国民经济保持了适度增长的态势；社会形势保持了基本稳定，使改革开放和经济建设事业取得了新的业绩。与此同时，多年积累起来的深层次矛盾依然存在，在一些地区和领域中出现了明显的不稳定因素，实现改革、发展和稳定三者协调目标的难度加大。

（一）国有企业改革仍处在攻坚阶段，生产经营尚未走出困境

1999 年，国有企业久已存在的矛盾和问题远未得到根本缓解，特别突出的是：负债率过高，富余人员积压，社会负担沉重，经营机制不活，企

业经济效益回升艰难，亏损面仍然偏高。这些已经严重阻碍改革的深入发展和社会主义市场经济体制的建立，在很大程度上也影响到社会稳定局面的维持。

由于长期不合理的重复建设，企业布局、产业结构不合理，科技含量低，造成一些行业生产力过剩，而一些高科技产业竞争力弱，这些问题在 1999 年仍很严重。下岗人员再就业问题、社会保障制度滞后、社会承受能力趋低等，成为 1999 年国有企业改革推进的严重“瓶颈”。1999 年举行的十五届四中全会，决定从战略上调整国有经济布局，放活中小企业，有进有退，进行战略性改组，建立规范的法人治理结构、债转股等重大举措，但付诸实施并产生实效，还需要有一个较长的过程。

（二）扩大内需、拉动经济发展的诸多措施未能完全实现预期效果，公众的生活预期由此出现低迷

1998 年，党中央、国务院适时实施积极财政政策，通过增发国债，增加基础设施建设，扩大内需，拉动经济增长，对经济增长速度的回升起到了积极作用，但增长持续的时间未能如人们希望的那么长，增幅也未能如人们希望的那么大。为了给结构调整提供必要的条件，拉动经济增长，止跌回增，实现经济增长的预期目标，1999 年年中再次增发国债 600 亿元，继续并加大实行积极财政政策的力度。但是，积极财政政策所起到的积极作用的有效时间比预计的短，特别值得注意的是，它没能有效带动非国有经济投资的增长。1998 年全社会固定资产投资增长 14.1%，其中国有投资增长 22%。1999 年 1～9 月份固定资产投资整体上保持增长的态势，但增速回落。按同比的统计算，1～9 月份，国有及其他经济类型投资与第 1 季度相比增速回落 14.6 个百分点，与上半年相比，增速回落 7 个百分点。如何强化积极财政政策，扩大内需，如何带动整个经济发展仍是需要研究解决的问题。

经济景气回升虽然得以实现，但速度缓慢，这直接影响到公众对未来生活的积极预期。各项经济政策的调整意在鼓励公众实施较为积极的消费活动，以促进市场的活跃程度和整个经济增长速度的回升。但是，在经历了几次储蓄利率下调和利息税开征以后，银行储蓄快速增长势头虽有所缓

解，而市场活跃程度远未达到预期水平。可见，公众的投资、消费活动依然处在低迷状态，这反映了公众的消费心理仍处于犹豫状态。

（三）下岗问题仍很突出，再就业渠道有待进一步拓宽

深化国有企业改革的重要措施之一是调整结构，为增效而减员是一种迫不得已的选择。1999 年，职工下岗人数增多、再就业困难的局面依然存在，这直接影响广大职工的生活、生计，社会稳定局面和部分公众的承受能力，由此而经历了前所未有的考验，在一些地区出现了与此相关的不稳定现象。据各地统计，1999 年上半年，国有企业下岗职工为 742 万人，其中，202 万人实现了再就业，仍未再就业的下岗职工有 540 万人，占下岗职工总数的 73%。虽然党中央、国务院十分关心下岗职工的再就业和生活问题，暂未再就业职工中有 95% 进入了再就业中心，94% 领到基本生活费，全国平均每人每月 170 元（加上为每人每月代缴的社会保险费 83 元，计 253 元）。这显然是很低水准的保障，部分下岗职工及其家属更进一步体会到了利益损失感。此外，全国各地还有相当数量工厂开工不足，半数以上企业的生产能力利用率不足 50%，职工不能正常上班，领不到全额工资，实属隐性失业。这也带来了严重的社会经济后果，加大了相关人员的心理压力。

（四）农民收入增长速度减缓、农民负担过重等问题依然严重，减困扶贫工作任务更加艰巨

党中央、国务院三令五申，要增加农民收入，减轻农民负担，并为此颁布了一系列的政策和措施。1999 年，这方面工作的力度进一步加大。但目前农村发展正进入一个新的阶段，近几年农业连续丰收，多数主要农产品因品种和质量不能适应市场要求，销售困难，价格回落；乡镇企业正在改制爬坡，职工工资收入减少、效益下滑局面未能制止住；从全局和国家长远利益出发，调整结构，治理环境，实施可持续发展战略，关停了许多“五小”工业，而这些企业多数在农村；近几年城市下岗职工增多，再就业压力加大，城市发展和经济建设能为农民提供的就业机会和劳务收入减少，1999 年，许多大中城市出台了限制农民进城务工的政策措施等，农民通过进入城镇获得劳务收入的机会正在减少。凡此种种，农民收入增长速度趋

缓已成定局，而在中西部一些以农业收入为主要收入的农村，农民近几年的实际收入是下降的。

从减轻农民负担方面看，问题仍很突出，特别是在一些县、乡两级，“天高皇帝远”，乱摊派、乱收费、乱集资的现象屡禁不止；还有一些地方，浮夸虚报之风盛行，“数字出政绩，数字出干部”现象依然存在，弄虚作假的干部凭借虚假数字的伪“政绩”谋求升官，农民却承受着泡沫政绩带来的实实在在的经济负担。据调查，近些年乡镇实际成了一级财政，由乡镇财政所负责本级的收支。县财政对乡镇财政实行包干，而近些年一些较好的利税项目都逐级上收，留给乡镇的都是些微利或小税项目，特别是在乡镇企业和个体私营经济不发达的地区，乡镇财源非常拮据，但干部工资和日常开支却是实打实的。所以乡镇财政在入不敷出的情况下，只有两个出路，一是借债度日（现在中西部经济欠发达的乡镇负债率都很高）；二是向农民摊派，加重农民负担。而恰恰是这些地区的农民又比较穷困，所以，在这类地区，干群矛盾比较大，有的甚至影响社会安定。

中国农村尚未解决温饱的贫困人口已由1978年的2.5亿人减少到1998年的4200万人，农村贫困发生率从30.7%下降到4.6%。国定贫困县农民人均纯收入从1985年的206元提高到1998年的1318元。扶贫工作取得了巨大成就，这是举世公认的。1994年国务院制定并实施《国家八七扶贫攻坚计划》，要求到2000年基本解决农村脱贫问题。带入1999年的4200万贫困人口，其中有2000多万人，一是不适合参加生产劳动的残疾人和社会保障对象，他们的生活将随着经济发展和社会保障制度的完善而逐步改善；二是生活在自然环境十分恶劣的偏远山区、边区和库区，缺乏基本的生产生活条件，有些需要搬迁移民，不可能在短期内全部解决温饱问题。除此之外，尚约有2000万人计划在1999年到2000年两年内脱贫。1999年6月，中央召开的扶贫开发工作会议决定加大扶贫工作力度，确定1999年必须解决1000万人脱贫问题，其余1000万人左右的贫困问题在2000年解决，从实际进展看，任务异常艰巨。

（五）腐败问题仍很严重，经济大案发案率居高不下

反腐败斗争在1999年获得了新的进展，主要表现是：加大了贯彻落实

《中国共产党党员领导干部廉洁从政若干准则》《关于党政机关厉行节约制止奢侈浪费行为的若干规定》的工作力度，依法查办了一批有影响、震动大的贪污贿赂大案要案。但是，部分党政干部腐败现象还在蔓延，奢侈浪费禁而不止，贪污贿赂犯罪仍在发生，经济大案要案发案率居高不下。1~9月份仅海关查获的走私大案要案就有756起，案值38.7亿元，其中法人走私案案值占总案值的89%。有些经济大案的主要案犯是中、高级干部。他们上下勾结，内外勾结，结成团伙，有的甚至是地市级机构领导班子结伙犯罪，严重影响了党群关系，破坏了经济建设。

腐败问题已经成为影响某些地方的经济社会发展和人心稳定的隐患。据零点调查公司1999年5月所做的调查，群众最关注的社会问题排序依次是：廉政建设，失业下岗，社会治安，养老保障，住房改革。而1995年的排列是：社会治安，通货膨胀，廉政建设，子女教育，住房改革。廉政建设被列为群众最关注的头号社会问题，可见，广大公众对反腐倡廉的严重关切。

三 2000年社会形势基本走向预测和政策建议

2000年是世纪之交的千禧之年，也是完成“九五”计划和20世纪末多项重要奋斗目标的关键一年。促进经济持续发展将成为全社会关注的中心。当前社会经济生活中实际困难的克服和若干社会矛盾的缓解，将显出急迫性。加速国有企业改革，调整经济布局，推进经济结构优化和产业升级的步伐将加快，措施会更加有力。大力开发和发展西部地区，从经济和政治的双重意义上被确立为大战略。科教兴国战略将获得更广泛认同，科技创新和应用的步伐将加快。

只要国际、国内在政治、经济上不发生特别重要的逆转事件，2000年的中国社会将能够保持总体稳定的局面。为改革、发展创造稳定的社会环境，加强思想政治教育，加强反腐倡廉，拓展再就业渠道，完善社会保障体系和加强执法力度等将成为政府工作的重心，改革、发展所需要的良好环境能够持续，但是在小的区域范围内，局部的社会矛盾将相对增多，其中也不排除以一些激烈的形式表现出来，需要各级政府妥善化解。

（一）国企改革将成为改革的中心，也将成为矛盾的焦点

2000年是国有企业改革三年脱困的最后一年，中国一旦正式加入世界贸易组织，国有大中型企业的改革进展将备受各方关注，这是2000年政府各项工作中的重头戏。进入新阶段的国有企业改革将面临更多新问题、新矛盾，改革政策措施的科学性、有效性将在改革实践中受到更加严峻的考验。

在2000年乃至以后相当长的时期内，国有经济在原有经济结构、产业结构上继续保持快速增长的余地已经不大。深化改革、寻求新的发展空间将成为国有企业改革走出困境的关键。摆脱较低技术与产业层面上的需求约束，在更高的结构、产业水平上，生产出科技含量大、附加值高、适应市场需求的新产品，开拓新的需求市场和发展空间，会成为许多国有企业实现体制转轨首先要遇到的问题。

国有企业改革的深化和发展，必然遇到如何与市场经济衔接、适应市场要求的诸多深层次矛盾。必须突出强调以“三个有利于”为根本标准，进一步解放思想，积极探索能够极大促进生产力发展的公有制实现形式，大胆利用反映社会化生产规律、符合市场经济要求的各种经营方式和组织形式，充分运用市场机制调整经济结构，加大科技投入，促进产业升级。与此同时，要强调管理也是生产力，加速建立现代企业制度；下功夫选拔和培养管理干部，宣传和奖励优秀管理人员，严厉惩治那些恶意经营并从中渔利的腐败分子。

（二）克服市场疲软、缓解就业压力、调节收入分配格局，对提高公众未来预期的信心将具有决定性的作用

2000年，政府为解决经济增长速度减缓、国内需求不旺、市场不振等问题，将积极寻找新的经济增长点，以求扩大内需，活跃市场，刺激经济增长，扭转有效需求不足、市场冷淡疲软、商品库存大量积压、物价指数连续20多个月下降的严峻局面。与此同时，将更加注重一些重要的社会体制改革，以求最大限度地化解经济问题所产生的消极社会后果，其中的关键是：在采取各种措施激活市场的同时，注意保护公众的购买力和理性的

消费意识，使消费结构升级换代过程与公众对自身生活前景的理性设计较好地结合在一起；在推进劳动力市场化改革的同时，加快建立健全就业的社会保障体系，缓解下岗和失业带来的社会冲击，稳定相关人员的心理，保持其最基本的生活标准；在鼓励有贡献的社会成员获得相应高收入的同时，注意以各种手段来调节整个社会的收入分配关系，保证基本的社会公正秩序和合理的分配制度。进入 2000 年，公众对未来生活的预期依然是一个影响社会形势的基本因素。

（三）各社会经济领域的体制改革将面临更加艰难的攻坚任务

20 年的改革实践表明，社会经济领域内的体制改革要取得进展，离不开各项改革之间的配套衔接。直到现阶段，体制改革的系统性也还是一个没有解决好的问题，离社会主义市场经济体制的规范还相差很远。进入 2000 年，改革进程无疑将会持续下去，但如何克服一些改革措施显现出的目标不明确、思路不清楚、配套程度低的弊端，仍是一个老问题。许多公众对一些事关自身利益的改革、许多官员对一些事关自身职责的改革还处在一知半解、心中无数的阶段，这将影响到改革的实效。教育、住房、医疗、养老等方面的改革，在 2000 年将依然成为广大公众关注的主要改革，他们的现实承受能力与对未来前景的预期，将进一步面临双重考验。如何做好对改革措施的宣传解释工作与加快改革步伐本身一样，将成为政府在 2000 年面临的难题。

（四）经济社会协调发展要提上议事日程，调整社会结构、加速发展社会事业的压力将进一步加大

1999 年社会经济领域中所取得的进展和所存在的问题，均是经年积累下来的，这样的问题在 2000 年乃至以后一段时间内还不可能消失。但经济领域与社会领域之间发展不协调的问题，正变得越来越严重，已经出现的种种社会问题也正在蔓延、严重化，贪污受贿、制假贩假、刑事犯罪、环境污染、走私、吸毒贩毒等社会消极现象依然十分触目惊心，这就在事实上阻滞了经济持续健康快速发展和社会稳定大局的保持。在 2000 年，城市化过程中的种种问题、地区差距拉大问题等也有待于以更加务实和创新的

手段来加以解决。在这一方面，1998 年十五届三中全会提出，要制定和完善促进小城镇健康发展的政策措施，进一步改革小城镇户籍管理制度，加快小城镇的发展。但在 1999 年未见有显著进展，相应的政策还没有出台，而且这次农民对进城的反应还不如 1992 年、1993 年那样强烈，所以 1999 年城镇化步伐并没有加快多少。在 2000 年，需要对此加以研究总结，决定并实施积极的推进城镇化的政策。

科技、教育、医疗卫生、文化体育、环境保护、社区服务、社会保障等项社会事业，在过去的 20 年期间，均相对滞后，不能与经济快速发展相适应。1999 年加快实施科教兴国战略和推进社会体制改革，为社会事业的发展展示了一个新的空间。在 2000 年，这样的趋势将会延续下去，而社会事业发展也将面临如何探索出一条非完全市场化的社会事业发展途径的难题。

（五）农业和农村经济发展进入了新阶段，出现了新的问题，需要以新的方法来加以解决

1999 年，农村和农村经济中诸如农产品相对过剩、销售不畅、主要农产品价格偏低、农民收入增长趋缓、农村市场启而不动等问题困扰着全社会。在 2000 年，这样的问题不可能马上消失，如果对进入发展新阶段的农村和农村经济没有突破性的思路和创新，将难以解决好这些问题。在 2000 年，抓好增加农民收入、保持农村社会稳定，将是关系全局的大事。调整优化农村经济结构、增加农业投入、改革和完善主要农产品的流通体制、开辟农民增收的新途径和新领域，将成为新一年农村政策的主要组成部分。这几个方面的工作难度都比较大。农民特别是中西部的农民收入增长不上去、负担又减不下来的局面如果没有大的改观，不仅会影响农村经济的发展，也将影响农民的劳动积极性，激化农村的社会矛盾，导致局部社会不安定的现象。与此同时，农村乡镇基层干部的基本工资福利难以保证、农村财政拮据、金融机构惜贷无贷，农村经济工作活不起来、农村脱贫难度加大，这都是亟须解决的大问题。

（六）省级机构改革和事业单位改革被提上日程

2000 年，拟议中的省级机构改革和事业单位改革将进入实施阶段，这

又是社会政治生活中的重大事件，将涉及政府职能的调整和部分社会成员利益关系的调整。中央、国家机关机构改革的进展是一个很好的借鉴，而省级机构改革和事业单位的改革会出现一些新问题，涉及面更广、人更多、情况更复杂，产生的影响也会更大，需要依靠各方面力量来协调解决、精心运作。主要的问题将集中在如何在平稳地推进机构改革的同时保持日常的工作秩序，机构的裁并与人员的精减要着力于职能的转化和工作效率的提高；社会经济运行与管理不能因为机构调整和人员变动而出现严重障碍。

（七）继续强调社会稳定，坚持用发展的办法解决前进中的问题，更加重视和处理好改革、发展与稳定的关系

只有社会稳定，才能推进改革，发展经济，提高人民生活水平，增强综合国力，中华民族才能屹立于世界之林。这已成为广大公众的共识。维护社会稳定，是广大公众的愿望和要求，是社会主流，也是社会发展进步的基础。

增强以经济实力、国防实力和民族凝聚力为主要内容的综合国力，在世界风云飘忽不定中立于不败之地，为建立公正、合理的国际政治、经济新秩序做出积极贡献，顺利进入实施现代化建设第三步战略，把中国持续快速健康发展的态势带入新世纪，建设更加繁荣富强的社会主义现代化国家，是中国共产党的崇高历史使命。而要完成这一历史使命，最基本的也是最重要的前提是稳定的、良好的社会环境。2000 年，党和政府将更加强调和重视社会稳定，在宣传教育和预防、治理影响社会稳定的措施上，都将有所加强。思想政治工作会结合新形势有所改进和加强，舆论导向将更加积极。邓小平理论、社会主义、爱国主义、集体主义、大局意识、创业精神将成为舆论导向的主调。惩治腐败，打击经济领域犯罪活动，反对走私，打击刑事犯罪等斗争，仍会不懈地进行。对非法组织包括邪教的防范和斗争，会更清醒、更警觉、更有力。

从总体上看，2000 年社会稳定仍会成为突出强调的主题，在精心部署和把各项工作落到实处的前提下，社会形势有望保持基本稳定。但是，失业人数增加、收入差距扩大、吏治与司法腐败、农民负担过重等，依然是对社会稳定局面的潜在威胁，必须下大决心解决。虽然不可能毕其功于一役，但措施必须坚决，有实效，让广大公众看到希望，增强信心。

中国在改革开放新阶段的选择*

——2000～2001年中国社会形势分析与预测

2000年，中国有两件大事，将对中国今后长期的发展产生深远的影响：一是经中共十五届五中全会审议通过，向全国人民代表大会提出了《中共中央关于制定国民经济和社会发展第十个五年计划的建议》，建议认为，中国人民生活已经在总体上达到小康水平，新的世纪中国将开始实施第三步向现代化推进的战略部署。二是经过14年的漫长谈判，中国加入WTO（世界贸易组织）的进程已接近终点，中国正在积极地从各方面的法律和制度上做好加入WTO的准备。

改革开放以后，经邓小平同志提出，中国确立了“分三步走”的社会主义现代化战略部署。这就是：第一步，到1990年，实现国民生产总值比1980年翻一番，解决人民的温饱问题；第二步，到20世纪末，使国民生产总值比1980年翻两番，人民生活达到小康水平；第三步，到21世纪中叶，人均国民生产总值达到中等发达国家水平，人民生活比较富裕，基本实现现代化。这个发展目标的确立，标志着中国发展战略的重大转变，即从以“赶超”为宗旨转变为以提高人民生活水平、改善人民生活质量为宗旨。现在，中国已基本实现了现代化建设的前两步战略目标，到2000年底，中国国内生产总值可达到8.6万亿元人民币，人均国内生产总值将超过800美元，这是中国实现第二步发展战略目标、人民生活总体上达到小康水平的重要标志。在新世纪之初，“十五”计划的制订，标志着实现现代化这一中国的百年之梦开始变为现实的具体进程，中国将进入全面建设小康社会并加快推进现代化建设的新的发展阶段。

中国加入WTO的前景，将意味着中国在世界市场经济体系中的地位最

---

* 李培林执笔。

终得到确认，也是中国从有限范围和领域的开放转为全方位开放的重要标志。中国作为世界上最大的发展中国家，拥有近 13 亿人口，经济规模居世界第 7 位，对外贸易居世界第 9 位，快速发展的中国是经济全球化不可缺少的组成部分。中国加入 WTO 作为一种战略选择，说明了中国坚持建立社会主义市场经济体制和扩大对外开放的既定路线，显示了中国从长远的国家根本利益出发，决心参与经济全球化的远见，也标志着中国走向改革开放的新阶段。

2000 年的这两件大事，标志着两个新阶段：全面发展的新阶段和走向改革开放的新阶段；也代表着两个重大选择：走向现代化的选择和参与经济全球化的选择。

这两个选择的做出是明智的、坚定的，但也是艰难的。对中国来说，“现代化”过程既意味着经济的快速增长和生活水平的大幅度提高，同时也意味着一些结构性矛盾的加剧和一些人均资源占有关系的更加紧张；“经济全球化”过程既意味着中国能够更广泛地参与国际市场的竞争和游戏规则的制定，同时又意味着要面临发达国家的竞争、扩张强势对发展中国家的巨大冲击。

处在这种背景和趋势下的中国，面临着非常艰难的选择：其一，受中国数代人现代化之梦的推动，中国民众具有强烈的赶超意识，希望中华民族能够成为世界上受尊重有影响的民族，也希望尽快过上现代化的生活，这导致中国民众对经济增长有着超乎寻常的期望；而实际的现代化过程，由于发展起点低、人口众多和人均资源匮乏，可能是一个漫长的过程，如果经济单项突进和实行片面的赶超战略，可能会带来一系列的社会问题，造成适得其反的结果。其二，中国期望通过对外开放融入国际社会，更渴望分享现代文明的各种成果，以便能够实现发展阶段的跳跃；但面对强势国家，又充满了各种疑虑和担忧，在近现代史上历经战争、内乱、灾变、劫难和丧权辱国之后，中国人对不要再折腾和不要再受人蒙骗的期冀成为一种凝重的大众心理。其三，中国已意识到，承认、遵循和参与制定世界的普遍游戏规则，是中国走向现代化的必然选择，也为中国提供了新的加速发展的机遇和活力，但中国自身正处于加速工业化和市场化的社会转变时期，社会主义市场经济体制刚刚建立起来，很多行业和经济领域还缺乏国际竞争力，全面开放以后，它们能否经受得住经济全球化的冲击，其中的利害得失还有各种未定之数，因此形成了一种普遍的忧虑。

“现代化”和“经济全球化”这两条主线，形成了我们分析和判断2000～2001年社会形势的基本视角，我们将从这个基本视角，观察和描述2000年各主要社会领域的发展变化，梳理和分析发展过程中出现的主要社会问题及其症结，预测和阐述2001年社会形势的基本发展趋势。

一　2000年社会形势的基本状况和特点

（一）经济增长曲线出现上扬，农业比重接近现代化水平的临界点

国内生产总值的增长率，在连续3年下滑之后，2000年出现止落回升的趋势，增长率达到8%左右。中国的经济已经从亚洲金融风暴后的阴影下解脱出来，恢复了元气。随着增长基数的加大，中国正在从振动波幅较大的增长时期转到平稳增长时期。2000年中国人均国内生产总值达到800美元以上，总体上达到小康水平，但与人均3000美元的现代化标准[①]相比，还需要一段长时间的努力。由于中国城乡之间和地区之间发展不平衡，发展差距很大，甚至存在几十年的发展差距，一些城市和地区会率先实现现代化，从而起到示范作用。

在国内生产总值中，农业的比重已经降到17%以下，单从这一指标看，再有若干年的时间，就会达到农业比重在15%以下这一现代化产业结构的标准。但问题是第三产业比重太低，只达到34%左右的水平，还不到发展中国家的平均水平，从这个方面看，离第三产业45%以上的现代化标准还有很大距离。

---

① 美国著名社会学家英克尔斯（Inkeles）根据多国发展的比较研究，曾提出现代化标准的10项指标：①人均国民生产总值3000美元；②农业在国民生产总值中的比重达到15%以下；③第三产业在国民生产总值中的比重达到45%以上；④城市人口占总人口的比重达到50%以上；⑤非农业就业人口达到70%以上；⑥成人识字率在80%以上；⑦大学生占20～24岁人口比重达到10%～15%；⑧人口净增长率达到1%以下；⑨平均预期寿命达到70岁以上；⑩平均每万人中有医生10人以上。不过需要说明的是，这个标准是在20世纪60年代提出的，也只是学者个人的看法，这里只是借鉴，作为一种参照。

（二）人民生活的消费结构发生重大变化

2000年1～9月份，农民人均现金收入1500元，比1999年同期增长2.5%，估计全年农民人均纯收入将达到2280元，扣除价格因素，比1999年实际增长3%左右。2000年前3季度，城镇居民家庭人均可支配收入4719元，扣除价格因素，比1999年同期实际增长7.8%；全国在岗职工平均工资6333元，同比增长14.0%。由于银行存款降息、国债发行、购房等大宗支出增加以及实行存款实名制等因素，城乡居民储蓄存款余额在多年快速增长之后，出现增幅较大幅度缩小的状况。在城镇居民的收入中，转移性收入（特别是退休金）增长迅速，而财产性收入持续下降。

生活消费结构发生深刻变化，衣食的消费比重在降低，而教育、交通通信、医疗保健、文化娱乐、旅游等方面的消费比重不断提高。根据国家统计局对全国约4万户城镇居民家庭和近7万户农村居民家庭的抽样调查，近5年来，城镇居民家庭消费性支出的恩格尔系数（食品支出占生活消费总支出的比重）从49.9%下降到41.9%，衣着支出占消费总支出的比重也从13.5%下降到10.5%；与此同时，农村也发生了相同的变化，农民家庭生活消费支出的恩格尔系数从57.8%下降到52.6%，衣着支出占生活消费支出的比重从6.4%下降到5.8%。

生活质量成为新的追求目标，如果说在温饱生活阶段，人们关注的主要是满足生活的最基本的衣食需求，那么，在小康生活阶段，人们将更注重生活质量的提高。根据不同消费需求的排列，在衣食需求基本满足以后，住房条件将是人们改善生活质量的主项。随着住房制度的改革，城市住房自有化的速度明显加快，目前已有2/3以上的城市家庭实现了住房自有化，购买和装修住房成为城市中新的消费热点，住房装修的档次明显提高。轿车也开始更快地进入家庭生活，虽然拥有私人轿车的家庭还只占很小的比例，但它的快速发展却预示着一种消费趋向的到来。

（三）城市化发展进入新阶段

从统计上看，中国的城市化水平（城镇人口占总人口的比重）近若干年来一直在30%的水平徘徊，但考虑到大量农民工进城就业定居以及部分农村地区已经城镇化的现状，中国实际的城市化水平估计已达到 35% 左右。尽管如此，中国的城市化发展仍然滞后于产业结构的变化，现在农业和非农产业的产值之比已达到 17:83，农业和非农产业的从业人数之比基本上是 50:50，而农村和城市的人口之比则仍然是 70:30。

中国的城市化已从改革初期主要靠小城镇的快速发展来推动，转变为靠大、中城市和小城镇的共同发展来推动。城市化的进程已超越形式上的“县改市”阶段，进入切实加快城镇扩展的阶段。

但是，由于对进城农民转变户籍的限制，以及每年新增人口绝大多数分布在农村，中国的城市化水平仍然严重滞后于产业结构的变化，距离 50% 以上这一城市化的现代化标准还有很大差距。

（四）就业结构的变化出现徘徊

与城乡结构变化的情况相一致，这几年的就业结构的变动也出现徘徊的局面。1997 年，在全部从业人员中，农业从业人员所占的比重首次下降到 50% 以下，达到 49.9%，但到 1999 年又上升到 50.1%，2000 年则仍在 50% 的水平线上徘徊。造成这种状况的原因是，近两年城镇单位从业人员（不含城镇个体和私营企业的从业人员）的总量出现了减少的趋势，特别是国有单位的从业人员减员较多。2000 年 1～6 月份，全国城镇从业人员 20072 万人，比 1999 年同期增加 340 万人，但比 1999 年末减少 940 万人，其中国有单位从业人员同比减少 450 万人。

根据现代化过程的一般经验，社会结构向现代化的转变要按照先后次序经历三个转换点：首先是产值结构转换点，即非农业产值占国内生产总值的比重上升到 85% 以上；其次是城乡结构的转换点，即城市人口占总人口的比重上升到 50% 以上；最后是就业结构的转换点，即非农业从业人员占到全部从业人员的 70% 以上。从后两个指标看，中国城市化的实现还有一个较长的过程。

（五）人口和家庭结构继续发生变化

尽管中国的人口控制取得很大成就，人口的自然增长率从 1990 年的 14.4‰下降到 2000 年的 8‰左右，已经进入低出生率、低死亡率、低增长率的阶段，但由于人口的基数庞大，加之一些农村地方出现以罚款代替计划生育的做法，每年的新增人口仍然达1000多万人，而且新增人口中的90%以上分布在农村。在那些人口增加较多的农村地区，每年新增的收入中，有相当一部分要用于新增人口的消费，这就严重影响了当地农民生活水平的提高。因此，必须继续抓好计划生育，做好人口总量的控制工作。

按照一般的规律，一个社会在进入现代化阶段以后，人口才会出现老龄化现象，但中国随着生活水平的提高，人均预期寿命有很大提高，已经达到70岁，加之严格的人口控制，老龄化社会提前到来，1990～2000年，60岁以上老人占总人口的比重从8.4%增加到11.5%，跨越了10%这一进入老龄化社会的标界线。中国人口年龄结构在20年中就从成年型过渡到老年型，这在世界上是罕见的，这种转变英国用了80年，瑞典用了40年。

中国社会的总负担系数近10年来是下降的，从1990年的50%下降到2000年的46%以下，但其中主要是少儿负担系数的下降，老年负担系数是不断上升的。

从家庭结构来看，夫妇单子女的三人核心家庭的比重仍处于上升趋势；随着离婚率的上升，单亲家庭不断增加，1990～2000年，在15岁及以上人口中，离婚人口的比重从0.6%上升到1.0%；另外，城市中新的独生子女一代人已经进入就业、婚姻年龄，由此产生的“代差”问题日益突出。

中国第五次人口普查正在进行，人们期望这次普查能够提供扎实的人口经济社会数据，解决过去人口报表中存在的各种“水分”问题。

（六）社会保障的改革取得新的进展

完善的社会保障制度是社会的稳定器和减压阀，对稳定人民生活及其消费预期具有重要作用。目前，随着社会保障制度改革的深入，保障体制正在从原来由国家全部包下来的单位保障体制转变为由国家、社会和个人共同承担的社会保障体制。在社会统筹和个人账户相结合的新模式下，养老保障改革进展加快，新体制已涵盖90%以上的城镇职工，统筹的层次也逐步提高，2000年养老金社会发放率达到60%以上，养老金拖欠情况得到缓解，按时足额发放率达到95%以上。医疗保障改革也从扩大试点的阶段逐步发展到全面推广的阶段，2000年取得重大进展，城镇医疗保障改革的政策框架基本形成，2001 年将同步推进“三项改革”，即城镇职工基本医疗保险体制改革、医疗机构体制改革和药品流通体制改革。针对群众反映较多的药费过高问题，已开始试行医院购药招标和治疗与售药分离，这些措施将普遍使医疗消费者受惠。在失业保障改革方面，作为过渡性制度的“下岗”生活保障制度，将逐步与失业保险制度并轨。2000 年绝大多数下岗职工（约 90%）的基本生活费可以按时足额发放。此外，领取失业保险金的人数呈继续攀升之势，申请自谋职业而将应享受的失业保险金一次性领取的人数增加。2000 年前 3 个季度，全国财政支出中的社会保障补助支出完成 341.39 亿元，比上年同期增长 48.2%。

但是，由于历史欠账太多，在改革的过程中，一些地方和企业出现了难以兑现或难以全部兑现社会保障承诺的问题，从而引起人们对远期支出能力的担忧和对近期消费的抑制。特别是社会保障个人账户“空账”运行的问题，以及社会保险金当期出现严重收不抵支的问题，潜伏着很大的风险。目前要解决的突出问题，是尽快通过各种途径筹集资金，填补社会保障的欠账，完善包括养老、医疗、失业、工伤、生育、最低生活等方面的社会保障体制，特别是要注意建立好养老金、失业金（包括下岗生活费）和最低生活保障金等基本保障线，以便稳定人们的消费预期，确立人们的消费信心。

（七）环境保护更加严格

随着生活水平的提高，人们越来越注重生活环境的优化。人们已经不满足于吃好穿好、家用电器不断提高档次和交通通信工具的更加方便，绿色食品、清新的空气、鲜花草坪、绿树成荫、蓝天白云成为新的生活环境要求。过去高耸林立的烟囱是工业化的象征，今天则成为环境污染治理的对象。加入 WTO 的前景和北京申报举办奥运，将进一步增强国民的环境意识。

为了保护生态环境，国家近几年的环境污染治理投资大幅度增加，年投资总额达到上千亿元。近 5 年来，取缔、关停污染严重的企业达十几万个，完成环境污染限期治理项目约 5 万个，对废水、废气和噪声的治理都加大了力度。2000 年，全国 174 个县，合约 515 万亩耕田的退耕、还林还草工作已逐步启动实施。

在城市里，工业企业开始迁出城区，普遍进行种树植草育花，全国城市人均公共绿地面积从 1990 年的 3.9 平方米增加到 2000 年的 7 平方米以上。为了治理城市中严重的大气污染，城市中开始推行普遍的能源更替、锅炉改造和汽车尾气治理工作。然而，随着工业化的快速推进、人口的增多和人均资源状况的日益紧张，生态环境保护方面总体上仍然没有扭转高污染、低控制的局面，保护我们和子孙万代的生活环境，任重而道远。

二 2000 年社会发展中存在的主要问题及治理建议

（一）反腐败斗争的任务艰巨

在近几年对民众和领导干部本身的社会调查中，腐败都被列为排在首位的严重社会问题。在经济体制的转轨时期，由于新的体制还没有完善，对权力的监督漏洞较多，而部分党政干部经受不住金钱的诱惑，职业道德自律弱化，加之权力可能支配的财富数额不断增加，社会风气又似乎造成“法不责众”的示范效应，所以虽然对腐败行为不断加大打击力度，但腐败现象的蔓延还没有完全遏制。近两年全国纪检监察机构每年查结的案件都达到十多万件，处分干部 4000 多人，其中省部级以上的高级干部十几人。根据近几年揭露、查办的腐败案件，腐败犯罪（贪污、受贿、骗税、走私等）的数额达到惊人的程度，有的案件案值上亿元，出现案中有案、新案牵旧案的情况，甚至涉及一些过去具有“廉正清洁”形象的高级干部。更为恶劣的是，有些地方的干部结伙犯案、相互包庇、为虎作伥，民愤极大。对全国人大原副委员长成克杰、江西省原副省长胡长清和厦门远华集团等大案的判决，震动全国。2000 年北京举办的打击和预防经济犯罪展览、上海拍摄的反腐败影片《生死抉择》、深圳征集的反腐倡廉公益广告，在群众中引起极大的反响和共鸣，形成全社会讨伐腐败的气氛。

腐败是社会运行的腐蚀剂，它使社会财富非法地向少数人集中，严重破坏了社会公正的原则，损害了政府的形象，影响了干群关系，造成人民群众的强烈不满，是社会不稳定的最大隐患。反腐败斗争成功的关键，是完善对权力的监督制度，包括法律监督、党纪政纪监督、舆论监督和职业道德监督等，健全和完善干部的资产和收入申报制度、离任审核制度、亲属回避制度、对涉案来源不明资产的没收制度、有案底者不得再任公务员的制度等。总之，在新形势下，反腐败不能主要立足于道德自律的基础上，必须建立法治以保证在一般的概率上，使腐败犯罪的成本远高于其可能的获利。

（二）农村社会矛盾上升，从整体上减轻农民负担势在必行

近几年农村干群关系紧张，社会矛盾上升，农民集体上访和越级上访事件大量增加，其中一个重要原因，就是农民从事经营的经济负担过重、屡减而不轻。

中国目前与发达国家的差距，尽管是多方面的，但主要的不是城市里的高楼大厦，而是广大农民的生活水平。提高农民收入，当然主要靠发展多种经营和促进农业劳动力向非农产业转移，但减轻农民负担是必须要解决的问题。由于中国的人均耕地资源紧缺，每个农户的耕作面积平均只相当于其他产粮大国的几十分之一，甚至几百分之一，而粮价受国际市场的影响，价格上调的弹性很小。如果是专门从事农业耕作，那么能够过上丰年有余、歉年持平的温饱生活已实属不易。如果税后还要被征收各种“费”，生活的拮据可想而知。但是，随着农村经济活动和社会事务的增多，社会管理的任务很重，而上级行政机构的各种部门，都要向下布置工作，并作为考评政绩的指标，促使基层行政管理机构不断膨胀，基层财政沦为吃饭财政，有的连工资都发不出来，过去贷款发工资的做法，由于银行的商业化改革，也无法再行得通，于是便以各种名目向农民收“费”，弥补财政的入不敷出。虽然近几年一再强调减轻农民负担，并取消一系列的收“费”项目，严格了收“费”比例，但仍然屡禁不止，不仅农民非常不满，一些农村基层干部对此状况也很有意见，深表忧虑。

减轻农民负担的关键，要从两个方面入手：一是从整体上减轻农业的税赋负担，不但是减费，而且要减税。现在占从业人员50%的农业劳动者，只能参与仅占国内生产总值17%的剩余分配，而且他们基本上没有养老、医疗的社会保障，要靠个人储蓄和家庭抚养克服生活风险。中国目前的非农业产值已占国内生产总值的83%，应该说已经有能力反哺农业。从整体

上减轻农业的税赋负担，使农民具有更多的劳动剩余进行消费，也会带动农村消费市场的转旺。现在所谓的消费市场饱和，在城市受消费结构转型的影响，在农村实际上仍主要是受收入过低的抑制。二是配合行政机构的改革，把基层不断膨胀的行政机构以及附属机构真正精简下来，清理各种吃空响的“职位”和照顾亲属就业的职位，通过加强和充实基层财政，使基层行政机构开支完全依赖财政，并且要得到法律保证，非财政支出的各种附属机构要逐步地完全市场化，杜绝一切权力机构和财政开支机构以各种名义进行所谓的“创收”“收费”和强行“赞助”。

（三）创造更多就业机会缓解失业的严峻形势

在新增的生活困难群体和低收入群体中，失业者、下岗职工和就业不足的人员占了相当大的比重。2000 年中国的劳动力供给过剩状况，较前几年更加严重。从目前来看，2000 年国内生产总值的增长率约 8%，按0. 05 ~ 0. 1 的经验性就业弹性系数计算，2000 年城镇的新增就业机会 400 万 ~600 万个，另外估计职工退休等自然减员因素腾出的就业机会约为 300 万个，这样能够提供的就业机会总共为 700 万 ~900 万个。然而，2000 年城镇新进入劳动年龄的劳动力约为 1000 万人，估计新增的下岗职工为 500 万 ~600 万人，加上 1999 年结转的劳动力供给 1290 万人（下岗 + 失业），劳动力的总供给为 2790 万 ~2890 万人。考虑到城镇新增劳动年龄人口中还有很多人要进入高等教育或中等技术培训，实际进入劳动力市场的约为 60%，下岗和失业人员实际进入劳动力市场的约为 75%，实际的劳动力供给在 2000 万人左右。即便如此，劳动力的实际供给过剩仍高达 1100 万 ~1300 万人。如果考虑到农民工进城谋职等因素，城镇就业的供求关系就更加严峻。2000 年 1 ~6 月，全国城镇登记失业人员加上全部下岗职工共计达到 1528 万人，剔除 35% 下岗职工已经有较为稳定工作（根据 2000 年上半年下岗职工抽样调查所得的比例）的情况，没有就业的下岗职工和登记失业人员为 1120 万人。全国不在岗职工的人数仍然呈上升趋势，至 2000 年 9 月底，全国不在岗职工达到 2173. 1 万人，同比增长 6. 6%。

根据各国发展的经验，增加就业是比福利补助更有效的扶持弱势群体的措施。创造更多的就业机会，是提高生活困难群体和低收入群体的生活水平的根本之策。但是，目前中国的劳动年龄人口还处于不断增长的阶段，在未来相当长的一个时期内，中国的劳动力都将面临供大于求的局面。“安居乐业”是人们心目中小康生活的图景，中国在解决了吃饭问题之后，就业成为要解决的最大问题。因此，在完善失业保障制度的同时，要广开就业渠道，特别要注意发展适合中国国情、有市场前景的劳动密集产业，以便吸纳更多的劳动力。

（四）扶贫方式和弱势群体的支持网络需进一步完善

改革开放以来，中国在减贫扶贫方面取得世人瞩目的成绩，1978～1999年，全国农村贫困人口从2.5亿人减少到3400万人，贫困人口占乡村总人口的比重从31.6%下降到3.9%。但贫困是比较难以治理的顽症，造成贫困的原因也比较复杂，根据国际上的减贫经验，当贫困人口占总人口的比重降到10%以下时，减贫的速度会放缓，贫困人口的减少容易进入瓶颈阶段。而且，即便将来人民生活在总体上达到富裕阶段，相对贫困也依然会存在。

现在的农村贫困人口，比较集中地分布在中西部的深山区、石山区、荒漠区、高寒地带、黄土高原、地方病高发区以及水库库区，生产和生活条件非常困难，减贫的难度很大，而且即使脱贫以后，返贫的比例也较高。因此，减贫扶贫工作也要不断改进方法，防止扶贫演变成简单的生活困难补贴，特别要防止在扶贫的转移支付过程中出现“漏桶”问题，即扶贫的款项在转交的过程中流失量过多（过高的管理成本、挪作他用或只是被用于即时消费等），以至于国家用于扶贫的付出远高于贫困人口从转移支付中的直接受益。在加大对贫困地区的投入、改善其基本生产生活条件的同时，要发展以工代贩、小额贷款、技术培训、生活移民、教育扶贫等多种经验证明有效的扶贫方式，坚持开发式扶贫，特别是要重点做好西部及少数民族地区、革命老区、边疆地区和特困地区的扶贫工作。

城市中的生活困难群体，随着近几年下岗职工人数的增多，问题变得比较突出。他们的收入较低，工作和收入都不稳定，有些则是丧失就业能力而需要救济的人口，而近几年子女教育和医疗的费用增长很快，各方面的生活开支压力很大。在政府的努力下，目前下岗职工生活费和退休金的拖欠问题虽有所缓解，但医疗费的拖欠问题仍然严重，据全国总工会的调查，企业中约有50%的职工不能全部或部分报销医疗费。

在原有的计划经济体制下，中国的个人生活保障体系和生活困难群体的社会支持体系，都是建立在各级和各类单位中。随着保障体制的改革，单位保障逐步转变为社会保障。顺应这种转变，对生活困难群体的帮助和扶持，也要从以单位为主体的支持体系转变为以社区为主体的支持网络。中国现有的由街道委员会和居民委员会构成的社区组织网络，在这方面可以发挥很好的替代作用。它们遍布基层，熟悉千家万户的情况，便于监督和管理，而且成本较低。要通过制度化的措施，将社会保障机构与社区组织和各种社会中介机构密切衔接起来，建立广泛的生活困难群体的社会支持网，使社区组织成为中国新型社会支持网的基础。

（五）收入差距扩大的趋势需要有所控制

中国目前收入分配的特点是财政工资体制中的平均主义和市场分配体制中的差距过大并存，但随着改革的深入，后者已经上升为主要矛盾，成为一个群众反映强烈的突出问题。无论是根据收入差距的基尼系数测算方法还是根据五等分的测算方法，基于统计和调查材料的分析都表明，城乡之间、地区之间、行业之间和个人之间的收入差距都有继续扩大的趋势。

由于灰色收入的大量存在，实际的收入差距可能还要大大高于统计结果，而且财富的收入差距更远高于收入差距。据全国范围的抽样调查，截至1999年6月末，城镇20%的最高收入户，拥有48.5%的全部收入，而20%的最低收入户，只拥有7.1%的全部收入，二者之比是6.8:1；20%金融资产最多的城镇家庭，所拥有的金融资产占全部城市居民金融资产量的55.4%，而20%金融资产最少的城镇家庭，仅拥有全部金融资产的1.5%，二者之比为36.9:1。在农村，至1998年末，20%高收入农户拥有的银行存款，占全部样本户总存款额的55%，而14.6%年人均纯收入在1000元以下的农户，拥有的存款尚不足存款总额的3%。

过去人们曾认为，在经济发展过程中，收入分配会出现“倒U形”变动曲线，即在发展的初期，收入差距较小，在起飞和加速发展时期，收入差距会迅速扩大，但发展到一个较高水平，收入差距会自动得到改善。而现在越来越多的新的经验研究结果证明，贫富差距的控制不能完全依赖市场的自发调节机制。

维护社会公正，要坚持依法治国，通过完善有关法规来理顺收入分配的秩序。要加大反腐败的力度，加大打击偷税漏税和防止逃税的力度，加强对垄断行业收入分配的监督和管理，完善个人所得税法，开征遗产税和赠予税，防止收入分配差距过分扩大。

为缩小城乡之间和地区之间的收入差距和生活水平差距，在“十五”计划期间，要实施城镇化的发展战略，在进一步推动农村剩余劳动力向非农产业的转移同时，推动农业人口向城镇转移，努力提高农民的收入水平；要实施西部大开发的发展战略，加大西部地区基础设施建设的投资力度，改善西部的生产和生活条件，促进地区间的协调发展。

（六）社会安全感降低的情况必须得到改变

社会安全感是衡量人民生活质量的一个重要指标，从需求层次上看，对人们来说，在生理需求满足以后，安全的需求就变得格外重要。随着社会财富的增加、人口流动性的增加和人们活动范围的扩大，犯罪的机会也增多，在社会秩序的控制方面，出现了一些新的问题。一些非法暴富者的恶劣示范效应，使一些人为了“致富”不择手段，甚至铤而走险，进行走私贩毒、盗窃诈骗、抢劫绑票、拐卖人口、倒卖枪支、谋财害命等犯罪活动。更为严重的是，在一些地方，黑社会组织活动猖獗，为非作歹，横行霸道，民愤极大。

刑事案件和犯罪活动的屡屡发生，使一些地方的社会治安状况恶化，造成人们生活的安全感降低。在一些新兴小城市，一些刚刚建起的漂亮的住宅楼，却都安装上密密麻麻的防盗窗，形同牢房。

提高人民生活的质量，首先要提供一个安全生活的环境。因此，要加大依法治国、打击犯罪的力度，建立良好的社会治安秩序。

三　2001年及此后社会形势的十大走势

（一）经济将从振幅较大的高增长时期转入稳定增长时期

短缺经济的结束、增长基数的扩大、卖方市场向买方市场的转变，以及从过去外延扩张的粗放经营模式转向结构调整的深化，使中国在追求增长速度的同时更加注重追求增长的质量和效益。中国正在从振动波幅较大的高增长时期转到稳定增长时期，在这个时期，8% 的增长率将是一个稳定的平均增长率。

事实上，亚洲新兴工业化国家和地区在其经济起飞时期，10% 左右的经济年均增长率最多可保持 20 年，而 7% ~8% 的经济年均增长率前后可保持约 40 年。

加入世贸组织后，中国的经济会受到新的刺激，外贸出口对经济增长的拉动作用会更为明显，外贸依存度（对外贸易总额与 GDP 的比值）将在目前 40% 的基础上继续有所提高，特别是纺织服装品的出口会有较大幅度增加。

（二）加入 WTO 将使社会主义市场经济体制更加完善

加入 WTO 将对中国在经济领域的法制建设提出更高的要求，但这种影响将不仅仅局限于经济领域，还将波及与市场经济体制配套的社会领域。目前在一些领域仍然存在的带有过渡经济特征的“双轨体制”，将会加速完成转轨过程。在产权、物价、财税、金融、外贸、计划、投资、流通等领域，将逐步按国际标准建立起统一的市场规则，与之相适应，在户籍管理、就业、教育、科研、收入分配、社会保障、住房等方面的配套体制改革，也将取得更大的进展。

中国不仅将走向一个更加开放的经济，也将走向一个更加开放的社会。这样一个开放的社会，不仅是对外开放的，也是对内开放的。目前在一些地方存在的地方保护主义和限制人、财、物流动的区域性壁垒，将不再具有存在的法律条件。建立社会主义市场经济统一规则的要求，将使改革远远超出纯粹的经济领域，从而成为一种更加广泛的社会改革。

（三）加入 WTO 后就业将面临新的挑战

劳动力供给的持续增加、产业结构调整中技术和资本对劳动的替代、经济增长就业弹性的降低、工资向下的刚性，以及农业劳动力向非农产业转移的巨大压力，这一系列因素并存，决定了中国的就业形势将在较长时期内面临紧张局面。

加入WTO，对于中国的就业来说，既不是“紫气东来”，也不是“洪水猛兽”，实际上在短期内对中国就业市场的影响，可能比人们一般估计的要小。但从长期的发展来看，其影响的指向性很强。在农业就业方面，其影响总体上是负面的，主要农产品进口配额的提高和出口补贴的取消，将使农业的产品结构调整和农业劳动力的转移面临更大的压力。在工业就业方面，情况比较复杂，一方面，中国有竞争优势的行业，如服装业、纺织业、建筑业、食品加工业等，加入WTO以后，由于出口配额的放宽和取消，就业会有所增加；但另一方面，中国传统的汽车工业、钢铁工业、机械和仪表工业等，由于国际竞争力较弱，可能会受到较大冲击，就业机会可能会相应减少。而高科技产业和电信产业，加入WTO后外资和外国先进技术的进入，对这些产业的发展会有很大的促进作用，但市场开放后大量进口产品的涌入，也会影响到这些产业的成长和就业。在服务业方面，一般的商业和服务业会受到刺激而得到发展，就业也会增加，但金融、保险等行业，由于外资的参与竞争，国内相应行业会受到降低管理成本和劳动成本的巨大压力，就业前景并不乐观。

其实，由于各种未定因素的存在，目前关于中国加入WTO以后就业情况的各种乐观的和悲观的预测数据，都还只是一种静态的估计。在这方面，真正的就业前景，将取决于中国劳动力的素质和劳动成本变动状况。如果中国的劳动力素质，特别是与新兴产业相联系的劳动力素质能有较大改善，而劳动成本能够保持其竞争力，则影响中国就业前景的正面因素就会更多，反之，对中国就业市场影响的负面因素就会更加突出。

（四）消费结构将发生第三次转型

在近几年消费市场低迷不振的状态下，消费结构却静悄悄地酝酿着一次深刻的转型。

改革开放以来，中国的消费结构已经发生了两次具有标志性意义的转型：第一次是消费中出现粮食消费下降、服装消费上升的趋势，这一转变对农村的多种经营和服装生产产生强烈的刺激，带动了第一轮经济增长高潮；第二次是消费中家用电器消费的快速增加，这一转变对家电制造业产生强烈刺激，带动了第二轮增长高潮。

现在，经过多年的积累，人民生活总体上达到小康水平，消费结构的第三次转型已经逐步酝酿成熟。新的消费需求在向多样化、多层次化发展，但特别突出的变化是：与第三产业相联系的消费、替代传统的产品，成为增长最快的消费领域和新的促进消费增长的因素。这种转型昭示着新的消费趋向和中国消费领域巨大的市场潜力，并将推动产业结构的加速调整和经济的持续快速发展。在目前消费结构的转变中，增长最快的是教育、娱乐、文化、交通、通信、医疗保健、住宅、旅游等与第三产业相联系的消费。尤其是与 IT 产业相联系的通信领域，发展速度十分惊人，近 10 年来，全国住宅电话用户增长了 45.7 倍，无线寻呼用户增长了 107 倍，移动电话用户增长了 2401 倍，而进入中国消费领域时间不长的国际互联网，其用户在短短的 4 年间就增长了 122 倍，几乎是按几何级数增长。

加入 WTO 以后，进口商品关税的一些变化，也会对消费结构转变产生重要影响。特别是那些主要由于价格过高而抑制了大众消费需求的商品（如轿车），随着这些进口商品关税的降低，其价位可能会调整到一个消费者更能接受的水平，从而刺激这方面的消费。

（五）城市化的速度将明显加快

在新中国成立初期，国家实行重工业优先发展的赶超战略，工业劳动力的紧缺曾带动了城市人口的急增，但随后出现的农产品短缺造成极度困难的局面，所以采取了限制农民进城的户籍制度以及与此相联系的短缺商品配给制度，但这种制度安排也造成路径依赖，使城市化长期滞后于工业化的发展，近几年产业结构的升级，使这种滞后状况更加严重。

现在，社会结构中酝酿的加快城镇化的冲动越来越强烈：其一，城市的规模经济和聚集经济效益越来越明显，特别是以信息网络技术为核心的新经济以城市为依托获得迅猛发展，产生促进城市化的巨大诱致力；其二，近几年产业结构的调整和消费市场的低迷，使大力发展第三产业和启动消费市场成为更紧迫的要求，而城市是第三产业的主要载体和消费市场的中心，加快城市化已经上升为一种重要的促进经济增长的理性选择，“十五”规划首次将其谨慎地作为一项重要发展战略提出，要求积极稳妥地推进；

其三，在发展初期以劳动密集为特征的乡镇企业，近10年来的技术增密和资本增密很快，吸纳劳动力的能力有所降低，20世纪90年代以来，在城镇办的第二、三产业（离土离乡）已逐步替代乡镇企业（离土不离乡），成为转移农业劳动力的主渠道；其四，农业劳动机械化程度（特别是种植、施肥、喷药、收割）的提高，使农业劳动力的剩余程度仍然很高；提高农民收入的要求，也进一步增加了转移农业劳动力的压力；信息传播手段的普及，也使外面的世界对农村青年产生更大的吸引力。这些因素形成的合力，将会推动并加快城市化的速度。

今后的城市化将可能出现两个新的特点：一是过去的城市化主要表现为一个自下而上的自发过程，来自农村的城市化冲动与城市的管理体制发生诸多矛盾，今后的城市化将更加注重自上而下的规划和引导，增强城市管理体制对城市化的包容能力，将强烈的城市化冲动纳入有序发展的轨道；二是在过去的城市化过程中，镇的发展最为迅速，特别是东南沿海一带，小城镇有连片的趋势，将更加明显地出现各类规模城市共同迅速发展的局面，土地价格的升值和政策的引导，也将使小城镇向更加集中的方向发展。

（六）新的农村税费改革将成为新中国的第三次农村变革

新的农村税费改革将是从体制上解决农民负担过重问题的治本举措，是建立社会主义市场经济体制的重要方面，是稳定农村社会、促进农村协调持续发展的大政策。这项改革将取消一切不符合法律法规的农村收费项目，要求所有涉及农民的行政事业性收费，都必须具有合法的审批手续。改革农村税费的同时，还将重点整顿农村电价、水价、邮政价、有线电视费、电话费等，坚决纠正以“服务”名义进行的各种强制性收费。今后所有新增的涉及农民的行政事业性收费项目，都要有法律、行政法规的依据和国务院的批文，省及省以下政府不再具有审批新的行政事业性收费的权限。

这次新的农村税费体制改革，将会是继50年代的土地制度改革、70年代末的家庭承包制改革之后，中国农村的第三次大变革。目前这项改革已在安徽省试点取得成功，将在总结经验的基础上向全国推广。

（七）反腐败的斗争将进入一个新阶段

随着中国现代化进程的推进和走向一个更加开放的社会，中国将在世人面前展现一个新的形象，反腐败斗争也将进入一个新的阶段。这个新阶段的标志，一是反腐败的力度将会明显地进一步加大，彻底清理和宣判一批已经查清的大案、要案和陈案，向全社会显示中央把反腐败斗争进行到底的决心；二是反腐败斗争将更加注重从制度建设入手，建立起一套完善的对权力进行监督的体系，不使任何腐败分子存有钻体制空子并逃脱惩罚的侥幸心理，从根本上铲除产生腐败的温床。

随着反腐败斗争的深入，社会舆论也将会对反腐败问题予以更加密切的关注，从而强化全民的反腐败意识。在干部中进行的自查自纠，将使一些具有个别违规行为的人员能够有机会与腐败分子划清界限，从而解脱出来。

（八）小政府、大社会将成为一种新型社会组织框架

中国近两年进行的自上而下的行政机构的精简和改革，在中央和省级的层次已经基本完成，在 2001 年将启动县和乡镇的行政机构精简，这可能是新中国成立以来历次机构精简中力度最大的一次。不同层次的行政机构，精减人员达到 30% ~50%。由于妥善安排了被精减人员，因此，这么大力度的机构精简，并没有引起大的社会震动。尽管这次精简在缩减财政的行政支出方面的意义或许还不是十分显著，但机构的撤并和人员的精减，为建立一个精练、高效的政府确定了基本的组织框架。当然，我们也不能对这次机构精简的实效估计过高，事实上这属于政治体制改革的一个组成部分，这项改革将是一个较长的过程，还有许多后续的工作要做。

随着社会主义市场经济体制的形成，社会管理的方式将发生深刻变化，小政府、大社会将是今后基本的社会管理目标模式和社会组织框架。一些原来由政府直接干预的领域，将主要由市场和各种新兴的社会中介组织来调节，政府将更加集中精力，解决好市场不能解决的问题。在这种转变中，各种社会中介组织，将经历一个从迅速发展到注重制度完善的过程。

（九）城镇社会支持网络的载体从单位转向社区

在过去行政权力高度集中的计划经济体制下，城镇社会支持网络的功能，主要是由单位组织来完成的。单位组织是社会行政管理体系的基础，几乎所有的人都是通过单位来管理的，对各种社会风险的规避和克服，也主要依靠单位的支持。随着计划经济体制向社会主义市场经济体制的转轨，很多过去由政府直接干预的领域交给市场和社会来调节，单位组织的管理体制也随之发生深刻的变化，其原有的保障功能和生活服务功能，正在逐步地市场化和社会化，伴随着这种变化，社会支持网络的主要载体也由单位组织转变为社区。为了适应这种变化，街道和居委会社区以及社会中介组织将作为新型社会支持网络的基础，发挥更大的作用，社区组织将成为中国新型社会支持网的基础。新型的社区组织在扩大服务功能的过程中，应特别注重引入竞争机制，强化运行成本的约束，能够由市场调节的尽量由市场调节，能够准市场化运行的尽量准市场化运行，特别要防止把各种行政性的管理成本摊派到消费者身上，把服务功能简化为“收费”过程。

（十）注重知识和教育将成为普遍的大众意识

伴随着社会结构的变迁，一种注重教育投入、尊重科学知识、崇尚高新技术的大众意识，继历史上几次在开放后出现的高潮和落潮之后，正在重新凝聚和形成。

这种注重知识和教育的大众意识的形成，其促成的因素是多方面的：第一，科教兴国已经成为中国的一项重要的发展战略，国家的加大投入和民间资本的参与，为知识和教育领域提供了更为广阔的发展空间和更加具有吸引力的发展前景。第二，产业结构的快速变化、技术创新能力的提高，以及经济增长中知识基础的重要性日益增加，都使教育成为现代社会中一项越来越重要的产业。第三，随着收入分配的调整，改革后曾一度出现的收入“脑体倒挂”现象，已逐步得到改变，个人教育投资的收益率有了明显提高。第四，就业市场的逐步形成，使市场对人才的遴选机制产生更大的作用，教育成为形成初始人力资本的主要源泉。第五，教育越来越不只是一种就业前的学习，而成为一种终身的学习和培训。第六，信息网络等新技术的快速发展，改变了传统的知识积累方式和从知识到应用的过程，大大地缩短了教育—创业—成功的时间历程。第七，各种知识技术含量高的商品，迅速进入家庭生活的消费领域，使人们在日常生活中感到，知识技术的创新正在改变我们的生活。而要跟上时代、适应新生活的变化，就要学习、重新学习和不断学习。第八，在中国独生子女身上，也凝聚着更多的家庭期望和望子成龙的社会心理，在近几年家庭消费结构的变化中，家庭的教育消费支出已经成为增长最快的项目之一。正是这些因素的存在，使注重知识和教育的大众意识正在逐步普遍形成。

社会发展进程步入全新的开放阶段*

——2001～2002年：中国社会形势分析与预测

一　2001年：对外开放全新格局的初步形成

2001年是中国社会发展进程中的重要一年，是国家第十个五年计划的第一年，也是在不断恶化的外在经济环境下经济获得稳定增长的一年，更为重要的是，这是中国人均GDP超过800美元从而正式进入世界中下收入国家行列的第一年。

在这一年中，经济社会发展进程中原有的积极因素正在发挥着显著的作用，而最引人注目的是全社会的开放程度在不断扩大，开放水平在不断提高，初步勾勒出了一个逐渐趋向更加开放的社会蓝图。

国家权威部门公布的资料显示，目前，中国已经形成了多元成分并存的开放式经济格局，呈现出国有经济、混合经济和民营经济三足鼎立的格局。在GDP构成中，国有经济占1/3，混合经济占1/3强，民营经济占近1/3。到2001年的6月底，经历了数年的整顿和清理，民政部门宣布现在全国有各类社团超过20万个，这些社团的活动显示出中介组织在资源配置中的作用在不断增强。据国家出入境管理部门的统计，目前，每年有2.5万人以公派或自费方式出国留学，他们绝大部分所去的是经济技术和教育比较发达的国家和地区，这些人将成为中国与外部世界交流的重要桥梁。到2001年6月底，全中国的互联网用户已经达到2650万，这个数字比2001年1月增加了400万。到2001年7月底，全国的手机用户剧增到1.2亿，近年来年均增长20%，中国由此而成为世界上第一大手机用户群。如此高速度

* 陆建华执笔。

的增长，预示着中国不至于被甩在“数字鸿沟”的另一端。2001年，中国的城市化进程继续加速，权威部门公布的城市数已经上升为663个，农村向城镇永久性迁移的人数也在不断增长。另一个令人瞩目的数字是，到2001年10月，全国有2100万名职工在18万个外资企业就业，占城镇劳动人口的10%。2001年11月，中国公民出入境管理规定实施了六项突破性改革，50多年来最宽松的出入境管理制度初步形成。

2001年的社会发展进程是前20多年改革开放历程的自然延续，值得注意的是，这一年度许多重要的社会性事件是与扩大对外开放联系在一起的：中国申办奥运会获得成功、中国主办亚太经济合作组织会议和中国正式加入世界贸易组织。这些事件既反映了中国社会不断开放的已有成就，反映了全社会公众对扩大与世界的各种层次、各种形式交往的希求，也显示了进一步对外开放的前景。中国经济在世界性经济增长速度放缓的大背景下依然保持了快速增长，并保持了对外资的强大吸引力，这一方面是20多年对外开放的成果，另一方面也为坚持开放的格局奠定了坚实的基础；中国公众开始意识到自己生活在一个越来越开放的社会中，其行为方式和思想观念的积极变化依然是社会开放的产物，这也为开放的深化奠定了坚实的基础，大到对国际格局变化的基本判断、小到因中国足球第一次冲出亚洲而激发起来的热情，都说明中国公众的心态正在趋向成熟。可以说，2001年之后的中国社会进入了一个难以逆转的、高度开放的进程，社会经济各领域将因此而发生更加重大的变化。

二　对2001年社会形势的基本判断

（一）社会发展的基本状况

2001年的社会形势的积极面显示出：社会各领域基本上为各种健康的因素和力量所主导，基本稳定的格局与显著的发展业绩双双构成了社会形势的主流，发展、改革与稳定之间的关系在宏观上得到比较好的把握。自1994年以来，这三者的关系处理得如何总是与社会形势的基本格局有直接的关系。

1. 经济增长保持了较高的速度，为社会形势的健康平稳发展奠定了基础

2001年的中国经济处于较为严峻的国际环境，美国经济增长速度的下滑使得世界经济发展步伐放缓，中国的外贸面临比较严重的局面。但是由于积极财政政策的实施和其他方面经济工作基本保持了平稳，整个经济增长速度还是实现了既定目标。2001年1~9月的经济增长速度达到了7.6%，全年的经济增长速度将在7%以上。这样的速度成功地延续了2000年经济转机时所产生的积极势头，具有重大的经济和心理预期意义。

中央政府坚持把扩大内需作为宏观经济政策的重点，以此强化经济发展的驱动力。继2000年政府举债以推进基础设施建设、开发西部等政策，在扩大对外方面也积极寻求新对策，把外界不利因素对中国经济的影响降低到最低点。另外，针对金融风险过大、农业基础薄弱、产业结构不合理、技术改造水平低、民间投资活动不活跃、中小企业发展后劲不足等传统问题，中央政府采取了一系列应对措施，虽不能根绝上述不理想现象，但对2001年实现经济的快速、健康的发展目标，起到了显著的促进作用。

2. 执政党的指导性理论出现重大突破

2001年7月1日，中共中央总书记江泽民发表“七一”讲话，明确阐述了执政党提出的“三个代表”问题。“三个代表”指的是执政党应该代表先进生产力的发展要求，代表先进文化的前进方向和代表最广大人民的根本利益。这被认为是对中国共产党80年历程的总结，也被认为是对中国共产党未来发展方向的预示。这个讲话具有重大的理论创新意义，是又一次思想解放的标志。

“三个代表”第一次明确描述了中国社会在经历了改革开放20多年以后所出现的阶层变化以及执政党如何应对这种变化的基本策略。这个策略的形成和实施需要一个过程，也有赖于全国各界进一步解放思想。不管怎么说，作为执政党的中国共产党正在根据社会经济现实变化的新事实来调整基本思想、基本策略，这是具有重要意义的政治事件和思想事件。

3. 公众生活水平保持了一定的增长趋势

2001年，中国绝大部分公众的生活水平在原有的基础上有所提高。2001年8月，国家食物与营养咨询委员会第一次指出，在中国人的消费构成中，显示基本生活支出所占比重的恩格尔系数已经下降为46%，这表明，中国居民所担负的基本生活费用比重在逐年下降，而用于个人或家庭的发展或优化生活质量的费用明显提高。

更重要的是，大部分居民对本年度的收入水平状况表示了满意。2001年10月，中国经济景气监测中心的调查结果显示，有58.2%的城市居民对自己的收入水平表示满意。这样的满意度是有现实根据的。据统计，2001年1～6月，全国城镇单位在岗职工平均工资为4707元，同比增长12.7%，超过了同期的GDP增长速度。

农民收入徘徊不前的问题一直是困扰政府和全社会的严重问题。在2001年，政府采取各种政策来提高农民收入，甚至出台了斥资200亿元以减免农业税的重大措施。这使得农民收入在连续几年的增长速度下降以后，第一次有了增长。据统计，2001年1～6月，农村居民人均现金收入是1063元，扣除物价因素，同比实际增长4.2%。这初步扭转了农民收入增幅连年下降的局面。

2001年，全国的公务员加薪15%，这是两年内第三次加薪，显著地提高了公务员的收入水平。

收入的增加也带动了消费市场的活跃。到2001年6月底，城乡社会消费品零售总额增长率为3.4%，而在1999年，仅为0.8%，2000年，仅为2.3%。与此同时，公众的生活居住条件也获得了很大的改善。到2001年10月，建设部宣布，与20年前相比，城乡人均居住面积提高了2倍以上，其中，城镇人均居住面积为20.4平方米，农村为24.8平方米。

4. 社会其他领域的改革不断深化

进入攻坚阶段的体制改革，在2001年依然艰难地向前推进，由于这样的改革逐步涉及旧体制的核心部分和各相关人群的基本利益格局，步骤的稳妥性成为取得既定目标的重要前提。这一年度的改革基本上以稳妥推进为主，较好地巩固了已有的改革成果，并不失时机地推进了一些重要领域的改革。

2001年最具有突破性的改革进展发生在户籍管理体制方面，延续数十年的将城乡居民身份隔绝、地区流动隔绝的户籍政策终于开始有较大的松动。虽然在十多年前各地根据自己的特殊情况在户籍管理方面采取了一些改革性对策，但在全国范围内由主管部门发动的体制性改革在2001年正式启动，并引起了公众的极大关注，由此将牵动其他相关体制的变动，其效果将有高度的关联性。

社会保障体制改革也稳步推进。2001 年这方面的改革集中在完善已经出台的一系列新政策、新措施上，养老保险、失业保险、医疗保险三个领域依然是相关改革的重点，在就业方面，经济结构调整的进展为就业途径的多样化、推进就业体制的改革奠定了基础，今后中国城镇非正规就业有可能成为新增就业岗位的主要渠道之一；继 1999 年 9 月全国所有城市实行最低生活保障线制度以后，这项工作有了根本突破，2001 年着重于新体制运行的规范化和相关关系的清理。另外，全国有 100 个大中城市开展了企业退休人员社会化管理服务试点，这个试点如果得以推广的话，中国社会将出现全新的退休人员管理体制，由此而重新建构企业与社区、企业与政府、政府与社区之间的关系。特别要提出的是，2001 年，一些地区根据自己的情况和多年探索的结果，在农村地区推行社会保障，把人数庞大的农民群体纳入社会保障网。

住房制度改革在 2001 年基本比较平稳，改革最初引起的各种疑虑和不安基本上已经过去，各地根据本地情况在稳步实施既定的改革措施，到 2001 年 9 月，全国 35 个大中城市中的 32 个已经出台了住房分配货币化方案，绝大部分地区的进展比较顺利。在沿海一些条件比较成熟的大中城市，住房制度的改革也在逐渐深化，住房按揭、物业管理、房屋租赁等配套改革取得了显著的效果，真正意义上的住宅市场正在逐步成型。

自 1998 年开始的机构改革进入到新的阶段，2001 年，机构改革的重点转向了市县及基层。中央政府在推进这一级机构改革时采取了更加灵活的政策，即给各地以明确的改革原则，而具体的改革措施由各地区根据具体的情况来制定和实施，这样既强调了改革的目标，也鼓励了地方创造性地运用既定的政策与方针，减少了不必要的摩擦与矛盾，保证了改革的平稳推进。

在国有企业改革方面，继 2000 年实现基本脱困目标以后，相当部分国有企业开始强化对体制改革和内部机制再造，大型国有企业面临着加入 WTO 以后越来越复杂的竞争格局，为此在体制和机制方面积极探索更加深入的改革，2919 家骨干大中型企业中的 2005 家已经完成改制，占总数的

68.7%。“抓大放小”的方针在各个地区各个行业根据不同情况以不同的方式逐步实施，企业全员竞争上岗，取消工人与干部之间身份、企业管理者年薪制等机制方面的改革也获得了不同程度的进展。

5. 北京申奥成功和加入WTO激起了全社会对未来开放社会的高度期待

2001年7月，中国申办奥运会获得成功，这是1993年以来的中国第二次申办，标志着国际社会认可了中国在申办过程中所做的各种努力，更表明中国将以更加开放的姿态进入国际社会主流，并承担起应有的责任和义务。此项重大体育赛事在中国举行也激发了公众对国家发展前景的美好憧憬；奥运会的筹备可能带来的经济好处也使各界公众激动不已，1000亿美元的建设计划是其中的一个，人们有理由期待中国经济的快速健康发展，并因此而产生更强的驱动力。

时隔两个月，中国加入WTO的进程也走到胜利的终点，在2001年12月，历经了15年的艰苦谈判，中国终于成为世界贸易大家庭中的一员，这是中国开放事业的一次标志性的转折，对世界经贸格局的未来变化，也是一个重大事件。加入WTO，对中国政府、各界人士和广大公众来说，是企盼已久的盛事，它意味着中国将在世界贸易的严格规则下处理相关事务，这对中国的法律体系、政府职能、产业结构、人才体制等几乎所有经济社会领域的改革与发展都是一种巨大的推动。公众也逐步意识到加入WTO，将与每个人的日常工作与生活有密切的联系。

6. 法制建设在原有的基础上取得新的进展

近些年来，法制建设一直是国家改革和发展的最重要的领域之一。2001年，这方面的进展尤其突出。经历了巨大变化的社会法律关系需要有更新更有效的法律法规系统来调节，这一点已经成为全社会的共识。事实上，法律调节作用的重要性在过去20多年的历程中显得越来越重要。“依法治国”方针在全社会的各个事务领域中逐渐得到重视，并通过一系列具体的政策措施体现出来。

经历了巨大争论的新婚姻法在本年度正式开始实施，这是关系到千家万户安宁和幸福的基本法之一，正因为经过了比较充分的讨论，初期的实施过程总体上比较顺利，达到了修改法律的初衷。为了应对社会经济关系的新变化，一系列的法律法规修改活动在2001年逐步展开，比较重要的有：

①为了在中国加入 WTO 以后更快地与世界规范与惯例接轨，在 2001 年的秋天，国务院开始了对 756 件行政法规的清理和修改行动，这是前所未有的举动，在这之前，全国人大、外经贸部等部委机关已经就修改有关法律和法规进行了部署并采取了行动；②对行之已久的工会法的修改也提上了议事日程，鉴于中国的企业状况发生了很大变化，企业中劳动关系以及劳资关系出现了新的特点，原有的工会法已经远远满足不了现实的要求，这部事关 1. 3 亿名工会会员地位和利益的法律将更加强调以合法的形式来维护劳动者的基本权益。

其他一系列重要的新法律法规也在紧锣密鼓地讨论中，在制定社会主义市场经济体制框架的一些基本法律以后，重要的步骤是如何制定实施细则和如何强化实施，这一点，在 2001 年受到了高度的重视，法院系统连续开展了解决“执行难”问题的集中行动，处理了一批多年来难以执行的案件，维护了法律的权威性和尊严。

在对公民的基本权利保障方面，最突出的进展反映在法律援助体制的建设方面，到 2001 年 9 月，全国各级法律援助机构有 2207 个（其中 84% 的省区市和 66. 7% 的县设置了援助机构），从事法律援助的专职人员达到 7000 多人。自 1996 年以来的 5 年时间内，这套机制共接受案件 50 万个，受益人数达到 60 万。无疑，这大大强化了中国社会的法律秩序，维护了公民的基本权益，适时调节了各种法律关系。

（二）社会发展中存在的问题

不可否认，在 2001 年，诸多社会领域还存在着一些难以忽视的问题和矛盾，有些还是比较严重的，它们对中国社会的改革、稳定和发展构成了巨大威胁。过去若干年中一直存在着这类问题和矛盾，快速变化的社会经济条件与环境，使得这些问题和矛盾在不同的年度里常常具有不同的表现方式，也带来程度不同的后果。从总体上看，它们始终是影响社会稳定与发展的威胁性因素，而在短时期内难以一下子消除掉。

1. 收入差距过大已经引起社会性不满情绪

总体上，已有的经济社会发展成就并没有有效地缩小城乡之间的巨大差距，在许多方面，这种差距还在扩大，这已经成为中国社会长治久安的制约因素。

中国经济景气监测中心 2001 年对 2 万农户实施的调查表明，农民的收入与消费水平比城镇居民的收入与消费水平落后了整整 10 年。

另据统计，全国 50% 的农村家庭的收入不到 2000 元，这其中固然有很多原因，但这样的事实已经对现时的经济社会发展造成严重的消极影响。进入第十个五年计划以后，居民的消费结构将面临重要的转折，正是因为农民的收入与消费水平远远落后于城镇，使得消费结构的升级遇到难以克服的阻碍，大量的工业品相对于城镇居民来说已经过时，而它们正是农民所需要的，但是因为收入低等原因却难以进入农村市场。这种状况反过来影响到产业结构的调整。

收入分配问题集中反映在初次分配秩序混乱、收入差距明显扩大方面。据学者的研究测算，目前中国的基尼系数达到了 0.42，中国由此而成为收入差距比较大的国家。在社会中新出现一个“新富”群体的同时，低收入人群在逐步扩大。据国家统计局 2001 年 4 月对 10 省市年收入在 6 万元以上人群的调查，这批高收入者占城镇居民总数的 10%，年龄多在 30～40 岁，其高收入来源主要是工资外收入。而同时，低收入人群在整个社会人群中占的比重在扩大，统计资料显示，1994～1999 年，中上等收入人群占 28.6%，中等和中下收入人群占 64.15%。近些年收入分配格局显然在强化这种趋势。高收入人群的收入来源合法性依然是全社会的疑虑之所在，相比之下，逐渐扩大的低收入人群的地位和现状引起了人们在道德层面和政策层面的反思。这在 2001 年成为议论主题，是有强烈的现实依据的。人们关于贫富差距的社会心态发生了很大的变化，甚至已经影响到人们对社会公正的信念。这是比较危险的。

2. 部分居民的生活困难局面没有改观

2001 年，部分居民的生活依然处于困难的局面，各部门的调查显示，这一人群主要由下岗职工、效益不好企业的职工、欠发养老金的离退休人员、失业人员、欠发达地区的中小学教师，以及贫困地区的农村居民组成。根据国家扶贫开发办公室提供的最新数据，在全国还有 3000 万左右的农民生活在温饱水平线以下；而据劳动和社会保障部对沈阳等 10 个城市的调查，在下岗职工中，低收入家庭占据半数以上，人均月收入 300 元以下者，占

54.3%。最低生活保障线制度的运行在一些地区出现了困难。到2001年6月底，享受这一保障的人数只有458万，而按照国家制定的标准，应有1500万人享受这类保障，有近1000万生活困难者无法及时足额地得到保障。这已经构成了很严重的社会问题。同样，在一些地区，受制于经济实力和经济形势的严峻，现有的社会保障网未能有效地发挥作用。

这部分低收入人群因为各种原因无法享受到经济发展的成果，因为经济困难而无法过正常的社会生活，他们中很多人没有稳定的工作，子女的教育问题也无法解决。近年来，除了农村贫困地区之外，在城镇也出现了规模意义上的贫困人群，他们多兼有收入过低、职业不稳定的双重难处，个人发展和家庭稳定均受到严重障碍，这样人群的存在是整个社会在协调性和稳定性方面出现显著偏差的标志。

3. 失业（下岗）现象依然严重

下岗与失业问题在2001年继续严重地困扰着中国社会经济发展，在许多地区，下岗职工的生活保障问题和就业问题已经演变成最主要的不稳定因素，在一些老工业基地，往往会因个别企业下岗职工的生活问题未解决好而引发集群行为，使地方的日常生活工作秩序受到影响。

据各方面的调查，在全国，有近1/3的企业还比较困难。这一部分企业的职工随时面临着裁员或下岗的处境，更常见的情况是效益不好的企业无法及时足额地发放工资、养老金和医疗费用。

到2001年6月底，全国的下岗职工总数是769万，其中实现再就业的有79万人，再就业率刚刚到10%，同比下降4.9个百分点。再就业率逐年下降已经是造成失业率提高的重要因素，1998年的再就业率是50%，到1999年下降为42%，2000年再下降到35%。另据统计，2001年1~6月，全国有107万下岗工人离开企业设置的再就业中心，正式脱离了原有企业从而成为真正的失业者。这些人的就业前景并不十分明朗。劳动和社会保障部对沈阳等10座城市27000名下岗失业人员的调查显示，虽然其中70%的人参加过就业培训，但有30%的人从未找过工作，还有10%的人不想工作。从目前的情况看，2001年，全国有近40%的下岗职工要离开再就业中心，这无疑会扩大失业者的队伍。事实上，因为再就业难度加大，领取失业保险金的人数在快速增长。

据统计，到2001年6月底，全国城镇登记失业人数达到618.7万，登记失业率已经从2000年底的3.1%上升为3.3%。这已经突破20多年来的最高纪录，一个空前严峻的问题已经摆在了全社会面前。

4. 社会治安形势尚未完全好转

2001年的社会治安秩序没有根本性的好转，2001年4月实施的严打行动，是政府主动出击严惩日益严重的刑事犯罪活动的新举措，其效果将在以后的时日里逐步显示出来。

随着经济社会发展的加速，影响社会治安优劣的因素越来越复杂，整治社会秩序一直是政府的施政重点，但局势难以在短时期内有根本的好转。目前各类刑事案件的发案总量呈持续上升的趋势，这在两个方向上影响、威胁着社会的安定和公众的安全，一是爆炸、抢劫、绑架等严重的暴力犯罪活动猖獗，造成严重的人身与财产损失，二是入室盗窃等多发性侵财案件数量居高不下，带来严重的不安全感。

此外，黄赌毒等社会丑恶现象屡禁不绝；更为严重的是，中国已经出现了真正意义上的黑社会组织，连同那些带有黑社会性质的犯罪团伙和流氓恶势力一起，成为社会治安秩序的最严重威胁，这些势力为霸一方，横行乡里，造成一些地方社会治安秩序长期的混乱。

反映社会治安局势状况的另一个指标是事故发生率。2001年，因为管理、体制、工程质量、人员素质等方面的原因，接连不断出现严重的恶性事故。尤其是7月份，不断发生特别重大的伤亡事故，生产、运输等环节成为事故频发的重点，造成了重大的人员伤亡和财产损失，破坏了社会的安定气氛，加剧了部分公众的不安心理。这些事故背后总隐含着相关人员的腐败、偷工减料和严重的管理疏漏。

5. 部分党政干部的腐败行为尚未禁绝

经过2000年高强度的惩处行动，部分腐败官员被暴露在光天化日之下。从2001年揭露的腐败案件看，腐败问题依然是困扰中国社会的严重问题，而且呈现出一些新的特点。

部分腐败官员与黑社会组织发生联系，沈阳市政府众多主要官员与之进行赤裸裸的权钱交易，而震惊中外的远华集团走私大案已经超出人们的想象。这些官员的行为严重败坏了执政党和政府的形象，也破坏了社会的基本道德准则。

来自纪律检查部门和检察院系统的资料表明，目前腐败活动出现了一些值得关注的新特点，其中有：与职务犯罪有关的案件逐年上升，集体性的腐败案件也在增加，腐败案犯的年龄出现了趋低的现象，与金融证券等部门有关的案件增加较快，在国有企业改制过程中出现的腐败案件增多，等等。据统计，2001 年 1 ~6 月，检察机关查处渎职侵权犯罪案件 9280 件，立案 4299 件，分别比 2000 年上升 11.11% 和 37.5%；而仅 2001 年 4 ~6 月，公安机关立案侦查的经济犯罪案件数达 22906 件，案值 199.1 亿元，破案 12258 件，挽回经济损失 11.84 亿元，这其中有许多是与职务有关的犯罪活动。

这表明，在不断打击腐败分子、强化预防机制和思想教育措施以后，腐败活动又在以新的方式出现，由于现存体制和机制中存在的弊端和不足，腐败活动还难以得到有效的制止。

6. 生态环境总体上仍有恶化趋势

虽然经过主管部门和全社会的多方面努力，抑制了一些地区环境状况日益恶化的势头，但总体上，生态环境问题还没有得到根本的改变，2001 年，某些特定的生态环境恶化引起了全社会的震动，也对社会经济的发展产生了严重的消极影响。

2001 年年初，北部地区的沙尘暴再三袭击重要的大中城市，这是近年来最严重的生态环境事件之一。这背后是生态环境状况日益恶化的严峻现实。据统计，到 2001 年，全国土地沙化面积为 168.9 万平方公里，占国土面积的 17.6%，涉及近千个县，并且以每年 2460 平方公里的速度扩展，已危及 1 亿人的生活。与此同时，缺水问题在 2001 年夏天成为许多城市的头号问题，共有 300 多个城市出现不同程度的缺水现象，日缺水量为 1300 万立方米，正常的工作与生活秩序被打乱，据初步统计，造成经济损失超过 1000 亿元。农村的情况也十分严重，2001 年 6 月上旬，全国旱田受旱面积达到 4.2 亿亩，水田缺水 2080 万亩，绝收 445 万亩，1580 万人和 1140 万头牲口发生饮水困难。中国面临着前所未有的生态难题。

在环境污染方面，也出现了令人不安的局面。被国务院作为整治重点的淮河地区，污染出现显著的反弹，专家估计淮河已经丧失了自净能力，近年来为整治这条河流而采取的各种措施几乎是功亏一篑。更严重的是，一些企业和地方政府极度轻视环境保护问题，盲目地把经济发展与环境保护对立起来，对造成严重环境污染的事件不闻不问。国家环境保护总局等四部委在2001年的专项查处行动中发现，企业环境违法污染的反弹率高达17.8%。

三　2001年社会形势的若干特点

2001年社会形势走向呈现出如下若干个特点。

（一）社会发展取得突出成就，但经济发展与社会发展之间的不平衡局面依然严重存在，并对社会形势的健康平稳发展产生消极的影响

与经济发展并行的社会发展在近年来成为政府工作的重点之一，体制改革所引起的社会经济关系的巨大变动，在客观上也要求这些领域的物质基础、管理方式和运行机制发生变化。如环境保护、增加就业、人口控制、可持续发展、科教兴国等战略的实施，在2001年均取得很大进展，尤其是教育领域，中央政府以各种可能的手段来推进这个领域的工作，包括高等院校的合并、教师待遇的提高、考试制度的改革等，都具有显著的突破意义；社会保障领域的进展更是显著，对低收入人群的各种保护措施的提出和落实，在缓解这些人的生活困难、造就公平合理的社会分配机制方面发挥了积极的作用。

但应该承认，与经济发展的步伐相比，社会发展还是滞后的，这形成了复杂的负向互动关系：因为在整体上没有把社会发展与经济发展在战略上一视同仁或没有具体的落实途径，社会发展的滞后成为经济发展的严重制约，而经济发展受到阻碍或者其成就难以顺利转化，就会使得社会发展面临更大的制约。2001年整体形势中突出的三个问题都与此有关，第一个问题是人才管理体制和相关事业的发展远远落后于经济发展的需要，无法以市场的和行政的手段有效地引导人才的合理流动，于是，迫切需要大批人才的国有企业难以吸引或留用所需要的人才，从而出现了经济建设人才的结构性缺乏的局面；第二个问题就是收入差距加大的问题，收入增长总是与经济增长成就的转化有关，而收入分配则更多的是分配机制的结果，

各行各业收入之间的不合理差距的扩大从来就不是纯粹的经济问题，而这一方面的政策调整将是国家整个政策体系中的重要环节；第三个问题就是下岗与失业问题，2001 年这方面工作难以深入推进，因为相关的失业保险体制、就业制度、培训制度、劳动力宏观协调制度还没有完整地建立或健全起来。这一系列问题不但阻碍了经济社会的发展进程，还不断衍生出影响社会局势健康平稳的因素。

（二）绝大部分居民对未来的预期水平在逐步上升，但时时感觉到现实存在的经济社会问题的严重性，影响了居民的生活满意度

随着经济增长速度的保持和社会对外开放程度的不断提高，绝大部分居民在总体上对国家和社会发展的前景抱有比较积极的期待，无论是申奥成功还是社会大局稳定的实现，在强化国家强盛意识和提升个人的发展水平方面，均产生了很明显的促进作用，“9・11”恐怖袭击事件在公众中引起的反映从一个侧面显示了人们对社会稳定与生活安宁的高度期望。这种期望尤其在具有较高文化程度与专业技能的人群中反映得比较明显，因为中国社会加入 WTO 意味着将有更大程度的开放，而这个人群无疑会面对更加广阔的发展空间，普通公众也寄期望于承办奥运可能带来的经济的强劲增长。

与此同时，因为社会经济领域存在的一系列严重的问题和弊端，绝大部分居民依然对此怀有很大的不满，这种不满也在一定程度上影响了他们对经济发展的前景和社会合理性、公正性的判断。这样的不满情绪指向是十分明确的，像腐败现象蔓延、失业问题严重、社会治安形势不佳、假冒伪劣产品盛行、法制不健全、社会分配不公等，一如前些年，依然是公众不满的对象。特别是近两年不断被揭露出来的上市公司造假舞弊行为，使得数千万股民的切身利益受到很大损失，激起前所未有的不满情绪，为历年来所罕见。

（三）一些重要领域的改革措施逐步到位，取得突破性进展，但还有一些重要领域因为改革进展不大而面临越来越大的压力

2001 年，改革进展比较大的领域是行政机构改革、教育改革、户籍制度改革、住房体制改革和社会保障体制改革，即便是这些领域的改革也因

为各种制约的强力作用，显得很艰难，比较突出的是社会保障体制改革的经济基础制约十分严重，到 2001 年 9 月，全国养老保险个人账户空账近 2000 亿元，而在 2000 年则为 1990 亿元；养老金缺口在 1998 年为 187 亿元，2000 年为 357 亿元，2001 年的缺口接近 400 亿元。在 2001 年重新启动的粮食流通体制改革是 20 多年来第三次同类改革，一些基本的制约因素并没有完全消失，而现实的压力（如国有粮食企业的巨额亏损）又在迫使主管部门推出相关的改革措施，金融体制、户籍管理体制、国有企业体制等在 2001 年均属于这种类型的“重新启动式”改革。这样的改革事实上有多重目标，而第一重目标无疑是为了缓解相关的矛盾和摩擦，第二重目标才涉及这个领域的未来发展空间的开拓。2001 年的改革进程表明，公众对事关切身利益的一些改革措施的承受能力是推进改革中要考虑的重要因素，建立改革收益的良好预期是改革顺利推进的重要条件，也是改革的双重目标实现的基础。

（四）社会人群的分化已经到了显著的程度，一些群体受益于经济社会发展成就的同时，另一些社会群体却得不到同样程度的收益

2001 年围绕着收入差距扩大出现的范围较广的讨论，事实上导出了对 20 多年社会经济改革开放进程的一个自然结果的新认识，即中国社会的公众在收入意义上（甚至在其他意义上）可以被分为不同人群。更重要的是，不同阶层人群对社会经济发展和改革中的利益得失，有不同的体验。中央政府 2001 年下半年实施的对低收入阶层的一系列补偿政策，调整了收入分配的秩序，保持社会稳定的大局。统计资料和调查表明，近年来在部分城乡地区出现的群众性集群行为，多与他们的切身利益受到损失有关，如农村地区围绕农民负担问题、城镇地区围绕基本生活费或养老金的发放问题和企业改制过程中基本权益保护问题，出现了一些影响局部稳定的事态。2001 年为媒体和公众所普遍使用的一个词就是“社会弱势群体”，它反映了现今中国社会人群分化的一个重要层面，这个群体首先是因为他们的收入水平处在整体社会收入水平线的最底部，也因为他们表达自己的基本权益和发展愿望的声音，与其他社会人群相比，是比较微弱的。2001 年的许多政策导向显示，越来越多的人意识到，保持社会形势的稳定与最大限度地

扶助这些人群、帮助他们实现生存与发展的合理愿望有很大的关系。这一点也被看成是社会经济进步的一个重要标志。

四　2002年：社会形势走向的七个趋势

2002年是中国加入WTO以后的第一年，改革开放进程因此而进入一个全新的阶段，经济社会各领域的发展将在一个逐渐成型的新框架下获得推进，社会管理体制和运行机制将获得新的改革动力，公众也会在一个更加开放的社会中养成新的思维方式和新的行为方式。

（一）中共十六大的召开将具有重大的政治意义，经济社会发展的新目标将得到确立，执政党的创新将取得新的进展

2002年下半年，中国共产党将举行第十六次全国代表大会。这是自1949年中国共产党成为执政党以来举行的第九次全代会，也是20世纪70年代末中国社会进入改革开放阶段以来举行的第五次全代会，同时，也是进入21世纪以后举行的第一次全代会。中共十六大将提出和确认未来一段时期国家发展和社会经济各项事业发展的基本政策方针，这是国家政治生活的大事。和以往一样，社会各界公众对中共十六大的召开和制定的新方针抱有很高的期待。

值得注意的是，即将举行的中共十六大将就执政党的理论创新、执政党的执政方式、作风与思想观念，以及相关的体制、规范进行积极的改革。这将是20世纪80年代中后期以来同类改革过程的延续，因为有了过去10多年的经验和总结，这样的改革将更有系统性、实效性，以使执政党在全新的开放阶段更科学地施政。无疑，执政党对变化巨大的社会经济现实的积极适应，将会引领出国家的政治社会经济生活的更广泛而深刻的变化。

（二）经济发展将保持一个比较快速的势头，为社会形势健康平稳格局的实现奠定基础

各种研究结果显示，尽管国际经济环境出现了很多不利因素，中国的

经济运行环境不容乐观，国内经济格局在宏观和微观层次上还存在许多问题，但在2002年，中国经济的整体增长速度仍将保持在7%左右。权威的经济学家认为："根据中国当前的实际情况，7% ~8%就是未来一个时期的均衡经济增长率。"中央政府关于2002年经济工作的政策取向将依然致力于扩大内需，也将更加注意各政策之间的关联性，以争取政策的积极效应的最大化。

中央政府将把防范金融风险以及其他领域中的风险作为经济工作的重点之一，经济增长的质量问题也会成为优先的政策主题之一。关于调整产业结构、推进高新技术产业、促进对外出口、注重农业发展等历年来的政策议题也将放在重要的位置上，根据经济形势变化的新特点，将出台一些更有针对性的措施。

（三）党风和社会道德风气问题将引起更集中的关注

2001年9月和10月，中共中央连续发布了两个重要的文件，分别涉及执政党的党风建设和公民的道德建设。这是多年来关于党的政治纪律、社会道德的思考与实践的总结。这两个文件的重要性在各类媒体上得到广泛的宣传，也为在2002年乃至以后一段时期内强化这两个领域的建设奠定了基础。

执政党的党风建设将从制度健全和思想教育两个方面得到强化，意在使执政党与最广大的人民群众保持最密切的联系，逐步消除多年来因为部分干部党风不正问题产生的各种消极的社会政治后果。作为精神法宝的"三观"教育（世界观、人生观和价值观的教育）的重要性也会被再次提出来，并逐步落实到各级公务员日常的政治学习中。公民的道德教育将会在学校、家庭、社区和单位各个领域中展开，并通过传统的和创新的途径来推进。全社会的道德风尚建设会在2001年成为一个热点，以逐步消除社会上久已存在的各种不良道德时弊。

（四）公众对社会稳定和生活改善的预期将提高

社会的不断开放在给公众带来各种发展新机遇的同时，也不可避免地带来一些新的问题。许多调查结果显示，面对新的开放现实，绝大部分居民一如既往，对社会的稳定怀有很高的期望，正是由于切实地意识到工作和生活环境的巨大变化以及相关的压力，他们总是把稳定预期具体到许多与个人、家庭的发展直接相关的领域里，职业稳定、收入稳定和生活环境的稳定是这种期望的最主要内容之一，国家政治稳定、经济稳定和政策稳定，也是很大部分公众中预期的主要内容。

显然，在复杂多变的经济社会格局中，稳定的公众预期是社会稳定的重要基础。2002 年的一个重要趋势将是：正是因为公众会在各个方面感受到或经历到更多的生活压力和来自其他方面的压力，以增加收入来抵御压力的预期将尤其强烈。2002 年，城镇居民可支配收入预计增长 5.8%，农民人均纯收入预计增长 3.1%，收入增长的速度在城镇居民中可能会缓慢下降，在农村居民中的增长将极其缓慢。不同单位的调查显示，在城镇中，如养老、医疗以及子女教育之类的支出压力在逐年增强，中央电视台和国家统计局城市调查总队在 2001 年对 10 个城市居民的调查显示，最受关注的前三位问题是医疗改革、社会保障和失业就业三大问题，这三类问题无一例外与公众生活压力的增强有直接的关系。因为诸多历史的和现实的原因，这样的压力暂时还难以完全解除。这样，把期望寄于收入增加之上，对于绝大部分公众来说，是一种很自然的选择，也会成为他们评判政府政策的重要尺度。

（五）各个领域的改革将获得进一步的推进

可以预见，体制改革在 2002 年将更加积极而谨慎地推进，巩固已有的改革成果并在此基础上不断深化，将成为重点；各领域的体制改革政策措施之间的协调与配套，将被提到极为重要的位置上；化解一些因改革举措而产生的即时性消极后果的工作也会引起高度关注。

社会保障体制的改革虽然起步晚，进展艰难，但是政府将在 2002 年全力推动有关改革，并在这一过程中不断完善各项具体措施，这将会给各地区更多的自主权。沿海地区的一些省份已经着手尝试把最低生活保障制度逐步推及农村地区，而在一些经济欠发达地区，既有的制度落实还面临很大的困难，对此，中央政府将在激励地方创新的同时，也注意整体上的协调。养老、失业、医疗、救济等领域的改革原则已经逐步明晰，但是 2002

年的相关政策落实过程中肯定会遇到一些老问题和新问题，包括资金缺乏、新旧机制过渡期的摩擦等，可以预见的是，政府将正面回应这样的难题，以在这个牵涉面很广泛的领域里实现改革的重大突破。

国有企业的改革在新的年度里，由于各种因素（尤其是加入 WTO 以后所带来的压力与推力）的作用而显得极为迫切，不但大型国有企业的综合竞争力需要有更大力度的体制和机制改革来提供，占企业总数 93% 的中小企业也需要以各种灵活的方式来彻底突破旧体制的束缚。在新的一年里，行政的与市场的力量将双双成为推进国有企业改革的引擎，特别是对民航、铁路、电力、电信、石油等垄断性比较强的行业实施改革，在很大程度上需要行政力量的推动，相关决策的科学性和合理性的提高，会成为特别关注的问题。

（六）加入 WTO 将促进社会的进一步开放

2002 年是中国成为 WTO 正式成员的第一年，相关的法律法规将逐步向国际规范和惯例转变，虽然这种转变在一段时期内并不明显，但是一个新的进程的启动。

这种开放格局不仅表现在经济领域，也显著地表现在社会的各个领域。国际规范和惯例的逐步实施将首先对一些政府部门的职能转换产生影响，社会管理机制的变动将因此而获得更大的动力。在很多领域，规范意识的明确、透明度的增强和公众个人选择范围的扩大，将在新的一年里，显示出最初的积极势头。可以肯定的是，社会生活领域的活跃程度会进一步提高，在职业选择、居住地选择、出入境、法律援助、个人生活愿望的满足等方面，将会出现一种全新的格局；社会、群体和个人将在这样的开放环境下逐渐形成新型的关系。

也应该指出，在积极应对加入 WTO 以后所面临的各种挑战时，还有部分政府官员、企业界人士和居民在心理上、技术上和思想上准备不足，一些旧有体制规范、准则和思维方式、行为方式的改变也不是一蹴而就的，因此，在加入 WTO 之初的若干年内，扩大开放和推进社会经济事业的发展会遇到一些难题，对此不能掉以轻心。

（七）失业（下岗）依然是一个困扰政府和部分公众的严峻问题

研究结果表明，无论是劳动力需求总量的限度，还是既有的就业体制的改革进展，都不可能在短时期内完全缓解失业（下岗）现象。据估算，在未来5年内，全国新增劳动力将达到5000万人，而新增的劳动就业岗位不可能全部吸纳这些劳动力。2001年下半年，有关部门对59个大中城市劳动力市场供求分析的结果是，每个求职者面临的岗位是0.65个；到2001年6月底，62个城市劳动公共职业介绍机构登记的求职者为222.1万人，而用人单位发布的需求量只有153.6万人。这种严峻局面在2002年无疑会延续下去，再加上预计“十五”期间的经济增长率比“九五”期间要低1个百分点，失业压力加大是必然的事实。

产业结构调整和国有企业改革在2002年将继续推进，会有相当部分职工走进失业（下岗）行列。2002年将有越来越多的下岗职工离开再就业中心，其身份由下岗者转为失业者，这会对他们造成极大的心理冲击。一些下岗者以各种方式回避这样的选择，就是因为他们没有明确的就业前景。而领取基本生活费和失业保险金，对这些人来说，不是简单的转变，而是表明他们已经是没有单位（依托）的职工。因为目前失业保障机制不完善，还一下子无法完全为这些人建立起心理上和生活环境上的保障屏障。

未来几年也正是中国农村劳动力的供给高峰，预计每年新增劳动力857万人，而近年来的趋势表明，这将使新增外出劳动力人数不少于600万人。考虑到一些城镇户籍制度的改革将直接吸纳农民成为城镇居民，这部分人如果没有工作岗位，也会进入城镇失业人口行列，登记失业率在2002年将有所上升，也是预料之中的。

开创社会协调发展的新局面*

——2002～2003年中国社会形势分析与预测总报告

一 2002 年社会形势总体判断

2002 年是中国改革开放与社会发展进程中具有非凡重要意义的一年，为确保中国共产党第十六次代表大会顺利召开，从中央到地方各个方面都投入了大量精力维护社会稳定。

中共十六大是在开始实施社会主义现代化建设第三步战略部署的时候召开的。大会选举了以胡锦涛为总书记的新的中央委员会，实现了新老交替。在中国共产党历史上，领导层如此大规模的平稳交接尚属首次。

中共十六大把“三个代表”重要思想同马列主义、毛泽东思想、邓小平理论一起确定为执政党的指导思想，并首次写进了党章总纲。

江泽民代表中央在中共十六大上所做的报告，总结了过去 13 年的基本经验，进一步阐述了“三个代表”重要思想，提出了全面建设小康社会、开创中国特色社会主义事业新局面的目标和任务。其中提出的具体目标，从社会协调发展的角度，特别是从经济与社会、政治、文化、道德和环境协调发展的角度，阐述了为什么发展要有新思路，改革要有新突破，开放要有新局面，各项工作要有新举措。

在社会发展方面，中共十六大报告明确提出：最大多数人的利益和全社会全民族的积极性、创造性，对发展始终是最具有决定性的因素；中国正处于并将长期处于社会主义初级阶段，现在达到的小康还是低水平的、不

* 黄平执笔。

全面的、发展很不平衡的；一切妨碍发展的思想观念都要坚决冲破，一切束缚发展的做法和规定都要坚决改变，一切影响发展的体制弊端都要坚决革除；一切合法的劳动收入和合法的非劳动收入，都应该得到保护，既要反对平均主义，又要防止收入悬殊，初次分配注重效率，再分配注重公平，加强政府对收入分配的调节职能，调节差距过大的收入；要逐步提高城镇化水平，坚持大中小城市和小城镇协调发展，消除不利于城镇化发展的体制和政策障碍，引导农村劳动力合理有序流动；等等。总之，要促进经济、人口、资源、环境可持续发展和社会全面进步，不断提高人民生活水平，以保证最广大的人民群众共享发展成果。

2002 年经济继续保持高速发展，国内生产总值保持高速增长，全年可达 8% 左右，总值超过 10 万亿元，中国经济总量已居世界第六位；财政收入继续增长，但增长速度减缓，与此同时，县乡两级财政依然很困难；国有企业改革中，国有中小企业改制面已经超过 90%，出现了“国有参股企业”等多种形式，更重要的是，跨国并购正在成为国有企业重组的重要途径；个体、私营等非公有制经济等得到很大发展，成为支撑国民经济的重要力量；外资企业加快进入中国，外商直接投资超过 500 亿美元；开展土地招标拍卖的市县越来越多；总的说来，2002 年农业形势比较好，但就业形势依然十分严峻，经济增长的同时伴随失业率的上升。

政府职能转变步伐加快，政府机构改革继续深化；村委会换届选举进展顺利，2002 年有 18 个省、市完成了换届，其中 95% 实行了“海选”，参选率达到 80% 以上；社会保障改革稳步推进，最低生活保障覆盖面大幅度扩大；人民生活达到低水平小康，大部分城镇居民生活继续得到改善，农村人均收入有所提高，但是速度仍然明显低于城镇人均收入提高速度；一些地方社会治安状况不好，腐败现象仍然突出，某些地区还有少数工潮事件或重大事故发生，但是社会总体保持了稳定。

社会各界对社会稳定的共识程度有所提高，高层领导注意把改革的力度、发展的速度和社会可承受度统一起来，明确提出要把不断改善人民生活作为处理改革、发展、稳定、公正关系的重要结合点。

二　2002 年社会发展状况和特点

（一）人口与就业

1. 在中共十六大和全国就业工作会议上都把就业问题提高到十分重要的地位：就业是民生之本，扩大就业关系改革发展稳定的大局，关系人民生活水平的提高，关系国家的长治久安，不仅是重大的经济问题，也是重大的社会政治问题，是一项长期的战略任务。

2. 根据第五次全国人口普查数据，中国 0～14 岁的少年儿童有 2.9 亿人，占总人口的 22.89%。同 1990 年人口普查的 27.69% 相比，下降了 4.8 个百分点。城镇少年儿童人口占总人口的 18.42%，乡村少年儿童人口占总人口的 25.52%。与此同时，60 岁以上老人目前已经超过总人口的 10%，并且，60 岁以上老年人口约有 70% 居住在农村，农村劳动力平均年龄也由 10 年前的不到 37 岁上升到 40 岁。据预测，即使城镇化进程加快，到 2040 年人口老龄化峰值期，60 岁以上人口将超过 4 亿人，农村老年人口总数超过城镇。

3. 今后相当一段时期内，中国的就业都面临着来自城乡的双重压力、总量与结构彼此困扰、新生劳动力与失业人员相互交织。目前，适龄劳动人口约为 8.6 亿人。“十五”时期（2001～2005 年）每年城镇需要安排的就业人数将达到 2300 万人左右，年度供大于求的缺口达 1500 万人。与此同时，大学毕业生求职竞争加剧了，2002 年大学毕业生首次就业率只有 70%。2002 年农村已经有 9000 多万劳动力进入城镇务工经商，但是今后 10～15 年还有 1.5 亿～2 亿的农村劳动力需要向非农行业和城镇转移。

4. 下岗失业现象依然严重。到 2002 年 9 月底，全国城镇单位从业人员 11005.3 万人，比上年同期减少 362.3 万人，其中国有单位职工 7508.2 万人，比上年同期减少 444.8 万人，城镇集体职工 1253.5 万人，比上年同期减少 171.3 万人。1998～2002 年 6 月，全国累计国有企业下岗职工 2600 多万人，其中有 1700 多万人实现了再就业。到 2002 年 9 月底，全国国有企业下岗职工为439万人。再就业率逐年走低，已从1998年的50%降至2001年的30%，2002年1～9月份共有77.3万国有企业下岗职工实现了再就业，再就业率仅为15%，预计2002年在20%上下。

5. 加入世界贸易组织后，农业、汽车工业、金融服务、医药制造等一些行业势必会受到冲击，其就业状况也将不可避免地受到影响。特别是随着产业资金技术密集度的提高，单位投资提供的就业机会将会相对减少，而加快国有企业改革，推进产业结构和企业结构调整，又会把一部分劳动力从现有企业中分流出来。

6. 第三产业需求人数占劳动力需求总量的比重为70.8%，仍为劳动力需求的主体，但第三产业吸纳就业需求下降了，第一季度与上季度和上年同期相比，第三产业需求分别下降了2.89个和2.59个百分点；第二季度第三产业与上季度和上年同期相比，第三产业的需求分别下降了1.0个和3.2个百分点。2002年1～10月份，第三产业投资14906亿元，增长22.7%，分别低于第一、第二产业12.8个和3.3个百分点。

7. 随着个体私营经济的快速发展，非公有制经济成为中国就业的重要渠道。中国个体私营就业人员从1996年的7400多万人增加到2001年的1.2亿多人。实现再就业的国有企业下岗职工中有68%的人从事私营个体经济。从2001年第一季度到2002年第三季度连续七个季度的数据显示，个体私营企业和股份制企业的用人需求一直保持在53%以上，并呈现不断上升的态势。

（二）城乡差别与农村人口流动

1. 城乡差别。第一，人均收入。城镇居民收入增幅加快，但是农民收入增幅减缓。2002年第一季度至第三季度城镇居民人均可支配收入达5793元，与上年同期相比，实际增长17.2%。其中，工薪阶层的收入增长迅速，人均达到4326元，比上年同期增长20%，占家庭总收入的比重上升到70.5%。但是，前三个季度农村居民家庭平均每人现金收入为1721.36元（出售农业产品的人均收入为376.97元，其中种植业人均收入仅为369.61元），比上年同期增长4.9%，剔除价格因素，实际增长只有5.3%。农村居民的收入中，前三个季度，农民的工资性收入人均578元，比上年同期增长 7.5%，占农民现金收入增加额的一半。外出务工收入快速增长是工资性收入增长的主要因素，务工收入增速加快主要是由于外出务工人数增加而不是工资标准提高。2002 年农村居民的非农收入首次超过了务农收入。

第二，消费支出。2001 年城镇居民的平均恩格尔系数已降至 38% 以下，但是农村居民的平均恩格尔系数仍然在 48% 左右。由于乡村内部存在着很大的生活水平差距，中西部多数地区以务农收入为主的部分农村居民的实际恩格尔系数远远高于 50%。2002 年前三个季度农村居民生活消费支出人均为 1031 元。主要特点包括：一是在外饮食消费支出大幅增长。前三个季度，农民食品支出人均 362 元，比上年同期增长 4.3%。其中，在外饮食消费支出人均为 49 元，比上年同期增长 19.1%。二是交通、通信费支出保持较快增长。前三个季度，农民交通、通信费支出人均为 89 元，比上年同期增长 15.2%。其增加额占农民生活消费支出增加额的 21.5%。在外饮食与交通通信消费支出大幅增长，主要是由于农民外出务工人数增加。三是学杂费增加。前三个季度，农民人均用于学杂费的支出比上年同期增长 9.1%，增加额占农民生活消费支出增加额的 18.7%。

第三，农民负担。农村费改税在 21 个省市实施，农民税费负担有所下降，在已实行税费改革的地区，农民人均税费负担为 45 元，比上年同期下降 4.7%。由于是按承包耕种的田亩数（实际也就是按人头数）缴纳农业税费，务农者尤其是贫困和低收入地区的务农者的负担仍然很重。2002 年农村人均学杂费支出就达 124 元之多。

2. 人口流动。第一，根据第五次人口普查，全国平均外出时间超过半年者达 12107 万人（即“流动人口”），其中省内流动的有 7865 万人，占 65%，跨省流动的有 4242 万人，占 35%。从城镇流出的为 3267 万人，占 27.0%，从乡村流出的为 8840 万人，占 73.0%。在跨省流动的 4200 多万人中，男性占 52.8%，16～45 岁的占 82.7%。

第二，过去 10 年中，已有 8840 万以上农村年轻劳动力向非农部门转移（占总流动人口的 73%），其中 65% 以上在第二产业部门就业，务工经商的占到 75% 以上。

第三，根据 200 多个县的调查，2002 年第三季度末外出务工人数比上年年底增加约7%。在外出农村劳动力中，去省外的农村劳动力占50.7%，去省内县外的占28.6%，去县内乡外的占20.7%。

第四，从改革之初到2001年，中国的建制镇增长了近10倍，总数达20374个，而乡的数量则下降了19341个，建制镇的数量首次超过乡的数量。按照人们的居住地计算，中国的城镇化率已接近40%，但是在农业领域内就业者仍然占全国从业人员的50%。到2002年11月，外出务工农村流动人口已超过9000万人，按照“十五”规划，到2005年还将有大约4000万农村剩余劳动力转向城镇或非农产业。

（三）社会福利与社会保障

1. “两个确保”继续得到巩固。城市居民最低生活保障制度的财政预算达到了创纪录的105亿元。上半年全国发放企业离退休人员基本养老金1150亿元，基本做到按时足额发放。在确保当期发放的同时，全国共补发历史拖欠养老金8124万元。各地还按2000年企业在岗职工月平均工资增长率的60%调整了企业退休人员的养老金待遇，基本养老金月均增加40元左右。到2002年第三季度，中国城市最低生活保障对象已经达到1960万人，约占全国非农业人口的6%。

2. 参加养老保险和失业保险的人数呈下降趋势。到6月末，全国参加基本养老保险的职工人数为10567万人，比上年底减少235万人，其中企业参保职工为9033万人，比上年底减少165万人。全国实际缴费人数为9253万人，比上年底减少344万人，其中企业缴费人数为7949万人，比上年底减少252万人。全国参加失业保险人员为10095万人，比上年底减少260万人。到2002年9月底，全国参加失业保险人数为10068万人。

3. 领取失业保险金的人数增加较快。上半年，失业保险基金支出76.7亿元，比上年同期增加11.5亿元，增幅为17.5%，大于收入增幅5个百分点。6月末领取失业保险金的人数达369万人，比上年末增加57万人。年底有可能接近500万人，失业保险基金支付也将面临更大压力。

4. 到6月末，医疗保险参保人数为7919万人，比上年底增加633万人，增长率为8.7%。

（四）廉政建设

1. 从1997年10月至2002年9月，全国纪检监察机关共立案861917件，结案842760件，给予党政纪处分846150人，其中开除党籍137711人，被开除党籍又受到刑事追究的37790人。受处分的党员干部中有县处级干部28996人、厅局级干部2422人、省部级干部98人。到2002年8月，全国检察机关查办贪污贿赂5万元、挪用公款10万元以上的大案7万余件；立案侦查涉嫌犯罪的县处级以上干部1万余人，其中司局级干部700多人，省部级干部21人，挽回经济损失235亿元。

2. 2002年查处的几个大案要案对于社会舆论起到了正面激励作用。有关部门每年在不同的省（区、市）进行万人随机抽样调查，2002年的调查结果表明：受访群众中有74.44%的人对反腐败成效表示认可、69.36%的人认为腐败现象蔓延的势头得到了一定程度的遏制、68.86%的人对反腐败斗争有信心，这三项指标比1996年的调查结果分别提高了12个、13个和10个百分点。

3. 强化个人所得税征收也取得初步实效，预计2002年全国税收总计达到17000亿元，其中个人所得税收入可达1200亿元。全国涉税案件呈上升之势。1997年至2002年6月，破案4万多起，抓获犯罪嫌疑人3万余人，追缴税款192亿元。

三　主要存在的问题

中共十六大报告明确指出：中国正处于并将长期处于社会主义初级阶段，现在达到的小康还是低水平的、不全面的、发展很不平衡的小康……中国的城乡二元经济结构还没有改变，地区差距扩大的趋势尚未扭转，贫困人口还为数不少；人口总量继续增加，老龄人口比重上升，就业和社会保障压力增大；生态环境、自然资源和经济社会发展的矛盾日益突出；我们仍然面临发达国家在经济科技等方面占优势的压力；经济体制和其他方面的管理体制还不完善；民主法制建设和思想道德建设等方面还存在一些不容忽视的问题。

（一）2002年国民经济持续快速发展，工农业形势都比原来预计的好，加入世界贸易组织后可能遇到的冲击和困难也没有预计的重，但就业和流通机制还不能完全适应，积累和消费的关系也有待理顺，市场疲软，绝大多数商品供过于求，经济效益不理想，特别是在高增长的背后是高投入、高污染

2002年1～8月份，工业增加值同比增长12.0%。但固定资产投资同比却增长了24.2%。1～10月份，国有及其他经济类型单位累计完成固定资产投资22869亿元，其中，基本建设投资12041亿元，增长24.1%；更新改造投资4294亿元，增长16.7%；房地产开发投资5588亿元，增长29.8%。人口、生态环境、自然资源和经济社会发展的矛盾和压力日益突出，总体上环境污染（特别是大气污染和水污染）还在继续恶化，资源短缺（尤其是水资源短缺）的情况还不可能在短期内改观。

（二）城乡及地区差距呈继续扩大的趋势，城乡二元经济结构还没有改变，农民收入增长缓慢，务农收入下降

中国农村的反贫困过去取得了举世瞩目的成就，现在农村绝对贫困人口还有3000多万人，另外6000多万人也刚刚迈过贫困线，收入和生活水平还很不稳定。虽然实施了西部开发，但全国东西部差距还在扩大：2002年1～10月份，东部地区投资13069亿元，中部地区投资5115亿元，西部地区投资3946亿元。更重要的是，地区差距背后主要的问题还是城乡差距，据调查，部分西部欠发达地区内的城乡差距甚至大于全国平均城乡差距。2002年前三季度中西部省份农村家庭平均每人的现金收入仅为1200～1400元，有四个西部省份还在1000元以下。

（三）城镇居民的收入差距还在拉大，短期内还不会缩小。城镇的相对贫困问题越来越成为困扰城镇管理秩序与城镇社会稳定的重要因素

失业人员增多，就业压力增大，部分离退休人员生活困难，城镇部分职工收入太低，收入差距继续扩大，收入分配关系尚未理顺。据有关统计，

城镇还有将近2000万人的平均收入在最低甚或保障线以下。城镇社保资金的入不敷出及个人养老账户的空账问题，农村医疗保障、城市贫困人口救济及失业人员的再就业等涉及社会弱势群体的社会保障问题，仍没有从体制和法律的角度得到根本解决，适应中国国情和社会主义市场经济的社会保障和社会福利机制还没有完全建立起来。

（四）腐败仍然是严重影响经济发展和社会稳定的大问题

一些大案要案的审理和报道引起了公众的重视，起到了明显的正面作用，但部分领导干部的铺张浪费行为还相当普遍和严重，有些地方腐败现象仍然十分突出。

（五）经济体制、管理体制的改革还面临着诸多矛盾与问题

在改革行政审批制度的同时还缺乏相应的配套政策和措施；而目前垄断行业结构调整和重组基本是行政干预的结果；金融改革还有很多工作要做：不良资产比例仍然比较高、银行的利润少，有的银行还存在亏损、资本金不足、综合竞争力差、内部管理薄弱、产生的贪污腐败案件较多，等等。

本课题组对在党校学习的100多名地（厅）级党政领导干部2002年工作评价的调查结果值得注意：认为2002年调整收入分配不太显著和很不显著者之和接近95%；认为减轻农民负担不太显著和很不显著者达到85%；认为解决下岗失业问题不太显著和很不显著者超过80%。认为收入差距和失业问题是最严重问题的人所占比例，比2001年上升了。其中认为“收入差距”是最严重问题的人从18.6%上升到21.8%；认为“失业”是最严重问题的人从8.8%上升到19.5%，“最严重问题”的排序也出现了改变。“收入差距”从第二位上升到第一位，“失业”从第五位上升到了第二位。

四　未来发展取向与走势

（一）2003年的社会走势

学习、宣传、理解、贯彻、落实十六大精神将成为2003年工作的主题。

十六大选举产生了新的党中央领导集体。2003 年的“两会”将完成十六大开始的新老交替，人大、政协、中央政府机构和各部门、各地区都将实现大幅度年轻化交接。整个说来，2003 年一方面将注重连续性、稳定性，加大保持社会稳定和综合治理的力度；另一方面，第十届人大后还将推出一些新的具体政策并开始组织落实。由于刚刚完成了执政党和政府的新老交替，并处在新的发展机遇期的起始阶段，2003 年将主要把精力放在落实十六大精神上，在继续实现“十五”规划的各项政策和方案的同时，针对十六大提出的全面建设小康社会的目标，调查研究与部署实施并重。稳定和稳健将构成 2003 年工作的特色。

1. 全国将在尽力保持国民经济持续发展势头的同时，继续调整经济结构，并更加注意调整社会结构和城乡关系，注意地区差异和人口、资源、环境与经济社会发展的关系，社会事业改革、社会协调发展的问题将被提到议事日程上来。

2. 各级政府将努力扩大就业，从税费减免、小额贷款、社保补贴、就业援助等 10 个方面对下岗失业人员进行扶持。扩大就业，将成为今后的一项主要工作，也将构成改革之初提出的以经济建设为中心的方针的重要维度。但由于总量和结构的双重压力，就业问题将长期存在，不可能在一年内明显缓解。另外，2003 年还将面临大学扩大招生后的第一批学生毕业，人数将达到 212 万人，比 2002 年增加 67 万人，在旧有的失业压力下还会出现新的就业竞争态势。

3. 私营、个体等非国有经济发展的环境进一步改变，在市场准入、土地、税收、金融、外贸进出口方面，将对非国有企业与国有企业一视同仁，因此私营等非国有部门的发展速度（包括参与金融和基础设施建设）将大大加快，从业人员也会明显增多。私营和个体部门将继续保持对劳动力的吸纳力，在第三产业尤其是传统服务业内增加就业岗位将比较明显。

4. 城镇化速度加快，大城市注重社区建设，小城镇注重改善基础设施并加快寻求开发、招商机会。一些地方有可能再度兴起开发热、投资热并提出不切实际的“赶超”计划。城乡二元格局有望进一步打破，城镇居民比重增加，农村劳动力进城务工人数也将继续增加。在公平对待、合理引导、完善管理、搞好服务，组织和引导农村富余劳动力有序流动方面，户口等政策也将进一步放宽，并注意维护农民工的合法权益，促进农村富余劳动力向非农产业转移。

5. 进一步统筹城乡经济社会发展格局，合理调节产业结构和国民收入比重，进一步在全国实施农村税费改革，继续减轻农民负担。但农村居民特别是务农居民的收入低、负担重的问题还会继续存在，农村的医疗卫生、基础教育、养老、社区管理、农田水利基本建设和环境等将越来越受到重视，但是其处于薄弱或困难状态的局面还一时不能从根本上得到缓解。西部开发的基础设施部分将加快进度，退耕还林等工作将继续，但是西部农村下一步反贫困的难度也将加大。

（二）未来挑战

由温饱向小康的转变、由低水平小康向全面建设小康社会的转变，包含社会各界对发展理解的深化和由此产生的需求多样化，如何处理好以下关系，从而确保在经济发展的基础上，不断提高人民生活水平、保证社会各阶层人民共享发展成果，并进而促进社会全面进步、人的全面发展、城乡关系的协调，是今后相当一个时期内处理好发展、改革、稳定、公正关系的关键。

1. 怎样在体制和结构层面上鼓励发达地区、优势产业和辛勤劳动与合法经营的人们的积极性、创造性，高度重视和关心欠发达地区与困难的行业及职工居民，使贫困群众的基本生活得到保障，缓解失业压力并逐步改善生活条件？怎样在再分配过程中确保社会公平原则，切实加强政府对收入分配的调节职能，规范分配秩序，调节少数垄断性行业的过高收入，取缔非法收入，以共同富裕为目标，扩大中等收入者比重，提高低收入者收入水平？

2. 如何从制度、法律、政策及舆论上促进农村富余劳动力向非农产业和城镇有序转移以缓解农村人多地少的严峻制约，同时又在广大农村地区探索可持续发展，使农村社区形成人际关系协调、老有所养、病有所治的格局，从而缓解贫困，减轻仍然占人口大多数的农村人口的负担，保护他们的基本权益？

3. 如何从人才、资金、技术、政策和体制上避免东南地区经济高速增长的同时，中西部特别是老少边穷地区被甩在后面的不平衡发展局面的出现？如何在经济高速发展的地区避免社会道德沦落、犯罪腐败猖獗等“社会病”“城市病”的出现？

4. 全面建设小康社会的目标提出后，各地都在积极响应、贯彻，但是，如何防止一些地区和单位以此为由又搞新一轮不切实际的贪大求快？在经济、人口、资源、环境可持续发展方面，如何根据具体情况探索一条科技含量高、经济效益好、资源消耗低、环境污染少、人力资源优势得到充分发挥的新路子？

5. 在民主决策和政务公开方面，怎样建立和完善深入了解民情、充分反映民意、广泛集中民智、切实珍惜民力的决策机制，推进决策民主化和政务公开制度，确保各级决策按规则、程序和制度（包括重大事项社会公示制、社会听证制、决策的论证制和责任制等）执行，从决策和执行等环节上确保对权力的制约和监督（包括舆论监督），从源头和体制上预防和解决腐败，从而实现以经济、政治、文化统合与高度的社会凝聚为特色的社会主义民主与法治？

6. 在社会的思想道德建设领域，以法治国与以德治国怎样相辅相成，从而平衡市场经济中的竞争原则与传统伦理中的互谅互让美德，个人欲望、私人利益与公民义务、职业道德之间的张力？

十六大报告提出：“对为祖国富强贡献力量的社会各阶层人们都要团结，对他们的创业精神都要鼓励，对他们的合法权益都要保护，对他们中的优秀分子都要表彰，努力形成全体人民各尽其能、各得其所而又和谐相处的局面。”为了做到这一点，除了继续保持比较高的经济发展速度之外，合理调节收入分配、逐步缩小城乡与地区差距、维护和保证社会公正，既是基本的前提，也是今后开创经济与社会协调发展新局面工作的重点、要点和难点所在。为此，要积极稳重地开好局。

走向全面、协调、可持续发展的中国社会*

——2003～2004年中国社会形势分析与预测总报告

2003年是全国人民在党中央领导下，落实贯彻党的十六大精神，全面建设小康社会的第一年。改革开放以来，经过25年以经济为中心的建设，中国已经实现了社会主义现代化战略部署的第二步，总体上达到了小康水平。2002年11月召开的党的十六大，全面总结了基本经验和教训，进一步阐述了“三个代表”重要思想，提出了全面建设惠及十几亿人民的小康社会，使经济更加繁荣、民主更加健全、科教更加进步、文化更加昌盛、社会更加和谐、人民生活更加殷实。2003年是落实贯彻实现党的十六大精神的第一年，年内经济持续快速增长，社会各项事业有了进一步的发展，人民生活水平继续提高，社会稳定向上。

一　全面、协调、可持续的新发展观的提出和实践

（一）2003年春天召开的“两会”，选举产生了新一届国家和政府的领导人，党的十六大开始的新老交替进程顺利完成

一年来，新的党政领导班子，继往开来，统筹安排国内外各项工作，推进全面小康社会的建设，表现出亲民务实的良好作风，赢得了国际国内的普遍认同。

---

* 陆学艺执笔。

2003年初，新领导集体的西柏坡之行，表明了新的党政领导集体继承和发扬党的优良传统，振兴中华，把社会主义现代化事业建设好的决心。

2003年初，国务院出台了关于保障和维护农民工合法权益的文件，针对部分单位和一部分雇主克扣、拖欠农民工工资，在就业、子女上学等方面的歧视性做法，做出了明确要改正的指示，此举得到了数千万农民工的普遍欢迎。2003年4月，大学生孙志刚在广州被无端收容，在收容所受到虐待，被殴打致死，经媒体报道后，引起社会公愤。国务院专门召开常务会议，决定废止收容遣送条例，对流浪乞讨人员，实行救助服务，革除了一项弊政，社会各界反应热烈。

（二）“两会”前后，各省区市也实现了党政领导班子的换届，新一届领导班子朝气蓬勃，各地出现了新的建设热潮

国务院所属部委，进行了新一轮调整和精简。1998年的政府机构改革，主要是裁并和精简。2003年的改革着力于职能转变，以适应市场化的要求，强化了经济调控、市场监管、公共服务和社会管理等方面的作用。如撤销经贸委，改计划和发展委员会为发展和改革委员会，内外贸合并，成立国资委、银监会、电监会等。

（三）经济持续快速健康地发展

从1988年、1993年、1998年等年份的实践看，领导班子换届年一般都是经济高速增长年。2003年初，同样也呈现了快速发展的迹象，这一方面是换届之后，地方上各级新班子有快上的要求；另一方面也因为国民经济已调整多年，前期大量投入的基础设施和设备更新等建设已投入使用，发挥了作用，还有因美元贬值，外贸迅猛增长的带动，国内比较富裕阶层的购车和居民买房等新的消费增长推动。2003年第一季度经济增长9.9%，比2002年第四季度提高3个百分点，全年经济增长速度将达到8%以上。

自2002年冬在广东出现“非典”疫病以后，于3月传延至北京，到4月中旬呈突发之势，引起部分居民恐慌。有关方面囿于陈规，没有及时采取相应措施，疫病继续蔓延至华北一带。在情况紧急关头，党中央采取了断然措施，撤换了卫生部和北京市的主要领导人，成立了全国防治非典指

挥部，下达了抗击“非典”动员令，群抗群防，经过两个多月的艰苦奋斗，终于战胜了“非典”这个疫魔，世界卫生组织于 2003 年 6 月解除了对中国的禁令。

“非典”的突然袭击，虽然主要在北京和华北等地区，前后只有两个多月，但对 2003 年的经济发展造成了严重的损害，特别是对旅游业、商业服务业、航空、运输业、建筑业和部分制造业造成了莫大的损失。第二季度的经济增长降到 6.2%。好在经济增长的潜力很大，所以第三季度就恢复到 7.8%，第四季度发展更快。2003 年是 1998 年以来发展最快的一年，经济形势向好，这为提高人民生活水平、缓解一部分社会问题和实现社会安定奠定了良好基础。

（四）“非典”的突袭和抗击“非典”，是2003年度发生的一次特殊而重大的公共卫生危机事件，痛定思痛，其中的教训也为社会各界所关注

正常的政治、经济、社会生活因疫情而被打乱，反映了社会管理制度的严重疏漏。危机期间，为防止疫情向农村地区蔓延而采取了许多特殊措施，虽然扛过一劫，但深层次的问题引发了全社会的反思。这从一个侧面论证了党的十六大指出的，经过 20 多年的奋斗，我们实现的总体小康目标，还是低水平的、不全面的、很不平衡的。尤其是在社会事务领域，管理意识落后、管理水平不高已经是多年的事实。所以抗击“非典”取得决定性胜利后不久，中央就提出要贯彻经济社会协调发展、城乡协调发展、区域协调发展、人与自然和谐发展的方针。

（五）2003年10月15日，我国首次发射“神舟五号”载人飞船

16 日凌晨，宇航员杨利伟顺利返回地面。这是中国航天事业具有里程碑意义的大事，从此中国成为世界上太空俱乐部的第三个成员，标志着中国人民在攀登世界科技高峰的征程上又迈进了一大步，也标志着改革开放以来我国综合国力大大增强，这对于我国的政治、经济、社会、文化的发展也将产生深远的影响。

（六）2003年10月，中国共产党召开了十六届三中全会

全会充分肯定了十六届一中全会以来中央政治局的工作，审议通过了《中共中央关于完善社会主义市场经济体制若干问题的决定》，这是进一步深化经济体制改革，促进经济和社会全面发展的纲领性文件，明确提出了在新形势下完善社会主义市场经济体制的目标、任务、指导思想和原则，具有十分重大的理论和实践的意义，是自 1992 年中共十四大明确提出要建立社会主义市场经济体制以来的最重要文献之一。《决定》提出，要完善社会主义市场经济体制，要做到统筹城乡发展，统筹区域发展，统筹经济社会发展，统筹人与自然和谐发展，统筹国内发展和对外开放的要求。总体来说，就是要树立新的发展观，实现全面、协调、可持续发展。

二　社会发展中存在的主要矛盾和问题

（一）“三农”问题受到中央高度关注

2002 年 12 月 26 日党中央召开政治局会议，专门讨论农业、农村、农民问题，指出“三农”是全党工作的重中之重，要把解决“三农”问题“放在更加突出的位置”。2003 年 1 月 17 日中央召开了农村工作会议，把解决“三农”问题同全面建设小康社会的奋斗目标联系起来，认为“全面建设小康社会最繁重最艰巨的任务在农村”。会议提出了评价农村改革和发展工作的三条标准：①是否有利于解放和发展农村生产力；②是否有利于增加农民收入；③是否有利于改变农村面貌和保持农村社会稳定。

2003 年，党中央、国务院为解决好“三农”问题，做了大量工作。年初，国务院就做出决定，今后在教育、科技、医疗卫生文化等方面增加的投入应主要用于农村；上半年安排 237 亿元国债投资加大对农村基础设施的建设，下半年又增加了 32. 5 亿元，并且明确要求这些基础设施建设施工要尽可能多地用于农民工；全国推进农村税费改革试点，中央财政拨款 300 亿元，用以支持税费改革，切实减轻农民负担；农业部、教育部、民政部等联合发出通知，计划从 2003 年开始到 2010 年全国要对 7000 万农民工进行

岗位培训，并做好农民工外出务工的信息指导和组织等服务工作。公安部出台了户籍制度改革的通知，放宽了对农民进城的限制，鼓励有条件的农民到小城镇落户，各省区市也相继做了很多支农、助农和扶贫的工作。

但是，中国“三农”问题成堆，积累的时间太长，已经形成的二元经济社会结构根深蒂固，“重工轻农”“重城轻乡”的国民收入分配格局已经成了路径依赖。虽然新一届政府做了大量的工作，但仍未扭转城乡差距、地区差距继续扩大的趋势。2001 年农民人均纯收入与城镇居民人均可支配收入之比为 1∶2.91，2002 年为 1∶3.11，2003 年为 1∶3.2。据初步测算，2003 年农民平均纯收入将提高 4%，仍低于城镇居民可支配收入的增幅，城乡差距继续扩大。而且，约占 60% 的主要靠农业收入的纯农民的收入都在平均数以下，其中相当一部分农民的收入并没有提高，有的是下降的。1997 年以后，这种收入停滞或下降的状况已经持续 8 年，这是改革开放以后从来没有的。税费改革后，农民负担有所减轻，但因并没有解决好财政转移支付等问题，中西部地区的县乡两级财政状况并没有好转，约 1/2 的县和 2/3 的乡镇在负债运行，所以农民负担屡有反弹，这些地区的农村干群矛盾紧张，冲突不断，农村社会并不安定。

2003 年 9～10 月，已经长期低迷的粮油市场价格突然上涨，涨价从销区波及产区。10 月中旬，小麦每吨上涨 40～80 元，玉米每吨上涨 80～100 元，粮油平均涨幅在 10%～20%。粮油涨价，拉动蔬菜、肉、禽也跟着涨价。这是 1997 年以来的第一次农产品价格较大幅度上涨，一时引起社会的普遍关注。有关部门和农村专家认为，这次涨价是市场调节的自然结果。我国自 1998 年粮食总产达到 51230 万吨的最高水平以后，已经连续 5 年减产。城市化带来的耕地减少、粮田改种其他经济作物、耕地的抛荒以及粮食库存的锐减，都是促成涨价的因素。不过我国有 5 亿吨粮食的生产能力，且仍有 2 亿吨粮食库存，粮食安全近几年仍没有问题。所以，粮油价格 11 月就基本稳定下来。粮油和一些农产品涨点儿价，对农民增加收入有利，对以后促进农业生产有利，对扩大内需也有利。这点涨幅，对于绝大多数城市居民来说，也是能够承受的。所以政府不必过大反应（有条件的地区，可以对失业、下岗和低保人群增加点补贴）。总体来说，这次农产品价格上扬，利大于弊。

（二）2003年呈现的一个突出的社会矛盾是城市拆迁和农村征地引发的社会冲突

近几年在“加速城镇化”的推动下，特别最近各省市换届后，新班子上台伊始，要建功立业，在东部沿海地区和一些大中城市，多数都提出了要率先实现现代化，率先建设全面小康社会，掀起了大干快上的热潮。目标都集中到城市建设上，要建大城市、特大城市、国际性大都市，要改变城市面貌，扩建改建，大拆大建，急于求成。财力不够，就用“以地生财”等方法，低偿甚至强行拆迁原有居民的老房子，与原有居民发生了利害冲突，引发拆迁群众上访请愿，或以极端形式表示抗争，造成极坏的社会影响。

在农村，新一轮“圈地运动”正在各地特别是东部沿海和大中城市郊区展开。据2003年上半年24个省（区、市）不完全统计，各种名目的开发区、高新技术区、大学园区有3500多个，占地3.6万平方公里。在土地价格飙升预期的刺激下，一些没有社会责任心的官员和不法商人（包括外商）内外勾结，以各种名目和手段，强占侵夺农民承包的耕地（国家明文规定土地承包权30年不变）。占地时不同农民商量，只给很少的补偿，又不做安置，失地的农民，失去了生产生活的依靠，也就是失业，又无社会最低生活保障，成为游民。近几年，农民上访中，土地问题已占首位。2003年上半年，国土资源部的来信来访中，反映征地问题的，占总量的73%。国家信访局受理土地问题的初信初访共4116件，其中苏、浙、闽、鲁、粤五省占41%。可见侵占农民耕地已成为当前重大的社会问题，涉及约4000万农民，而且主要集中在东部沿海和大中城市郊区等经济发达地区。这是必须高度重视并要及时采取断然措施加以制止和纠正的。

（三）就业形势严峻

1990年代中期以来，城镇登记失业率逐年上升，1995年为2.9%，1999年为3.2%，2001年为3.6%，2002年为4%，2003年很可能达到4.5%，登记失业人数将超过700万人。国有企业下岗职工继续增加，2003年6月底，下岗职工达464万人，而再就业率则逐年下降，1998年为50%，1999年为

42%，2000 年为 35%，2001 年为 31%。

农村剩余劳动力继续增加，20 世纪 60 ~ 70 年代是我国人口出生高峰，集中在农村，现在都进入就业年龄，目前正是就业高峰期。加上 1990 年代中期以后，乡镇企业不景气，面临转制，不仅不能增加劳动力的吸纳量，反而还在减少。1996 年全国乡镇企业从业人员为 13508.3 亿人，2002 年减至 13287.7 亿人。又因为 1997 年以后，我国主要农产品供大于求，粮食等主要农产品价格下降，销售不畅，农民纷纷进城打工，以增加收入。2002 年进城镇务工经商农民达 9460 万人，2003 年还是增加的趋势。

2003 年是 1999 年大学扩招本科生毕业的一年，加上大专毕业生，2003 年有 212 万高校毕业生要就业。2002 年大学本科毕业生，初次就业率只有 70%，2003 年上半年毕业生找工作时又逢“非典”肆虐，更是雪上加霜，政府虽然做了很多工作，但效果并不明显，有不少学校初次就业率都不足 50%。到 2003 年 7 月，待就业的大学毕业生有 70 万人。

就业是民生之本。我国是人口大国，农村人口多，现在又处于社会转型、经济体制转轨的阶段，结构性失业和技术性失业等多种因素起作用。据劳动和社会保障部测算，2003 年全国城镇需要安排就业的劳力总量为 2400 万人，而按经济增长的需求，只能新增就业 1000 多万个，有 1400 万个岗位的缺口，所以就业形势十分严峻，这将是今后一个较长时期里困扰我们的一个重大的社会问题。

（四）2003年自然灾害频发，是一个多灾之年

截至 2003 年 9 月底，五级以上地震发生 29 次，给新疆等地造成严重损失。10 月，甘肃省张掖、山丹、民乐又发生地震。各地水旱灾害交替发生。淮河、渭河、汉水、黄河等流域发生洪涝，直到 10 月中旬，渭河、黄河还发大水，使河南、山东部分县市受灾。各类自然灾害造成农作物受灾面积 5070 万公顷，成灾 3175.5 万公顷。因灾死亡 1911 人，紧急转移安置 631 万人，倒塌房屋 262 万间，造成直接经济损失 1514 亿元。

生产安全事故发生率很高。2003 年已发生多起重大矿难事故，1 ~ 9 月份死亡 5000 人以下，约占世界矿难死亡人数的 1/3，而我国原煤产量只占世界的 20%。造成这种严重状况的原因是多方面的，其中一个很重要的原

因是管理混乱。2002～2003 年河南省煤矿矿长审核考试显示，乡镇煤矿矿长年审合格率只有 49%，参加考试的 8000 多名乡镇煤矿矿长中，高中以上文化水平的不到 10%，部分矿长的考试成绩只有 12 分，有的连最基本的安全常识都没掌握。①

三 2004年的社会走势：实施全面、协调、可持续发展的新战略

2003 年在国际形势多变、国内严重自然灾害和重大疫情袭击的条件下，全国仍取得了经济持续高速增长、社会各项事业的全面进步。但 2003 年最重大的成就，是提出和实现了发展观的转变。经过实践和探索，党的十六届三中全会明确提出了："坚持以人为本，树立全面、协调、可持续的发展观，促进经济社会和人的全面发展。"胡锦涛总书记在十六届三中全会上说："树立和落实科学发展观，这是二十多年改革开放实践的总结，是战胜'非典'疫情给我们的重要启示，也是推进全面建设小康社会的迫切要求。"

实施全面、协调、可持续发展的新战略，就要按照十六届三中全会提出的要求，做到五个统筹：统筹城乡发展、统筹区域发展、统筹经济社会发展、统筹人与自然和谐发展、统筹国内发展和对外开放。2004 年是实施新发展观的第一年，我们一方面要大力阐释和宣传新发展观的主要内容和意义，得到广大干部和群众的认同，另一方面要做好以下诸方面的工作。

（一）统筹经济社会发展，实现经济社会协调发展

目前经济社会发展不平衡，表现在以下四个方面。

1. 经济结构调整了，但社会结构没有相应地调整。如工业化已进入中期阶段，而城市化还在初期阶段，2002 年城市化率为 39.09%，比世界平均城市化率的 48% 低约 10 个百分点，城市化严重滞后于工业化。2002 年中国的三次产业结构为：一产占 14.5%，二产占 51.8%，三产占 33.7%，而就业结构为：一产占 50%，二产占 21.4%，三产占 28.6%，就业结构与经济

① 《中国矿业报》2003 年 9 月 18 日。

结构不协调。

2. 经济发展了，但教育、科技、医疗卫生、文化、环境保护等社会事业发展滞后，很不协调。仅以教育和卫生事业为例。20 多年来，我国普及九年制义务教育和基本扫除青壮年文盲的工作做得很好，但高中阶段教育、职业技术教育和高等教育发展很不理想。1998 年，我国普通高校在校大学生只有 360 万人，适龄青年毛入学率只有 6.7%，1999 年后，连续几年扩招，2002 年普通高校在校大学生为 903.4 万人，毛入学率达到 13%，但仍低于世界平均 16.7%（1996 年）的水平。

改革开放以来，我国的医疗卫生事业有很大发展，但滞后于经济发展，不能满足人民群众需要，一方面是财政投入少，尤其是体制不合理，“重城轻乡”，85% 的医卫资源和经费投在城市，农村缺医少药状况严重，原有的农村合作医疗体系基本垮了。世界卫生组织在《2000 年世界卫生报告》中，对全世界 191 个国家的地区排名，中国排在第 188 名。2003 年非典突袭，幸好发生在大城市，政府采取了有效措施。一旦在农村传播，后果将不堪设想。

3. 管理相对落后，跟不上经济社会事业发展的要求。20 多年来，许多城市建设起来了，公共事业的设施建起来了，高楼大厦、豪华宾馆、各种广场都相当现代化了，但就是管理不善，交通拥堵，环境脏、乱、差，空气污染，噪声嘈杂，也就是说管理不行，软件不行。以公路交通为例，1949 年，全国公路通车里程只有 8.07 万公里，2002 年达到 176.5 万公里。1988 年中国开始有第一条高速公路，2002 年已经超过 2.5 万公里，跃居世界第二位，但交通管理水平却没有相应提高，各类交通事故频发，2002 年共发生 77.3 万起交通事故，死亡 109381 人，比 1986 年增加了 1 倍。

4. 经济体制改革了，已经基本建立了社会主义市场经济体制，而社会事业的管理体制还没有按社会主义市场经济体制的要求改变过来。这方面的改革还在试点、摸索，可以说还没有破题。多数事业单位还在按计划经济体制时期形成的体制运行。效率低、成本高、服务质量差，阻碍了社会事业的发展，不能满足社会发展和人民群众的需要。

经济和社会要协调发展，亟须改变目前一条腿长、一条腿短的不平衡发展。

首先，要从理论认识上提高对于调整社会结构、加快社会事业发展重要性的认识，国家和地方建设，都要坚持经济社会协调发展的方针，改变单纯追求经济增长的战略，把社会发展提到应有的高度加以重视。

其次，要逐步增加对于社会事业发展的投入。按照社会主义市场经济体制的要求，经济建设的资金今后应主要通过市场配置，由社会集资，政府的财力应该主要投资于教育、科研、文化、医疗卫生环境和社会保障等社会发展事业和公共事业。

最后，要下决心改革社会事业管理体制。改革的目标是要建立一个与社会主义市场经济体制相适应的、城乡一体化的、按社会主义市场经济规律运作的、有利于调动各方面积极性的社会事业管理体制。这也是完善社会主义市场经济体制的一个重要组成部分。

（二）统筹城乡发展，实现城市和农村的协调发展

解决好农业、农村、农民问题，是全面建设小康社会的重点和难点。农村本来是率先改革的，但自1985年改革的重点转向城市以后，农村的改革相对滞后了，原来与计划经济体制相适应的户口制度、就业制度、流通制度、财税制度等都没有得到应有的改革。实践证明，解决农业、农村、农民问题的根本出路在于市场化、工业化和城市化，而在计划经济体制下形成的城乡二元经济结构体制的束缚，使农民的经济地位、社会地位受到限制，使他们很难成为市场竞争的主体。

由于农民是背着上述包袱进入市场的，起点就不平等，他们在市场竞争中处于劣势地位（例如农民工进城打工，在同一个工厂里干同样的工作，只能得到大约城市户籍工人1/3或1/2的收入和福利）。90年代中期以来，农民的人均纯收入和城市居民的可支配收入的差距逐年扩大，2002年达到1∶3.1，1978年为1∶2.4，2003年将是1∶3.2，而且收入差距还有继续扩大的趋势。

党的十六届三中全会指出：“要建立有利于逐步改变城乡二元经济结构的体制。”这是解决“三农”问题的战略举措。农村必须进行旨在继续破除计划经济体制对农村生产力束缚的改革，逐步建立城乡一体的社会主义市场经济体制，不改变城乡二元经济社会结构的格局，就不可能建成全面、

统一、完善的社会主义市场经济体制。

其一，要完善农村土地制度。土地家庭承包经营是农村基本经济制度的核心，稳定完善这一制度，是保障农民生计和农村稳定的关键。2004 年，要针对近几年一些地方非法或越权审批圈占大量耕地，又不给合理补偿、不做妥善安置的问题，按照三中全会的《中共中央关于全面深化改革若干重大问题的决定》，分别做出处置，该退的要退，该补偿的要补偿，该安置的要安置，做到农民失地不失业，失地不失利。只有这样才能做到保护耕地，保证国家粮食安全，保护农民的合法权益，从而消除因圈地而引发的社会冲突，保持农村社会稳定。

其二，要逐步调整国民收入的分配格局。逐步改变重城轻乡的状况。国家已经决定 2003 年对于教育、科技、文化、卫生等事业新增的拨款，主要用于农村。2004 年也要继续坚持这个方针。对有些资源城乡分配过于悬殊的，例如医疗卫生经费和资源，城市占 85%，农村只占 15%。不仅要调整增量，也该适当调整存量。目前中西部的县乡两级财政多数仍十分困难，有不少在负债运转。对于现行的财政体制也应做适当调整，进一步完善转移支付制度，加大对中西部和民族地区的财政支持。

其三，改善农村富余劳动力向城镇转移的就业环境。实践证明，只有减少农民才能富裕农民。2002 年农业在 GDP 中的比重不足 15%，而在农业就业的劳动力还占 50%。要加快农村富余劳力向城镇，向第二、第三产业转移的步伐。深化户籍制度改革，取消对农民进城就业的限制性规定，逐步形成城乡统一的劳动力市场，形成城乡劳动者平等就业的制度。

（三）统筹区域发展，实现东、中、西三大地区的协调发展

改革开放以来，各个地区的经济都有了很大发展，但由于原有基础和主客观条件不同，这些年地区差别扩大了。以城乡居民收入为例，东、中、西三大区的城镇居民年可支配收入之比，1980 年为 1.11∶0.93∶1，1990 年扩大为 1.26∶0.92∶1，2000 年为 1.40∶0.94∶1；三大区农民年人均纯收入之比，1980 年为 1.28∶1.05∶1，1990 年为 1.59∶1.19∶1，2000 年为 1.92∶1.3∶1。调查研究表明，中西部发展之所以缓慢还有两个因素，一是市场化程度低，改革相对滞后。现在全国市场化率为 69%，我国已经基本成为社会主义市场经济的国

家。从东、中、西三大区的市场化程度来说，其比例大致为80%:50%:30%。如以60%为临界线的话，那么，中西部地区还没有实现市场化。二是城市化程度低。2002年全国的城市化率为39.09%，除吉林、黑龙江两个省以外，其余中西部省市的城市化率都在39.09%以下，有的还不足30%。农业人口占绝大多数，中西部的多数大中城市，经济社会的发展水平并不低。所以中西部与东部的差别，实质上也是城乡差距的表现。

自党中央1999年提出实施西部大开发战略以来，西部地区经济快速发展，一大批重大建设项目相继开工，基础设施建设进展顺利，科教文化等社会事业发展势头良好，成绩是很大的。2003年国家又提出，振兴东北老工业基地，中部几个省区正在实施中部隆起战略。

要实现区域协调发展，关键是要进一步推进和深化中西部地区的改革，扫除体制上的障碍，加快市场化、工业化和城市化的步伐，做好“三农”工作，加快农村劳动力向城镇，向第二、第三产业转移，发展乡镇企业、县域经济和加强小城镇建设，增强自我发展的能力。国家在投资项目、财税政策、转移支付等方面，要加大对中西部支持的力度，务必使中西部地区的发展步入良性运行的轨道。

（四）统筹人与自然的发展，实现人与自然的和谐发展

新发展观的重要组成内涵，是要实现可持续发展。我国目前尚处于工业化中期阶段，人均资源占有量比较少，至今仍然是以消耗大量资源为特征的发展模式，对环境压力比较大。水土流失、沙漠化、石漠化问题日趋严重。政府对大江大河的治理，防沙治沙和京津风沙源的治理，库区、湖区的污水治理，大中城市大气污染治理，已经做了大量工作。毋庸讳言，生态环境继续恶化的趋势仍未从根本上扭转。今后，要把坚持可持续发展放在更加突出的位置，认真执行计划生育的基本国策，保护环境，保护资源，走新型工业化、新型城市化的道路，合理开发和使用各种自然资源。为此，在加大人力、物力、财力来保护生态环境的同时，要进行体制改革，使之既有利于经济健康发展，又有利于生态环境的保护，实现人与自然的和谐发展。

此外，要统筹国内发展和对外开放的要求，使对外开放和国内的发展

与改革相协调。

做好上述四个方面的统筹工作，也就是要正确处理好经济和社会、城乡之间、地区之间、人与自然这四个方面的关系，这是针对稳定改革和发展存在的突出问题提出来的，是完善社会主义市场经济体制的必然要求，是实施全面、协调、可持续新发展观的主要内容。2004 年是实践新的发展观的第一年，我们要把这五个方面的统筹工作做好，促进经济社会和人的全面发展，为全面建设小康社会目标的实现，开个好局。

构建和谐社会：科学发展观指导下的中国*

——2004～2005年中国社会形势分析与预测

在以人为本的科学发展观的指导下，2004 年全国的经济社会资源更加朝着有利于全面、协调、可持续发展的目标合理配置，从各项宏观指标来看，经济社会发展进入近十几年来最好的时期：2004 年 GDP 增长 9.5% 左右，物价指数和居民消费价格上涨在 4% 左右，城镇登记失业率控制在 5% 以下，农民收入出现多年来未有的大幅度增长。

与此同时，中国的发展进入人均 GDP1000～3000 美元的转型关键时期。从国际发展经验来看，对于一个经济起飞的国家，这个关键时期，往往是产业结构快速转型、社会利益格局剧烈变化、政治体制不断应对新的挑战的时期，是既充满新的机遇又面临各种社会风险的时期。

国际上的一些国家和地区，曾在 20 世纪 70 年代经济起飞后进入这个时期，但后来走上了截然不同的发展道路，一些发展顺利的国家和地区，如今人均 GDP 已达到 1 万～2 万美元，而另一些没有解决好社会矛盾和发展问题的国家和地区至今人均 GDP 还停留在不足 3000 美元的水平，这是中国应当引以为戒的。

一　2004 年的社会发展状况

（一）经济进入新的高速成长期

继 2003 年中国 GDP 增长出现新的起飞，达到 9.1% 之后，2004 年 GDP

* 李培林执笔。

增长继续爬高。尽管中央实行了新的宏观调控政策，控制投资过快增长，防止经济出现结构性过热，2004 年的 GDP 增长仍然达到 9.5% 左右的高速度。这标志着中国经济处于新一轮的高速成长期。

（二）人口总量突破13亿，增长已经得到有效控制

中国持续实行的低生育政策取得了巨大成就，人口再生产类型从“高出生率、高增长率”转变为“低出生率、低死亡率、低增长率”，育龄妇女的总和生育率已经连续 10 年低于替代水平，目前降到 1.8% 以下，人口自然增长率降到 7‰以下。中国总人口 2004 年突破 13 亿，年均净增长已经降到 800 多万人，人口总量峰值的到来，可能比原来多数专家预测的要早、要低。在此情况下，在继续维持低生育水平的同时，注重人口素质的提高和人口结构的调整，成为当务之急。如何利用好目前我国少儿抚养比率较低、劳动力供给充足的“人口机会窗口”，变人口大国为人力资源大国，为经济增长提供持久的推动力，已成为要着重关注的问题。

（三）就业走出了最困难的阶段

1990～2004 年，中国从业人员规模从 6.5 亿人扩大到 7.5 亿人左右，增加了约 1 亿人。到 2004 年 9 月底，全国共实现城镇新增就业人员 774 万人，全年将新增就业人员 900 万人左右，有 385 万下岗失业人员实现了再就业，全年将有约 500 万下岗失业人员实现再就业。

到 2004 年 9 月底，全国共有城镇登记失业人员 821 万，比上年末增加 21 万人，城镇登记失业率为 4.2%，比上年末下降了 0.1 个百分点。

从 2004 年第二季度开始，全国城镇单位从业人员出现自 1996 年以来的首次同比增长的状况，第三季度继续延续这种同比增长的趋势。到 2004 年 9 月底，全国城镇单位有从业人员 10944.3 万人，同比增加 37.2 万人。分经济类型看，公有制经济单位有从业人员 8095.3 万人，同比减少 379.6 万人；非公有制经济单位有从业人员 2849 万人，同比增加 416.8 万人。非公有制经济单位从业人员占城镇单位从业人员的比重达到 26%，比上年同期提高 3.7 个百分点。

在一些老工业基地，随着下岗和失业体制并轨的初步完成，积极自谋

职业的动力显著增强，经济高速增长和农民收入提高使珠江三角洲等少数地区出现局部的、暂时的结构性劳动力短缺，尽管劳动力供大于求的形势没有根本缓解，但就业在总体上走出最困难的阶段。

（四）城镇消费进入第三波热潮

2004年1~9月份，社会消费品零售总额38439亿元，比上年同期增长13%，分商品类别看，增长最快的是石油及制品类、通信器材类、汽车类、金银珠宝类、文化办公用品类、化妆品类，其零售额分别增长25%~46%。

2004年1~9月份，全国城镇居民家庭人均可支配收入为7072元，同比增长11.4%，扣除物价因素，实际增长7.0%，可支配收入的增长中，78%来自工薪收入的增长，养老金或离退休金收入也几乎同幅度增长。与此同时城镇居民家庭人均消费性支出同比增长10.9%，扣除物价因素，实际增长6.5%。在人均消费支出中，增长最快的是文化娱乐服务支出、滋补保健品支出、车辆用燃料支出和交通支出，分别增长40%~52%。

中国人均GDP超过1000美元之后，城镇居民消费结构正在发生新的跳跃性变化，继20世纪80年代第一波衣食消费和90年代第二波家用电器消费热潮之后，以家庭住房、家用汽车、交通通信为龙头的第三波消费热潮已经到来。2004年1~9月份，全国商品房销售额增长约30%，35个大中城市的商品房销售价格和土地交易价格上升约10%，轿车销售180多万辆，增长18.5%。

（五）城市化速度显著加快

我国城市化水平逐年提高，近年来进入加速期。城市化率已从1993年的28%提高到2004年的42%以上。近几年来，我国城市化水平保持年均1个多百分点的增长速度。我国内地城市数量也从改革开放初期的193个增加到660个，其中100万人口以上的特大城市40个，50万人至100万人口的大城市54个，20万人至50万人口的中等城市217个。城市经济对我国GDP的贡献率已超过70%，城市化水平每提高1个百分点，新增加的城市人口大约为1500万。

2004年，劳动和社会保障部决定停止执行原劳动部颁布的《农村劳动力跨省流动就业管理暂行规定》，要求各省市必须限期清理限制农民进城就业的歧视性政策，取消对企业使用农民工的行政审批、职业工种限制，不再干预企业自主合法使用农民工，取消专为外地农民工设置的登记项目，实行暂住证一证管理，取消各种针对农民工和使用农民工企业的不合理收费。

许多省市都加快了户籍制度改革的步伐。如湖北省结束使用了46年的“农业”和“非农业”户口的历史，建立城乡统一的户口登记管理制度，取消进城人口计划指标，实行户籍随就业地迁移办法，对于在城市有合法固定住所、进城务工3年以上、与用人单位签订两年以上劳动合同并办理就业登记手续的农村劳动力，允许申请办理户口迁移手续，在城市落户。山东省开始实施“户籍新政”，取消“人口控制办公室”等各类城镇人口迁移控制管理机构，不再收取城市增容费，全面放开县域内户口迁移政策，加快发展小城镇，促进农村人口向小城镇集中。湖南省将建立城乡统一的户口登记管理制度，在全省范围内取消农业户口、非农业户口性质和由此衍生的其他户口类型，统一登记为“居民户口”。广州市将进一步放宽户口限制，凡在广州10个城区内“安居乐业”满5年并已参加全市社保的本市农村居民，可申请转为居住地的城市居民户口，凡在中心镇有固定工作和固定住所的本市农村居民，可转为该中心镇的居民户口。

目前，中国改革开放以来继知青返城、下岗职工安置后，正面临第三次就业战略大转移，即从乡村到城市的就业大转移。

（六）农民收入八年来首次有较大幅度提高

农民收入增长七年徘徊之后，2004年出现可喜局面。根据全国31个省（区、市）6.8万个农村住户的抽样调查，1～9月份全国农民现金收入人均2110元，扣除价格因素，比上年同期实际增长11.4%，增速比上年同期提高7.6个百分点，是1997年以来农民收入增长最快的年份。

中央实行的对农民多予少取政策取得明显效果。2004年1～9月份农民现金收入得到较大幅度的增长，主要有以下几个原因：一是农产品价格升高，农民出售农产品的现金收入增长24.9%；二是农民财产性、转移性收入较快增长，分别增长30.5%和24%，其中转移性现金收入主要来源于政策性收入增加，前三个季度农民得到的政策性收入人均18.7元，其中，粮食直补收入人均12.7元、良种补贴收入人均1.2元、退税收入人均0.6元、退耕还林补贴收入人均3.2元、扶贫款人均1元；三是农民打工收入继续快速增长，本地打工收入增长23.6%，外出打工收入增长18.8%；四是农民税费负担较大幅度下降，1～9月份农民的税费负担人均22.5元，比上年同期减少11元，下降33%，其中农业税比上年同期下降29.6%，农业特产税下降79.2%，两税附加费下降68.4%。

粮食主产区农民收益增加更加明显。据2004年对全国9000个农业生产经营单位小麦收益情况的调查，小麦亩均总收入420.5元，扣除生产费用，纯收入为199.1元，比上年增加111.3元，小麦价格上涨因素使亩均增收78.6元，政府补贴因素使亩均增收12.6元。

经验表明，要使农民富裕起来，就必须要投资农业、转移农民、减少农民。

（七）社会保障和生活保障覆盖面进一步扩大

到2004年9月底，全国参加基本养老保险人数达到16062万人，比上年底增加556万人，其中参保职工人数为12037万人，参保离退休人员为4025万人；全国医疗保险参保人数达到11941万人，比上年底增加1039万人；全国参加失业保险的人数为10367万人，共有674万失业人员享受到不同期限的失业保险待遇，比上年同期增长5%；全国生育保险参保人数为4092万人，比上年底增加1308万人；全国工伤保险参保人数为5883万人，比上年底增加1308万人，全国享受工伤保险待遇的人数为37万人。

社会保险基金保持了增收大于增支。2004年1～9月，全国企业基本养老保险基金收入2566亿元，同比增收18.4%，支出2216亿元，同比增支10.5%；失业保险基金收入198亿元，同比增长16.5%，支出143亿元，同比增长7.5%；医疗保险基金收入768亿元，支出595亿元；生育保险基金收入21亿元，支出12亿元，27万人享受生育保险待遇；工伤保险基金收入35亿元，基金支出20亿元。

城市居民最低生活保障制度得到进一步落实。2004年1～9月份，全国城镇居民享受最低生活保障待遇的共有939.5万户家庭和2199.5万人，比上年同期户数增长5%，人数减少了1%。得到最低生活保障的城镇居民中，在职人员占6.6%，下岗人员占21.4%，退休人员占3.6%，失业人员占19%，“三无”人员占4.4%，其他人员占45%。

农村特困户救助面有所扩大。2004年1~9月份，农村共定期救济生活困难人员813万人、471.8万户。在已开展农村居民最低生活保障工作的地区，有213.1万户、444.6万村民得到了最低生活保障，比上年同期增长11.1%。

二　当前面临的主要社会问题

（一）农民失地引起的社会矛盾加剧

在目前快速的工业化和城市化过程中，失地农民的境况已经成为一个严重的社会问题。2004年上访事件明显增多，其中相当一部分增加的上访者是因失去土地而又未得到妥善安排、公正补偿的农民。按征用土地量和农民人均土地量的保守估算，目前全国约有4000万失地农民，其中那些“务农无地、上班无岗、低保无份”的失地农民，已经成为一个需要特别给予关注的社会群体。

农民失地引起的社会矛盾和社会冲突有各种原因，但最主要的一条，就是土地征用的法律制度严重滞后于发展，造成土地征用补偿安置费偏低。目前实行的1988年修订的《土地管理法》规定，征用土地的，按照被征用土地的原用途给予补偿，征用耕地的补偿费用包括土地补偿费、安置补助费及土地上附着物和青苗补偿费，土地补偿费为征用前三年平均年产值的6~10倍，安置补偿费按需要安置的农业人口计算，每人补助的标准是，前三年平均年产值的4~6倍。这样一来，在土地征用价格和市场交易价格之间，就存在暴利空间，导致开发商对圈地趋之若鹜。而一些地方政府为显示政绩，以低价征用农民土地搞开发区、工业园区，争相以最低廉的条件获得招商引资的成功，并把这种做法视为最后的跨越型发展机遇。另外，由于各级政府制定土地补偿标准时都把征地用途作为重要的参考依据，造成同一个村、同一地块因公路建设、企业用地、商品房开发用地等用途不同，农户得到的补偿费悬殊太大，高低相差好几倍，农民对此反应强烈。

据测算，如果征地成本价是100%，被征土地收益中地方政府占20%～30%，开发商占40%～50%，村级组织占25%～30%，失地农民占5%～10%。即使这样，很多开发商还“空手套白狼”，对补偿费能拖就拖，一些管理部门还雁过拔毛，造成补偿费常常不能全额发放到农民手中。

失地农民因失地而丧失虽然低微但相对稳定的基本生活来源，再就业又困难重重，又因没有社会保障使生活前景充满风险。而一些地方政府不善于妥善处理社会矛盾，动用行政和司法进行强制性征地，使矛盾进一步激化。

（二）收入差距进一步扩大

不同收入组之间的收入差距继续扩大。根据2004年全国5万户城镇住户抽样调查结果，上半年最高10%收入组人均可支配收入13322元，比上年同期增长16.7%，是全国平均水平的2.8倍，而最低10%收入组人均可支配收入1397元，比上年同期增长11.6%，是全国平均水平的29%。高低收入组人均收入之比为9.5∶1，比上年同期9.1∶1有所扩大。

区域之间的收入差距也在扩大。在全国31个省（区、市）中，2004年上半年人均收入最高的五省（市）是：上海（8513元）、北京（7836元）、浙江（7771元），广东（7264元）和福建（5879元），上半年五省市人均收入为7453元，比上年同期增长12.4%。而人均收入最低的五省（区、市）是宁夏、青海、甘肃、黑龙江和新疆，上半年人均收入为3661元，比上年同期增长10.9%。

行业之间的收入差距同样呈扩大趋势。国有经济单位中，2004年1～9月，平均劳动报酬较高的行业是：信息传输计算机服务和软件业、金融业、科学研究技术服务和地质勘查业，分别为18789元、15982元和15489元；平均劳动报酬较低的行业是：农林牧渔业、住宿和餐饮业、批发和零售业，分别为4655元、8057元、8159元。从历史同期看，行业间平均劳动报酬最高与最低之比2000年同期为2.62倍，2003年同期为3.98倍，2004年同期则达到4.25倍。

区域之间经济社会发展水平和财政收入水平的差距，成为影响当前收入水平差距的主要因素。根据2003年统计资料测算的社会经济综合发展指数结果，全国100个最发达县的分布，浙江30个，江苏和山东各16个，广东10个，福建5个，北京4个，河北3个，内蒙古3个，上海3个，辽宁2个，新疆2个，天津1个，黑龙江1个，河南1个，山西1个。最发达的前10强是广东顺德、江苏昆山、江苏江阴、江苏张家港、江苏常熟、广东南海、浙江萧山、江苏武进、江苏吴江、浙江绍兴。2003年中国东部地区8477个建制镇，平均每镇财政收入2832万元，全国财政收入超过亿元的镇有538个，而西部地区5748个建制镇，平均每镇财政收入只有477万元。

（三）就业局面依然面临长期困难

从劳动力供求总量上看，劳动力包括每年的城镇新生劳动力加上现存的下岗失业人员，目前每年城镇需要就业的劳动力达到2400万人。按经济增长速度保持在8%～9%计算，在现有经济增长就业弹性的约束下，每年新增的就业岗位最多也就是900万个左右，劳动力供大于求的矛盾十分突出。另外，在农业与非农就业存在巨大收益差距的情况下，农村劳动力向非农领域转移、农民向城市流动的规模将进一步扩大，中国农村现有的约1.5亿富余劳动力将逐步转移出来，城镇本身的就业压力和农村富余劳动力转移的压力，使就业和再就业的困难局面难以在短时期内得到根本缓解。

而且，大学生就业难成为新的就业问题，2004年全国280万名普通高校毕业生，到9月份平均就业率达73%，尽管大学生在激烈的就业竞争中已普遍降低了求职的初职收入期望，但仍有约74万大学生找不到工作。2005年中国高校毕业生将增加到338万人，大学生就业压力将进一步增大。目前高等教育的计划体制与大学生就业的市场体制很不适应，高学历而没有高就业能力的情况比较普遍，一方面是大学生就业难，另一方面是市场结构性专业技术人才缺口很大。

（四）减少贫困仍然是新世纪的重任

改革开放20余年来，中国贫困人口从2.5亿人减到2900万人，贫困发生率从30%降至3%。中国减贫的历史性成就，扭转了过去50多年来世界贫困人口一直上升的趋势，使得世界贫困人口首次呈下降趋势。但目前的农村绝对贫困标准是农民人均年纯收入在625元以下，若按照农民人均年纯收入865元的“低收入人口”标准，中国的贫困人口就增加到9000万，占农村总人口的10%。而若按照联合国每人每天收入或消费不低于1个购买力平价美元的国际贫困标准测算（1个购买力平价美元约折合2.5元人民币，即人均年收入约900元），中国贫困人口就增加到1亿多人。

国际经验表明，按国际标准10%的贫困率是减贫的瓶颈阶段，我国目前正处在这个时期。

2003年农村贫困人口不仅没有减少，反而增加了80万人，这说明减贫工作的长期性、艰巨性和复杂性。除了自然条件，疾病蔓延和教育短缺正成为新的农村致贫和返贫原因。

（五）反腐败要注重政治体制改革

2004年6月，国家审计长在向人大常委会所做的审计报告中，揭露了一些政府部门财务违纪违法行为，如国家林业局、国家体育总局、国防科工委、科技部四家中央单位因虚报、挪用预算资金的违规事实，一些地方政府虚报、挪用救灾款的事实，以及原国家电力公司领导班子决策失误造成重大损失的情况。2004年审计署还披露了人事部、铁道部、中国国际贸易促进委员会、中国外文出版发行事业局四部委存在建设基金滞留、经费管理违反规定等问题，涉及资金十几亿元。媒体和民众称此为“审计风暴”。这是继2003年审计报告揭露财政部等单位违纪违法行为后，第二份涉及如此大量重要单位和行业违纪违法事实的审计报告，令人触目惊心。

另外，2003年底至2004年，新查处的省部级高级官员的腐败案件又有多起，包括辽宁省副省长刘克田巨额受贿案、湖北省原省长张国光巨额受贿案、黑龙江省原政协主席韩桂芝和五个副省级干部巨额受贿案、国土资源部原部长田凤山巨额受贿案、新疆维吾尔自治区原副主席阿曼·哈吉巨额受贿案等。

从我国纪检机构、监察机构、检察机构、审计机构投入反腐败的大量资金和人力看，反腐败的力度和成本应当说是很大的，但腐败大案要案新案仍不断出现。少数高官贪污腐败已经从开始的生活腐化性贪污腐败发展到贪婪攫取性贪污腐败，这就不能仅仅从涉案高级官员的个人品质变化解释，必须从制度完善上来考虑。所以应当渐进地推进政治体制改革，完善社会主义民主和法制，完善干部任免的公开、公正程序，逐步建立公务人员的财产申报制度、离职资产审查制度及法律形式的以俸养廉制度等。

（六）可持续增长受到资源、能源和环境的严厉约束

中国的快速发展受到资源状况、能源供给和环境承受能力的严厉约束。我国地大物博，但人均资源占有量较低，人均资源占有量与世界平均水平相比，水资源是25%，石油是12%，天然气仅为4%，煤炭是55%。而与此同时，资源利用率很低，浪费比较严重，比如国内重点钢铁企业吨钢可比能耗比国际水平高40%、电力行业中火电煤耗比国际水平高30%，万元GDP的耗水量比国际水平高5倍，万元GDP的总能耗是世界平均水平的3倍。另外，中国目前污染物排放总量长期居高不下，远远超过环境自净能力，一些流域和城市水及大气污染十分严重，部分地区生态破坏的程度还在加剧，生态环境恶化的趋势还没有从根本上得到遏制。土地荒漠化日趋严重，我国荒漠化土地已达262万平方公里，并且每年还在以2460平方公里的速度扩展。黄河、长江、澜沧江的发源地三江源已成为青海省草地退化最严重的地区。沙尘暴源头的阿拉善地区荒漠化面积占80%，沙漠每年以1000平方公里的面积扩展。全国90%以上的天然草原不同程度退化，草原退化、沙化和碱化面积达1.35亿公顷，占草地总面积的1/3，并仍以每年200万公顷的速度增加。中国作为有13亿人口的大国，它的快速发展需要难以想象的庞大资源和能源供给，中国要保持持续的增长，就必须特别注意人和自然和谐的问题，建立节约资源的生产和生活方式，保护好脆弱的生态环境。

（七） 注意快速增长时期的社会心态变化

社会心态反映的是民心人气，在快速变化的时期，由于影响社会心态的因素比较复杂，在很多情况下社会心态变化与平均化的客观指标情况并不完全一致，而且人们所处的地域和社会阶层不同，心态也会产生差异，这是我们在经济快速增长时期需要特别注意的问题。

近两年，经济高速增长，但是低收入群体的生活满意度却在下降，这

主要是因为基本食品的价格在经济高速增长中也有了较大幅度上涨，这种上涨并没有影响到中等以上收入群体的生活质量，因为他们消费支出的恩格尔系数已经降到30%左右，而低收入群体食品支出还占其总消费支出的50%～60%，在他们收入增长缓慢的情况下，食品支出的增加直接影响了他们的生活满意度，而日益扩大的贫富差距，更影响了他们的社会态度和信心。

所以，在快速变化和转型时期，要特别注意对民众满意度、信心指数、价值观变化、行为取向的监测和研究。

三 中国在关键时期的特殊国情和应注意的问题

由于中国人口众多、新的全球化影响等一些特殊因素，中国在进入人均GDP1000美元的关键时期之后，有一些不同于其他国家和地区发展经验的特殊国情。

第一，在人均GDP达到1000美元之后，中国的农民数量以及农业从业人员还如此众多，这是中国的特殊情况。这给中国完成向现代社会结构的转型带来困难，因此要特别注重城市化的问题和减少农业从业人员比重的问题，争取在未来15年再转移出1亿多农业富余劳动力。

第二，中国在人均GDP达到1000美元以后，收入差距没有按照应有的规律向缩小的方向发展，而是继续加速扩大。这既有中国劳动力无限供给趋势限制了初级劳动工资提升的特殊原因，也有现代财富积累速度大大加快和社会组织中间管理阶层出现新分化的新情况，还有转型期腐败和非法致富对收入分配的影响。因此，政府应利用财政、税收、福利等杠杆，对收入再分配进行科学的调控。

第三，中国在人均GDP达到1000美元以后，没有出现劳动力短缺，而是具有劳动力在一个较长时期供大于求的趋势，就业问题一时难以得到根本缓解。虽然老人和少儿的社会总抚养比在下降，但劳动年龄人口中因失业造成的抚养比在上升。因此，解决好就业问题，通过大力发展教育变人口大国为人力资源大国，是保持经济高速增长的重要一环。

第四，与一些国家人口先富裕后老化的规则不同，中国由于人均寿命延长和严格的人口控制，人口还没有富裕起来就过早老龄化。所以，要关注社会保障水平刚性增长与经济发展周期波动的矛盾，完善重节约、广覆盖的社会保障体制。

第五，中国在人均 GDP 达到 1000 美元以后，农村按国际贫困标准（购买力平价计算每人每天收入或消费不低于 1 美元，约折合 2.5 元人民币）还有 1 亿多贫困人口，这也是中国的特殊国情。现代化国家的最有标志性的指标，就是农民不再是穷人。因此，应实施新世纪的减贫工程，并在“十一五”期间整合农村投入的资源，建立农村社会保障的基础框架。

第六，在全球化的新形势下，我们应当高度关注民主意识的增强，通过完善社会主义民主制度，坚决遏制腐败现象，提高各种管理的社会技术水平，保证长期的政治稳定。

第七，中国是一个大国，大国的兴起与小国的兴起对国际的影响完全不同，以往的发展经验说明，大国的兴起和更替往往会改变世界经济政治格局并可能引发势力范围争夺的国际冲突。中国在目前快速提高国际经济社会地位的时候，应保持清醒的政治头脑，处理好国际关系，特别是处理好大国之间的国际关系，为中国的长期稳定发展争取较好的国际环境。

四　2005 年的若干社会发展趋势

（一）经济将继续高速增长

中国继 20 世纪 80 年代中期和 90 年代初期两次经济增长高峰之后，目前进入第三个经济高速增长时期。我们原本以为，随着中国经济总量的扩大、粗放扩张阶段的结束、产业结构的升级和买方市场的形成，改革开放以后持续了 20 年的 GDP 近 10% 的年均增长时期已经过去，此后将进入 GDP 年均增长 7% 的常规期。但在全球化产业转移和中国逐步壮大的消费市场的推动下，中国经济进入一个新的 GDP 较高增长的周期。

（二）“入世”保护措施到期，垄断行业改革到关键点

到 2004 年底，我国加入世贸组织后已经过三年过渡期，国内大部分产业的保护过渡措施到期，垄断行业的改革面临新的挑战，盈利空间较大的

银行业和汽车业首当其冲。

按照“入世”协议，在“入世”的四年内，放开人民币的零售业务，允许外资银行对中国居民提供人民币业务服务。到2004年8月底，外国银行已在我国设立了近200家营业机构，13家外资银行获准在华开办网上银行业务；我国目前已有13个城市允许外资银行经营人民币业务。中国的银行今后面对的是国外的强大竞争对手，国有商业银行改革是一场输不起的“背水一战”，但四大国有商业银行的不良资产仍高达20%多，接近2万亿元人民币，而且资本充实率比较低，实现盈利状况也不够好。四大商业银行共有员工近150万人，比照国际同行，同等的资产规模仅需员工30万人。一向靠政府信誉托底的国有银行，能否在“背水一战”中顺利过关，既是经济问题也是政治社会问题。

按照我国的“入世”承诺，汽车关税将从2004年的34.2%最终降至2006年25%的底线，降税分三个阶段进行。降税的前景造成汽车减价压力，国产轿车价格将继续呈下降趋势，2004年有较大幅度降价的车型不下50款，主流轿车企业如上海大众、一汽大众、上海通用等全面参与价格竞争，预计2005~2006年大部分轿车车型价格将逐步与国际接轨。在消费者买涨不买跌的心理驱使下，汽车库存会有所增加。2005年全年汽车总产量估计在500多万辆，增产幅度为18%左右，轿车产量估计在240万辆左右，增长幅度是18%~20%。中国现已有100多家汽车生产企业，要通过规模效益来降低成本，防止中国汽车行业重蹈当年电视行业过度竞争的覆辙。

（三）农民的城市化进程将进一步加快

到2006年，世界城市人口将从2000年的25亿人增加到32亿人，占世界总人口的比例将从2000年的42%上升到50%。许多经济起飞国家和地区的经验表明，城市化水平达到30%~40%以后，城市化进程会有一个加速期。

中国的城市化加速目前已形成巨大的利益驱动力量。一是农业用地和非农用地存在巨大的价差，土地价格具有很好的升值前景；二是城市聚积经济效益明显，一个市民的消费等于三个农民的消费，城市化每提高一个百分点，可拉动GDP增长1.5~2个百分点；三是按农村一亩地年均纯收入

500 元，而向第二、第三产业转移一个劳动力的年收入 6000 元来计算，那么，每转移一个农村劳动力的收入相当于增加了 12 亩耕地，可增加该农民年纯收入 3500 元以上。贵州省 2004 年上半年农民外省打工收入增长了 37%，全国许多地方农民工外出打工汇回家乡的收入都超过了当地的财政收入。

但在目前城市化加速的过程中，土地城市化的速度大大快于人口城市化的速度，出现了大量无地无业农民，尽管目前中国市镇总人口达到了 5.2 亿多，但是非农人口还只是 2.5 亿多。大量的农村外出务工劳动力在城市里享受的公共权利、公共服务，与拥有户籍的市民相比还有极大的差别。所以加快城市化，最关键的还不是扩展城市漂亮的高楼和绿地，而是加快农民的市民化和城乡统筹发展的步伐，打破和消除城乡二元结构，妥善处理好土地征用争议、农民工利益保护等问题，保持中国经济发展的根本动力。

（四）老龄化问题逐步显化

我国目前 60 岁以上老年人有 1.3 亿，约占总人口的 10.2%，在今后一个时期，我国老年人口还将以较快速度增长，到 2015 年 60 岁以上人口将超过 2 亿，约占总人口的 14%。35 年前，中国儿童对老人的比例是 6∶1，但今后再过 35 年，这个比例会扭转为 1∶2。

发达国家进入老龄化社会时，人均收入为 4000 美元，很多已经达到 10000 美元，即使是发展中国家如乌拉圭、阿根廷也为 2000 美元左右，而中国目前人均 GDP 才 1000 多美元。人口老化而又没有进入富裕社会，将会引发更多的社会矛盾，对社会经济发展及医疗卫生、社会保障等提出诸多挑战。

目前中国养老金制度还主要是覆盖城市正规劳动部门，农村只有约 10% 的人口参加了小规模的和自愿性质的农村养老系统，总体而言目前全国仅 25% 的劳动力有不同程度的养老保险。而家庭规模的普遍缩小又对中国传统家庭养老模式构成威胁，目前老年人通常平均有 4～5 个孩子分担赡养，但家庭孩子的减少会很快改变这一切，若干年后就会出现平均 2～3 个孩子分担赡养老人的情况，独生子女家庭会出现一对夫妇照料 4 个老人的情况。

随着中国人均预期寿命的延长和老年人的增多，老年人的养老费问题、医疗问题、照料问题、孤独问题、社会参与问题、精神健康问题等，都会逐步显化。老年人的消费也会成为一个越来越庞大的市场。

（五）劳动关系的紧张会造成劳动力供给虚假短缺

近两年来，随着劳动关系发生的深刻变化，企业劳动争议和劳动纠纷事件以及群体性劳动冲突事件逐年增加：一是国有企业转制中的矛盾突出，引发的罢工、静坐、阻断交通、集体上访的事件增多；二是中小型私有企业、港台企业和外资企业劳动争议案件数量居高不下，并在争议案件总数中占相当大的比重；三是侵犯农民工合法劳动权益的现象仍然比较普遍，经常发生雇主随意拖欠工资、克扣工资、扣押身份证、延长工时、增加劳动强度、任意辞退和不承担工伤赔偿责任的情况；四是征地农民工就业安置后企业违反协议辞退的问题比较突出。

由于非技术劳工缺乏集体谈判能力和不能落实规范的劳动保护法规，农民工的平均工资已经有10多年没有什么增长。2004年在珠江三角洲出现的所谓“民工荒”，实质上是在农民收益有显著提高的情况下企业劳动关系紧张造成的对劳动力供给市场的扭曲，工资缺乏吸引力和劳动条件差是工人短缺的重要原因，珠江三角洲地区12年来农民工月工资只提高了68元。

（六）子女教育费用将对家庭消费倾向产生重大影响

近年来，我国城乡居民的边际消费倾向与平均消费倾向呈逐年走低之势，而教育费用持续攀升大大强化了居民储蓄意愿，影响了城乡居民家庭消费倾向。全国城乡居民文教娱乐用品及服务支出占居民总消费的比重，近几年有较大幅度提高，而其中增长最多的就是教育费用。而世界多数国家在人均GDP由1000美元上升到3000美元时，文教娱乐用品及服务的消费比重反而是有所下降的，特别是教育费用有所下降。

连续数年多项关于城乡居民储蓄目的的调查表明，子女教育费用都被排在第一位，超过养老和住房，这并不是很正常的现象。重视教育自然是中华民族的优良传统，在独生子女的情况下，人们更是省吃俭用也要让孩子接受良好的教育，因为人们越来越意识到子女的教育状况与孩子未来的职业和生活道路密切相关，但人们从幼儿园起就开始交各种赞助费、择校费、择班费，大学生的学费、生活费也超出了居民家庭可承受的正常水平，从而导致居民家庭削减当前消费开支，增强储蓄力度。

目前教育资源配置的不均衡和教育的竞争仍在使子女教育费用攀高，这会对家庭消费倾向和储蓄意愿产生重大影响。

（七）代际的价值观念将显示出更大的差异

随着20世纪后半叶出生的人群成为社会中上管理阶层的骨干，他们新的价值取向越来越大地影响着中国未来的走势。在全球化、市场化和利益格局多元化的情况下，在不同社会阶层、不同年龄段、不同居住地域的人群当中，价值观念出现较大的差异。特别是新一代青年，一是出现价值观念的多样化和个性化，他们对成功者的价值判断呈现不同的理解，更要求自己把握命运，更加认同一些新的社会价值；二是出现新的民族主义取向，他们生活在中国的国际地位快速提高的时代，容易产生迅速改变现实格局的浮躁和激进情绪；三是注重消费的物质主义偏好明显，认为经济地位可以改变一切的看法相当普遍，老一辈的省吃俭用习惯已转变成新一代流行的超前消费；四是出现文化主流的年轻化，从服装时尚到流行歌曲，从电视、互联网到闲暇生活，从企业文化到社会观念，青年一代正在使主流文化出现年轻化趋势。在这种情况下，把握价值观念新的变化规则，塑造新的社会价值形态，弥合代际的价值观念差异，也成为构建和谐社会的重要方面。

五　构建和谐社会的政策建议

中国构建和谐社会的总体目标应该是：扩大社会中间层，减少低收入和贫困群体，理顺收入分配秩序，严厉打击腐败和非法致富，加大政府转移支付的力度，把扩大就业作为发展的重要目标，努力改善社会关系和劳动关系，正确处理新形势下的各种社会矛盾，为建立一个更加幸福、公正、和谐、节约和充满活力的全面小康社会而奋斗。

我国改革开放20多年来的经验以及世界各国正反两方面的经验和教训都表明，减少低收入群体，扩大中等收入群体，在鼓励人们通过合法合理的方式富裕起来的同时，利用财政、税收、保障、福利和救助等工具进行社会整合和社会调节，正确处理各种社会矛盾，是加强社会团结和实现社会稳定的重要保证。当前，应特别注重做好以下几个方面的工作。

（一）扭转财力过分向上集中的态势，加强转移支付力度，缓解基层财政的困难

目前我国县乡两级的财政收入占全国财政总收入的 20% 多，而县乡两级财政供养的人员却约占全国财政供养人员总数的 70%。中央财政收入和省级财政收入占全国财政收入的比重从 1994 年分税制实施以来翻了一番还多。据测算全国乡级财政要支付的乡公务人员工资、村干部补贴、公共品维护和建设、办公费、困难户补助、债务利息等约 2500 亿元，而乡镇能够合法获得的财政收入还不到 1000 亿元，所以只能依靠所谓“创收”和巧立名目向下面收费来维持政权运转，结果造成基层干群关系的紧张。

现在穷乡镇和富乡镇财政收入有“天壤之别”，负债运营的乡镇财政估计占全国乡镇的 2/3。相当多乡镇因财政困难不得不依靠“财政空转”（用贷款上缴县级财政）、“买税”（花钱挖其他地方的税源）和“垫税”（用个人或乡镇名义借款垫税）过日子，即便如此，很多乡镇还是经常拖欠工资。而中央和省级机关周边宾馆，常常住满“跑钱”、要项目的地方政府派出人员。据专家估计，县以下（含县）的基层债务总额目前已超过 8000 亿元。

因此，控制中央和省级的财政支出、缓解基层财政的紧张局面，是目前调节基层干群关系的必要措施。

（二）继续加强反腐败、反贿赂的力度，逐步理顺收入分配秩序

要逐步扭转国家财政供给的党政机关、人民团体和全额拨款的事业单位之间工资差异甚大的局面，实行透明的和可监测的“阳光工资”，在不同的地区之间，同一级别的工资可根据物价和消费水平进行调整。国家和地方财政要保证政权正常运转的支出，不允许国家全额财政供给的部门进行所谓的“创收”和进行工资外的收入分配，严格“收支两条线”。国家公务人员要实行个人财产登记制度，并建立公务人员的就职、离职和换岗的财产检查制度。

（三）完善个人所得税制度，加强税收执法力度，打击非法致富

建立根据收入水平的增长适当提高个人所得税征收基线的制度。完善个人所得税制度，改变目前所得税征收与家庭消费脱钩的状况，建立普遍的个人所得税年度申报制度。增强税务征收力量，提高税务管理和监督的技术水平，加强对偷税、漏税、避税行为高发领域的监管力度。

（四）改变农村的落后面貌，缩小城乡和地区差距，减少贫困

要力争从根本上扭转城乡差距过大并不断扩大的局面，继续加强提高农民收入的措施，逐步改变目前城乡居民平均收入和消费差距相差 20 余年的状况，连接城市生产和农村消费的链条，完善和改革征用农民土地的补偿制度，整合现有的农村贫困救助制度、“五保”制度、农村合作医疗制度以及试行的农村老人执行生育政策补贴制度，建立起农村“低水平、广覆盖”的社会保障体制基础框架；配合联合国的千年发展目标，实行新的减贫计划，争取使目前按照国际标准计算的 1 亿多农村贫困人口在未来 15 年中有较大幅度的减少。

（五）促进城市化，改变就业结构

抓住我国目前劳动年龄人口社会抚养系数较低、人口年龄结构“中间大（劳动年龄人口），两头小（老年人和未成年人）”的“人口机遇期”（Demographic Window of Opportunity），把扩大就业作为经济社会发展的重要目标，充分利用我国人力资源开发潜力巨大的比较优势，适应产业结构的升级，促进就业结构的转型，力争在未来 15 年把农业富余劳动力再转移出 1 亿人左右，把第三产业的就业比例从目前的 30% 左右提高到 50% 左右，把城市化率从目前的 40% 左右提高到 60% 左右。

（六）变“人口大国”为“人力资源”大国

把“以人为本、投资于人”作为提高人口素质和建立“人力资源大国”的国家战略选择；大力发展基础教育，鼓励民间资本投资教育，把高等学历的人口比例从目前的约 8% 提高到 2010 年的 12%；提高医疗保健和健康

水平，把人口的服务医生比例从目前的1.6%提高到2010年的2.0%；不断完善社会保障体制，逐步扩大社会保障的覆盖面。

（七）建立全民的节约型社会

要逐步扭转我国人均资源短缺和生态环境恶化的状况，在生产和生活方面都要节约使用资源，提高资源的使用效率，大力减少空气、水源、土壤等方面的环境污染，争取达到资源、能源消耗速率和生态环境退化速率的“零增长”。

各种新的发展机遇和影响因素表明，中国很有可能打破10%的平均经济增长率难以超过20年的以往规律，进入新一轮的经济高速增长周期。在未来的15年，只要我们能够保证社会秩序和政治体制的稳定与不断完善，不出现波折，中国就会取得令世界瞩目的新成就，为国际发展经验做出特殊的贡献。

中国站在新的历史起点上*

——2005~2006年中国社会形势分析与预测总报告

2005年，中国宏观经济社会形势继续保持2003年以来的良好发展势头，呈现高增长、低通胀、就业紧张局面有所缓解、生活水平稳步提高的特点。从经济增长9.3%左右、通货膨胀率控制在约2%、城镇登记失业率控制在4.2%以内、城乡居民收入都有较大幅度增长等宏观指标来看，当前的经济社会发展状况仍为近十几年来最好的时期。

当前，中国在科学发展观和构建社会主义和谐社会的重大战略思想指导下，正在开始步入推进全面建设小康社会和整个现代化事业的新征程。2005年10月11日，中共中央十六届五中全会通过了《中共中央关于制定国民经济和社会发展第十一个五年规划的建议》，在总结改革开放以来，特别是过去五年发展经验的基础上，提出了2006~2010年中国发展的宏伟蓝图。面向未来，中国站在一个新的历史起点上。这个新的历史起点意味着，要以科学发展观统领经济社会发展全局：在经济建设上，要继续深化改革、加快发展，进一步完善社会主义市场经济体制，但要转变经济增长方式，走新型工业化的道路，发展循环型经济，建设资源节约型和环境友好型社会；在政治建设上，要健全社会主义民主制度，依法治国，实行更加广泛、更加有效的民主参与和社会合作；在文化建设上，要进一步确立社会主义的共同价值体系，促进和繁荣多样性的文化事业；在社会建设上，要逐步解决当前社会发展中的一些突出问题，协调好各种社会利益关系，把社会公正放在更加重要的位置，努力构建社会主义和谐社会。

---

* 李培林执笔。

一　2005 年社会发展基本状况

（一）经济连续三年高速增长

从 2003 年开始启动的改革开放以来第三次经济高速增长周期，到 2005 年已经持续了三年。中国 GDP 的年增长速度，2003 年为 9.1%，2004 年为 9.5%，2005 年为 9.3% 左右。这一轮高速增长周期的特点，是中央较早地和比较及时地进行宏观调控，而且宏观调控方式也更加灵活，更加注重发挥市场对资源配置的基础力量，有保有压有促，所以这次高速增长周期持续的时间可能会比过去长。中央宏观调控的政策，对一些地方的经济增长速度和财政收入的增长速度产生了一定影响，但各地从全局出发做出积极配合，加快促进经济增长方式的转变，保证了整体经济的健康、稳定和可持续发展。

（二）和谐社会建设取得明显进展

在建设社会主义和谐社会重大战略思想的指导下，中央已经实行和将陆续出台一系列的相关政策和措施。包括：取消农业税；实行最严格的耕地保护制度，调整土地征用价格；积极扩大就业，加大就业培训的力度；维护农民工的合法权益，解决拖欠农民工的工资问题；加强社区建设；扩大农村养老保障的试点；制止教育乱收费；对农村困难家庭子女的义务教育实行“两免一补”（免杂费、免书本费、补助寄宿生生活费）；继续完善城市最低生活保障制度；积极推进非公企业的工会建设；加强反腐败，加强对中央和省级权力部门的审计监督；严格税收监管，调整个人所得税的起征线；等等。这些关系民生、民利、民权、民情、民心的政策和措施，使和谐社会建设取得明显进展。

（三）人民生活水平稳步提高，人均储蓄超过 1 万元

居民收入仍保持较快的增长速度。2005 年 1～9 月，扣除价格增长因素，城镇居民人均可支配收入 7902 元，同比实际增长 9.8%；农民人均现

金收入 2450 元，同比实际增长 11.5%；社会消费品零售总额 45081 亿元，同比实际增长 12.1%。城镇居民人均可支配收入和农民人均现金收入的增长均超过了 GDP 的增长速度。

宏观物价继续呈低通胀态势。2005 年 1～9 月，居民消费价格同比上涨 2.0%，商品零售价格同比上涨 0.8%。从构成看，前三季度，食品价格上涨 3.3%，同比回落 7.6 个百分点，其中粮食价格上涨 1.9%，回落 26.5 个百分点；居住价格上涨 5.6%，同比提高 1.2 个百分点；娱乐教育文化用品及服务价格上涨 2.6%；其他类商品价格大多基本稳定或略有下降。食品价格上涨，特别是粮食价格上涨过快的情况有所改变，这使城镇低收入家庭因食品价格快速上涨而增加的生活成本压力有所减弱。

2005 年城镇每百户家庭拥有彩电 134 台，电冰箱 91 台，空调器 80 台，家用汽车 3.3 辆，家用电脑 40 台，移动电话 134 部；农村每百户拥有彩电 80 台，电冰箱 20 台，洗衣机 40 台，移动电话 50 部，摩托车 40 辆。

到 2005 年底，城乡居民储蓄余额将突破 14 万亿元，增长 19% 左右，人均储蓄超过 1 万元。与此同时，2005 年政府继续加大对城镇困难家庭的扶持力度，最低生活保障金支出增至 160 多亿元，全国享受最低生活保障金人员增至 2300 多万人。

（四）社会主义新农村建设正式启动

城乡发展的巨大差距，已经成为全面建设小康社会和构建社会主义和谐社会的最大障碍。为此，中央启动了建设社会主义新农村的伟大工程。2005 年中央关于农村工作的“一号文件”，是继 2004 年中央关于农村工作“一号文件”之后，近 20 年来第二个关于农村工作的“一号文件”。

中央原本决定，从 2004 年开始，用五年时间在全国范围内全面取消农业税，但只用了两年时间，到 2005 年底，全国已基本完成了全部取消农业税的任务（个别省份将农业税税率降至不超过 2%）。

农民的年人均纯收入，2004 年打破了长期徘徊，增长 36.8%。2005 年在粮食价格较低而农用生产资料价格较大幅度上涨，从而增加了农业生产成本的基础上，农民年人均纯收入增长近 6%，这是非常不容易的，也是 1997 年以来农民收入继 2004 年之后的第二个高增长年份。

与此同时，中央还出台了一系列的政策，推动农村的发展。在医疗方面，继续推进农村新型合作医疗制度试点，在合作医疗保费平均每个农民30元（中央财政、地方财政、个人分别承担10元）的基础上，中央又增加10元直接补助，截至2005年6月底，全国已有641个县（市、区）开展了试点工作，覆盖2.25亿农民，其中有1.63亿农民参加了合作医疗，参合率为72.6%，全国共补偿参加合作医疗的农民1.19亿人次，补偿资金支出50.38亿元。在教育方面，完善农村义务教育制度，扩大对农村困难家庭子女教育费补贴，免除书本费的家庭贫困学生的范围从上年的2400万人增加为3000万名，对592个国家级贫困县约1600万农村孩子免除书本费和杂费，平均免除书本费、杂费小学生为200元、初中生为340元。在养老方面，扩大对农村符合计划生育政策的老人发放补贴的试点范围。在社会福利方面，积极进行农村最低生活保障的探索。在土地征用方面，实行最严格的耕地保护制度，更加妥善地处理被征地农民的生活安置。在农村基础建设方面，提高农村使用洁净水和通电、通气、通柏油路的普及率等。

（五）就业紧张局面有所缓解

通过实行积极扩大就业的政策，就业形势恶化的趋势得到控制，就业紧张的局面有所缓解。2005年1～10月，全国累计实现城镇新增就业人员880万人，估计全年城镇可新增就业人员960万人左右。截至2005年9月底，全国城镇登记失业人员835万人，城镇登记失业率与上年底持平，为4.2%，全年城镇登记失业率可以控制在4.2%以内。2005年中央财政在保持国有企业下岗职工基本生活保障专项补助资金规模不变的同时，增加再就业专项补助资金26亿元，使两项资金的总量达到209亿元（包括小额贷款贴息）。

就业紧张局面在老工业基地也得到一定程度的缓解，这主要是由于老工业基地原材料工业的景气恢复增加了就业，而且，随着就业培训工作的加强，失业下岗职工的自主择业能力进一步提高。

农村劳动力转移继续呈积极态势，全国农村外出经商务工的劳动力达到1.2亿人，跨省流动就业的农民工超过6000万人。

在探索建立市场经济条件下促进就业的长效机制过程中，需要就业和再就业的重点人群是：体制转轨遗留的下岗失业人员、重组改制关闭破产企业职工、城镇新增劳动力尤其是高校毕业生、进城务工人员和被征地农民等。

（六）城市化和社区建设加快

城市化速度明显加快，2005 年中国城市化水平达到约 43%。2000 ~ 2005 年，中国城市化水平从 36% 提高到 43%，年均提高 1.4 个百分点，而 1990 ~ 2000 年，年均提高 1 个百分点。

户籍制度改革继续推进，统一城乡劳动力市场的步伐加快。全国已有十几个省份（省区市）出台了以建立城乡统一户口登记制度为主要内容的改革措施，各地进一步取消和清理专门针对进城就业农民的限制性规定和不合理收费。

社区建设作为构建社会主义和谐社会的一项基础性建设，越来越受到普遍的重视。社区正在成为对工作单位具有替代作用的社会管理、公共服务和社会支持网络，在落实社会保障、就业、税收、治安、计划生育、卫生防疫、犯罪矫正、环境保护、社会纠纷基层调解等诸多方面，发挥着越来越积极的作用。社区管理人员的年轻化和知识化取得明显进展，目前全国社区居委会的 40 多万名成员中，50 岁以下的占 75%，高中（中专）文化以上的占 77%。社区志愿者队伍也蓬勃发展，目前我国现有社区志愿者组织 7 万多个，人数 1600 多万人。村民自治和民主选举制度尽管还存在各种问题，但正在逐步完善，全国多数县（市、区、旗）已完成新一届的村委会换届选举。

（七）人口面临新的转型

中国人口的总量控制取得明显成就，使得经济增长的财富可以更多地用于人民福利水平的普遍提高。从 20 世纪 90 年代初到目前，人口的出生率从 19.7‰下降到 12.2‰，死亡率从 6.7‰下降到 6.4‰，自然增长率从近 20‰下降到不足 6‰。中国人口总量的每年净增人数，也已经从 20 世纪 80 年代的约 1600 万人、90 年代的约 1200 多万人，减少到目前的 700 多万人。人口总量年均净增人数的减少，可以使中国在 GDP 总量快速增长的同时，人均GDP和人均生活水平也能得到更快的提高。人口净增人数的减少、社会总负担系数（少儿负担系数+老年负担系数）的下降、劳动力的充足供给、人口结构调整和人口素质提高的巨大潜力，使中国面临历史上少有的人口机遇。

在继续控制人口总量和维持低生育水平的同时，人口的素质问题和人口的结构问题显得日益突出。人口面临的新转型将提出新的挑战：劳动力市场将从无限供给转向总量供大于求条件下结构性短缺的并存，人口大国向人力资源大国转变的要求更加紧迫，人口老龄化水平与福利水平的矛盾以及人口“未富先老”的问题更加突出，城市家庭代际结构从金字塔形向倒金字塔形的转变对传统家庭养老方式提出挑战，等等。

二　2005年社会发展面临的主要问题

（一）农村基层财政薄弱影响公共服务能力

农村普遍取消农业税以后，搭车收费也随之减少，尽管中央转移支付资金逐年增加，但乡镇财政实际可支配收入减少，特别是一些以农业为主的县（市）和乡镇，财政更加紧张，加之目前乡镇财政供养人员超编情况比较严重，使全国近2/3的乡镇政府在负债运行，一些乡镇欠发工资的情况比较普遍，严重影响了农村基层政权的公共服务能力。一些乡镇将公共权力和公共财产出售给私人，造成少数地方强人强占公共资产、垄断和掠夺公共资源，严重影响了农村基层的干群关系和农村政治社会秩序。乡镇基层政权建设关系到广大乡村的社会稳定，乡镇机构改革要有乡村财政体制改革、税费体制改革、义务教育体制改革、公共医疗体制改革以及其他公共产品供给体制改革来配套进行，使乡村“服务型政府”具有制度基础。

（二）土地的城市化大大快于农民的市民化

在快速的城市化过程中，由于目前农用土地变更用途成为推动经济增长和增加财政收入的重要来源，所以各地都存在大规模征地的冲动，土地城市化的速度很快，中央屡禁不止。但与此同时，由于征地而失去耕地的农民，没有得到应有的经济补偿，也没有完全通过非农就业和纳入城镇社会保障体系融入城镇社会，从而造成数千万失地、无保和就业不稳定的农民。农民从乡村社会进入城镇社会，脱离了传统的乡村互助网络，进入人际关系陌生的城市社会，并没有因为户籍的变更而很快完成市民化的过程。土地的城市化大大快于农民的市民化而造成的矛盾和冲突，成为当前一些地方社会不安定的一个突出表现，也是造成上访事件增多的一个重要原因。

（三）在就业形势总体紧张的情况下出现的结构性短缺

就业形势总体上仍然处于供大于求的紧张局面。由于技术密集和资本密集的深入，经济增长的就业弹性系数持续下降。改革初期，经济每增长一个百分点就能够带动近 0.4% 的就业增长，但目前这一拉动作用降低到只有 0.1% 。近几年 GDP 每增长 1 个百分点实际只能新增城镇就业 100 多万人。劳动力的总量供给仍然处于增长的时期，按照中位方案预测，这一趋势将延续到 2016 年前后。国有企业进一步深化改革所产生的富余人员也要求继续增加再就业岗位。农业劳动力也存在继续向非农产业转移的巨大压力。在这种情况下，就业总体紧张的状况短期内难以彻底扭转。

但是，由于劳动力供求关系发生的一些新变化，同时也由于农民收入的提高、农民工收入增长缓慢、部分企业劳动关系的紧张以及对劳动力素质要求的提高，劳动力供给上的结构性短缺现象越来越普遍。劳动力的结构性短缺主要表现为：一是地区性短缺，在劳动力需求大的快速发展地区和产业集群区域，劳动力短缺现象更加普遍；二是技术岗位性短缺，中等技工和高等技工存在很大的缺口；三是年龄岗位性短缺，25 岁以下的青工短缺情况比较突出；四是性别岗位性短缺，青年女工的短缺越来越普遍。

此外，在过去的国有企业 40 ~ 50 岁的下岗失业陆续进入退休养老体制之后，由缺乏工作经验和劳动技术的年轻人员构成的“新失业人群”，越来越成为就业工作的新难点。

（四）上学难、看病难、大中城市里行路难成为人民生活的突出问题

上学难、看病难、行路难的问题，近年来越来越引起人民群众的普遍不满。这既有快速增长的需求与满足这些需求的能力之间的矛盾，也有公

共服务领域运行机制的问题。在国民收入的分配方面，国家多次强调，预算内教育经费要达到GDP的4%，近年来财政收入大幅度增长，但到2004年预算内教育经费只是GDP的3.26%。卫生医疗经费的公共投入更少，目前公立医院的收入中，财政拨款不到13%，而且这些教育和医疗公共资源的配置又严重失衡，农村教育和医疗投入严重短缺，还引出不少公共服务事业“创收”机制带来的行为扭曲。近年来一些学校（包括一些义务教育学校）的择校赞助费飞涨，一些医院把创收责任与医护人员的收入挂钩，层层分解落实，造成一些医生不是根据患者病情而是根据药品价格提成比例开药，这不仅加重了消费者的负担，扭曲了消费结构，而且使家庭教育支出的平均增长几倍于家庭收入的平均增长，使国家预算内医疗经费的增长大大快于国家财政收入的增长，更使国有单位的医疗支出大大超出单位财政的医疗预算。2004年对45个县教育经费的审计，涉及教育乱收费4.5亿元，县均1000万元。1990~2004年，全国综合医院的门诊费用上涨了大约11倍、住院费用上涨了约9倍，而同期城乡民众的收入仅仅上涨了大约6倍和4倍，调查表明，1993~2003年中国居民患病后因经济困难未就诊者的比重，从5.2%上升到18.7%。公共服务领域的运行机制改革问题，已到了必须认真对待和抓紧的时候了。

随着汽车进入家庭的时代到来，全国大中城市普遍出现行路难的问题，交通堵塞的现象越来越严重，而公共交通的发展，由于存在着亏损经营的约束，仍然赶不上需求的快速发展。如何通过深化体制改革，建立公共服务事业，提高公共服务的质量，缓解目前消费产品供给过剩情况下的公共服务短缺，已经成为越来越突出的民生问题。

（五）减少贫困仍是新世纪的迫切任务

中国农村的贫困人口从1978年的2.5亿人减少到目前的约2500万人，其占世界贫困人口的比例也从1/4下降到1/20，农村的贫困线也从农民人均纯收入不足200元提高到637元。但是，如果按照联合国每人每天收入或消费不低于1美元（购买力平价美元）的贫困标准，中国农村还存在约7500万贫困人口（大体相当于目前农村的贫困人口加上低收入人口）。而且，近年来城镇生活困难人口居高不下，无论是在农村还是在城市，低于人均收入平均线1/2的“相对贫困人口”，由于收入差距的扩大和低收入群体的庞大，并没有明显地和快速地降低。

在子女教育需求和健康需求刚性增长的同时，子女教育费用和医疗价格快速上升，农村家庭因灾、因学、因病而致贫和返贫的情况更加突出。在新世纪，根据新的减贫目标实施新的减贫计划，是缩小收入差距、改善人民生活、扩大内需和增强社会团结的一项主要任务。

（六）安全事故，特别是煤矿安全事故频发后果严重

随着经济高速增长，安全生产投资欠账过多的问题暴露出来，从2004年开始安全事故问题变得非常突出。据统计，2004年全国事故的损失是2500亿元，占GDP的2%。2005年安全事故问题更加严重。1～5月份全国发生一次死亡10人以上特大事故55起，死亡1194人，其中一次死亡30人以上特别重大事故5起，死亡397人，同比分别上升25%和148%。

近年来煤矿事故频发，既有安全生产投入欠账过多的问题，也是法律和行政监管不力的反映。由于经济高速增长对能源的巨大需求，在煤炭行情高涨与高额利润的刺激下，一些煤矿主不顾生产安全条件，疯狂采煤，超设计能力生产与频繁“扩能改造”现象成风，包括国有、地方、个体在内的各类煤矿，纷纷挑战生产能力极限，不仅造成煤炭资源的大量浪费和加速枯竭，更导致煤矿安全事故频发。而下井挖煤的民工，既没有熟练技术和安全知识，也没有维权的能力，发生死亡事故也只好与煤老板“私了”。2005年1月1日至8月21日，全国煤矿发生特大事故33起，死亡951人，分别比上年同期上升43.5%和134.2%；2月14日辽宁阜新孙家湾煤矿瓦斯爆炸，死亡214人，是新中国成立以来的第二大矿难。

在煤价暴涨、利润丰厚的刺激下，为了把清理纠正国家机关工作人员和国有企业负责人入股办矿问题作为突破口，严厉惩治安全生产领域的腐败现象，中央纪委、监察部、国务院国资委、国家安监总局联合下发通知，要求投资入股煤矿（依法购买上市公司股票的除外）的国家机关工作人员、国有企业负责人撤出投资。经过清理，截至2005年10月24日，根据对20个产煤省份的初步统计，已有3200多名国家机关工作人员和国有企业负责人从煤矿撤资退股，但有些人宁愿辞职也不愿撤资退股。

三　促进社会和谐发展的有关政策建议

（一）关键阶段注重扩大内需、经济稳定和政治秩序

2006年中国将开始一个新的五年发展时期，中国正处于一个改变增长方式、建设和谐社会、提升经济力量和生活水平的关键阶段。2007年将召开中共十七大，2008年是政府换届。要防止一些地方的干部出现等待、观望，甚至放松经济社会发展工作的问题。要特别注重关键发展阶段的经济稳定和政治秩序，避免经济滑坡和政治秩序受到影响。

中国的经济增长靠投资和外贸拉动的特点非常明显，投资增长率几倍于GDP增长率，GDP的外贸依存度已超过70%，而居民消费额占GDP的比率下降到近20多年来的最低点，1979～2004年按可比价格计算，居民消费额年均递增7.0%，而同期GDP年均递增9.4%。消费率（居民消费额占GDP的比例）由1978～1990年（13年）的平均50.8%，降为1991～2004年的平均46.2%。在此期间消费率最高的年份是1981年，为53.6%，最低的年份是2004年，为43.1%。这种不均衡的经济格局，会造成诸多经济的不稳定因素，因此要特别注重处理好生产和消费之间的关系。

（二）政府工作要更多地转向提供公共产品和公共服务的领域

随着中国社会主义市场经济体制的建立和逐步完善，市场竞争机制已经成为推动和调节经济发展的主导机制。虽然政府仍肩负着制定发展战略、维护市场秩序、调控宏观经济的重任，经济建设还是工作的中心，但应当逐步把工作的注意力更多地转向提供公共产品和公共服务的领域，因为在一般个人消费品生产总体供大于求的情况下，医疗、教育、社会保障、环境保护、公共交通等公共产品和公共服务仍然呈现结构性短缺，而在这些关系民生的领域，无法完全依靠市场机制来保证其充分供给和公益目标。

（三）进一步加强社会建设

现代社会可以分为三大领域，这就是依靠科层机制运行的政府，依靠

市场机制运行的经济，以及依靠利益协调机制和社会参与机制运行的社会。社会与政府和市场的运行机制不同，它不排斥市场，但又要确保公益目标，它所提供的公共产品和公共服务，虽然是非营利的，但也是 GDP 的重要贡献力量。

20 多年来，中国的市场有了极大的发展，但中国的社会还很不发达，在经济快速增长中出现的各种社会问题，很多都与缺乏社会的利益调节机制有关，所以要加快进行社会建设。社会发展了，不但经济会健康地增长，而且社会将更加和谐。

（四）加快事业单位的改革和第三产业发展

中国的事业单位，多数是与第三产业联系的非营利组织，中国第三产业发展速度远远落后于第二产业，与中国事业单位的运行缺乏活力有关。但事业单位的改革，一方面涉及引进竞争机制与公益服务目标的冲突；另一方面涉及精简可能遇到的巨大阻力。不过，完全由政府财政包下来的做法，通过过去的实践证明是行不通的，也是难以持续的。所以，如何深化事业单位的改革、加快第三产业的发展，应当摆到重要的议事日程上来。

（五）加大职业培训力度，促进就业市场发育

随着劳动力市场上的结构性短缺问题越来越突出，寻岗和转岗的职业培训工作也变得越来越重要。应当采取政府补贴、用人单位出资、个人分摊等各种灵活的职业培训机制，大力加强职业培训工作，不断提高一般劳动力的素质，以便促进就业市场的发育，满足就业市场的需要。近年来，在沿海经济发达地区和大城市出现的“技工荒”，也凸显了职业技术教育落后的问题，因为目前的大学教育和高中教育都无法培养技工人才。应大力发展培养新兴产业技工的职业教育，要在目前每年招生 600 万左右的基础上，力争通过若干年的努力，使中职招生达到 800 万人以上，与普通高中相当。

（六）解决贫富差距问题要从机会公平和制度建设入手

一个社会要有效率地运行，就要使分配的结果能够反映生产要素贡献

的大小和人力资本的差异。所以，分配结果的公平并不是平均化，贫富差距的关键问题是要解决机会公平和制度建设的问题。解决机会公平，就是不能让那些既不合理也不合法的因素影响分配的结果，而解决制度建设的问题，就是要有财政、税收、社会保障、社会福利的制度对竞争的结果进行合理合法的调整。解决贫富差距问题不仅是维护社会公正的问题，也是关系到扩大内需、推动经济持续增长的问题。

（七）设立新的减贫工程

减少贫困依然是中国的一项重要任务，要充分认识到中国减贫工作的艰巨性。根据2004～2005年对中国西部除西藏以外11个省份（省、区、市）的大规模抽样调查，目前西部有近一半（48.4%）的农村家户水源有安全隐患；有约1/4的成年人口无阅读能力；有约40%的家庭近五年来生活水平没有变化或变得更差；有近17%的家户医疗支出占到家户年总收入的一半以上。教育公平越来越成为现代社会减贫的主要手段，但目前西部的一个居民家庭要培养一个小学生每年的费用占到家庭年收入的5%，培养一个初中生要花费年收入的15%，培养一个高中生要花费年收入的31%，而培养一个大学生则要花费家庭年收入的84%之多。西部农村的这种公共产品和公共服务的供给状况，与农民实际收入的状况极不相称，显示了西部农村社会事业发展的滞后，也预示了未来的城乡差距、区域差距和贫富差距都有可能进一步扩大。

在新的发展阶段，中国应当实行新的减贫工程，按照联合国每人每天收入或消费不低于1美元的标准（购买力平价美元，大体相当于农民年人均纯收入900元），把在这一水平下生活的7000多万农村人群列入新的减贫目标，争取在“十一五”规划期间在农村减贫方面取得更大的成就。

（八）农民的普遍兼业应成为提高农民收入的重要渠道

尽管中国已经实行了千百年来都很少实行的养农政策，全面取消了农业税，但农民收入的普遍提高仍然面临重重困难，一旦市场上农用生产资料价格上涨和主要农产品价格下滑，农民收入就会受到重大影响。农民收入增长缓慢，已经成为实现全面建设小康社会目标的最大难点问题。

从中国的户均耕地面积、非农就业机会、粮食价格变化趋势、国际农产品市场竞争等几个约束条件看，中国无法依赖或完全依赖规模经营、非农就业、通过提高农产品保护价格来普遍地持续提高农民收入，从目前来看，应当把发展“一村一品、一村多品、普遍非农兼业”作为农民增加收入的重要渠道，政府和整个社会都应当在这方面为农民提供资金、技术、信息和其他方面的服务。

四　2006 年社会发展的几个趋势

（一）经济高速增长周期将超越三年

改革开放以来，中国经济出现过三次高速增长周期。第一个高速增长周期是 1983～1985 年，第二个高速增长周期是 1992～1994 年。但特点是高速增长期都没有超过三年，到第四年就会产生较大的波动，经济要下滑两个百分点以上。从 2003 年开始，中国进入改革开放以来的第三次高速增长周期，到 2005 年也已经是第三年。关于 2006 年的经济增长状况，目前学界争议较大，因为与过去的情况不同的是，影响宏观经济的正面因素和负面因素同时存在。但是，考虑到这次宏观调控措施的弹性减弱了经济波动、通胀压力较小、民间投资比重增加、第三次消费潮到来、外贸增长依然强劲等，预计 2006 年经济会打破过去高速增长周期不超越三年的情况，延续高速增长的势头，GDP 增长速度仍可能高达 9% 左右。

（二）社会发展将呈现新的气象

在科学发展观和构建社会主义和谐社会重要思想的指导下，就业、社会保障、收入分配、环境保护、教育等领域的改革和发展将进一步加快，社区建设将更加受到重视，各种社会中介组织也会得到相应的快速发展。中国经济增长和社会发展的协调程度将有所提高，经济和社会发展不平衡、社会发展长期滞后的情况有望开始出现改观，特别是医疗和教育领域的发展，将出现更加积极的变化。

2005 年党的十六届五中全会强调，要“坚持各种生产要素按贡献参与

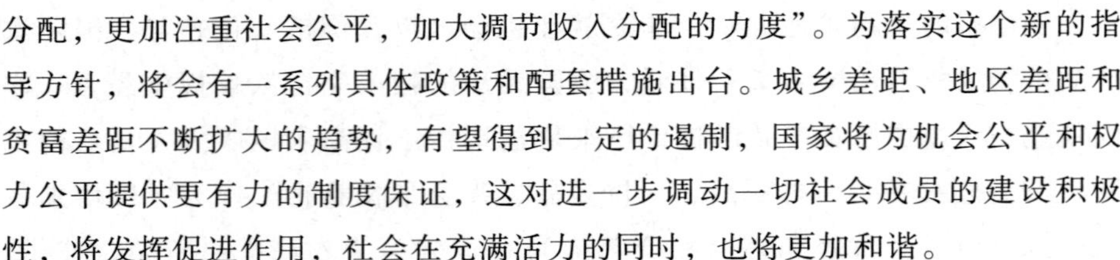

分配，更加注重社会公平，加大调节收入分配的力度”。为落实这个新的指导方针，将会有一系列具体政策和配套措施出台。城乡差距、地区差距和贫富差距不断扩大的趋势，有望得到一定的遏制，国家将为机会公平和权力公平提供更有力的制度保证，这对进一步调动一切社会成员的建设积极性，将发挥促进作用，社会在充满活力的同时，也将更加和谐。

（三）建设社会主义新农村的步伐将加快

中国将加快以工促农、以城带乡的速度，农村面貌总体上越来越落后于城市的发展趋势将会逐步得到扭转和改变。这不仅是因为社会主义社会对社会公正的价值追求要求缩小城乡差距，更因为中国持续的快速增长需要庞大的内需市场支撑，而不解决如何让大多数农民富裕起来的问题，内需不足的问题就难以解决。中国城市经济积聚的力量，也越来越向乡村发散和辐射。近年来在各大中城市周边农村出现的“农家乐”旅游休闲观光经济，已经预示着以城带乡的发展开始超越单纯依赖政府投入的阶段。

（四）劳动力市场将从无限供给走向结构性短缺并存

劳动力总量上供大于求的局面依然是主流趋势，就业难的问题也越来越从一般体力劳动领域延伸到脑力劳动领域。然而，与此同时，劳动力无限供给局面终结的时间点可能比我们过去的预测大大提前。劳动力的结构性短缺状况将更加明显，并逐步从东南沿海的区域性问题变成全国性问题，特别是高级技术工人将更加缺乏。在这种情况下，市场和各地政府的政策都会做出反应，劳资关系的协调和劳动力的职业培训将更加受到重视，技术工人的工资水平会有所提高，从而带动劳动力市场的低位工资水准。中国劳动力的比较优势面临新的挑战，提升人力资本和技术自主创新的要求更加迫切。

（五）孩子减少、老人增加将对消费市场和养老方式产生深远影响

由于生活条件改善、教育水平提高、社会流动加快、孩子抚养成本上升等多种因素的影响，人们的生育观念和生育行为正在发生深刻的变化，人口出生率和妇女总和生育率下降较快。近两年来，全国普通小学每年减

少 3 万多所，小学的招生人数每年减少 70 万 ~80 万人。而与此同时，中国 60 岁以上的老年人口达到 1.4 亿，占总人口的比例达到 10% 以上，目前以每年 3% 的速度持续增长，到 2015 年 60 岁以上的人口将超过 2 亿，约占总人口的 14%。在这种发展趋势下，市场需求会发生很大变化，与孩子相联系的玩具、食品、服装、图书、教育等方面的产品和服务供给，会感受到需求变化的挑战，而老年旅游、老年保健、老年照顾等方面的市场，存在巨大潜力。

同时，由于家庭结构小型化和家庭代际结构正逐步从金字塔形向倒金字塔形转变，传统的家庭养老方式受到越来越大的影响。如何建设既适应经济发展水平又能覆盖更广大人群的农村养老体制，将越来越引起普遍关注。

（六）大学扩张潜伏着财务风险

中国的高等教育这些年来发展很快，每年的招生人数从 10 年前的不足百万人发展到目前的 500 万人左右，对提高人口素质发挥巨大作用。但也必须看到，大学的超常规扩张也带来一些问题。全国大学从 10 年前的 1000 所左右发展到目前的近 2000 所，但是大学的管理和教育质量并没有得到同步的提高。特别是大学在扩张中的债务问题越来越显露出来，有的大学已处于亏损运行，连债务利息也无法偿还，而且大学债务的责任人缺位，很类似于过去的国有企业债务问题。大学的债务使银行增加了财务风险，将可能最终成为国有银行新的不良债务，而且迫使大学更加朝着“创收”的方向发展。

（七）反腐败、反贿赂的制度化建设将进一步加快

继国家审计部门连续掀起“审计风暴”之后，全国检察机关将在 2005 年底建成全国联网的涉及建筑、金融、教育、医药和政府采购等领域的“行贿犯罪档案查询系统”，并于 2006 年 1 月 1 日起正式对外受理查询。这份行贿“黑名单”录入的是 1997 年以来法院裁判认定的犯罪，即发生在建设、金融、教育、医药卫生系统和政府采购部门的个人行贿犯罪、单位行贿犯罪、向单位行贿犯罪、介绍贿赂犯罪案件。今后那些不法商人和企业只要被列入“行贿黑名单”，就是永远的黑点，受到进入市场的限制。

（八）对未来五年的展望将成为突出的社会热点

2006 年是第十一个国民经济和社会发展五年规划开始实施的第一年，对过去五年工作和发展状况的总结，对未来五年发展前景的展望，会成为一个突出的社会热点。在未来的五年中，中国将向全世界展现它的新的发展成就，特别是在和谐发展方面取得令人瞩目的进展。社会舆论的焦点，2006 年是“十一五”规划，2007 年是中共十七大，2008 年是北京奥运会，2010 年是上海世博会。

深化改革和加快发展的主题仍将贯彻未来五年的始终。在经济方面，国有大型企业体制改革、金融体制改革、财税体制改革、股票和期货运行及监管体制改革、农村土地制度改革、房地产市场调控体制改革等将稳步进行；在社会政治方面，公务员体制改革、户籍制度改革、农民工体制改革、社会保障制度改革、科教文卫体等社会事业单位体制改革，也将逐步进入操作过程，并将越来越受到公众的关注和期盼。

中国进入全面建设和谐社会新阶段*

——2006～2007年中国社会形势分析与预测总报告

2006年中国宏观经济社会发展继续呈现良好的发展态势。中共十六届六中全会通过《中共中央关于构建社会主义和谐社会若干重大问题的决定》(以下简称《决定》)，社会主义和谐社会建设全面展开。在科学发展观的指导下，我国更加注重协调发展，国家对社会发展的投入显著增加，调整社会结构、调节利益关系、化解社会矛盾等方面的工作快速推进，和谐社会建设取得明显进展。

一　2006年社会发展基本形势

2006年经济的高速增长，使我国GDP连续四年在10%以上，并继续保持高增长、低通胀趋势。与此同时，居民收入增加、消费趋旺、生活水平继续提高、就业基本稳定，特别是连续增长了数年的上访和群体性事件数量出现较大幅度下降。如果从2000年GDP重新进入8%以上增长速度算起，则已经连续高速增长七年了。这种避免大起大落的持续增长的良好发展势头，是改革开放以来前所未有的。

(一)经济出现超周期高速稳定增长，宏观调控成果显著

2006年是从2003年启动的我国经济第三次高速增长周期的第四个年头，前三季度GDP同比增长10.7%，创下自1996年以来的新高，预计全年GDP增长10.5%左右，经济出现超越周期变动的持续增长。宏观调控成果显著，投资增长速度有所回落，基本遏制了中国经济转向“过热”的势头，

* 李培林、陈光金执笔。

防止了经济大起大落。经济效益进一步提高，工业结构调整步伐加快，消费增长趋旺，物价基本平稳，前三季度居民消费价格总水平上涨1.3%，就业紧张局面进一步缓解。这一总体增长形势，超出了上年多数机构的预测，甚至比较乐观的预测。

（二）人民生活水平继续提高，物价基本稳定

2006年，政府把增强消费对经济发展的拉动作用作为坚持扩大内需战略方针的重点，实施了一系列有利于提高低收入者收入水平、扩大中等收入者比重的惠民政策，包括增加农民收入的多种“多予少取”措施；提高最低工资标准，建立并完善防止工资拖欠的法规和机制，认真实施修改后的个人所得税法，减轻中低收入者的税负；适度提高企业离退休人员基本养老金标准、优抚对象抚恤补助标准、城市居民最低生活保障补助标准；改革公务员工资制度，建立国家统一的职务与级别相结合的工资制度和工资正常增长机制。这些政策措施已经取得明显成效，2006年前三季度城镇居民人均可支配收入为8799元，同比实际增长10.0%，农民人均现金收入2762元，同比实际增长11.4%，预计全年农民人均纯收入增长6%左右。

消费品市场保持购销两旺的格局，前三季度社会消费品零售总额同比增长13.5%，城镇居民人均消费性支出6480元，同比实际增长7.5%。城乡居民人民币储蓄存款余额到2006年10月末为15.8万亿元。

（三）新农村建设扎实推进，城市化加快，土地城市化过速趋势有所遏制

根据新农村建设的部署，2006年国家逐步加大公共财政对农村的支持力度，全年中央财政预算安排用于“三农”的支出达到3397亿元，占中央财政总支出增量的21.4%。国家在全面取消农业税的基础上，完善并加强“三补贴”政策：一是扩大粮食直补资金规模，安排13个粮食主产省（区）的粮食直补资金125亿元，比上年增加10亿元，全部达到该省（区）粮食风险基金总规模的50%；二是中央财政安排良种补贴资金40.7亿元，比2005年增加2亿元；三是安排农机具购置补贴资金6亿元，比上年增加1倍，并扩大补贴范围，调整补贴重点。与此同时，国家出台了一系列政策，

加强农村剩余劳动力就业转移技能培训，努力解决农民工就业和合法权益保障问题，解决农民工子女教育困难问题，推动农民工融入城市社会。城市化水平继续以每年一个多百分点的速度快速推进，2006 年城市化率将达到 44% 以上。2006 年中央政府和有关部门加大了土地用途变更的整治力度，严肃查处土地使用违法案件，土地城市化过速的趋势在一定程度上得到遏制。

（四）就业形势较为平稳，民营经济成为就业增长主渠道

就业是当前最大的民生问题。总体上，我国已进入劳动年龄人口增长高峰期、农村劳动力转移高峰期、国有企业改革过程中职工分流安置攻坚期的三期交汇阶段。新增就业压力大、转移就业压力大、再就业压力大、总量规模压力大是现阶段我国就业的明显特点。在目前经济的高增长时期，就业形势总体平稳，2006 年 1 ~9 月，全国累计实现城镇新增就业人员 932 万人，其中下岗失业人员再就业 392 万人，占全部新增就业人员的 42. 1% 。到 9 月底，城镇登记失业人数 835 万人，城镇登记失业率 4. 1% 。个体私营等民营企业已经成为增加就业的主渠道，近年来平均每年增加就业岗位 500 万 ~600 万个，约占城镇新增就业岗位的 2/3。

（五）社会保障投入力度加大，城乡社会保障覆盖面扩大

2006 年，国家对社会保障的投入力度明显加大，并提出建立覆盖城乡的社会保障体制的发展目标。中央财政安排社会保障补助支出和就业再就业支出近 1860 亿元，比上年增长 14. 5% 。扩大社会保障覆盖面工作进展顺利，2006 年前三季度，城镇养老保险参保人数 18242 万人，同比增长 4. 3% ；城镇失业保险参保人数 11001 万人，领取失业保险金人数为 330 万人；城镇基本医疗保险参保人数 14966 万人，比上年增加 1184 万人；全国生育保险参保人数 6174 万人，比上年底增加 766 万人；全国工伤保险参保人数 9447 万人，比上年增加 969 万人。尤其引人注目的是，农民工社会保障覆盖面快速扩大，截至 2006 年 9 月底，全国参加工伤保险的农民工达到 2244. 78 万人，比上年底增长 79. 3% ；参加医疗保险的农民工达到 1843 万人，比上年底增长 276. 89% 。到 2006 年第三季度，全国城镇低保户 1015. 5 万户，低保

人口 2227.2 万人；农村低保户 607.5 万户，低保人口 1222.1 万人。

（六）国家进一步明确公共教育政策，教育均衡发展进入操作层面

2006 年 6 月，全国人大常委会通过新修改的《义务教育法》，9 月 1 日起正式实施。新《义务教育法》确立了中央与地方政府分担义务教育经费的机制，首次明确义务教育免收学杂费，以法律形式保障义务教育经费投入；确定了促进义务教育均衡发展的方针，明确规定国务院和各级政府“应当合理配置教育资源，促进义务教育均衡发展”，义务教育学校不得对适龄儿童、少年实行考试入学，在教育教学中不得按照学习成绩等编排设置重点班，对学生不得因其个性特征予以歧视，等等；以立法的形式确定了实行义务教育阶段要实行素质教育；建立了问责制，对学校乱收费主管人员追究责任。《中共中央关于构建社会主义和谐社会若干重大问题的决定》（以下简称《决定》）进一步强调了坚持教育优先发展、促进教育公平的方针，特别要求坚持公共教育资源向农村、中西部地区、贫困地区、边疆地区、民族地区倾斜，逐步缩小城乡、区域教育发展差距，推动公共教育协调发展。《决定》还要求，各级政府必须保证财政性教育经费增长幅度明显高于财政经常性收入增长幅度，逐步使财政性教育经费占国内生产总值的比例达到 4%。为了达到这样的目标，2006 年的财政预算加大了教育投资力度，全年教育投入增加 15%，总额达到 4546 亿元，中央新增加的教育支出中有 70% 用于农村教育。事实上，近几年各级政府对教育的投入大量增加，不仅包括预算内财政投入，还包括预算外财政投入，以及土地免费提供或低价划拨等形式的投入。

（七）医疗卫生体制启动新一轮改革，农村新型合作医疗迅速发展

2005 年公众对我国医疗卫生体制的讨论和争议热潮延续到 2006 年，集中反映了广大居民对看病难、看病贵问题的焦虑以及对公共卫生体制改革的强烈要求。2006 年医疗卫生体制改革的主要措施，一是通过反商业贿赂治理虚高不下的药价。3 月以来，医院系统成为反商业贿赂风暴中心。6 月 19 日，全国人大常务委员会通过《刑法修正案（六）》，将《刑法》第 163 条关于“公司、企业人员受贿罪”的犯罪主体规定修改为“公司、企业或

者其他单位的工作人员”，所有事业单位和非营利组织的受贿行为均被纳入《刑法》的管辖范围，药品回扣和医疗红包现象也正式成为“商业贿赂罪”的一些具体表现。从6月底起，依照卫生部的部署，所有医院均开展了一场声势浩大的治贿整风运动。二是高度重视和加快建设社区卫生服务体系，促使医疗资源得到更加合理的配置。2月21日，国务院办公厅发布了《关于发展城市社区卫生服务的指导意见》，重申了要在2010年之前在所有地级市以及有条件的县级市建立健全社区卫生服务体系，让民众“小病在社区、大病到医院”医治。三是国家加大对公共卫生投入力度，尤其是向农村新型合作医疗体系建设倾斜。农村新型合作医疗快速推进，截至2006年6月底，全国参加新型农村合作医疗的农民达到4亿人，中央和地方财政对参加合作医疗农民的补助标准由20元提高到40元，到2010年全国新型农村合作医疗制度将基本普及的目标有望提前实现。

（八）基层社区建设力度加大，社会组织取得新的发展

2006年基层社区建设的重点之一，是加强社区组织建设，提高社区管理人员的素质和能力。目前全国社区居委会的40多万管理人员中，50岁以下的占75%，高中（中专）文化以上的占77%。2006年我国社会组织发展较为迅速，全国民间组织到三季度末达到近33万个，而上年同期是近29万个，同比增长了13.8%。除此之外，全国还有大量未注册的民间组织，例如深圳市有600多家社区老年人协会没有注册，据估计，全国未注册民间组织约有300万个。由此可见，社会组织有着广泛的社会需求，应当进一步改革社会组织管理体制，创造有利于社会组织规范有序发展的制度条件。

（九）劳动关系的制度建设取得进展，协调劳资关系的工作稳步推进

目前，市场化劳动关系已经覆盖了我国从业人员的大多数，如何发展和谐劳动关系成为人们关注的热点。2006年被称为“劳动保障立法年”，在劳动关系立法方面取得重要进展。一是全面启动推进劳动合同制度实施的三年行动计划，努力扩大集体合同覆盖面，保护中小企业职工权益，推动并规范区域性、行业性集体协商工作。二是积极做好国有企业改制中的劳

动关系处理工作。三是积极开展劳动争议案件处理工作，建立解决拖欠农民工工资问题的长效机制。全国24个省（区、市）建立了工资保证金制度，多数地区建立了工资支付监控制度。四是加大保障低收入职工报酬权益的工作力度，继续完善最低工资标准的正常调整机制。目前，全国31个省（区、市）都颁布了最低月工资标准，29个省（区、市）颁布了小时最低工资标准。五是颁布了《国务院关于解决农民工问题的若干意见》，把农民工工作摆在前所未有的重要地位。六是大力推进劳资关系协调机制建设。2006年国家劳动关系三方会议决定，在全国开展创建劳动关系和谐企业活动，确立了八个标准作为构建和谐劳动关系的基础。中华全国总工会成功地在沃尔玛62家在华连锁店组建了基层工会，并在抑制雇主控制工会方面取得新的进展。

（十）社会治安状况有所改善，安全生产监管取得成效

20世纪90年代中期以来，我国社会治安状况曾经持续恶化。1995～2004年，刑事案件立案数从162.1万起增加到471.8万起，年均增长14.0%。2005年是近十多年来社会治安状况开始好转的第一年，形势犯罪案件立案数下降为464.8万起，比上年减少1.5%。2006年社会治安大局继续好转，1～9月全国公安机关共立刑事案件334.6万起，同比下降11.2%，共侦破刑事案件148万起，同比上升2.9%。全国公安机关加大对刑事犯罪活动的打击力度，开展“打黑除恶”和打击“两抢一盗”等专项斗争，同时进行了整治收缴爆炸物品、枪支弹药和管制刀具的专项行动。1～9月，全国爆炸、持枪犯罪案件同比分别下降19.3%和15.1%；全国可防性案件全面走低，其中入室盗窃案件同比下降5.9%，入室抢劫案件下降17.4%，抢夺案件下降8.5%；全国公安机关共处置各类群体性事件1.79万起，同比下降22.1%。

2005年是我国安全事故多发并且损失惨重的一年。鉴于这种状况，2006年，国家加强了安全生产的监管并取得了显著成效。1～10月，全国发生一次死亡10人以上特大事故80起、死亡1256人，同比减少21起、909人。其中，煤矿企业发生28起，死亡492人，同比减少18起、784人。全国发生一次死亡30人以上特别重大事故4起，死亡150人，同比减少7起、608人。

（十一）中央反腐败力度加大，人民群众对政府的信心增强

2006年中央进一步加大了反腐力度，一方面着重制度建设，出台了反商业贿赂的法规；另一方面继续严厉打击腐败分子，决心要让腐败分子依法得到严惩，使其政治上身败名裂，经济上倾家荡产，思想上后悔莫及。据最高人民检察院统计，2003年1月~2006年8月，检察机关共查处贪污贿赂犯罪67505人，有力地惩治和震慑了贪污贿赂犯罪。特别是多名位高权重的省部级领导干部被撤职查办惩处，包括中共中央政治局原委员、上海市委书记陈良宇被撤职查办，极大地增强了人民群众对党和政府的信任和信心，也改善了中国在国际上的形象。根据透明国际2006年公布的贪腐印象数据，中国清廉指数大幅上升。

二　2006年社会发展面临的主要问题

综观2006年的经济社会发展形势，不难发现我们还面临不少重大的矛盾和问题。其中既有发展过程中积累的矛盾问题，也有不少是发展进入一个新的阶段后面临的新矛盾、新问题，最突出的仍然是城乡和区域发展不协调、经济社会发展不协调以及人与自然发展不协调问题。如何解决这些不协调问题，是我们构建社会主义和谐社会的真正挑战所在。

（一）就业紧张与就业结构性短缺并存，高校毕业生就业问题更加突出

当前就业形势仍不容乐观，一个重要原因是经济增长模式仍以投资拉动为主要动力，经济增长的就业弹性持续下降，GDP增长率提高一个百分点所能带动的就业，从20世纪80~90年代的200多万人，下降到目前的80万~90万人。在就业压力较大的同时，劳动力市场的结构性短缺问题日益突出，特别是技工缺口较大，高级技工缺口更大。在广东省，技工缺口已经达到40万人；在上海市，平均每位高级技工有7.33个岗位可供选择。在低端就业领域，城市管理理念错位也是阻碍就业的重要因素。一些城市不顾国情，大搞“形象工程”，限制了小商业的发展，个别城市甚至提出要建

设“无摊贩城市”，阻断了一部分群众自谋职业的生路。1999～2005 年底，个体工商户的户数从 3160 万户减少为 2464 万户，降幅达 22.0%；从业人员数从 6241 万人减少为 4900 万人，降幅达 21.5%。此外，高校毕业生就业问题更加突出，2006 年全国普通高校毕业生达到 400 多万人，比上年增长 20% 以上，大学毕业生就业压力加大。到基层服务和就业成为大学生就业新趋势，2006 年将有 15 万大学毕业生到基层服务和就业，占 413 万高校毕业生总数的 3.6%。

（二）收入差距扩大问题依然突出，持续减贫的难度加大

2006 年城乡居民收入差距将突破 3.3 倍，地区之间的收入差距仍然显著。根据中国社会科学院社会学研究所 2006 年上半年的全国大规模抽样调查，城乡居民收入差距的基尼系数达到了 0.496 的水平。资本和劳动收益差距的扩大，农业和非农产业收入差距的扩大，垄断行业和一般竞争行业收入差距的扩大，公务员工资水平区域差距的扩大，部分职工岗位外收入、非正常收入的增长过快，都是引起收入差距扩大的原因。我国收入差距的扩大反映了我国经济转轨和社会转型中存在的突出问题：一方面，行业垄断、城乡壁垒、地区壁垒等与市场原则相违背的制度约束继续不同程度地存在，导致了劳动力市场的分割、行业垄断租金过高和农民工劳动收益权受到各种损害，劳动争议事件逐年上升；另一方面，体制转轨中也存在着公共服务领域的无序市场化，导致医疗、教育等公共服务的价格快速上涨，成为居民消费支出的沉重负担，降低了中低收入者的生活质量，全国因病、因学致贫的城乡居民家庭增多。农村目前还有数千万尚未稳定脱贫的低收入人口，由于农村教育、医疗卫生和社会保障等公共服务供给严重不足，其中每年至少有 1000 万人处于返贫的危险之中。尽管国家扶贫资金投入不断增长，但农村贫困人口发生率的下降速度明显减缓。与此同时，城镇贫困问题并没有因为我国经济高速增长而有所减轻，城镇生活困难人口发生率为 6%～8%。

（三）消费结构失衡问题加剧，制约居民消费总量扩张

2006 年的社会零售商品市场运行中存在的主要问题是消费结构失衡。

一方面，炫耀性消费、奢侈性消费甚至资源浪费性消费倾向在部分高收入人群中蔓延。从限额以上批发和零售业吃、穿、用商品类零售额同比增长的情况看，肉禽蛋类、文化用品类、日用品类的增幅为 11.2% ～15.2%，化妆品类、家用电器和音像器材类、体育娱乐用品类的增幅为 17.8% ～19.4%，家具类、通信器材类、建筑及装潢材料类、金银珠宝类、汽车类的增幅为 21.4% ～26.0%。消费结构的失衡问题还表现在城乡消费差距上。前三季度，城市消费品零售额 37247 亿元，同比增长 14.1%，县及县以下零售额 17845 亿元，增长 12.3%；城市消费品零售额是县及县以下消费品零售额的 2.1 倍，或者说，占总人口 70% 以上的县及县以下人口的消费份额仅为 32.4%，按人口加权的城市与县及县以下的消费差距至少可达到 4.9 : 1。消费不均衡现象导致“有钱花不了”与“没有钱可花”问题的并存，事实上制约了总需求的扩大。

（四）人口老龄化压力增强，社会保障缺口问题凸显

目前，中国 60 岁以上老年人口已达 1.43 亿（其中 60% 的人在农村），占总人口的 11%，2020 年将占 17.2%。中国在进入老龄化社会时，人均 GDP 尚不足 1000 美元，“未富先老”已经成为中国不得不面对的重大社会问题。近年来，我国社会保障制度建设不断推进。但按目前的进展，仍然难以应对越来越大的人口老龄化压力。就养老保险而言，目前全国拥有社会养老保险的职工（机关、事业单位人员和参加基本养老保险的企业职工）只占全国就业人员的约 25% 和城镇就业人员（包括农民工）的约 54%。绝大多数农业劳动者、农民工都在社会养老保险体制之外。与此同时，目前全国养老保险基金存在高达数千亿元的空账，资金支付压力巨大。而我国社会保险统筹层次过低，转移保险账户非常困难，造成一些地方大量农民工退保。另外，企业养老保险个人账户的规模由本人缴费工资的 11% 调整为 8% 并全部形成由个人缴费之后，对农民工参保的积极性产生了一定影响。

（五）建设和谐劳动关系压力仍然较大，农民工状况需要进一步改善

近年来，我国各级劳动仲裁机构受理的劳动争议案件的年均增长率在

30%左右。2006 年，从各地区尤其是东部地区的情况看，劳动争议案件受理量继续呈两位数增长。上半年，上海市各级仲裁机构受理的劳动争议案件比上年同期增长 22.7%，江苏无锡市、泰州市的劳动争议受理案件同比分别增长 18%和 12.4%，广东东莞市的同比增幅为 70%。拖欠员工工资、不为员工购买保险、随意延长工时、随意解雇员工，仍然是劳资争议的主要内容，所占比例超过 50%。在紧张的劳动关系中，农民工问题仍很突出。根据国家统计局 10 月发布的最新统计数据和调查结果，农民工工作时间过长的问题依旧存在，他们平均每周工作 6.3 天，每天工作 8.9 小时，有双休日的仅占 11.9%；46.0%的农民工未与用人单位签订合同或协议，14.9%的农民工不能及时拿到工资，50.1%的农民工加班得不到加班补贴，57.2%的农民工不能获得工伤补偿，79.5%的农民工没有带薪休假待遇，92.4%的农民工不享有住房补贴，95.2%的农民工没有住房公积金，79.8%的女工不享有带薪休产假的待遇；70%以上的农民工没有购买各类社会保险；47.3%的农民工不能得到岗位培训。"新生代农民工"问题也受到社会广泛关注。他们外出打工的目标已经不再仅仅是赚钱，他们还要"闯天下、寻发展"，他们的权利意识明显强于第一代农民工，他们不仅关心自己的经济权益，还关注自己的基本公民权。农民工权利意识的代际变化既是和谐劳动关系建设的重要推动因素，也对和谐劳动关系建设提出了更高的要求。

（六）群众的切身利益问题迫切需要解决，医疗、教育、住房压力大

根据中国社会科学院社会学研究所 2006 年上半年进行的全国抽样调查结果，在就业失业、收入差距、养老保障、教育收费、贪污腐败、环境污染等 17 个社会问题中，按综合加权百分比计算，前十位的社会问题依次为：看病难、看病贵，就业失业问题，收入差距过大、贫富分化问题，贪污腐败问题，养老保障问题，教育收费问题，住房价格过高问题，社会治安问题，社会风气问题，以及环境污染问题。调查还显示，城乡居民家庭目前面临着六大生活压力，分别为：家庭收入低，生活困难；医疗支出大，难以承受；住房条件差，建/买不起房；子女教育费用高，难以承受；人情支出大，难以承受；家人下岗失业或无稳定收入。可见，目前在人们关注的

宏观社会问题方面，60%以上属于民生问题。另外，根据这次调查结果，城乡居民认为我国社会总体比较公平的人占57.6%，认为很公平的占4.7%，两者合计占62.3%，社会公平感较低的八个方面依次为：城乡之间的待遇、地区与行业间的待遇、干部提拔、养老等社会保障待遇、财富和收入分配、工作与就业机会、公共医疗、司法与执法。

（七）环保力度加大，环境形势依然严峻

近年来全社会环境保护意识显著增强，国家把环境保护确立为一项基本国策，在经济高速增长、资源消耗和污染物产生量大幅度增加的情况下，环境污染和生态破坏加剧的趋势减缓，部分城市和地区环境质量有所改善，工业产品的污染排放强度有所下降。根据国家有关部门的统计，上半年部分行业的单位增加值能耗有所下降，其中钢铁行业单位增加值能耗下降1.2%，建材行业下降4.5%，化工行业下降5.0%，纺织行业下降5.5%；但是其他许多行业的单位增加值能耗还在上升，其中煤炭行业单位增加值能耗上升5.5%，石油石化行业上升8.7%，有色金属行业上升0.4%，电力行业上升0.8%，这使得全国单位GDP能耗同比提高了0.8%。

但总体来看，环境形势依然非常严峻，环境污染仍在加剧，一些地区环境污染和生态恶化相当严重，主要污染物排放量超过环境承载能力，水、土地、土壤等污染严重，固体废物、汽车尾气、持久性有机物等污染增加。国家环保总局在8月公布，上半年全国大气和水主要污染物排放总量不降反升。按照规划，“十一五”期间，污染物排放总量每年要削减2%，然而，根据对全国17个省市相关数据分析，上半年全国主要污染物二氧化硫和水污染监测数据化学需氧量分别比上年同期增长5.8%和4.2%。中国作为一个负责任的发展中大国，解决好环境问题，符合中国的发展目标和13亿中国人民的福祉，也是人类共同利益的重要体现。中国的环保节能要全民动员，共同建设生产生活的节约型社会。

三　2007年社会经济发展态势与政策建议

对于2007年我国社会经济形势的预测，国内专家学者呈现出近年来少

有的一致，绝大多数人认为，2007年我国将继续维持经济高增长的态势，随着和谐社会建设力度的加大和各项具体措施的落实，一些突出的社会矛盾和问题也会逐步得到缓解。

（一）贯彻落实科学发展观，全面推进社会主义和谐社会建设

中共十六届六中全会通过的《决定》，对我国经济社会发展提出一系列重大战略选择。《决定》要求，在继续大力抓好发展这个党执政兴国的第一要务的同时，把构建和谐社会、实现社会公平正义放在更加突出的位置。2007年将是全社会认真学习、贯彻落实《决定》精神的一年。经济建设将加快转变增长方式，提高增长质量，走新型工业化道路，发展环境友好型、资源节约型的经济社会。政治建设将更加突出社会主义民主法治的发展，完善各项政治制度和法律制度，健全人民群众的利益表达机制，扩大人民群众的政治参与。文化建设将努力建设和谐文化和社会主义核心价值体系，努力形成良好的生活风气和广泛的社会共识。社会建设将会加快社会体制改革步伐，逐步改变城乡二元结构，社会发展投入力度将进一步加大，社会保障和公共服务的水平将进一步提高。通过这种四位一体的发展，推动人人共建、人人共享的良好社会经济运行机制的形成。

（二）经济继续保持增长趋势，控制房地产过热和节约能耗将成为调控重点

从目前影响经济增长的各种约束条件来看，2007年我国GDP仍会维持10%左右的增长速度，继续保持2006年的经济增长态势，同时国家将继续坚持稳健的宏观调控政策。2007年我国经济宏观调控取向是："稳政策、推改革；降能耗、调结构；重民生、促和谐。"预计调控重点将是转变经济增长方式，降低经济增长的能源和资源消耗，加大环境污染的治理力度，继续控制房地产市场过热的倾向。目前，全国人大已经把制定环境污染损害赔偿法列入议程，有望在"十一五"期间出台。其中涉及的赔偿处罚力度将会很大，不仅要考虑污染造成的环境损失，还要计算其经济损失、人体健康损失等；不仅要考虑当前损失，还要考虑各种长远影响。

（三）继续扩大消费和内需，推动我国经济社会持续健康发展

2006年社会消费品购销两旺，是近年来少有的势头，这非常有利于我国经济社会的持续健康发展。分析这种趋势的形成原因，既与城乡居民收入普遍增长有关，也与国家加大收入分配结构调整力度、加大社会发展投入、稳定未来消费预期，从而增强人们的有效消费需求密切相关。2007年，继续扩大内需，增强内需拉动经济增长的作用，仍然是一个重要课题。要继续推动居民收入增长，其重点将是农民和城镇中低收入人口的收入增长，提升他们的消费需求和消费水平。商务部的调查结果显示，2006年，占全国人口10%的最高收入群体消费倾向为0.66，而10%最低收入群体的消费倾向高达0.99，因此，增加低收入群体的收入，更加有助于扩大我国的内需。加大社会发展投入力度，提升政府公共产品消费需求，是2007年扩大内需的另一个重点，这也有助于继续保持人们对未来的乐观预期和消费信心。增加政府消费的重点是医疗、教育、养老等社保福利领域，目前，我国各级政府在这些福利领域的所有支出仅为GDP的3.5%左右，从世界各国（包括发展中国家）的一般情况看，我国进一步增加这些领域的政府消费的政策空间还是比较大的。

（四）加快推进就业，最大限度地利用人口机遇期

从目前人口发展变化曲线看，中国人口总量和人口结构变化的趋势是：人口总量到2030年达到14.06亿人的峰值，劳动年龄人口总量在2020年左右达到9.23亿人的峰值。但是，劳动年龄人口增长率现在已经开始以较快速度下降。今后一段时间内，中国劳动年龄人口平均年增长率将只有0.4%，低于发展中国家每年1.1%的平均增长率。我国因经济活动人口不断增长所带来的高生产率、高储蓄率以及较高资本积累的局面将不可能长期维持。据估计，“十一五”期间将会出现劳动力从无限供给转变为有限短缺并存的“刘易斯转折点”。从总量看，2004～2009年，是我国非农产业劳动力供给和需求趋于平衡的时期，以后劳动力供给将持续下降，近年出现的“民工荒”现象不是短期的过渡性现象。不过从近期看，2007年我国的就业压力仍将较大，尤其是大学毕业生的就业竞争将会更加激烈。从中长

期看，要抓住目前劳动力供给充足和社会抚养比下降的人口机遇期，加快推进就业，加大劳动力教育与培训力度，提高劳动力素质，提高教育对劳动力市场的敏感反应能力，消除劳动力转移障碍，加快劳动力转移速度，实现更加充分的就业，是保证经济持续增长、人民生活水平不断提高的重要条件之一。

（五）调整收入分配结构将加快步伐，利益关系状况将有所改善

2006 年，中共中央和国务院多次召开会议，着重研究了改革收入分配制度和规范收入分配秩序的问题。会议就上述问题进行了总体部署，提出了“着力提高低收入者收入水平，扩大中等收入者比重，有效调节过高收入，取缔非法收入，努力缓解地区之间和部分社会成员收入分配差距扩大的趋势”的具体要求和措施。2007 年将会加快收入分配结构调整步伐，进一步规范收入分配的秩序，重点之一将是完善收入初次分配机制，提高工资性收入占国民收入的份额，2006 年这一份额估计在 10% 以下；重点之二将是建立健全收入再分配机制，利用财政、税收杠杆以及其他法律和行政手段，调节过高收入，坚决取缔非法收入，加大转移支付力度，建立健全激励各种社会捐助、发展社会慈善事业的制度与机制。

（六）社会发展投入力度继续增强，各项社会体制改革将会加快

未来几年我国社会发展的投入将会显著增加，投入的重点将进一步向农村和欠发达地区倾斜，从而推动城乡教育资源、医疗卫生资源和社会保障供给等公共服务更加均等化，促进城乡统筹协调发展。社会体制改革步伐将会加快：一是要进一步改革城乡管理体制，加速进城农民工融入城市社会的进程；二是深化就业体制的改革，逐步建立城乡统一的劳动力市场；三是要深化教育体制改革，缩小城乡、区域教育发展差距，落实义务教育经费保障机制，全面实施素质教育；四是要深化医疗卫生体制改革，强化政府责任，区分不同医疗卫生服务机构的公益性与营利性，提高医疗卫生服务的供给效率，预计新医改方案将在 2007 年出台；五是深化社会保障体制的改革，多渠道筹集社会保障基金，逐步建立覆盖城乡的社会保障体系；六是要加快事业单位改革，既要保证其公益性目标，又要降低运行成本，

提高服务效率。通过各项社会体制的改革，在和谐社会建设中逐步建立起中国特色社会主义的社会运行体制和机制。

（七）健全完善劳动关系调节机制，探索和谐劳动关系法制化途径

2007 年，我国劳动关系中的矛盾冲突还会有所发展，和谐劳动关系建设还要面临一系列挑战。城镇化进程的加快，将会继续增加农民工劳动权益保障工作的难度。国有企业的改革继续深化，2005～2008 年将有 2116 家企业实行破产关闭，涉及 351 万名职工的安置问题；由于中央企业的主辅分离和辅业改制，将要分流的富余人员超过 100 万人。随着市场竞争日趋激烈以及经营管理方式的变化，企业越来越多地使用临时工、劳务派遣工，灵活用工大规模增长，这既在一定程度上促进了就业，也给就业稳定性、安全性和就业质量带来挑战。经济日益全球化，劳动关系问题面临国际化挑战。目前世界 500 强跨国公司中已经有 400 多家进入我国，我国外资企业雇用员工在 2500 万人以上。发达国家从自身利益出发推行贸易与劳动标准挂钩及企业社会责任运动，国际劳工组织推动成员国实施劳工公约，西方国家一些人权组织借劳工问题大做文章。预计 2007 年有关方面将会根据构建和谐劳动关系的目标，完善和落实国有企业改革中的劳动关系处理规范，健全完善调节劳动关系的法律法规，推动《劳动合同法》《劳动争议调解仲裁法》《集体合同法》《企业工资条例》等的研究、起草、修改工作，同时推动劳动标准立法，建立健全各种劳动保护制度，加大企业收入分配调节力度。其中，2006 年初向社会广泛征集意见的《劳动合同法》，因其中的一些条款遭到雇主及其组织的强烈反对而未能出台，预计该法将在协调各方利益的基础上于 2007 年公布。

（八）进一步加强城乡社区和社会组织建设，探索新时期我国社会建设规律

2007 年，加强基层社区建设，完善城乡社区居民自治组织，将成为进一步整合社会管理资源、提高社会管理水平的重要举措。发展和健全各种社会组织，增强它们服务社会的功能，也将成为 2007 年的一项重要工作。社会组织的发展在我国还是新生事物，在发展过程中存在着这样那样的问

题是不足为怪的，要坚持培育发展和管理监督并重，完善培育扶持和依法管理社会组织的政策，发挥各类社会组织提供服务、反映诉求、规范行为的作用。

（九）新农村建设投入力度将继续加大，农村公共服务供给水平将持续提升

“十一五”期间，中央和地方财政将筹集数千亿元，主要投向目前农村和农民最迫切需要解决的农村基础设施建设和农村社会事业领域。其中，在农村教育方面，中央和地方财政将累计新增投入 1258 亿元和 924 亿元左右，合计约 2182 亿元，主要用于改善农村义务教育办学条件。目前，全国农村中小学危房率高达 6.6%，占全国中小学危房面积的 81%，西部地区尚有 100 多万名中小学生因校舍短缺不能就学。在建立农村合作医疗制度方面，2007 年将是农村新型合作医疗制度建设的关键一年，预计覆盖面的扩展将非常迅速。2007～2009 年，中央和地方将共同安排上百亿元资金，力争到 2010 年基本建立起与农民收入水平相适应的县、乡、村三级农村医疗卫生服务网络。政府还将加强农村计划生育服务设施建设和实施农村计划生育家庭奖励扶持制度。在农村基础设施建设方面，“十一五”期间，国家将安排 1000 亿元资金用于加快农村公路建设。到“十一五”期末，基本实现全国所有乡镇、东中部地区具备条件的建制村通沥青路或水泥路，西部地区基本实现具备条件的建制村通公路。在加强农村水利建设的同时，要解决农村 1 亿人口的饮水不安全问题。力争到 2010 年，使用清洁可再生能源的农户普及率达到 30%。2006 年是“十一五”开局之年，许多建设工作刚刚启动，也取得了一些经验，有一些教训；2007 年将进入正常推进轨道。

（十）党的十七大将成为社会热点

2007 年下半年将要召开中国共产党第十七次全国代表大会，这将是我国政治生活中的又一件大事。届时，党将形成又一届新的领导集体，建设富强、民主、文明和谐的社会主义现代化国家的大政方针将得到进一步的明确，所有这些都将被全国人民高度关注。

另外，2007 年将是我国为 2008 年奥运会做好准备的关键一年，这不仅

涉及各种硬件设施的建设能否如期完成，也将涉及公众的心理准备和行为调适是否到位的问题。我们不仅要加快完成各项设施建设，更要加快全社会的文化道德建设，向世界展现一个文明古国和人口经济大国的文明祥和、团结和谐的形象。

中国加快以改善民生为重点的社会建设*

——2007～2008年中国社会形势分析与预测总报告

2007年，中国宏观社会经济继续保持良好的发展态势。社会建设在许多领域获得快速推进，解决各种重大民生问题的力度空前加大。金秋十月，中国共产党第十七次全国代表大会在北京召开，这是中国经济政治社会生活中的一件大事。大会报告——《高举中国特色社会主义伟大旗帜　为夺取全面建设小康社会新胜利而奋斗》，完整、正确地提出和阐述了中国特色社会主义理论体系，推动科学发展、促进社会和谐，成为中国未来经济社会发展的重要指导方针，深化改革、协调发展、突出关注民生、更加注重公平，成为当前社会发展的主题。

一　2007年社会发展基本形势

2007年的中国经济社会发展形势，有两个突出的特征：①经济继续高速增长，已经连续5年GDP增长保持在10%以上，为社会发展和建设提供了坚实的物质基础；②社会建设事业取得新的进展，特别是在若干重要民生领域形成了快速推进的发展态势。

（一）加快推进以改善民生为重点的社会建设发展战略基本形成

根据中共十七大报告的部署，中国在新世纪新阶段加快推进以改善民生为重点的社会建设发展战略包括六大民生任务：①优先发展教育和建设人力资源强国；②积极扩大就业和协调劳动关系；③建立健全公平合理的收入分配制度；④加快建立覆盖城乡居民的社会保障体系；⑤建立基本医

---

* 李培林、陈光金执笔。

疗卫生制度以提高全民健康水平；⑥通过完善社会管理来维护社会安定团结。这六大民生任务，是当前构建社会主义和谐社会的工作重点。

（二）经济继续超周期增长，防止大起大落成为主题

2007 年是从 2003 年启动的中国改革开放以来经济第三次高速增长周期的第五个年头。前三季度，GDP 为 16.6 万亿元，同比增长 11.5%，高于 2006 年同期增长幅度。预计 2007 年全年 GDP 增长速度将超过 11%，GDP 总量将突破 23 万亿元，逼近或达到世界第三位。与此同时，物价保持基本稳定，前三季度居民消费价格同比上涨 4.1%，但其中食品价格同比上涨 10.6%。保持经济平稳持续增长，防止出现大起大落，已经成为当前宏观调控的主题，迄今为止，国家在年内已 10 次上调存款准备金率和 5 次上调金融机构人民币存贷款的基准利率。

（三）新农村建设全面展开，农村社会建设取得明显进展

在近年来实施的中央一系列利农、惠农政策的推动下，农村形势明显好转。2007 年，农业生产稳定增长，夏粮产量 11534 万吨，比上年增产 145 万吨，增长 1.3%；秋粮继续增产，全年粮食总产量将超过 5 亿吨，这是连续第四年获得丰收。农民收入持续增加，预计全年农民人均纯收入实际增长可达 8% 左右，这是 1997 年以来近 11 年间农民收入增长最快的年份。农村社会建设事业取得新进展，随着政府把义务教育经费全面纳入公共财政保障范围，长期困扰农村的义务教育要向农民收费的问题得到解决。国家还对农村教育给予财政投入的倾斜，2007 年全国农村义务教育阶段家庭经济困难的学生基本都享受了“两免一补”政策（即免杂费，免书本费，补助寄宿生），这项政策惠及了 1.48 亿农村学生。政府还加快了新型农村合作医疗制度建设，到 2007 年 6 月末，这项制度已经覆盖全国农村 84.9% 的市县区和 82.8% 的农业人口。与此同时，农村最低生活保障覆盖面快速扩大，农村养老保险也在积极试点。据各地调查，免除农业税以来，农民对政府工作的满意度逐年持续上升，农村社会比较稳定。

（四）人民生活继续改善，农民收入增长显著

2007 年前三季度，城镇人均可支配收入为 10346 元，扣除物价因素同

比增长13.2%，比上年同期提高3.2个百分点；农民人均现金收入3321元，扣除物价因素同比增长14.8%，比上年同期提高3.4个百分点。城镇人均可支配收入和农民人均现金收入的增长均超过了GDP的增长速度，但城乡收入差距仍呈扩大态势，扩大的速度放缓。

随着收入增长以及国家社会保障水平的提高，居民消费信心指数上升，消费对经济增长的拉动作用继续增强。2007年前三季度，社会消费品零售总额为63827亿元，同比增长15.9%，增幅比上年同期提高2.4个百分点；不过，物价上涨比较显著，出现需要警惕的通货膨胀苗头。

消费的增长和股民的增加导致城乡居民储蓄存款余额增速放慢。截至2007年9月底，中国金融机构居民户人民币存款余额为17.2万亿元，同比增长6.9%，增速比上年同期低9.2个百分点；比年初增加7621亿元，同比少增9710亿元。2007年，进入股市的居民人数大幅度增长，居民储蓄更多地向股市转移，持续的股市热一方面增加了股民的财产性收入，另一方面也加剧了股市的风险。

（五）就业形势继续好转，就业结构显著改变

在积极就业政策的推动下，尽管目前中国就业压力仍然较大，但2007年就业形势有所好转，总体紧张局面继续缓解。截至9月末，全国城镇累计新增就业人数920万人，预计全年新增就业人数可接近1200万人。前三季度，下岗失业人员再就业406万人，就业困难人员再就业110万人。截至9月底，全国84.7万户零就业家庭，已有81万户实现每户至少一人就业，占总量的95.7%。全国城镇登记失业率呈下降趋势，2007年上半年城镇登记失业率为4.1%，而2006年为4.2%，2005年为4.3%。

2007年中国劳动力市场的特点：①城镇第三产业的用人需求依然占主体地位，第二产业的需求上升；②企业用人占劳动力市场的主导地位，内资企业的用人需求下降，港澳台商和外商投资企业的用人需求增加；③企业一线普通工人的需求上升，生产运输设备操作工需求进一步加大；④失业人员构成发生变化，企业面临技术人员的短缺问题。

中国劳动就业结构在“十五”期间发生较大变化，第一、二、三产业就业人员的比重，由2002年的50.0∶21.4∶28.6，转变为2006年的42.6∶25.2∶32.2。这意味着中国工业化进程已经进入了中期阶段。2007年就业结构进一步得

到优化，农业劳动者比例可进一步下降到41%，如果今后5年能把农业劳动者比重降到30%左右，劳动就业结构将发生历史性变化。

（六）教育投资显著增加，教育公平得到促进

2007年，国务院批准《国家教育事业发展“十一五”规划纲要》，规划要求，“十一五”期间，小学净入学率保持在99%以上，初中毛入学率达到98%以上，初中三年保留率达到95%，高中教育毛入学率达到80%左右，高等教育毛入学率达到25%左右，青壮年文盲率降到2%左右。为了实现上述教育发展目标，政府将逐步把义务教育全面纳入公共财政保障范围，确保财政性教育经费增长幅度明显大于财政经常性收入增长幅度。2007年，全国财政预算内教育支出预算为6461亿元，比2006年增加1053亿元高于全国财政支出增长幅度。其中，2007年中央财政安排教育支出预算858.54亿元，比2006年增加252.49亿元，大于中央本级收入预算和支出预算的增长幅度。

2007年5月，国务院印发了《关于建立健全普通本科高校、高等职业学校和中等职业学校家庭经济困难学生资助政策体系的意见》，决定从2007年秋季学期开学起，进一步建立健全中国家庭经济困难学生资助政策体系。这是继全部免除农村义务教育阶段学杂费之后，促进教育公平的又一项大政策。从资助范围看，国家励志奖学金由每年的0.3%扩大到3%；高校国家助学金由每年的3%扩大到20%；中等职业教育国家助学金由每年的5%扩大到90%。从资助强度看，国家奖学金由每生每年4000元增加到8000元；新设立的国家励志奖学金为每生每年5000元；高校国家助学金由生均1500元增加到生均2000元；中等职业教育国家助学金由生均1000元增加到生均1500元。为了建立这一新的资助政策体系，中央和地方财政2007年上半年投入的经费达154亿元左右。2008年全年中央和地方财政投入将在此基础上翻一番，达到308亿元左右。这项大政策将惠及全国1800多所高校约400万名学生和1.5万所中等职业学校约1600万名学生。

（七）城乡社会保障覆盖面继续扩大，保障水平继续提高

中国各项社会保险覆盖范围继续扩大。截至2007年9月底，基本养老

保险、基本医疗保险、失业保险、工伤保险和生育保险参保人数分别达到19676 万人、18896 万人、11473 万人、11530 万人和 7327 万人，比上年底分别增加 4.6%、16.7%、2.5%、10.9%和 11.8%。与此同时，各级政府积极探索建立农民工社会保障制度，截至 9 月底，农民工参加工伤和医疗保险人数分别达到 3447 万人和 2903 万人，分别比上年底增长 26.4%与 18.5%。

城乡最低生活保障覆盖面稳步扩大，农村最低生活保障快速推进。到 2007 年 9 月份，城镇居民最低生活保障人数达到 2237.7 万人，比上年同期增加 10 万人；农村最低生活保障人数达到 2781.3 万人，比上年同期增加 1559.2 万人。

城镇居民基本医疗保险试点工作全面展开，全国 79 个试点城市大多数已出台了试点方案，城镇基本医疗保险参保人数稳步增加。

企业退休人员退休金偏低问题得到充分重视。为了解决企业退休人员与机关事业单位退休人员退休金差距过大、早期退休的企业退休人员退休金偏低等问题，国家做出了逐步提高企业退休人员养老金标准，并向具有高级职称的企业退休科技人员以及退休早、基本养老金偏低等人员倾斜的决定。从 2007 年 7 月 1 日起对企业退休人员基本养老金标准的调整，是 2005 年以来第三次提高这一标准，在此基础上，国家在 2008 ~ 2010 年还将连续 3 年继续提高企业退休人员基本养老金标准，这项政策将惠及中国 4000 多万企业退休人员。

（八）社会组织发展迅速，基层市民社会不断发育成长

加快社会管理体制改革、重视社会组织的建设和管理，是中国特色社会主义社会建设的重要内涵之一。随着中国市场化、工业化、城镇化水平的不断提高，广大公民自我组织、自我管理、自我服务的能力大大加强，维护自身合法权益的需求也在持续增长。截至 2007 年 9 月底，全国登记注册的民间组织达到 36 万余个，比 2006 年同期增加 12.1%，其中，社会团体 19.5 万个，民办非企业单位 16.4 万个，基金会 1245 个。民间组织的发展，对提供社会服务、满足社会需求发挥了积极的作用。

全国社区建设快速发展，推动基层市民社会不断发育成长，社区越来越成为社会管理和服务网络的综合平台，社区居委会、物业管理部门和业

主委员会的互动协调机制逐步建立，以社区为基础的新型社会管理和社会服务体系正在形成。

（九）劳动关系调节走向制度化，维护劳动者权益的力度加大

2007 年国家相继出台《就业促进法》和《劳动合同法》，并将于 2008 年 1 月 1 日生效，这是中国劳动领域的两个重要立法，对于建立社会主义和谐劳动关系将起到重要作用。

劳动者报酬增幅显著加大。截至 2007 年 9 月底，全国共有 13 个地区调整了最低工资标准，有 19 个省（区、市）发布了工资指导线。

各级工会加大推动广大农民工入会的工作力度。截至 2007 年 9 月底，全国工会已发展进城农民工会员 6197 万人，约占农民工总数的 51.6%。在维护广大农民工的合法权益方面，各地也进行了各种尝试，全国有十几个省市签订了《省际农民工法律援助合作协议》，推进农民工融入流入地社会的工作取得积极进展。2007 年在全国范围内组织开展的农民工工资支付情况专项检查活动，为 150 万农民工追回被拖欠的工资 17.35 亿元。2004 ~ 2007 年 7 月底，全国累计追回被拖欠的农民工工资 433.2 亿元，企业拖欠农民工工资问题基本得到解决，全国保障农民工工资支付的工作重心已由“清理旧欠”向“预防新欠”转变。

（十）安全生产形势基本稳定，社会治安状况有所好转

2007 年，中国继续加大安全生产监管力度，组织力量对工矿企业的生产安全进行全国性的检查，同时开展了安全生产隐患排查治理专项行动。2007 年，全国安全生产形势与上年度相比基本稳定。1 ~ 10 月，全国共计发生重大事故 69 起，比 2006 年减少 6 起；死亡和失踪 1038 人，同比减少 55 人。从不同行业来看，重大事故的发生有增有减。其中，金属和非金属矿发生的重大事故有所减少，煤矿重大事故持平（但死亡人数有所增加），建筑施工、烟花爆竹、道路交通、渔业船舶生产行业重大事故以及火灾事故有所增加。

社会治安状况基本稳定。2007 年 1 ~ 10 月，全国公安机关共立刑事案件 374.9 万起，比上年同期减少 4.1 万起；全国公安机关共破获各类刑事案件 221 万起，比上年同期增加 11.3 万起，破案率有所提高。1 ~ 9 月，全国

命案破案率达到87.57%。1~10月，杀人、强奸、放火、爆炸、投放危险物质等严重影响群众安全感的恶性犯罪案件大幅度下降；抢劫、抢夺和盗窃案件全面下降，发生在农村地区的危害公共安全、侵犯公民人身民主权利、侵犯公私财产、妨害社会管理秩序4类刑事犯罪案件同比下降2.4%，特别是在农村地区最易发生的杀人、强奸案件持续减少。火灾事故、交通事故的死亡人数、受伤人数和直接经济损失都有较大幅度下降。

中国进一步加大保护知识产权的力度。2007年1~10月，全国共立侵犯知识产权案件1904起，同比上升31.5%，其中假冒注册商标案件、假冒专利案件和销售侵权复制品案件均呈上升趋势。

二 2007年社会发展面临的主要问题

2007年，中国社会发展和社会建设工作在取得显著成就的同时，也面临一系列突出问题和矛盾。对这些问题必须有清醒的认识，在深化改革、加快发展的过程中妥善加以解决。

（一）食品和住房价格增长过快，低收入群体的生活受到一定影响

2007年前三季度，中国居民消费价格同比上涨4.1%，但其中食品价格同比上涨了10.6%。物价上涨的原因较为复杂，其中既有劳动力成本和其他要素成本上升的因素，也有国际市场农产品、原油等初级产品价格上涨的影响。食品价格上涨虽然有助于增加农民收入，但使城镇低收入群体的家庭生活受到一定影响。此外，在政府大力抑制房价上涨势头的情况下，2007年前三季度，全国70个大中城市，房屋销售价格累计平均上涨6.7%，9月份房屋销售价格同比上涨8.9%。低收入群体住房困难问题短期内仍难以缓解，经济适用房和廉租房制度需要加快完善。

（二）就业总量过剩和结构性短缺继续同时存在，高校毕业生就业瓶颈亟待破解

目前中国劳动力供大于求的总体格局没有改变，城镇新成长劳动力、农村转移劳动力和下岗失业人员依然是就业工作的焦点人群，中国每年仍

有1000多万个就业缺口，劳动力供大于求依然是主要矛盾。而且，经济增长的就业弹性继续下降，2007年前三季度实现GDP增长11.5%，实现新增就业920万人，意味着GDP每增长一个百分点，就业刚刚能够增加80万人，比2006年同期减少近10万人。但与此同时，劳动力结构性短缺现象日益明显：①产业集聚地区初级劳动力市场的青年劳动力开始紧缺；②专业技术工人短缺；③新型产业的高级专业人员短缺。然而，在高校毕业生就业市场，随着高校毕业生人数的逐年增多，就业形势日益严峻，2007年全国高校毕业生人数达到近500万人，到10月底尚有140多万高校毕业生未能找到工作。如何在保持高校招生人数合理稳定增长的同时，进一步做好高校毕业生的就业工作，是亟待解决的问题。

（三）收入差距扩大趋势尚未扭转，消费增长对经济增长的贡献率仍然较低

2007年，中国城乡之间、地区之间和社会成员之间的收入差距扩大趋势尚未扭转，收入分配差距仍然是人民群众关注的一个热点社会问题。另外，在国民收入的分配中，劳动者报酬比重下降的趋势值得注意，从过去3年的情况看，在按支出法统计的地方GDP构成中，劳动者报酬比重不断下降，2003年以前一直在50%以上，2004年降至49.6%，2005年降至41.4%，2006年降至40.6%。

消费增长对经济增长的拉动作用虽然有所增强，但贡献率仍然较低。2007年前三季度，投资对经济增长的贡献率为41.6%，外贸对经济增长的贡献率为21.4%，而国内消费的贡献率只有37%，远低于国际上大多数国家的水平。

（四）劳动关系不和谐问题仍然突出，落实《劳动合同法》面临挑战

目前劳动关系方面存在的突出问题有：①劳动合同书面签订率低，出现劳动争议时劳动者的合法权益得不到有效保护；②劳动合同短期化，劳动关系不稳定；③用人单位侵犯劳动者合法权益，甚至强迫劳动者签订

“生老病死与用人单位无关”之类的违法条款。2007年第一季度，全国各级劳动争议仲裁委员会共受理劳动争议立案7.5万件，涉及劳动者14.2万人。目前劳动争议、劳资纠纷出现几个重要特征：①综合性劳动争议案件大幅度增长，在一些地方这种争议占全部受理争议案件的90%以上；②劳资纠纷出现群体化，并且由于诉讼程序复杂，劳工更多地倾向于采用把问题“闹大”的方式来求得解决；③由于现行劳动争议处理制度存在种种缺陷，仲裁审理难度加大。

从2007年7月份起，由劳动和社会保障部等9部门组成领导小组，以山西省“黑砖窑”事件为戒，在全国范围内组织开展以乡村小砖窑厂、小煤矿、小矿山、小作坊为重点的整治非法用工、打击违法犯罪专项行动。但据估计目前农民工劳动合同签订率只在20%左右。新的《劳动合同法》尚未生效，一些用人单位就开始想方设法规避《劳动合同法》中的有关规定，或辞退工作年限较长的员工，或要求员工签订新的短期劳动合同，尤其是10月份以来，全国出现了一股裁员风。这些现象表明，落实新的《劳动合同法》任重道远。

当然，也应当看到，中国目前正处于社会主义初级阶段和市场经济体制完善时期，大量的私营企业和个体工商户等用工单位，以及大量农民工都是新事物，如何处理好劳资关系还在探索当中，因而一些矛盾很容易演变成对抗性冲突。对此，我们应当积极推进劳动关系方面的制度建设，努力建立劳资两利、各得其所的社会主义和谐劳动关系。

（五）医疗卫生问题尚未根本改观，医患矛盾呈现增加之势

2007年下半年，中国开始了新一轮的医疗体制改革，其标志是城镇居民基本医疗保险的试点在全国范围内展开。由此，一个由城镇职工医疗保险、城镇居民医疗保险和农村新型合作医疗组成的三层次公立医疗保障体系开始形成。但是，由于医疗卫生体制改革方案迟迟未能出台，实质性的体制改革尚未能启动，“看病难、看病贵”的问题仍然存在，1亿多进城农民工的基本医疗还没有被纳入城镇居民基本医疗保险范围，全社会对医疗卫生体制改革的真正实施充满期待。另一方面，由于“看病难、看病贵”等问题引发民众对医疗卫生机构不信任、部分医卫人员医德欠缺、医患沟

通机制和医患矛盾调解机制不健全等问题的存在，医患纠纷继续呈增加趋势。医疗卫生体制的改革方向，实际上涉及整个中国事业单位的改革方向，关键是如何建立一种坚持公益目标、分类管理、有预算约束、能够为群众提供廉价高质服务的非营利机构运作体制，能够兼顾国家、医院、患者和医护人员的多方利益，这是一项不同于国有企业改革的更加艰巨的改革任务。

（六）社会秩序问题出现新变化，经济犯罪案件持续攀升

社会主义市场经济体制已经成为中国经济生活的基本制度安排，市场经济的秩序因而也成为社会秩序的重要内容。2007 年，在各种刑事犯罪和社会治安案件立案数总体减少的大形势下，经济犯罪案件却持续攀升。1～10 月，全国公安机关共立破坏社会主义市场经济秩序犯罪案件 6.2 万起，同比上升 9.1%。在这些案件中，扰乱市场秩序案件 2.7 万起，同比上升 29.2%；侵犯知识产权案件 1904 起，同比上升 31.5%，其中，假冒注册商标案件同比上升 49%，假冒专利案件同比上升 33.3%，销售侵权复制品案件同比上升 134.8%。随着市场经济的深入，维护市场秩序成为关系民生的重要社会安全问题。

（七）生态环境形势依然严峻，涉及民生的环境污染问题增多

2007 年，在经济高速增长给资源环境造成的压力持续增加的情况下，环境保护理念实现历史性转变，根据转变经济发展方式、实现国民经济又好又快发展的要求，政府加大节能减排工作力度，严格环境执法监督，着力解决危害群众健康和影响可持续发展的突出环境问题。2007 年 1～6 月份，全国单位 GDP 能耗比上年同期下降 2.78%；全国二氧化硫排放总量 1263.4 万吨，同比下降 0.88%，扭转了全国二氧化硫排放量多年连续上升的势头；化学需氧量排放总量 691.3 万吨，同比增长 0.24%，但增幅比上年同期回落 3.46 个百分点。但是，在 2007 年 GDP 增速超过 11% 的情况下，中央政府"节能减排"的既定目标继 2006 年未能完成之后，实现 2007 年"节能减排"目标再次面临空前巨大的压力。中国目前环境损失占当年 GDP 的 8%～13%，环境可持续指数在 144 个国家中排在第 133 位。而且，随着

人们物质文化需求的提高，涉及民生的环境污染问题增多。2007 年太湖蓝藻暴发，致使江苏无锡市数百万居民中断数日正常饮用水供给，敲响了突发性环境问题危及民生的警钟。这有可能成为今后涉及民生的环境问题增多的先兆，必须痛下决心扭转饮用水安全环境恶化的趋势。

三　2008 年社会经济发展态势与政策建议

总的来看，2008 年中国社会经济发展将继续保持良好态势，以民生为重点的社会建设将加快推进，社会管理体制改革的力度将进一步加大，科学发展观和构建社会主义和谐社会的重大战略思想将在各项工作中进一步得到贯彻落实。

（一）2008年社会经济发展的基本态势

1. 2008 年将成为中国改革开放以来社会发展史上的界标

2008 年将是中国改革开放以来社会发展史上具有界标意义的一年。这不仅因为 2008 年是中国改革开放 30 周年，而且因为中国将首次举办奥运会，日本和韩国首次举办的奥运会都曾成为它们现代化历史上的里程碑。2008 年还是中华人民共和国成立 60 周年大庆的筹备之年，中国人将为迎接 21 世纪的第一个建国大庆做好各项工作。2008 年，中国的 GDP 总量将超过德国，居世界第三位，国际经济社会地位将进一步提升。2008 年也是贯彻落实中共十七大精神的关键之年，中国将围绕夺取全面建设小康社会新胜利的目标，进入加快改善民生、促进社会更加公平和谐的社会建设新阶段，通过经济建设、政治建设、文化建设和社会建设全面推进，形成人民群众共建、共享和谐社会的生动局面，努力使全体人民学有所教、劳有所得、病有所医、老有所养、住有所居。

2. 经济将在防止大起大落中继续保持快速增长态势

2007 年物价指数的上涨超过了调控目标，经济出现走向过热的迹象，这方面的压力在 2008 年举办北京奥运会的背景下有可能进一步增强。防止经济出现过热、继续保持经济平稳快速增长，是宏观调控的重点。与此同时，还要警惕 2008 年北京奥运会之后可能出现的经济增长大幅度回落、国际热钱的退出对中国经济宏观稳定形势的影响。从目前的发展情况来看，中国总体上将会把连续 5 年经济增长 10% 以上的态势在 2008 年继续保持下去，中国庞大的经济体将会使 2008 年北京奥运会对中国经济起落的影响不像人们想象的那么大。

3. 以改善民生为重点的社会建设将加快推进

2008 年国家财政在社会建设方面的投入将继续加大力度，向教育、就业、医疗、住房、环境保护等方面财政支出的倾斜将进一步体现。社会建设的各项要求将全面落实：教育方面将更加注重义务教育均衡发展，加快普及高中阶段教育，大力发展职业教育，保障进城务工人员子女平等接受义务教育；在就业方面，将努力建立统一规范的人力资源市场，形成城乡劳动者平等就业的制度，规范和协调劳资关系；在收入分配方面，初次分配和再分配都将努力处理好效率和公平的关系，创造条件让更多群众拥有财产性收入，逐步扭转收入分配差距扩大趋势；在社会保障方面，将全面推进城镇职工基本医疗保险、城镇居民基本医疗保险、新型农村合作医疗制度建设，制定全国统一的社会保险转续办法，加快解决城市低收入家庭住房困难；在医疗卫生方面，将根据政事分开、管办分开、医药分开、营利性和非营利性分开的原则推进改革，强化政府责任和投入；在社会管理方面，将努力妥善处理人民内部矛盾，重视社会组织建设和管理，加强流动人口的服务和管理。

4. 医疗体制改革将走向更加注重公益目标的道路

医疗卫生体制改革方案经过多方酝酿、争议和论证，最终方案基本形成，预计将于 2008 年 3 月提交全国人大会议讨论审议。方案强调坚持公共医疗卫生服务的公益性质，强化政府的责任和投入，重视区分政府和市场的责任，建设覆盖城乡居民的公共卫生服务体系、医疗服务体系、医疗保障体系、药品供应保障体系，建立包括医疗管理机制、运营机制、筹资投入、监管机制、信息技术、人力资源、定价机制和立法保障在内的八大机制，保证市场环境中基本医疗卫生制度良性运转；确立由基本药物制度和公立医院管理制度组成的两项基本制度，逐步实现“病有所医”、人人享有基本医疗服务的目标。

5. 新《劳动合同法》的正式实施将进一步改善劳动关系

2008年1月1日，新《劳动合同法》将正式生效，其实施将会成为2008年的一个热点问题。新《劳动合同法》将从多个方面规范中国的劳动用工制度。劳动合同签订率将进一步提高，集体谈判制度和政府、工会、企业三方协商机制将进一步完善，工会在协调劳动关系方面的作用将得到加强，劳工的各项权益将得到更好的制度化保障，各种侵害劳工权利的行为将得到进一步遏制。用人单位的合法利益也将得到保护，企业的人力资源管理模式将会进一步调整，同时，各种合法的灵活用工形式将得到发展。总之，新《劳动合同法》的正式生效和实施，将使中国和谐劳动关系建设进入一个新的阶段。

6. 2008年北京奥运会的成功举办将进一步推动中国对外开放

为了办好2008年北京奥运会，2007年进行了全面的准备，各项硬件设施建设接近完工，其他筹备工作也逐步进入了倒计时阶段，国内外对2008年北京奥运会盛况翘首以待。由于中国为此次奥运会进行了前所未有的精心准备，2008年北京奥运会将会成功举办，中国将在世界面前展现30年改革发展的成就，展现一个文明古国和经济大国文明昌盛、团结和谐的形象，增强中国与世界的交流和互动，促进中国走向世界和世界进一步了解中国。

（二）关于进一步促进中国社会和谐发展的若干政策建议

针对2007年中国社会建设和发展中存在的若干问题，为了更好地促进2008年中国经济社会发展，我们提出如下几个方面的政策建议。

1. 增强科学调控力度，防范经济社会发展中的可能风险

改革开放29年来，中国经济与全球经济的联系愈益密切，相互影响逐步增强。2007年世界经济的总体状况不如年初预期，美国房地产和次级债务危机不仅影响到美国消费，也影响到世界经济，使其走势存在很大变数。2007年以来，中国股市超常发展，大量居民进入股票市场，股市异常变动成为一个能够对社会稳定产生较大影响的因素。另外，食品和住房价格持续走高，对相当部分中低收入居民的生活消费产生较大影响。环境污染，特别是城市饮用水的安全，也在日益成为影响经济增长和社会生活的重要因素。因此，2008年要加强科学宏观调控的力度，特别是要大力防范经济的大起大落，特别关注物价、股市、金融和环境等领域的风险。

2. 继续加大收入分配调节力度，切实提高劳动者报酬的比重

中国的财政收入近几年均以20%以上的速度增长，2007年是中国财政收入增长率持续超过GDP增长率的第15个年头。财政收入占GDP的比重已经由“九五”末期的10.3%上升到“十一五”初期的18.4%。而与此同时，居民收入和劳动收入在国民收入分配中的地位出现了下降，职工工资总额占GDP的比重从“九五”末期的13.3%下降到“十一五”初期的11%。应当认真分析这种收入分配格局的变化对经济社会发展的影响，逐步提高居民收入在国民收入分配中的比重和劳动报酬在初次分配中的比重，增强居民消费对经济增长的拉动作用。要强化税收调节，打破垄断经营，创造机会公平。要继续推进公务员工资制度和事业单位收入分配制度的改革，逐步扭转收入分配差距扩大趋势，特别是扭转城乡居民之间的收入差距扩大趋势。

3. 加快新《劳动合同法》配套制度建设，减少对新《劳动合同法》的规避或滥用

新《劳动合同法》尚未生效，便已经发生了一些旨在规避该法的行为，表明要大力加强对用人单位和劳动者进行关于新《劳动合同法》的宣传解释；同时，加强新《劳动合同法》实施条例的制定工作，将该法对劳动者的合法权益的保护以及对用人单位的合法利益的保障予以操作化；要尽快制定出台其他配套法律法规，规范和妥善处理新的劳动争议事件。

4. 进一步加快城乡统筹和一体化进程，促进城乡均衡发展

目前，统计上的城市化率已经达到44%左右。但是，通过比较城镇户籍人口比重与城镇常住人口比重两个统计指标，可以看到，两者之间的差距越来越大，2006年达到约15个百分点。也就是说，全国目前有2亿多在城镇居住半年以上的统计上的城镇人口仍然是农业户籍人口。这种状况无论是对进城的农村人口还是对城市本身的发展都是很不利的，也是很不公平的。目前农民工在子女上学、看病和住房等方面还面临种种困难，城市必须把农村进城的常住人口视为新的市民，在农民工聚居区提高社会管理和公共服务水平。要进一步加快城镇化进程，在实现人口数量转移的同时，实现转移人口的身份转变，从而促进进城农民工与城市的融合，促进城乡公平均衡发展。

5. 继续加大反腐败工作力度，加强反腐败重大制度建设

2007年，中国政府反腐败工作取得了重要成效，包括陈良宇等在内的一批腐败分子受到应有惩罚，人民群众感到鼓舞和振奋。国务院成立了国家预防腐败局，为加强国内反腐败制度建设和与国际反腐败力量合作创造了新的条件。中共十七大报告对加强反腐败工作也提出了更高的要求，特别是强调惩治和预防腐败关系人心向背和党的生死存亡。要继续加大反腐败力度，加快推进包括干部收入与财产登记和公开制度在内的重大反腐败制度的研究，为保障经济发展和社会稳定创造良好的制度环境。

力挽狂澜：中国社会发展迎接新挑战*

——2008～2009年中国社会形势分析与预测总报告

2008 年是极不平凡的一年，它是一个新的界碑，也是一个新的历史起点。在这一年里，发生了许多对中国未来发展产生重大影响的事件。一方面，中国迎来了改革开放 30 年，在北京成功举办了世界瞩目的第 29 届奥运会和残奥会，“神舟七号”载人航天飞行实现太空行走；另一方面，中国遭受重大冰雪灾害，四川发生汶川特大地震，由美国次贷危机演变成的国际金融危机也对中国产生深刻影响。中国社会发展进入新的关头，既面临空前的挑战，也面临新的发展机遇。从目前的种种迹象来看，2008 年将是中国社会发展进入新的历史阶段的标志性的一年。

一 2008 年中国社会发展的总体形势

2008 年，中国社会各界都在进行改革开放 30 年的回顾和总结，这 30 年快速发展的成功经验，成为中国走向未来的新起点。2008 年在北京成功举办的奥运会，就像 1964 年的东京奥运会和 1988 年的汉城（首尔）奥运会一样，成为一个国家走向现代化的标志性事件。与此同时，对汶川特大地震灾害等重大事件的快速反应和对国际金融危机的冷静应对，使中国的总体社会发展仍处于良好运行的轨道。

（一）经济增速仍处于较快区间，从防过热转向保增长

2008 年以来，中国经济继续快速增长，但由于受能源和原材料价格提高、人民币升值、劳动力成本提高、重大自然灾害和国际金融危机等多种

---

* 李培林、陈光金执笔。

因素的影响，以及国家对产业结构进行了适当调整，增长速度明显放缓。前三季度，国内生产总值（GDP）达到201631亿元，按可比价格计算，同比增长9.9%，比上年同期回落2.3个百分点。值得注意的是，第一季度增长10.6%，第二季度增长10.1%，第三季度增长9%，增长速度呈逐季下降态势。预计2008年全年GDP增长在9.5%左右，比2007年下降两个多百分点，是近十几年来经济波动幅度最大的一年。

与此同时，财政收入也出现较大幅度下降。1～9月，全国累计完成财政收入48946.86亿元，比上年同期增长25.8%。预计全年财政收入将突破6万亿元，年度增长17%，与2007年全年财政收入增长32.4%相比，回落明显。

这种经济和财政收入的增长放缓，一方面是受国内国外多种复合因素的影响，另一方面也是对前几年持续快速增长的周期调整。

（二）粮食生产取得历史性突破，国家粮食安全得到保证

在国际粮食价格一度骤然攀升，国际粮食市场动荡的情况下，我国粮食实现连续五年增产，2008年全国粮食产量有望达到5.15亿吨，从而超过1998年和2007年，达到历史最高水平，这为确保国家粮食安全和国民经济平稳较快发展创造了基础条件。

近年来，国家对农业生产加大了支持力度，2008年财政补贴的农作物已扩大到水稻、小麦、玉米、大豆四大粮食作物，其中水稻实行全覆盖补贴，小麦、玉米分别补贴2亿亩，大豆补贴0.4亿亩，合计补贴面积占全国粮食总面积的50%以上。农民的直接补贴、良种补贴、农机具购置补贴和农资综合直补等各种补贴措施，调动了农民的生产积极性，在稳定面积、提高单产、改善品质等方面发挥了重要作用。虽然年初南方数省发生冰雪灾害，5月份以后又发生汶川8.0级特大地震以及部分地区的水旱灾害，但全年多数地区农业气候条件较好，加之农业投入力度持续加大，粮食生产取得了历史性突破。

（三）城乡居民生活水平继续提升，收入增长速度放缓

2008年前三季度，城镇居民人均可支配收入达到11865元，同比增长

14.7%，扣除价格因素，实际增长7.5%，与上年同期相比增速回落5.7个百分点；农村居民人均现金收入达到3971元，同比增长19.6%，扣除价格因素，实际增长11.0%，与上年同期相比增速回落3.8个百分点。按照这种趋势，结合以往年度的情形来考察，预计全年城镇居民家庭人均可支配收入增长幅度将在7%左右，农村居民家庭人均纯收入也可达到7%左右，并有可能出现20多年来农民人均纯收入增长率首次超过城镇居民人均可支配收入增长率的情况，从而有助于扭转直到2007年为止城乡居民收入差距持续拉大的趋势。但与此同时，城乡居民收入增幅，较2007年出现较大幅度的回落。

居民消费价格上涨趋势得到有效控制。1~9月，居民消费价格总体上涨7.0%，涨幅比上年同期高出2.9个百分点。但是，居民消费价格涨幅从5月份开始呈现逐步回落态势，1~10月与上年各月度相比，上涨幅度分别为7.1%、8.7%、8.3%、8.5%、7.7%、7.1%、6.3%、4.9%、4.6%和4.0%，预计全年居民消费价格上涨将回落到6.0%左右。

在物价上涨的形势下，国内消费增长势头仍较强劲，城乡居民生活水平继续较快提升。前三季度，社会消费品零售总额77886亿元，同比增长22.0%，比上年同期提高6.1个百分点。但城乡差距仍较明显，前三季度，城市社会消费品零售额53165亿元，占68.3%，同比增长22.7%；县及县以下零售额24721亿元，占31.7%，同比增长20.6%。分商品类别看，前三季度价格增长最快的是石油及其制品类、金银珠宝类、汽车类和粮油类，分别增长46.4%、42.9%、29.1%和28.6%。

（四）就业形势基本平稳，劳动关系调节效果显著

2008年1~8月，全国城镇新增就业人员848万人，下岗失业人员实现再就业370万人，就业困难人员实现就业104万人。上半年，全国城镇登记失业人员835万人，城镇登记失业率为4%。全国城市劳动力市场供求基本平衡。根据中国劳动力市场信息网监测中心对全国部分城市劳动力市场的调查，第一季度和第二季度的总体求人倍率均为0.98。

劳动关系调节成效显著。年初以来，新《劳动合同法》《劳动争议调解仲裁法》《劳动合同法实施条例》《企业职工带薪年休假实施办法》等法律

法规先后颁布、生效和实施，增强了对劳动者合法权益的保护。2008 年 1 月 1 日，新《劳动合同法》生效；9 月，国务院颁布《劳动合同法实施条例》。经过 8 个多月的贯彻实施，中国多数企业更加重视劳动合同的签订工作。据 26 个省（区、市）调查统计，上半年企业劳动合同签订率达到 90%～96%，比 2007 年底上升 3～8 个百分点。合同签订率的提高，有助于保护劳动者的合法权益，也有利于用人单位的依法管理。

（五）社会保障体系覆盖面扩大，保障水平显著提高

最低生活保障体系加快扩展。到三季度，全国城镇最低生活保障覆盖 1084 万户 2272.2 万人，与上年同期相比分别增加 36.8 万户和 34.5 万人；居民最低生活保障平均标准为人均每月 206.2 元，每月人均实际支出 132 元，同比分别增加 27 元与 37 元，增幅均高于物价上涨幅度。与此同时，全国农村最低生活保障覆盖 1786.1 万户 3857.7 万人，分别比上年同期增加 509 万户和 1076.4 万人；平均保障标准为每月人均 81.5 元，每月人均实际支出 43 元，同比分别增加 10.6 元和 13 元。城乡低保标准和实际支付水平的增长幅度，均超过了物价上涨幅度。

基本医疗保障制度继续完善，新型农村合作医疗制度覆盖面进一步扩大。城镇居民基本医疗保险试点新增 229 个城市，到 2008 年 7 月底，已覆盖人口 6238 万人。城镇职工基本医疗保险制度覆盖面逐步扩大，参保人数达 1.94 亿人。新型农村合作医疗体系建设到 8 月份覆盖了全国 98% 的县（市、区），受保障农民超过 8 亿人，中央向中西部地区提供的补助标准已由 20 元提高到 40 元。

2008 年上半年，全国参加养老保险、失业保险、医疗保险、工伤保险、生育保险职工人数比 2007 年年底分别新增 770 万人、365 万人、875 万人、852 万人、677 万人；全国五项社会保险基金总收入 6105 亿元，比上年同期增长 31%。

（六）教育事业更加注重公平，城乡义务教育免除学杂费

继农村义务教育免除学杂费之后，从 2008 年秋季学期开始，全部免除城市义务教育阶段公办学校学生学杂费。这意味着全国城镇 2821 万中小学学生每人每年可免交 190～350 元不等的费用。进城务工人员随迁子女接受

义务教育，以流入地公办学校为主，纳入公共教育体系，按照相对就近入学的原则统筹安排在公办学校就读，免除学杂费，不收借读费；在接受政府委托、承担义务教育任务的民办学校就读的学生，按照当地公办学校免除学杂费标准，享受补助。

为建立保障农村义务教育经费的新机制，中央财政已拨付新机制资金282亿元，其中用于免除学杂费和提供国家课程教科书的资金分别为135.2亿元和86.4亿元。

2008年全国高校招生599万人，与1990年相比，全国高校招生规模扩大了8.84倍，年均增长14.2%。为了帮助贫困大学生入学，国家高等教育资助贫困生政策已经形成体系，建立起包括国家奖学金、国家励志奖学金、国家助学金、国家助学贷款、师范生免费教育、国家助学贷款代偿制度、勤工助学、学费减免等多种形式并存的高校贫困生资助政策和制度框架。另外，从2007年起，国家试点生源地信用助学贷款，取得积极成效。据统计，从2007年8月到2008年6月底，江苏、湖北、陕西、甘肃和重庆5个试点省、市共签订生源地信用助学贷款合同14亿元，获贷学生11.4万人，共发放贷款6.1亿元。

（七）市民社会继续发育，公民意识显著增强

2008年可以说是中国市民社会成长的一个重要时期。从社会组织方面来看，2008年前三季度，全国有注册登记的民间组织38.2万个，其中社团组织20.7万个，民办非企业单位17.3万个，基金会1361个。与上年同期相比，民间组织增加2.1万多个，增幅约为6%。政府向民间社会组织购买服务，已成为转变政府职能、建设服务型政府的重要渠道之一。

与此同时，全国行业协会的发展进入规范化阶段。2008年8月29日，国家发改委等国务院9个部门联合制定了《关于规范行业协会、市场中介组织服务和收费行为专项治理工作的实施意见》，要求用一年左右时间，解决行业协会和市场中介组织服务和收费行为不规范、损害企业和群众利益等突出问题，使服务质量明显提高，会员满意度和社会公信力明显增强；用2~3年的时间，理顺政府与行业协会和市场中介组织的关系，基本建立起行业协会和市场中介组织规范发展的长效机制。

工会等人民团体在市民社会发育中也发挥了重要作用。近年来，中国工会组织发展迅速，到 2007 年底，全国基层工会组织达到 150.8 万个，覆盖用人单位 319.3 万个。同期，外资企业和内资私营企业的工会组建率分别达到 73.6% 和 69.6%。全国工会会员总数达到 19329 万人，连续 4 年年均净增 1600 万人，全国职工入会率达到 71.4%；农民工加入工会的也超过 6000 万人。工会民主建设有所发展，据对 14 个省（区、市）统计，共有 33658 个企业工会实行了直选，基层工会的维权力度得到增强。

在 2008 年发生的 5·12 汶川地震灾害中，中国公众的志愿精神得到空前的发育和彰显，民间志愿行动更是引人注目。据团中央抗震救灾工作联合办公室和中国青年志愿者协会统计，截至 2008 年 6 月 3 日，全国共有 561.2 万人通过各级共青团组织报名参加抗震救灾志愿服务，各地直接和间接参与了抗震救灾的志愿者共计 491.4 万人。全国参与各种抗震救灾活动的志愿者总数估计超过 1000 万人。另外，在北京奥运会期间，共有 7 万多名志愿者直接为奥运会提供服务，40 万城市志愿者在城市和场馆周边提供城市志愿服务，100 万社会志愿者在全市社区开展志愿服务。2008 年中国公众志愿行动，是中国市民社会成长和社会进步的一个重要标志。

（八）重大突发事件应对能力提高，社会稳定得到保障

2008 年 3 月 14 日，“藏独”分子在西藏拉萨等地掀起巨大风浪，造成打砸抢烧恶性事件。面对“藏独”分子和西方反华势力借题发挥造成的空前压力，我国政府迅速向国内外社会各界公布拉萨事件的真相，揭穿“藏独”势力分裂祖国的图谋和暴行。西方反华势力阻止奥运火炬传递的行径，激起了中国民众、网民和海外华侨华人的无比愤怒，他们自发形成大规模的爱国民间运动。对拉萨事件的成功应对，使举国上下形成一种新的共识，即及时做到信息公开，尊重人民的信息获取权和共同参与权，让事实走在谎言前面，是正确处理各种突发性社会事件的正确途径。

5 月 12 日发生的汶川特大地震灾害，给灾区人民造成了巨大的生命财产损失、失去亲人的痛苦和心灵创伤。面对突如其来的灾难，中国政府从发布灾情，启动应急预案，到国家领导人迅速赶赴灾区指挥救灾，动员社会各界力量支援，一系列快速反应行动，显示了党和政府应对突发公共事

件的责任感、高效率和信息透明度，赢得了国内外社会的广泛赞誉。全国人民在特大灾难面前表现出的万众一心、共渡难关的精神，军队在重要关头起到的迅速救人救灾的决定性作用，以及社会各界自发组织的广泛力量，都成为中国在应对重大突发事件方面的宝贵财富。

二 2008年中国社会发展面临的主要矛盾和挑战

2008年不仅仅发生了许多对中国社会发展进程具有积极意义的事件，同时也面临着若干重大的矛盾和挑战。

（一）国际金融危机影响加深，中国经济增速明显放缓

当前中国经济社会运行中的突出风险，是由美国次贷危机引发的国际金融危机从而产生的不确定影响。5·12汶川地震虽然损失巨大，但主要是存量损失，对全国经济增长不会有太大影响。至于所谓“奥运后效应”，由于中国是一个庞大的经济体，2002～2007年，北京年均用于奥运会的投资不到全国每年固定资产投资总额的1%，北京奥运工程竣工面积为71.83万平方米，只相当于2007年全国房屋竣工面积的0.0139%，京津和河北省的经济总量分别仅占中国GDP和总工业产值的11%和10%，所以奥运后经济也不会受到太大影响。而世界经济出现衰退，对外贸依存度较高的中国经济增长影响很大。外需减弱，加上原材料、燃料价格和劳动力成本上升，一大批外向型的中小企业处境困难。据统计，2008年上半年，全国已经有6.7万家中小企业因为成本上升压力和资金困难而倒闭，全国私营企业户数仅仅增长2%左右，而2007年的增幅达到10.7%。中小企业是吸纳劳动力的主渠道，中小企业处境艰难对就业产生很大影响。随着国际经济环境的变化，尤其是全球经济增长速度的明显放缓，中国经济增长面临的风险增多，减速压力继续增大，由此而产生的社会后果有可能逐步显现。

（二）收入分配亟待调整，扩大内需压力增加

最近十几年来，中国居民收入在国民收入中的比重呈下降趋势，1994年，中国政府、企业和居民三者间的分配关系为18∶16∶66；到2002年变化

为20.5∶14.9∶64.6；到2006年进一步变化为21.4∶21.5∶57.1。在经济增长面临下滑过快危险的时候，转变增长方式，扩大内需，逐步提高居民收入在国民收入分配中的比重，提高劳动报酬在初次分配中的比重，成为亟待解决的问题。

尽管城乡居民人均收入的增长幅度在2008年可能达到持平的局面，但绝对差距仍会继续扩大。中国社会科学院社会学研究所2008年6~7月在全国进行了第二次全国综合抽样调查，对调查数据的初步分析表明，在非农从业人员中，被调查者个人月收入（工薪收入与经营收入之和）差距明显扩大：收入水平最高20%被调查者的收入份额，是最低20%被调查者的收入份额的18.7倍。

（三）农民工返乡问题突出，大学毕业生就业更加困难

从2008年全年来看，就业面临五方面压力：一是以高校毕业生为主体需要就业的青年达到历史新高；二是自然灾害（雪灾、震灾、水灾）造成一批企业停产、停业和个体工商户歇业；三是一批出口导向的中小企业因经营困难倒闭；四是为节能减排关闭一些高能耗、高污染的企业；五是2008年是国有企业政策性破产最后一年。

受国际金融危机的影响，中国东南沿海地区一批出口导向的中小企业出现经营困难和破产倒闭，农民工歇业、失业和返乡现象比较突出。根据对广东部分企业的调查，企业减员一般达到了20%。另据中国社会科学院社会学研究所2008年5~7份的全国社会状况综合调查，城镇调查失业率达到9.6%。

2008年高校毕业生将达到559万人，比2007年增加64万人。到8月份，全国大学毕业生实际实现就业率为70%，预计到2008年年底，毕业大学生未能如期就业的会达到150万人左右，整个就业市场的大学毕业生需求岗位的总体状况相对趋紧。

（四）劳动争议案件激增，新劳动法规面临磨合期的考验

2008年实施新《劳动合同法》和《劳动争议调解仲裁法》，对于改善用人单位与劳动者之间的平衡关系具有积极意义；与此同时，劳动争议案

件也出现大幅度增加的趋势。上半年，一些地方仲裁机关的劳动争议受理案件和立案件数以30%～50%的速度增长，法院受理的劳动争议诉讼也同样呈现大幅度增长的趋势。其中，涉及私营企业的案件数量增长速度最快。

2008年劳动争议案件具有一些新的特点。一是劳动报酬、工伤待遇、社会保险和经济补偿争议占多数，在一些地方这几类劳动争议占80%以上。二是由于劳动争议案件急剧增加而仲裁机构处理能力不足，结案率在一些地方出现较大幅度的下降。三是新型的、群体性的争议与上年相比有增长趋势。四是案件处理难度不断增大，依法仲裁阻力重重。五是一些历史遗留问题处理难度加大，特别是因企业改制等原因而产生的遗留问题不断引发新的争议。

2008年劳动争议案件急剧增加的原因是多方面的。从实际情况看，新《劳动合同法》实施初期的磨合问题，成为现阶段劳动争议案件增多的一个重要因素。另外，据全国人大的调查，在劳动合同签订方面，仍然存在诸多问题，如劳动合同不规范、私营企业劳动合同签订率偏低、职工参加社会保险的比例偏低，等等。新《劳动合同法》的实施，面临磨合期的考验。

（五）生产安全形势依然严峻，食品药品安全问题突出

近年来，政府一直在加大安全生产工作力度，并取得明显成效。据统计，2008年1～8月，全国生产事故起数和死亡人数同比分别下降20.1%和14.9%。但与此同时，重大安全事故仍呈现增加之势。1～8月，全国发生一次死亡10人以上的重特大事故63起、死亡1034人，比上年同期增加10起、128人，同比上升18.9%和14.1%。特别是9月份以来，一些地方和单位接连发生了12起重特大事故，人民群众的生命财产蒙受惨痛损失。9月8日，山西襄汾发生特别重大尾矿库垮坝事故，死亡人数达到276人；9月20日，广东深圳市发生特大火灾事故；同日，黑龙江鹤岗市发生煤矿井下火灾事故；9月21日，河南登封市发生煤矿瓦斯事故。这些事故都造成了惨重的人员伤亡和财产损失。

随着人民群众对生活质量要求的提高，食品、药品安全问题越来越受到普遍的关注，一旦发生问题，很容易产生全局性的影响。2008年食品、药品安全问题面临严峻形势，其中牛奶添加有毒物质三聚氰胺事件，产生

了重大影响。三鹿等20余个品牌的奶粉中，三聚氰胺含量严重超标，大批食用含有过量三聚氰胺的奶粉的婴幼儿患上了结石病。根据卫生部的通报，截至10月15日，全国因食用含有三聚氰胺成分奶粉住院治疗的儿童中，已经出院的有43603名，仍在住院治疗的有5824名，另有3名患儿死亡。该事件的发生，不仅暴露出有关地方政府疏于监管和有关生产企业见利忘义、无视人民生命安全的问题，同时也反映出中国食品安全监管方面存在诸多缺陷。此次奶粉事件暴露的问题，引起了政府的高度重视。7月27日，国务院发布《国务院关于加强食品等产品安全监督管理的特别规定》；10月9日，国务院公布《乳品质量安全监督管理条例》；9月18日，国务院办公厅发出《关于废止食品质量免检制度的通知》；10月份，全国人大对4月公布的《食品安全法》草案进行三审，三审稿就食品安全监管增加了若干新的内容，包括不得对食品质量实施免检，国家统一食品安全标准，食品添加剂须得到国家卫生部门批准，企业必须在食品出现问题时召回其产品，否则政府有权强制召回，等等。2008年将在中国食品安全发展史上成为具有标志意义的一年。

（六）社会利益矛盾增多，新型群体性事件值得关注

近年来，随着经济的高速增长和社会结构的巨大变迁，发展不平衡和利益不平衡的问题比较突出，加之在许多方面存在体制机制不完善、不配套问题，一些历史遗留的和长期积累的社会问题逐渐显露，因征地、拆迁、企业改制、环境污染、劳动争议等问题而发生的社会利益矛盾增多。2008年，信访量明显增加，仅全国民政部门，一季度就接受信访14万人次，第二季度31.4万人次，第三季度44.6万人次，总计90万人次，而2007年全年为81万人次。全国群体性事件在2005年一度下降，但从2006年起又开始上升，2006年全国发生各类群体事件6万余起，2007年上升到8万余起。2008年的形势仍不容乐观，6月28日发生的贵州瓮安事件，7月3日发生的陕西府谷事件，7月16日发生的广东惠州事件，7月19日发生的云南孟连事件，是在不到1个月的时间内发生的数起重大群体性事件。

这些事件表现出一些值得关注的新型群体性事件的特征：事件由偶然意外事件引发，蔓延速度很快，绝大多数参与者与最初引发事件的原因并

没有直接利益关系，往往是为了发泄对一些长期积累的问题的不满。这些情况表明，要认真研究新形势下的社会矛盾，注意倾听人民群众的诉求，及时解决一些关系人民群众切身利益的民生问题，彻底扭转社会矛盾增多的态势。

三　2009 年中国社会发展的展望与对策建议

2009 年是我国经济社会发展非常关键的一年，必须从战略高度审时度势，慎重应对，从风险和挑战中寻找和抓住机遇，加大经济社会宏观调控的力度，确保经济社会的稳定快速发展。

（一）力挽狂澜加大投入，确保经济社会平稳快速发展

中国经济增长进入新的调整期，2009 年经济增长速度预计将回落到 8%左右。保证经济的适度高速增长，对于我国这样一个人口每年净增 700 多万人、人民生活水平处于快速提高时期的国家来说，是非常重要的。但与此同时，又要看到，我国正处于城乡结构调整、产业结构升级、发展方式转变的阶段，高能耗、高环境代价的增长和严重不平衡的发展都是不可持续的。因此，在世界金融危机日趋严峻、形势复杂多变、经济增长下滑风险加大的情况下，要实行积极的财政政策、适度宽松的货币政策、促进出口的政策和扩大内需的政策。中央决定，在未来一两年，将投入 4 万亿元人民币，加快民生工程、基础设施、生态环境等方面建设以及灾后重建，提高城乡居民特别是低收入群体的收入水平，促进经济平稳较快增长。要利用这次经济调整的机会，转变发展方式，启动新一轮经济转型，积极扩大内需，调整城乡之间和经济社会之间的发展不平衡状况，逐步改变过度依赖外贸的格局。要防止在新的投入过程中，形成以往容易出现的重复建设、产能过剩、资金沉淀、效益下降等问题。

（二）调整收入分配格局，刺激和扩大内需成为政策要点

在世界经济不振的情况下，更多地依靠刺激和扩大内需来推动中国经济增长，成为促进经济增长的要点。因此，需要扭转居民收入在国民收入

分配中的比重不断降低的趋势，逐步提高城乡居民收入在国民收入分配中的比重，提高劳动报酬在初次分配中的比重，建立职工工资和劳动者收入的正常增长机制，增加和改善公共产品和公共服务的供给，并采取措施防止收入分配差距的继续扩大。要千方百计提高农民收入水平，加大对生活困难群体和低收入群体的扶持力度，解决一些历史遗留的收入分配问题，稳定和增强城乡居民的消费信心。

中国的粮食产量达到了历史最高水平，在这种情况下，要通过各种方法保证粮食价格维持在合理水平，保护农民的种粮积极性，防止出现农民增产不增收的情况。

（三）破除城乡二元结构，我国社会发展进入新阶段

由于历史的原因，中国形成了双重的城乡二元结构，即在经济上存在传统农业和现代工业二元结构的同时，在户籍、教育、医疗、社会保障等诸多方面，也存在着社会体制方面的二元结构，这种城乡二元结构造成的深层次问题突出。当前，中国已进入以工促农、以城带乡的发展新阶段，因此，要坚持工业反哺农业、城市支持农村和对农村多予少取放活的方针，深化体制机制改革，统筹城乡发展，着力破除城乡二元结构，促进形成城乡经济社会发展一体化新格局。要把基础设施建设和社会事业发展的重点放在农村，推进城乡基本公共服务的均等化，在改善农民生活环境、生活条件和生活水平方面取得突破。

（四）以改善民生为重点，加快推进社会体制改革

2009年，以改善民生为重点的社会体制改革以及相关的社会立法将全面启动。其一，在深化分配制度改革方面，将加强对垄断行业企业的工资监管，健全最低工资标准调整机制，深化机关事业单位工资收入分配制度改革。其二，在社会保障方面，将研究制定全国统一的社会保险关系转续办法，重点解决农民工因社会保险不能转续所造成的参保率较低的问题，进一步完善农村最低生活保障制度。其三，在医疗卫生方面，将加快推进医药卫生体制改革，出台深化医药卫生体制改革的意见及相关配套文件，进一步完善农村新型农村合作医疗制度，提高筹资标准和保障水平。其四，

在教育体制方面，将研究起草国家中长期教育改革和发展规划纲要，进一步完善义务教育经费保障机制，落实保障家庭经济困难学生、进城务工人员随迁子女平等接受义务教育的措施，深化职业技术教育投入、办学和管理体制。这些改革大多数将以法律法规的形式得到落实，届时中国的社会和民生立法将渐成体系。

此外，社会保险法、社会救助法、慈善事业促进法都已进入设计过程，新医疗体制改革方案草案预计 2009 年将提交全国人大讨论。

（五）就业面临新问题，大学生和农民工就业应受到高度关注

2009 年，随着经济增长速度的放缓、产业结构的升级和劳动力成本的提高，就业形势将面临新的紧张局面，农民工返乡和大学生就业难的问题将会比较突出。2008 年和 2009 年，估计有数百万农民工回流到农村和小城镇，要重视由此产生的经济社会问题。各级政府应关心这些人的生产生活，热情帮助，积极引导，广开就业门路，千方百计增加就业岗位，加强职业技能培训特别是高级技工的培养，减少中小企业和个体经营者的税收，提供优惠的小额创业信贷，鼓励回乡农民工自主创业和自谋生计，减免自我雇佣者的经营税费。

2009 年大学毕业生将在 2008 年的 599 万人的基础上增加 50 万人左右，大学毕业生就业难的问题将会更加突出。要继续深化大学生就业体制改革，树立新的就业观念，为大学生创业和自谋职业创造更有利的条件。应当逐步建立和完善大学生志愿服务制度，对具有志愿服务经验的大学生，国有部门应当优先聘用。高等教育也要根据就业结构和市场需求的变化，加快进行教学体制的改革。

（六）充实基层财政，提高基层政府提供公共服务的能力

近几年来，中国财政收入大幅度增加，但相比较而言，县乡两级基层财政仍然比较薄弱，有的甚至非常困难，全国相当一部分乡镇政府，特别是中西部的一些乡镇政府，处于负债运行的状况，他们肩负着税收、计划生育、新农村建设等方面的重任，但提供公共服务的能力比较薄弱，这种情况不仅影响到基层建设，也容易造成基层干群关系紧张和影响社会稳定。

因此，要重视增加对县及县以下比较薄弱的基层财政的一般性转移支付，充实基层财力，完善基层公共财政保障机制，促进财力与事权相匹配，推进省直接管理县（市）财政体制改革，提高基层政府提供公共服务的能力，把建设服务型政府落实到基层。

（七）创新社会建设和社会管理，促进社会和谐稳定

经济快速增长伴随的一些发展不平衡、社会结构巨大变迁产生的一些新矛盾、利益格局调整中积累的一些社会问题，都使得当前的社会矛盾比较集中、比较突出，而且具有了新的特点。诸如食品、药品等安全事故，也很容易形成影响广泛的新型社会风险。在这种情况下，要转变政府职能，创新社会建设和社会管理的体制机制，健全依靠城乡社区和工作单位把问题解决在基层的机制，发挥工、青、妇和各类社会组织参与调节社会矛盾和劳动争议的作用，建设宏大的社会工作人才队伍，普遍开展社会志愿者活动，动员各种社会力量努力促进社会和谐稳定。

中国进入发展的新成长阶段*

——2009～2010年中国社会形势分析与预测

2009年，中国努力克服国际金融危机的影响，正逐步从危机冲击中恢复过来，进入经济社会发展的新成长阶段，并在危机后时期获得新的发展机遇和动力。新中国成立60周年重大庆典，展现了我国60年建设的伟大成就，反映了改革开放30多年的巨大变化，也标示着未来30年发展的新起点。

一　2009年中国社会发展的总体形势

2009年，我国出台一系列重大措施，保增长、保民生、保稳定，有效地抵御和化解了国际金融危机的影响，全年国内生产总值增长达到8%以上，经济结构进一步优化；城乡居民收入稳定增长，居民消费价格总水平涨幅在4%左右；城镇新增就业可达1100多万人，就业形势的紧张局面得到控制。

（一）经济增长企稳向好的态势基本形成

2009年前三季度，我国国内生产总值217817亿元，按可比价格计算，同比增长7.7%，增长速度呈逐季回升态势，一季度增长6.1%，二季度增长7.9%，三季度增长8.9%，全年经济增长将超过8%。2009年9月份，我国采购经理人指数（PMI）升至54.3%，这已是连续7个月位于临界点50%上方，也是2008年5月以来的最高值，表明制造业活动处于总体扩张状态。同时，9月份制造业从业人员指数为53.2%，已连续4个月达到临界点以上，显示随着制造业经济的企稳，劳动力需求进一步增加。

---

* 李培林、陈光金执笔。

2009 年前三季度，全社会固定资产投资总额 155057 亿元，比上年同期增长 33.4%。国家财政税收在减少企业税负、促进增长的背景下，扭转了负增长局面，5 ~9 月份连续 5 个月实现增长。2009 年前三季度累计，全国财政收入 51518.87 亿元，比上年同期增长 5.3%。

农业农村经济稳定发展。2009 年我国全年粮食生产再创历史新高，实现近 40 年来首次连续 6 年增产，夏粮总产量达到 2467 亿斤。通过实施粮食最低收购价、增加国家收储等及时主动的市场调控措施，有效稳定了丰收后的农产品价格，保证农民增产增收。

（二）城乡居民收入和消费持续增长

2009 年前三季度，城镇居民人均可支配收入 12973 元，同比增长 9.3%，扣除价格因素，实际增长 10.5%；农村居民人均现金收入 4307 元，比上年同期增长 8.5%，扣除价格因素，实际增长 9.2%。前三季度农村居民现金收入较上年同期回落 11.1 个百分点，处于近 6 年来同期增幅较低水平，估计全年农民人均纯收入比上年增长 6% 左右。

为了稳定农民的收入增长，2009 年中央财政落实支农惠农资金 7161.4 亿元，比上年增长 20.2%，特别是加大了对农民的补贴力度，安排粮食直补、农资综合补贴、良种补贴、农机具购置补贴 4 项补贴约 1230.8 亿元。

随着居民收入增长，居民储蓄和消费都有所增长。从居民储蓄方面看，2009 年 1 ~9 月份，居民储蓄存款余额从 236872.25 万亿元增加到 259615.94 万亿元，增加近 2.3 万亿元。消费的增长更加明显。2009 年前三季度，社会消费品零售总额 89676 亿元，同比增长 15.1%；扣除价格因素，实际增长 17.0%，比上年同期提高 2.8 个百分点。其中，城市消费品零售额 61013 亿元，同比增长 14.8%；县及县以下消费品零售额 28663 亿元，同比增长 16.0%。

消费增长对经济增长恢复发挥了重要作用。据测算，2009 年前三季度，最终消费对 GDP 增长率的贡献达到 4 个百分点。

（三）就业形势基本稳定并好于预期

2009 年前三季度，我国就业局势保持总体稳定，劳动力市场上岗位空缺与求职人数的比例持续回升，需求人数增加，城镇新增就业 851 万人；全国城镇登记失业人员 915 万人，城镇登记失业率为 4.3%，下岗失业人员再就业 402 万人，就业困难人员实现就业 120 万人。预计全年我国城镇新增就业人数有望达到上年的水平，即在 1100 万人以上。

为应对金融危机给我国就业带来的严重冲击，从 2008 年 9 月底至 2009 年 2 月初，国务院和有关部门制定并实施了一系列稳定和扩大就业的政策措施，特别是促进农民工和大学毕业生就业的政策措施。据统计，仅 2009 年上半年，全国通过缓缴、降低费率两项措施，当期直接减轻企业负担 166 亿元。

农民工就业形势明显比 2009 年初预期的要好。2009 年 2 月，全国大约有 2000 万农民工在春节前因金融危机失去工作提前返乡，春节前返乡的 7000 万农民工中有 80% 春节后返城，其中有 1100 万人春节后暂时找到工作；随着经济复苏，从 6 月份开始农民工的就业情况明显好转，东南沿海部分城市甚至重新出现“招工难”问题。根据人力资源和社会保障部对全国 250 个行政村农民工的就业状况进行直报的情况，与 2008 年 8～9 月份农民工外出总人数相比，到 2009 年 10 月底，已经返城的农民工达到了 97% 左右。到 2009 年三季度末，全国农村外出务工劳动力 15198 万人，比第二季度末增加 101 万人，增长 0.67%。据国家统计局对全国 31 个省（区、市）近 20 万农村劳动力外出务工的监测，2009 年前三季度，在西部地区务工的劳动力持续增长，增长幅度为 4.7%，西部成为农村外出劳动力就业增长最快的地区。从外出务工农民的收入变化看，在西部地区务工的劳动力月均收入 1382 元，增加 57 元，增长 4.1%，增幅大于中部地区 1.1 个百分点，大于东部地区 1.8 个百分点。

大学毕业生的就业形势基本稳定，通过实施促进高校毕业生就业的一系列措施，大学毕业生的就业情况也好于预期。根据教育部统计，截至 2009 年 9 月 1 日，大学毕业生就业率达到 74%。但是根据调查，受市场不景气的影响，大学毕业生初职的平均工资水平明显下降，过去的一些高校热门专业，大学毕业生就业反而出现较大困难。

（四）覆盖城乡的社会保障体系建设快速推进

城乡医疗保险制度建设取得突出进展。2009 年年中，中央出台《关于深化医药卫生体制改革的意见》（以下简称《意见》），城镇居民基本医疗保险制度全面推开，关闭和破产企业退休人员医疗保险问题有了突破性进展。按照该《意见》要求，今后三年，各级政府将向医药卫生体制改革投入8500亿元，其中中央财政投入3318亿元。2009年上半年，城镇职工和居民参加医保的人数已达3.36亿人，参加新型农村合作医疗的农村人口达8.3亿人，两者合计为11.66亿人。在扩大医疗保险覆盖面的同时，医疗保障水平也逐步提高，职工医疗保险、城镇居民医疗保险以及新型农村合作医疗，都在现有报销比例的基础上提高了最高支付限额，住院费用报销比例比上年平均提高5个百分点以上。

养老保障建设迈出新的步伐。2009年9月1日，国务院正式颁布《开展新型农村社会养老保险试点的指导意见》，要求新型农村社会养老保险试点到2009年底要覆盖全国10%左右的县（市）。新型农村社会养老保险改变了以前主要由农民自己缴费、自我储蓄的模式，实行个人缴费、集体补助和政府补贴相结合，特别是中央财政对地方进行补助，并且直接补贴到农民。这是继国家取消农业税、实行农业直补和新型农村合作医疗等一系列惠农政策之后的又一项重大惠农政策。新型农村养老保险制度建立起来后，广大农民将可享受个人账户和国家财政普惠式支撑的养老金。在城镇养老保险制度建设方面，国家出台了城镇企业职工基本养老保险关系转移接续暂行办法，提高全国城镇养老保险体系一体化水平。到目前为止，全国已有25个省份实行了养老保险省级统筹。国家还出台了农民工参加基本养老保险办法，规定在城镇就业并与用人单位建立劳动关系的农民工，应当参加基本养老保险。这也是统一全国养老保险体系的一个重要步骤。

城乡最低生活保障制度建设事业继续发展。到2009年7月，全国城镇共有1120.5万户、2232.8万人获得最低生活保障；农村有2141.6万户、4534万余人获得最低生活保障。

（五）社会治安形势转好保证了社会和谐稳定

2009年，我国继续保持对刑事犯罪活动的严打高压态势，不断加大社会治安整治力度，社会治安大局总体保持稳定，为新中国成立60周年创造了良好的社会秩序环境。2009年1~10月，全国公安机关共立各类刑事犯罪案件 444.3 万起，比上年同期上升 14.8%。与此同时，全国公安机关进一步加大打击有组织犯罪的工作力度，2009 年 1 ~ 10 月，共查获各类犯罪集团 4.5 万个，比上年同期下降 3.1%。有组织犯罪滋生蔓延的土壤和空间被大大压缩，集团犯罪突出的势头明显收敛。

在举行新中国成立 60 周年庆典期间，全国大量志愿者参与了维护社会秩序的志愿工作，创造了群防群治的社会安全新局面，社会安全感保持了较高水平。

（六）反腐败和打击黑社会赢得社会广泛支持

2009 年以来，国家进一步加大了反腐败工作力度，新一轮反腐风暴声势浩大，一批大案要案被查办，显示了中央反腐败的决心和勇气。特别是商业贿赂治理加大力度，2009 年 1 ~6 月，全国检察机关共立案查办商业贿赂案件 6277 件、6842 人，涉案总金额人民币 9.18 亿元；其中查办涉嫌要案的处级以上干部 797 人（含厅级 46 人）。据“透明国际”2009 年 10 月发布的全球反腐报告清廉指数，中国名列第 72 位，这是我国在国际清廉指数排序中连续第三年实现进步。

打击黑社会性质有组织犯罪，是 2009 年引起广泛关注的重大事件。2009 年 7 月，国家启动新一轮全国打黑除恶专项斗争，这是继 2000 年首次启动全国性反黑行动以来的第三轮反黑风暴。在 2009 年的反黑风暴中，影响最突出的是重庆市打击黑社会性质有组织犯罪的重大举措。从 2009 年 6 月起，重庆连续端掉 14 个大型黑社会犯罪团伙，缉捕了 1544 名犯罪嫌疑人，469 名逃犯被境内外追捕，一批涉黑企业主落马。到目前为止，重庆检方共立案查办在打黑除恶斗争中暴露出来的职务犯罪案件 47 件、52 人，涉及县处级以上要案 20 人、厅级干部 10 人，涉及政法干警 29 人、行政执法人员 4 名。反腐反黑斗争被誉为“民心工程”，在全国引起了巨大反响。

（七）社会舆论和社会心态总体稳定积极

2009 年，中国经历了严重的金融危机冲击，也发生了一些重大群体性事件。这些都对社会舆论和社会心态产生了一定影响。但是，综合各方面情况来看，本年度我国社会舆论比较积极，社会心态基本稳定。特别是经济发展稳定转好的态势和60年国庆庆典，对社会舆论和社会心态都产生了积极影响。

互联网已成为影响社会舆论的主要新兴媒体，据中国互联网信息中心调查，截至2009年6月底，中国网民达到3.38亿，比2008年底增长了4000万人；互联网普及率达到25.5%，超过世界平均水平。网民对各种热点问题的跟帖评论，大多数都显得理性和平稳。政府对网络舆论的反应提速，从中央到地方初步形成了政府对网络民意的监测、反馈和吸纳机制。

根据调查结果，城乡居民总体生活满意度趋稳，处于接近“比较满意”的水平；国家经济状况、国家自豪感、政府管理信心度等宏观因素指标普遍上升；社会保障、物价波动承受力等指标也有所提升；但未来收入增长、未来生活水平提升的信心度呈下降趋势，个人经济状况满意度仍是影响城镇居民生活感受的首要因素。

二　2009 年中国社会发展面临的主要问题

2009年，中国社会发展遇到国内国际因素引起的一些新问题和新挑战。

（一）中小企业处境艰难，就业压力依然很大

在国际金融危机的冲击下，中国出口贸易锐减，吸纳就业较多的中小企业的发展受到严重影响。尽管2009年政府出台了一系列政策，帮助中小企业解危脱困，但中小企业仍然面临融资困难等诸多问题，这对就业状况产生较大影响。2009年第二季度全国部分城市劳动力市场监测结果显示，在所有求职人员中，失业人员所占比重为50.4%，其中从未就业的青年失业人员占求职人员总数的22.6%，其余多数为40~50岁年龄较大的劳动力。根据劳动力市场监测结果，2009年第二季度，16~24岁、25~34岁、35~44岁、45岁及以上四个年龄组的岗位空缺与求职人数的比例分别为0.80、0.97、0.90和0.85，形成年龄较轻与较大两个群体面临更大就业压力的格局。2009年，全国应届高校毕业生610万人，从劳动力市场的供求对比看，初中及以下、高中、大专、大学、硕士及以上各文化程度的岗位空缺与求职人数的比例分别为0.98、0.89、0.78、0.71和0.71，呈现出教育水平越高、求职反而越困难的局面。另外，根据该项监测，在所有求职的失业人员中，应

届高校毕业生所占比重为9.6%左右。因此，对未来大学生就业形势的严峻性要有充分的估计。

（二）收入差距问题依然突出，扩大内需面临困难

从收入方面来看，2009年出现了一个与近两年不同的情况，即城乡居民收入增长速度的差距再次拉大，估计2009年城镇居民可支配收入的增长速度与农民人均纯收入的增长速度将相差4～5个百分点。2008年城镇居民家庭人均可支配收入实际增长8.4%，农民家庭人均纯收入实际增长8.1%，城乡居民收入增长速度几乎持平，城乡居民收入比从2007年的3.33∶1下降到2008年的3.31∶1，是过去十几年来从未出现的可喜局面。但2009年受国际金融危机的影响，农民外出务工经商的收入受到很大影响，从而影响到农民整体收入的增长，城乡居民收入之比和增长速度之比都再次扩大。

尽管2009年前三季度社会消费品零售总额同比实际增长17.0%，比上年同期提高2.8个百分点，但与扩大内需的要求仍然不相适应。根据调查，我国居民家庭消费率呈现随收入增长而递减的规则，中低收入家庭过低的消费率和过高的储蓄倾向，主要还是受收入状况的限制和子女教育、医疗和住房等大额消费预期的影响，因此调整收入分配结构和完善社会保障体系是扩大内需的重要条件。目前我国经济增长还主要靠投资拉动，转变经济发展方式必须解决好居民消费率过低这个问题。

（三）部分企业劳动关系紧张，劳动争议处于多发状态

在国际金融危机的影响下，就业压力的增加也对我国劳动关系产生了影响。2009年上半年，仅全国法院系统受理的劳动争议案件就达到近17万件，与上年相比增长30%；而且劳动争议纠纷案件已经成为全国法院系统受理的民事案件中增长幅度最快、涉及范围最广、影响程度最深、社会关注最多的案件类型。部分地区案件增长尤为明显，在东南沿海一些省份，劳动争议仲裁和法院受理案件数的增幅，低的在40%以上，高的超过150%。

农民工是提起劳动争议最多的雇工群体，他们的维权意识日益增强。与以往相比，2009年，农民工维权的重点已经开始从讨回欠薪转向社会保障，最受他们关注的是养老保险政策方面的实际问题，由此引发的劳动争

议在全部劳动争议案件中的比重迅速上升。总的来说，从全国来看，农民工工资被拖欠的现象大大减少，因而农民工的维权诉求已从争取薪资利益转向寻求长远保障，随着20世纪80年代进入劳动力市场的第一代农民工即将到达退休年龄，这个问题将会日益凸显。

（四）群体性事件影响广泛，环境保护欠账引发的事件增多

2009年上访和群体性事件仍然呈现数量增多的态势，特别是一些重大事件，如2009年6月17日发生的湖北石首群体性事件，7月24日发生的吉林通钢群体性事件，10月12日发生的山西吕梁煤矿群体性事件，都产生了广泛的社会影响。这些事件有的属于侵害职工和群众利益造成的“直接利益群体性事件”，有的属于社会不满情绪的宣泄造成的“无直接利益群体性事件”。多数群体性事件的诉求以民生和经济利益居多，如提升劳动福利待遇、提高移民补偿标准、抗议企业污染环境、追究医疗责任并追索补偿等。

尤其值得注意的是，近年来，环境污染引发的群体性事件以年均29%的速度递增，对抗程度总体上明显高于其他群体性事件。2009年前三季度，全国爆发了几起引起广泛关注的环保事件。其中比较突出的，一是陕西凤翔血铅事件，在该事件中，851人血铅超标，其中174名中、重度铅中毒儿童需要住院进行排铅治疗；二是内蒙古赤峰市水污染事件，该市新城区因水污染事件接受门诊治疗人数达到4020人，住院留观88人；三是湖南武冈儿童血铅中毒事件，80多个儿童出现血铅超标症状，其中高铅血症38人，轻度中毒28人，中度中毒17人。根据环保部门的分析，在21世纪以来发生的全国十大环保事件中，发生在2009年的竟有6起之多。

此外，2009年发生的群体性事件还呈现出另外一个重要特征，即越来越多地以“集体散步”“集体购物”“集体喝茶”“集体休息”等形式来表示抗议和反映诉求。

（五）经济类刑事犯罪频发，非法传销活动猖獗

2009年，刑事犯罪总量仍在高位运行，新型犯罪继续增多，犯罪的智能化、暴力化、组织化特征日益突出，特别是黑恶势力犯罪、严重暴力犯罪、网络诈骗犯罪、多发性侵财犯罪等，严重危害公共安全，严重破坏经

济社会秩序。另外，受国际金融危机和全球性经济衰退影响，由经济纠纷引发的暴力讨债、绑架、哄抢等“民转刑”案件更加突出，侵财犯罪、非法集资等案件增多趋势明显。

除此之外，2009 年引起社会热议的涉及经济社会秩序的治安问题中，最突出的是非法传销活动。非法传销活动虽然存在已久，但在当前就业形势紧张的情况下，却变得格外猖獗，受害者众多，被群众称为“经济邪教”。在南方个别县级市，聚集的传销人员甚至超过百万人，有的传销组织头目甚至组织上万传销人员围堵执法人员和相关政府机关。

（六）国家安全形势日趋复杂，国外敌对势力煽动分裂活动加剧

在新中国 60 周年庆典前夕，国外敌对势力的煽动分裂活动也明显加剧。2009 年 7 月 5 日，继在西藏拉萨发生的打砸抢烧暴力犯罪事件之后，在境外民族分裂势力的策划煽动和国内“三股势力”的组织下，新疆乌鲁木齐发生严重打砸抢烧暴力犯罪事件，造成 197 人死亡、1786 人受伤，严重影响了社会和谐稳定。

三　中国将进入国际金融危机后的新成长阶段

从经济复苏、就业恢复、消费增长、物价稳定等经济社会发展的关键指标来看，我国将率先走出国际金融危机的阴影，进入新一轮的增长周期。而从工业化、城镇化进程和居民消费的发展阶段来看，我国开始进入国际金融危机后的新成长阶段。所谓新成长阶段，一方面意味着我国经济增长速度将重新进入 8% 以上的新一轮增长周期，另一方面意味着新一轮增长周期的推动力，与过去相比将发生明显变化，将更加依赖产业结构升级、经济社会结构转型和国内消费增长。这个新成长阶段呈现的一些新特征，与过去相比有了很大的不同。

（一）工业化、城市化进程进入中期加速的新成长阶段

根据国际经验，国内生产总值中农业增加值下降到 5% 以下，就业结构中农业劳动者比重下降到 30% 以下，城市化水平超过 50%，标志着经济社

会结构的重大转型。从我国产值结构、就业结构和城乡结构这三大结构来看，都已进入到结构转换阶段。在我国国内生产总值中，2010 年农业增加值的比重将下降到 10% 以下，到 2015 年将下降到 6% 左右；在就业结构中，2010 年农业劳动者的比重将下降到 38% 以下，2015 年将下降到 33% 左右；在城乡结构中，2010 年由城镇常住人口代表的城市化水平将达到 48% 左右，2012 年或 2013 年将超过 50% 的结构转换临界点，2015 年将达到 53% 左右。这些指标表明，中国总体上已经进入工业化、城市化进程的中期加速阶段，经济结构和社会结构将发生深刻转换。

（二）社会结构变迁进入破除城乡二元结构的新成长阶段

城乡二元结构和城乡发展的巨大差距是中国非均衡发展的一个长期的和突出的问题。随着工业化和城市化进入结构转换阶段，城乡一体化发展成为新的发展要求。破除城乡二元结构，不仅要消除现代工业和传统农业之间的壁垒，还要逐步消除城乡之间在就业、教育、医疗、社会保障、户籍等社会体制方面的障碍。破除城乡二元结构将成为我国发展史上产生深远影响的重大举措。

（三）人民生活进入大众消费的新成长阶段

2008 年我国 GDP 总值 300670 亿元，总人口 13.28 亿人，人均 GDP 22640 元，按 2008 年 12 月 31 日人民币兑美元汇率（1 美元兑换 6.83 元人民币）计算，人均 GDP 为 3313 美元；2009 年如果 GDP 增长 8%，人均 GDP 将达到 3500 美元左右。按国际惯例，当人均收入超过 3000 美元时，居民消费升级将成为常态。2009 年我国城乡居民的恩格尔系数分别降低到 37% 和 43% 左右，按照联合国粮农组织的标准，可以说总体上已经达到从小康到宽裕的居民消费阶段。住房和汽车等大额家庭消费开始进入普及阶段，教育、医疗、通信、旅游、文化等消费支出的比例迅速增加，这些特征都表明，我国总体上已经开始进入大众消费的新成长阶段。

（四）高等教育进入大众教育的新成长阶段

我国已经实现了普及九年义务教育，职业教育和专业学位教育迅速发展，2009 年我国高等教育的毛入学率达到 24% 左右，中国高等教育迈入大众化阶段，国民素质显著提高，我国正从人口大国和人力资源大国向人力资源强国转变，大众教育的新成长阶段已经到来。

（五）社会保障进入构建覆盖全民体系的新成长阶段

近几年来，我国社会保障扩大覆盖面的工作进展快速，覆盖城乡的最低生活保障体系基本建立，以城镇职工医疗保险、城镇居民医疗保险和新型农村合作医疗为主干的覆盖全民的医疗保障体系初步形成，覆盖城乡的养老保障体系快速推进，到 2020 年以基本养老保险、基本医疗保险和最低生活保障三项制度为支柱的覆盖城乡的社会保障体系将基本形成，我国已进入社会保障体系的新成长阶段。

（六）改革从主要是经济改革过渡到全面改革的新成长阶段

改革开放 30 多年来，虽然伴随着经济体制的改革，其他领域也都进行了改革，但主要的改革路径还是经济体制的改革。当前，社会主义市场经济体制已经基本建立，但经济社会结构的巨大变迁要求各方面的体制继续进行适应这种巨大变迁的改革，改革从经济领域扩展到全面改革，当前比较突出的问题就是要进行涉及就业、收入分配、社会保障、城乡社会建设、社会管理、事业单位运行、社区、社会组织的社会改革。

四　新成长阶段的发展趋势和主要任务

2009 年中国社会发展虽然面临不少矛盾和问题，但由于比较成功地应对了国际金融危机的冲击，经济形势明显好转，社会发展方面也在协调发展方向上取得了重要进展。2010 年，中国经济社会将继续朝着经济社会协调发展的方向迈进。

（一）转变发展方式，深化社会经济结构调整

转变发展方式，一是要从经济增长过度依赖投资和出口转变到更多地依赖国内消费，这次国际金融危机告诉我们，过度依赖投资和出口的增长

方式是不可持续的，未来30年的经济增长必须以国内消费的扩大为基础；二是要从经济增长低成本的量的扩张转变到增加技术含量的质的提高，从“中国制造”转变到“中国品牌”，促进产业的升级换代；三是从以资源和环境为代价的发展转变到节约资源、保护环境的发展，从主要依靠工业推动转变到更多地依靠现代服务业的推动，大力发展低碳经济。

在4万亿元投资计划的执行中，要更加关注民生特别是就业，更加关注城乡和区域协调发展，更加关注结构调整和自主创新，更加关注节能减排和生态建设，促使经济增长与结构调整相互促进，力争在应对危机中实现国民经济升级转型。尤其是在破除城乡二元结构方面，要下大力气进一步推动城乡经济社会统筹和协调发展。利用扩大内需的机遇，使政策支持和资金投入进一步向农业、农民和农村倾斜，更好地发挥农村地区巨大的市场潜力。要积极稳妥地推进城镇化，形成经济增长新的重要推动力。

（二）调整收入分配结构，不断提高人民生活水平

改革开放30多年来，人民生活水平不断提高，但是近十几年来，国民收入中居民收入所占的比重不断降低，初次分配中劳动收入所占的比重不断降低，居民家庭的消费率不断降低，居民家庭的恩格尔系数下降缓慢和出现徘徊都影响到国内消费的增长。不断提高居民的收入和消费水平，不仅对于扩大消费、转变发展方式至关重要，而且对于人民保持积极的社会心态和稳定的发展预期也至关重要。

要采取有效措施，扭转收入差距扩大的趋势，否则将会加剧社会矛盾，影响社会稳定。要注重通过调整收入分配的结构来扩大中等收入者群体，降低低收入者和贫困者的比例。调整收入分配结构，既要理顺初次分配中劳动报酬和资本收益的比例关系，理顺国家、企业和居民三者收入在国民收入中的比例关系，还要发挥财政、税收、社会保障、社会福利等杠杆在再分配中的调整作用，大力推进慈善事业等三次分配的发展。

要把调整收入分配作为扩大内需、提高人民生活水平、促进共同富裕、维护社会和谐稳定的一项战略措施。进一步加大民生建设力度，强化就业、社会保障、教育、医疗、住房等民生领域的各项制度建设，推进公共服务均等化建设，逐步消除群众的后顾之忧，稳定居民的消费预期。

（三）促进中小企业发展，扩大就业和发挥劳动力比较优势

尽管我国已经进入产业升级阶段，但在促进经济社会发展的资本、技术和劳动力三要素中，劳动力还是我国的比较优势。中小企业是我国目前吸纳劳动力的主渠道，促进中小企业的发展是未来解决我国就业问题的重要选择。但目前我国中小企业发展仍显不足，远低于发达国家的每千人拥有 45 个企业的水平。

在未来的新成长阶段，制定振兴和促进中小企业发展的战略，是扩大就业、提高收入、鼓励创新、稳定社会的重要任务。为此，需要加大对中小企业的扶持力度，重点支持中小企业提高创新能力、促进节能减排、提高产品质量、改善安全生产条件和拉动就业。要进一步完善与市场相关的政策和法律体系，切实缓解中小企业融资难的问题。

（四）加快建设社会保障体系，构建覆盖全民的社会安全网

从长远来看，老龄化的过程将在未来 10 年中使我国社会总抚养比下降趋势和劳动力充分供给的情况发生转折性变化，家庭结构的快速变化也将对我国的家庭代际养老方式形成严峻挑战。加快建设社会保障体系，构建覆盖全民的社会安全网，不仅是提高人民生活水平、扩大内需的要求，也是适应人口和家庭结构变化、稳定社会的要求。

近几年我国社会保障法制建设快速推进。2009 年，我国发布了《医药卫生体制改革近期重点实施方案（2009 ~ 2011 年）》，要求三年内我国基本医疗保障制度覆盖城乡全体居民；颁布了《国家职业病防治规划（2009 ~ 2015 年）》，规划到 2015 年，有劳动关系的劳动者工伤保险覆盖率要达到 90%；还出台了《国务院关于开展新型农村社会养老保险试点的指导意见》，推进新型农村社会养老保险建设的进程。2010 年，要抓紧出台已经公开征求意见的《城镇企业职工基本养老保险关系转移接续暂行办法》和《农民工参加基本养老保险办法》，特别是加快《社会保险法》的审议出台。

（五）大力推进基本公共服务均等化，加快城乡一体化发展

城乡发展不平衡，农村消费难以振兴，始终是我国扩大消费、保持经

济持续增长的一个难题。当前我国已进入破除城乡二元结构、城乡一体化发展的新阶段，要把大力推进基本公共服务均等化作为突破口，加大对农村的投入。要通过加大对农村教育的投入，普遍提高劳动力的文化水平和劳动技能；加大对农村医疗卫生的投入，进一步改善农民的健康状况；加大对农村的社会保障投入，应对人口老龄化和家庭结构变动对传统家庭养老方式的挑战；加大对农村文化设施的投入，改善农民的精神文化生活，加大对农村低收入者和贫困人群的扶持，进一步消除贫困。

（六）建立适合新时期新阶段的社会运行机制，促进社会和谐稳定

在目前我国体制性摩擦和结构性矛盾交织、利益失衡和价值冲突并存的发展阶段，除了要加快提高人民生活水平、发展民生和社会事业、调节收入分配、完善社会保障体系等之外，还要致力于探索适合新时期新阶段的社会运行机制。

一是有效利益协调机制。在诸如企业改制、农村征地和城乡拆迁等易于发生利益冲突的领域，要建立多方参与以及第三方评估这样的公平参与和公正裁决机制，避免政府唱独角戏，避免其他强势力量的操控和对弱势利益的侵害，降低社会热点问题引发利益冲突的可能性。

二是弹性利益维权机制。当前民众的维权意识显著提高，而各种利益矛盾又千差万别，完全靠基层政府解决利益矛盾和利益冲突难以运作。要建立多种群众反映利益诉求的渠道，发挥工会、青年团、妇联和各种社会组织在服务群众、反映群众诉求、调节利益纠纷等方面的作用，建设富有弹性的维权机制。

三是合理利益补偿机制。改革开放30多年发展迅速，但政府、单位、企业、集体也积累了许多历史欠债问题，对这些问题要本着负责任的态度，拿出一定的资金设立补偿基金，突出解决一批历史上积累的对居民欠债的问题，保持社会的和谐稳定。

（七）实施全面的社会改革，加强社会建设

中国的经济改革为发展提供了强大的社会动力。社会改革的目的，也是要为发展继续提供强大动力。要通过调整收入分配结构，扭转收入差距

不断扩大的趋势，培育大众消费能力，更多地依靠内需支撑经济增长；要通过深化社会改革、加强社会建设和完善社会管理制度，建立适应市场经济和现代社会流动的社会体制，保证社会的和谐稳定；要通过医疗机构、教育系统和文化组织的改革，建立起有效运行、服务公益的非营利机构体系；要通过发展和完善社会保障制度，努力使社会安全网覆盖全民，为家庭规避市场经济和社会变迁的风险构建安全保障体系；要通过推进社区建设，构筑基层公共服务的平台，把社会问题解决在基层；要通过发展社会组织，建立服务社会、反映诉求、吸纳就业和社会治理的新渠道。

新成长阶段的中国社会建设*

——2010～2011年中国社会形势分析与预测

2010年是中国实施“十一五”规划的最后一年。“十一五”是全面建设小康社会的关键时期，在此期间，中国国民经济和社会运行经历了诸多严峻挑战，克服了金融危机、汶川和玉树地震等带来的不利影响，保持了宏观经济政策的连续性和稳定性，进入了新成长阶段。2010年，中国经济明显回暖、社会建设加快步伐，世博会、亚运会成功举办。到2010年底，中国的经济总量将超过日本，成为世界第二大经济体，但人均国民收入仍处于世界低位，改善人民生活任重道远。2010年10月召开的中共十七届五中全会，通过了关于制定“十二五”规划的建议，为人们展现了中国未来五年发展的路线图。2010年是承前启后的一年，也是充满希望的一年，中国将以崭新的姿态迎接下一个五年规划的到来。在新成长阶段，转变发展方式、改善和保障民生、全面实现小康社会，将成为中国的发展主题。

一　“十一五”时期社会建设总结与“十二五”时期展望

2010年是中国第十一个国民经济和社会发展五年规划的最后一年。回顾五年的发展历程，与此前各个“五年规划”时期相比，“十一五”时期可以说是一个经济社会发展战略和发展方式大调整的时期。从战略调整上看，2006年以来，以党的十六届六中全会做出的《关于构建社会主义和谐社会若干重大问题的决定》为标志，在全面总结新时期中国经济体制深刻变革、社会结构深刻变动、利益格局深刻调整、思想观念深刻变化以及面临的各

---

* 李培林、陈光金、李炜、田丰执笔。

种矛盾和问题的基础上，社会主义和谐社会建设从新型执政理念进入实际操作过程。2007 年，党的十七大胜利召开，大会政治报告全面论述了中国特色社会主义理论体系，把以人为本的科学发展观作为引领新时期经济社会发展的根本指导思想，正式提出社会建设战略，并将其放在与政治建设、经济建设和文化建设同样重要的地位，形成“四位一体”的新型发展战略，要求不断推进政治民主、国家法治、经济发展方式转变、和谐社会建设。随后不久，生态建设也被提升到战略地位，构成了新时期五大发展战略。2010 年 10 月，中共十七届五中全会审议通过了《中共中央关于制定国民经济和社会发展第十二个五年规划的建议》（以下简称《建议》）。《建议》突出了三个重点，即转变经济发展方式、注重保障和改善民生、全面推进各领域改革。《建议》强调，坚持发展是硬道理的本质要求，就是坚持科学发展，更加注重以人为本，更加注重全面协调可持续发展，更加注重统筹兼顾，更加注重保障和改善民生，促进社会公平正义。

（一）“十一五”时期经济继续保持快速稳定增长

按不变价计算，2005 ~ 2009 年，国内生产总值增长了 54.5%，年均增长 11.5%；人均国内生产总值增长了 50.7%，年均增长 10.8%。经济结构有所调整，2005 ~ 2009 年，第一产业增加值比重从 12.1% 下降到 10.3%，第二产业增加值比重从 47.4% 降至 46.3%，第三产业增加值比重从 40.5% 提升至 43.4%，这些变化标志着中国工业化进程已经进入中期阶段。特别值得一提的是，在发生大冰灾、大地震以及各种严重水旱灾害的情况下，农业生产形势仍然向好，粮食总产量持续多年保持增长态势，国家粮食安全得到了较好的保障。总的来说，中国经济进入了新成长阶段。

（二）“十一五”时期的社会法制建设取得显著进展

社会立法和相关制度建设取得显著进展。2007 年颁布新的《劳动合同法》，为调节劳资关系提供了法律保障；2007 年颁布的《物权法》虽然属于经济法的范畴，但给私人财产正式赋予了合法地位，使其受到法律保护，这也是中国公民权利建设的一大跨越；2009 年 9 月，《中共中央国务院关于深化医药卫生体制改革的意见》向全社会公布，强调了医药卫生事业的公益性，为解决看病难的问题指明了政策方向；2010 年 7 月，《国家中长期教育改革和发展规划纲要（2010～2020）》发布，成为指导未来十年中国教育发展的纲领性文件；2010 年 10 月，《社会保险法》颁布，这是国家最高立法机关首次就社会保障制度进行立法，为社会保障的全国统筹奠定了法律基础。

（三）“十一五”时期城乡居民生活得到明显改善

国家为理顺收入分配秩序，调节收入分配差距，不断创新制度和政策。为了增加农民收入，国家先后出台了十项针对农户的补贴政策，为此国家每年投入数以百亿元计的财政资金，改善了农户的农业生产经营条件，增加了农户农业经营收入。为解决劳动报酬在国内生产总值中所占比重偏低并且持续下降的问题，国家不断提高最低工资标准，推行工资集体协商制度，加大工资拖欠清理力度。为了缩小基于城乡居民收入差距而形成的城乡居民消费差距，推行了家电下乡、汽车下乡、建材下乡等一系列优惠措施，国家为此提供巨额补贴。“十五”期间，城镇居民人均可支配收入年均增长 9.6%，农村居民人均纯收入年均增长 5.3%；“十一五”期间，这两个指标分别提高到 10.2% 和 8.3%。

（四）“十一五”时期覆盖城乡的社会保障体系建设快速推进

2006 年提出建立和完善覆盖城乡的社会保障体系目标之后，相关工作快速推进。进一步完善了城镇最低生活保障制度并实现全覆盖，建立了农村最低生活保障制度并且基本做到应保尽保，城乡居民最低生活保障水平不断提升。农村新型合作医疗制度不断推进，到 2009 年基本实现全面覆盖，提前实现了《中共中央、国务院关于进一步加强农村卫生工作的决定》提出的到 2010 年实现全覆盖的目标。城镇基本养老保险、基本医疗保险、失业保险、工伤保险、生育保险等主要社会保险制度的覆盖率不断提高，多数险种的参保人数增长速度明显加快。“十五”期末，失业保险、城镇职工基本医疗保险、工伤保险和生育保险四大险种的参保人数，分别比“九五”期末增加 239 万人、7158.9 万人、4127.7 万人和 2406.9 万人；2009 年，失业保险、城镇职工基本医疗保险、工伤保险和生育保险四大险种的参保人数，分别比“十五”期末增加2067.8万人、6388.8万人、6417.5万人和5467.2万人。2010年，新型农村养老保险已经覆盖全国农村近30%的县。另外，“十一五”期间，农民工的社会保险日益受到全社会关注和政府的高度重视，开始将其纳入城镇社会保险体系，并且建立了旨在解决严重影响农民工参保积极性的社会保险转移接续制度。在教育领域，针对以往教育产业化带来的中低收入家庭子女上学难问题，国家采取了一系列措施促进教育公平，取消了全国义务教育阶段的学杂费，初步构建起针对贫困学生的助学制度和政策体系，特别是国家助学金制度。

（五）“十一五”时期社会组织和公民意识加快发育成长

2009年，全国在民政部门登记注册的民间社会组织达43.1万多个，比2005年增长11.1万多个，增幅为34.7%；其中社会团体增加近6.8万个，增幅为39.5%；民办非企业单位增加约4.3万个，增幅为29.0%；基金会增加868个，增幅为89.0%。与此同时，全社会的公民意识也显著发育成长，尤其是2008年的汶川地震和北京奥运会，对激发公民的志愿精神产生了巨大作用，志愿者人数大幅增长，社会捐赠也明显增加。国家对民间社会组织和志愿者的发展提供了越来越多的支持，党的十六届六中全会《中共中央关于构建社会主义和谐社会若干重大问题的决定》、十七大政治报告，以及十七届五中全会报告，都强调要改革社会管理体制，发展社会组织，建设宏大的社会工作人才队伍，这些都将对中国公民、社会的成长发挥积极作用。

应该承认，“十一五”期间的经济社会发展还面临许多社会矛盾和挑战，实际上进入了社会矛盾多发时期。城乡收入差距、地区收入差距以及社会阶层收入差距持续拉大。劳动争议案件高位增长，各种群体性事件不断发生。社会安全形势比较严峻，矿难事故不断，食品药品安全问题频发，环境灾难事件急剧增加、危害愈益凸显。对这些问题，我们必须从战略的高度加以重视。

“十一五”时期即将结束，“十二五”时期即将到来，改善民生将成为“十二五”期间各类工作的出发点和落脚点。总结过去，展望未来，我们相信，“十二五”时期将成为党和政府的工作重心进一步调整、社会建设事业全面推进、民生得到显著改善的五年，也将是各种社会矛盾冲突逐步化解、社会更加和谐稳定的五年。

二 2010年社会建设总体形势

2010年中国经济率先迈出低谷走向复苏，对世界经济的增长做出了巨大贡献。在经济回暖的带动下，城镇化进程加快，民生问题得到改善，居民消费快速增长。

（一）经济增长稳步回升，发展方式转变力度加大

中国经济继续保持在10%左右的高位增长态势。预计全年国内生产总值总额将突破37万亿元，人均GDP将达到4000美元左右。从投资、消费和出口三大需求对经济增长的贡献来看，政府投资对经济增长的带动减少，最终消费需求基本保持稳定，外贸出口基本恢复，三大需求对经济增长的贡献逐步趋于合理。2010年粮食再获丰收，总产10800亿斤左右，实现连续第7年增产。前三季度，猪牛羊禽肉产量5439万吨，同比增长2.6%。

2010年中国经济增长速度呈现“前高后低”的态势。这一方面是由于财政扩张和货币宽松政策的逐步淡出，另一方面是因为2010年加大了经济结构调整力度，出台了一系列控制房地产市场泡沫的措施，并采取各种措施确保实现“十一五”时期节能减排既定目标。经济适度增长，既是转变经济发展方式和产业结构升级的必然要求，也是中国政府主动加强经济运行的宏观调控政策引导的结果。

总的来说，2010年初中央经济工作会议确定宏观经济政策的三大目标，即保持经济平稳较快发展、着力推进经济结构调整、加强资产泡沫与通胀预期管理，都顺利实现。但是，扩大内需、增强内需拉动经济增长作用的任务依然艰巨。

（二）城乡居民生活水平继续提升，物价上涨趋势需要警惕

2010年城乡居民收入继续增长，农村居民收入增速有望快于城镇居民。前三季度，城镇居民人均可支配收入达到14334元，扣除物价因素后，实际

增长 7.5%；农村居民人均现金收入达到 4869 元，扣除物价因素后，实际增长 9.7%，农民人均纯收入全年增长预期超过 8%，有望超过城镇居民人均可支配收入增长的速度。

居民消费保持快速增长势头。前三季度，社会消费品零售总额达到 111029 亿元，同比增长 18.3%。汽车、家具、家电等热点消费品增长率仍然保持在较高水平，截至 2010 年 9 月底，分别比 2009 年同期增长了 34.9%、38.4% 和 28.1%，但在国家房地产调控的大背景下，住房、建材等 2009 年热点消费品的增长幅度有所下降。住房和城乡建设部、财政部、国家发改委等六部委已联合发布《关于开展推动建材下乡试点的通知》，期望像汽车下乡、家电下乡一样，进一步拉动农村消费市场。

居民消费价格进入上行轨道，物价涨幅过大。受极端天气、重大灾害引发的未来农产品价格的上涨预期影响，5 月份居民消费价格指数（CPI）同比增长突破 3%；7～10 月份居民消费价格指数分别同比上涨 3.3%、3.5%、3.6% 和 4.4%，逐月攀升。前三季度居民消费价格指数总体涨幅为 2.9%，但其中食品价格上涨 6.1%，对居民生活，特别是对低收入群体的生活产生严重影响。全年居民消费价格指数涨幅预计会超过 3% 的调控目标，物价上涨趋势应引起高度警惕。

（三）城市化进程加快，城乡一体化快速推进

随着人们生活方式的改变和土地价格的上涨，城市化成为继工业化之后，推动我国经济社会快速发展的新动力，成为推进新型工业化、加快发展第三产业、解决就业、扩大内需的重要举措。破除城乡二元结构、实现城乡一体化发展成为各地的重要发展目标。中国已经进入了城市化水平快速提高的时期，城市化水平从 2005 年的 42.99% 提高到 2009 年的 46.59%，年均增加 0.9 个百分点。2010 年，我国城市化水平将达到近 48%，并将在“十二五”期间突破 50% 的临界点。在一些经济比较发达的地区，人口向城市集中、农村居民向城镇转移、农民生活方式改变、城乡社会管理体制统一，开始成为新的发展主题。

但是，在城市化的过程中，“土地城市化”快于“人口城市化”的问题比较突出，在土地增值成为地方财政收入重要来源的刺激下，形成新一轮

“土地置换”热潮。

（四）就业形势有所好转，劳动就业总量压力和结构性矛盾同时并存

2010年就业形势与2008年和2009年相比，总体情况有所好转。1~10月，全国累计实现城镇新增就业人员1020万人；下岗失业人员实现再就业450万人；就业困难人员实现就业129万人。截至第三季度末，全国城镇登记失业率为4.1%，农村外出务工人员同比增长6.7%。

在东南沿海制造业集中的地区，结构性的“招工难”问题再次出现，这一方面反映了劳动力市场供求关系的深刻变化，另一方面也反映了劳动力素质与产业结构调整需求的不匹配状况。面对高校毕业生就业难的严峻形势，人力资源和社会保障部、教育部等六部委联合发布《关于实施2010年高校毕业生就业推进行动大力促进高校毕业生就业的通知》，截至2010年7月1日，全国普通高校毕业生就业率为72.2%，同比增长4.2个百分点；实现就业人数455.6万人，同比增长40余万人。

但就业形势依然不容乐观，劳动就业总量压力和结构性矛盾同时并存。高校毕业生630万人，加上初高中毕业后不再继续升学的学生600万人，另外还有大量的城镇下岗失业人员和军队退伍人员，全年需要就业的人员规模在2400万人左右。

（五）民生保障力度加大，覆盖城乡的社会保障体系不断完善

新型农村养老保险试点工作稳步推进。这是继农村新型合作医疗制度基本覆盖全国农村之后，在农村进行的又一项具有历史意义的大事业，它将逐步结束千百年来农民只能依赖家庭代际养老的历史。截至2010年9月底，全国已有508个县和4个直辖市开展了试点，参保人员6719万人，其中领取养老金人数1827.8万人，发放基础养老金118亿元。第四季度新农保试点进一步增加330个县，从而使全国新农保试点县达到838个，占全国2800个行政县的近30%。

各项社会保险覆盖范围继续扩大。截至2010年9月底，基本养老、基本医疗、失业、工伤、生育保险的参保人数，分别为25025万人、42072万

人、13147 万人、15871 万人、11973 万人，分别比上年底增加 1475 万人、1925 万人、431 万人、975 万人和 1097 万人。

企业养老保险的社会化程度逐步提高。全国纳入社区管理的企业退休人员达到 4091 万人，占全部企业退休人员的 75.6%，比上年底提高 0.4 个百分点。此外，截至 2010 年 9 月底，全国领取失业保险金的人数为 211 万人，比上年底减少 24 万人；失业保险基金支出 241.9 亿元，比上年同期增加 22.8 亿元，增长 10.4%。

（六）教育改革纲领性文件颁布，基本公共教育服务均等化逐步实现

2010 年教育发展与改革进程中的一件大事是，7 月份中共中央、国务院颁布了《国家中长期教育改革和发展规划纲要（2010～2020）》（以下简称《规划纲要》）。这是 21 世纪我国第一个教育改革发展规划纲要，是我国教育改革发展史上一个新的里程碑。《规划纲要》中明确提出，要把教育摆在优先发展的战略地位，2012 年国家财政性教育经费支出占国内生产总值的比例要达到 4%；要把促进公平作为国家基本教育政策，保障公民依法享有受教育的权利。

我国处于义务教育阶段的在校学生有 1.6 亿人，其中大部分居住在农村和中西部地区。教育作为一项基本公共服务，要坚持公益性和普惠性，推进基本公共教育服务均等化。

（七）房地产调控政策密集出台，住房价格有望企稳

如何在控制房价的同时满足人民群众日益增长的住房需求，特别是新进入工作岗位的中低收入青年的住房需求，是当前改善和保障民生的一个重点。近两年，房价过高、增长过快的情况，大大提高了普通民众解决住房问题的难度，引起了群众的普遍不满，房价也成为媒体和舆论的焦点。从 2010 年初开始，中央为遏制住房价格过快上涨，采取了一系列调控政策。1 月，国务院办公厅发布了旨在增加保障性住房和普通商品住房供给、合理引导住房消费、抑制投机性购房需求的《关于促进房地产市场平稳健康发展的通知》（以下简称“国十一条”）；2 月，银监会发出《关于加强信托公

司房地产信托业务监管有关问题的通知》，加强了对市场风险的监管；4 月，住房和城乡建设部发布《关于进一步加强房地产市场监管完善商品住房预售制度有关问题的通知》，国务院连续出台《差别化住房信贷政策》和《国务院关于坚决遏制部分城市房价过快上涨的通知》，明确提出可以根据实际情况，采取临时性措施，在一定时期内限定购房套数；紧接着住房和城乡建设部连续发出《关于加强经济适用住房管理有关问题的通知》和《关于加强廉租住房管理有关问题的通知》，规范准入审核，加强交易管理；5 月份以后，中国人民银行年内多次上调存款准备金率；9 月底，央行与银监会联合推出五条措施（即“新国五条”），加大贯彻落实房地产市场宏观调控政策措施的力度、完善差别化的住房信贷政策、增加住房的有效供给、加快推进房产税改革试点工作等，以巩固房地产市场调控成果。

可以说，2010 年是近年来我国出台房地产调控政策最密集、最严厉的一年。在一系列房地产调控政策出台后，一线城市房地产市场量跌价滞，房价企稳迹象明显。根据发改委公布的对 70 个大中城市监测数据，截至 2010 年 9 月份，全国 70 个大中城市房屋销售价格同比上涨 9.1%，环比上涨 0.5%。然而，住房价格上涨的压力依然很大，部分城市新建商品房价格仍呈现涨幅较大的情况，控制住房价格上涨仍需出台更有力的措施，严防房地产市场泡沫的增加。

三　2010 年社会建设面临的主要矛盾和挑战

2010 年，中国经济社会快速发展的同时，也面临各种挑战和社会问题。特别是收入分配问题、劳动关系问题、物价房价问题等，比较突出。

（一）经济运行进入新成长阶段，发展模式亟待转变

2010 年中国经济运行进入相对较为平稳的时期。这次国际金融危机的冲击，暴露了我国经济增长过分依赖出口和投资所潜在的危险，1980～2008 年，世界平均外贸依存度由 34.87% 提高到 53.3%，同期我国外贸依存度从 12.5% 提高到 59.2%，特别是加入 WTO 后的 2001～2008 年，我国外贸年均增速比世界贸易年均增速高 11.1 个百分点，外贸依存度相应上升了 20.7

个百分点。当危机冲击从金融领域扩散到实体经济领域后，过去传统的经济增长模式受到严重制约，暴露出经济总量较大，而经济结构和经济效率不高的粗放型增长，以及内需长期难以拉动的问题，过度依赖出口也加剧了我国和其他国家在贸易方面的矛盾与摩擦。因而，推动产业结构转型升级，通过提高个人消费来拉动经济增长，调整中国经济在世界经济产业格局中的位置，是中国转变经济发展方式的重点内容。

（二）部分地区劳动关系冲突显化，新生代农民工备受关注

2010 年，随着初级劳动力市场供求关系发生变化，以及新生代农民工的维权意识明显增强，在我国部分产业集中的地区，劳动关系呈现紧张局面，劳动关系冲突显化。上半年，在珠三角地区，以南海本田工厂为代表的一些以加薪为目的的集体停工事件，产生了“蝴蝶效应”，波及沿海其他地区。而富士康企业员工的连续跳楼自杀事件，震惊全社会。2010 年 1 月 23 日至 2010 年 5 月 26 日，在短短的四个多月的时间内，深圳市台资企业富士康厂区内，连续发生十余起令人震惊的新生代农民工的跳楼自杀事件，造成 10 余人死亡、数人伤残的悲惨结局。这些事件折射出新生代农民工维权意识的增强和对和谐体面劳动关系的渴望。维护普通劳动者的权益，关注劳动者心理健康，需要落实到制度保障上。

“新生代农民工”的问题已经受到中国政府的高度关注。2010 年中央一号文件《中共中央、国务院关于加大统筹城乡发展力度进一步夯实农业农村发展基础的若干意见》，第一次在中央正式文件中使用了“新生代农民工”的概念。新生代农民工是指“80 后”农民工，据估计，新生代农民工有 1 亿人左右。与老一代农民工相比，新生代农民工更渴望融入城市，希望能够实现从农民身份向城市市民身份的转变。可以说，农民工的市民化已经成为解决半城市化问题的关键。在经济社会发展和积极稳妥推进城镇化的过程中，推动城乡一体化和逐步解决好进城农民工的市民化问题，是缩小城乡差距、实现社会公平的需要，也是中国经济增长、扩大内需的内在要求。

（三）收入分配改革举步维艰，警惕进入“中等收入国家的陷阱”

近年来，社会各界对收入分配改革的关注程度明显提高。尽管我国已

经采取了一系列措施，旨在扭转城乡、区域、行业和社会成员之间收入差距扩大的态势，但收入差距持续扩大的趋势并未根本扭转，收入分配秩序还有待理顺。收入分配的改革因为触及既有的利益格局，遇到种种阻碍，举步维艰。从改革开放到金融危机之前的1979～2007年，国内生产总值年均增长9.8%，人均国内生产总值年均增长8.6%，城镇居民人均可支配收入年均增长7.2%，农村居民人均纯收入年均增长7.1%。近若干年来，居民收入在国民收入中所占的比重不断降低，劳动者收入相对于资本收入增长过缓。特别是收入分配秩序中存在的一些不合理、不合法的因素，引起人民群众的强烈不满，这是一个需要引起全社会高度重视的问题。贫富差距过大，基尼系数远超正常水平，将造成社会矛盾加剧，影响社会的和谐稳定。

2010年我国人均GDP预计超过4000美元，已经进入中等收入国家行列。但从国际发展经验来看，有些国家从低收入进入中等收入之后，由于收入差距过大，造成内需增长乏力，城市化进程缓慢，经济结构、产业结构转型升级停滞，社会结构转变严重滞后，长期徘徊在中等收入水平区间而难有发展，中国要警惕进入这种“中等收入国家的陷阱”。

（四）“土地城市化”再现热潮，警惕严重损害农民利益

进入21世纪以来，中国城镇化进程加快，这是经济社会发展的必然趋势。在这个过程中，中国也面临诸多严重挑战。其中最大的挑战是大规模的圈占农地和各地不断发生的强行拆迁、暴力拆迁问题。据统计，2006～2008年，在国家要求耕地占补平衡的情况下，全国耕地净减少12480万亩，年均减少近4200万亩，分别比“十五”期间五年减少总量（11300万亩）和年均减少量（2260万亩）多出1100多万亩和1900多万亩。2009年以来，农村用地占用形势更加严峻，2010年形成新一波占用农村土地高潮。与以往不同的是，这次热潮的主题是通过农村居民宅基地的“置换”来扩展城市建设用地。2010年以来，全国有20多个省份出台了各种各样撤并村庄的规划和政策，通常是要求农民进城上楼，以宅基地换取市民权和社会保障。由此引发的社会矛盾和冲突，恶性事件、群体性事件频繁发生，对社会和谐稳定形势产生不利影响。

实际上，中国城市化发展的主要制约因素并不是土地，很多城镇建设还是“摊大饼”式的。据研究，目前中国城市工业用地的容积率仅为0.23，远低于国际平均水平。可以说，“土地城市化”出现热潮，更多地反映了土地财政的强大刺激，而不是统筹城乡发展、城乡一体化和新农村建设的真实需求。要警惕把“城乡一体化”变成“城乡一样化”，警惕在“土地城市化”中严重损害农民利益。

（五）半城市化问题突出，部分地区乡村凋敝

中国的城市化进程加快，但也带来一系列新问题。我国目前达到的约48%的城市化水平，是以城市常住人口来计算的，也就是把在城市生活半年以上的农村户籍农民工等，计算在市民当中，但实际上农民工只是在城里劳动，在福利、公共服务、社会保障等方面还享受不到市民的待遇，还是“半城市化”的，要把农民工转化成“市民”，还需要很大的努力。我国目前城市化大大落后于工业化，人口城市化又落后于土地城市化。到2010年，在GDP当中，农业的增加值所占的比重只有约10%；农业劳动力在全国从业人员中的比例占38%，但居住在乡村的农民占52%，这是已经把在城市居住半年以上的农民工计算为城镇常住人口的数据。

目前在一些地区，乡村空心化现象比较突出，表现在诸多方面：首先是产业空了，随着全国产业的结构升级和劳动力成本的上涨，乡村工业越来越失去了原来的竞争力，新兴产业逐步向大中城市和工业园区、新技术开发区聚集；其次是年轻人空了，年轻人都外出打工闯世界，巨大的城乡差距使他们不愿意再在乡村生活，农村成为老年人社会，农业成为老年人的工作；再次是住房空了，在一些发达地区，过去住房改建翻新得很快，现在很少有人改建翻新住房了，乡村富裕的人多数已经在城市买房搬进城市居住，一些村落1/3的住房都闲置了，长期无人居住和修缮的住房败落了，村庄变得萧条和缺乏人气；最后是乡村的干部也空了，村干部并不是一种职业，而是一种兼职，很多村干部主要的时间和精力不是放在村里的工作上，而是为自己经营，乡镇干部住在乡镇的也越来越少了，因为城乡差距，他们的孩子要在城市上学、他们的家属要在城市工作。产业空、年轻人空、住房空、干部空，“四大皆空”造成一些乡村的凋敝和衰落。

四　2011年社会发展的展望与对策建议

2011年是落实“十二五”规划提出的经济社会发展目标的第一年，也将是中国新一轮改革发起之际。以经济发展方式转变为主线的经济体制改革、以社会管理方式转变为主线的社会体制改革、以政府职能转变为主线的行政体制改革，都将进入攻坚阶段。

（一）加快转变经济发展方式，推动全社会节能减排

国际金融危机的巨大冲击，带动国际经济格局正在发生深度变革，世界主要发达经济体都在加快调整经济结构，以期在新一轮增长中抓住先机。中国传统的出口导向型增长模式，在经济全球化的大背景下蕴含着极大风险，而应对金融危机的投资拉动型的增长模式，也难以长期维持。通过保障和改善民生、增加居民收入，形成国内消费对经济增长的拉动，以逐步替代出口和投资，更加协调地拉动经济增长，方是长远之计。考虑到劳动力价格、土地价格上涨和资源环境的约束性，以廉价劳动力为基础的经济增长模式也是难以为继的，因此，应当积极培育新兴支柱产业，培育具有自主创新和知识产权的产业和品牌，推动技术创新的产业化，以此带动产业结构的升级转型，提升中国制造的国际地位。

全球可持续发展也对未来温室气体减排提出更高要求，这势必给发展中国家带来更大压力。对于工业化方兴未艾的中国来说，也必须在适应全球减排趋势的基础上，加快对产业结构的调整，淘汰落后产能。与2005年相比，2009年中央企业万元产值综合能耗（可比价）下降15.1%；二氧化硫排放量减少36.8%，化学需氧量减少33.04%。但总体来看，“十一五”时期前四年，节能减排任务完成进度落后于时间进度要求，尤其是部分中小企业缺少技术改造、改进生产工艺流程的能力。所以，节能减排要与新技术推广和应用结合起来，形成节能减排对企业技术改造和产业结构升级的倒逼机制，以此加快经济发展方式的转变。

（二）加快收入分配改革，促进社会和谐公平

现阶段收入差距的持续扩大正在成为影响中国社会发展的重大问题。

如果居民收入得不到较快增长，居民收入在国民收入分配中的比重得不到显著提高，以扩大内需推动经济发展的战略决策就无法实现。历史经验告诉我们，市场经济不可能自发调整和根本解决贫富差距扩大的问题。特别是在中国市场化改革的进程中，权力市场化和行业垄断化的现象比较突出，已经形成的既得利益群体，对收入分配的调整形成强大阻碍。因此，收入分配改革最为关键的是，必须要痛下决心，彻底调整和逐步理顺利益分配格局。

收入分配改革并非简单的劫富济贫，而是通过对当前的利益分配格局进行深度调整，让所有的劳动者共享经济社会发展成果，从鼓励一部分人先富起来迈向共同富裕。尤其是要提高居民收入在国民收入分配中的比重，提高劳动报酬在初次分配中的比重，扭转城乡、区域、行业和社会成员之间收入差距扩大趋势，形成基于社会公平与分配正义的居民收入与国民经济同步增长的合理局面，推进社会和谐与社会进步。

（三）加强控制物价上涨，保障城乡居民生活

2010 年以来，中国消费价格指数持续上升，实现中央政府制定的将 CPI 控制在 3% 的目标，面临各种不确定的因素。在各类消费品中，农产品价格上涨幅度最为明显。2010 年以来，不仅大蒜、绿豆、辣椒等小宗农产品价格轮番上涨，棉花、食糖等大宗农产品的价格也持续高位运行。国家统计局的数据显示，1～9 月，粮食价格同比增长 12.7%，棉花价格同比增长 32.0%，蔬菜价格同比增长 16.4%。农产品价格上涨，反映出民众和市场对通货膨胀的预期增加。

整体上看，中国城市居民生活已经基本达到小康水平，但由于低收入家庭的消费结构仍停留在以满足生存需要为主的温饱型模式，农产品价格上涨对低收入人群的生活质量影响最大。物价上涨，使低收入群体实际可支配收入下降，消费能力降低，部分低收入家庭生活困难加剧。为了保障普通人的生活质量，需要对通货膨胀采取有力的调控措施。

（四）继续调控住房市场，加大保障住房建设力度

2010 年初以来，房地产调控政策密集出台，保持了持续性和稳定性，

在调控政策“组合拳”的影响下，全国房地产用地供应出现价跌量增的情况。但由于宏观经济复苏基础不稳，加之通货膨胀和人民币升值预期的存在，社会各界对经济复苏和房地产调控的持续性表示担忧。第二轮房地产调控政策在保持政策持续性、稳定性的基础上，提高调控政策的针对性和灵活性，增加了首套房贷一刀切，首付比例提高到 30%；暂停发放第三套房贷；部分城市采取限购房套数等政策。严格执行差别化的住房信贷政策，支持居民合理的住房消费，坚决遏制投机性购房，房地产泡沫化趋势必须更加坚决地予以遏制。

住房问题是影响民生的重大问题，解决住房问题的根本是提高住房的供给量，尤其是增加对中低收入人群的住房供给。在后续的房地产调控政策制定中，要继续采取积极措施，促开工、促销售，努力增加普通商品住房供应，加快推进保障性住房建设和各类棚户区改造，以提高市场供给。同时，继续加强房地产市场监管，促进房地产市场平稳健康发展。

（五）持续关注改善民生，健全普惠型公共服务

我国目前已经进入工业化的中后期，公众需求正在由消费型向发展型升级。在新的发展阶段，在解决温饱问题和实现总体小康的基础上，广大人民群众的物质文化生活需求将大幅度增长。当前的民生问题不再是经济发展不足所致，而是基本公共服务难以满足人民群众不断增长的需求所致。

因此，改善民生应重在加强社会建设，重在建立健全基本公共服务体系。中共中央十七届五中全会审议通过的《中共中央关于制定国民经济和社会发展第十二个五年规划的建议》中，提出要逐步完善符合国情、比较完整、覆盖城乡、可持续的基本公共服务体系，并从六个方面进行了具体部署：促进就业和构建和谐劳动关系、合理调整收入分配关系、健全覆盖城乡居民的社会保障体系、加快医疗卫生事业改革发展、加强和创新社会管理、全面做好人口工作。2010 年 10 月 28 日，历经“三报四审”的《社会保险法》，经由十一届全国人大常委会第十七次会议审议通过。在即将来临的 2011 年，全社会都期盼着经济发展、民富国强、公平正义、社会和谐、生活安全、生态良好的包容性增长时代的到来。

城市化引领中国新成长阶段*

——2011～2012年中国社会形势分析与预测

2011 年是 21 世纪第二个 10 年的起点，也是我国“十二五”规划的开局之年。我国以科学发展为主题，以加快转变经济发展方式为主线，以保障和改善民生为根本出发点和落脚点，继续稳步推进中国特色社会主义事业。国际环境复杂多变，可能导致中国国内发展中的不确定因素增加，国内经济社会运行中也不断出现一些新情况、新问题、新矛盾。我国发展进入一个新成长阶段，城市化成为继工业化之后推动经济社会发展的新引擎。

一　中国进入以城市社会为主的新成长阶段

（一）城市化水平超过50%，城市化引领新成长阶段

2011 年是中国城市化发展史上具有里程碑意义的一年，这一年，城镇人口占总人口的比重将首次超过 50%。中国从一个具有几千年农业文明历史的农业大国，进入以城市社会为主的新成长阶段。这种变化不是一个简单的城镇人口百分比的变化，它意味着人们的生产方式、职业结构、消费行为、生活方式、价值观念都将发生极其深刻的变化。

（二）城市化继工业化之后，成为推动中国经济社会发展的巨大引擎

工业化、城市化和市场化，已成为拉动中国巨大社会变迁的“三驾马车”。在城市化急剧推进的过程中，土地的快速升值成为经济增长和财政收

---

* 李培林、陈光金执笔。

入的重要源泉。一方面，人民群众快速增长的改善住房的新消费需求与转变经济发展方式、扩大国内消费的需要恰相吻合；另一方面，围绕地产收益产生的利益博弈也影响到实业发展、生活价格稳定和利益分配的公平合理。如何处理好新形势下的这一两难问题，成为继续推动经济社会健康成长的关键一环。

（三）城市化新阶段的区域格局深刻变化，中西部增长连续多年快于东部

近几年来，我国出现中西部经济引领全国经济增长的新格局，经济增长的区域结构更加平衡。从地区工业增加值看，2011 年前三季度，东部地区增加值同比增长 12.2%，中部地区增长 18.3%，西部地区增长 17.1%。从地区固定资产投资情况看，东部地区投资同比增长 22.3%，中部地区同比增长 29.9%，西部地区同比增长 29.5%。

区域发展格局的这种变化，既是产业转移的自然结果，也是我国区域发展政策发挥作用的结果。但中西部近年来的快速发展，并非重复东部的道路，城市化继工业化之后，成为中西部发展的巨大推力。

（四）城市化新阶段的城乡关系深刻变化，农民收入增长速度开始超越城镇居民

随着我国财政对农村转移支付力度的加大以及一系列惠农政策的实施，特别是农产品价格的合理上升，农民的生活水平得到显著提高。继 2010 年之后，2011 年农民人均纯收入的增长速度将继续快于城镇居民可支配收入的增长速度。

这种变化并非偶然的现象，而是一个长期趋势的开始。随着农产品价格的提高和初级劳动力市场工资水平的提高，农民的经营收入和打工收入将成为推动农民现金收入快速增长的两大动力，农民现金收入在农民纯收入中所占的比例也将继续提高。

当然，由于城乡居民收入绝对差距在 3 倍以上，短期内城乡之间的收入差距还不会出现具有里程碑意义的拐点。助农惠农政策仍需要进一步加强。

（五）城乡统筹成为发展新主题，城市化涉及全面社会改革

在全国各地，城乡统筹和打破城乡二元结构成为发展的新主题，成都、重庆的城乡统筹试点引起全国的密切关注。城市化的继续推进涉及户籍、就业、社会保障、收入分配、教育、医疗、社会管理等社会体制的全面改革。从全国来看，随着快速交通的迅猛发展，城市化进程已经进入第二阶段，由农民进城到打造都市“一小时”生活圈，新型城乡关系正在形成。中国已结束了千百年来农民无社会保障的状况，约 2 亿农民参加了新型农村社会养老保险。

二　2011 年中国社会发展总体形势

2011 年社会发展总体保持良好态势，人民生活进一步改善，社会事业投入力度显著加大，社会保障体系建设在广度和水平上取得重大突破，社会管理体制改革创新成为推进国家社会建设和发展的重大战略举措，整个国家的社会发展不仅在数量意义上取得进展，而且进入提升发展质量的新成长阶段。

（一）经济平稳高速增长，物价得到初步控制

2011 年中国经济继续朝着宏观调控的预期方向发展。中国经济避免了原来担忧的“二次探底”和“硬着陆”情况，经济仍在高位运行。前三季度，国内生产总值 320692 亿元，同比增长 9.4%，虽然经济增长速度逐季度下降，但预计全年经济增长仍可达 9%。农业生产形势良好。全国夏粮产量 12627 万吨，比上年增产 312 万吨，增长 2.5%；早稻总产量 3276 万吨，比上年增产 1438 万吨；秋粮总产量 4218 万吨，比上年增产 2018 万吨；全年粮食总产量 57121 万吨，比上年增产 2473 万吨，创造了新的历史纪录，迈上一个新台阶。

物价涨幅总体可控。2011 年以来，中国消费价格指数超出了年初预计的 4%，前三季度 CPI 上升 5.7%。7 月份 CPI 创近年来最高上升水平，达到 6.5%。面对物价上涨的严峻形势，国家按照控制货币、发展生产、保障供

应、搞活流通、加强监管、安定民生的要求，出台了一系列有针对性的措施，粮油糖肉菜和成品油等重要商品市场供应得到较好保障，价格违法违规行为受到严肃查处，多数省份已经建立社会救助和保障标准同物价上涨挂钩的联动机制，加上农业生产形势总体良好，8 月份 CPI 开始回落，到 10 月份回落到 5.5%。物价上涨的势头得到了初步遏制。

2011 年全国财政收入预计可突破 10 万亿元，继续以约 30% 的高速增长。

（二）民生财政支出增加，公共财政基本建立

民生财政支出逐年增加，我国公共财政基本建立，民生支出达到中央财政支出的 2/3 左右。2011 年前三季度，全国财政教育支出 9490.78 亿元，增长 26.7%；社会保障和就业支出 8003.57 亿元，增长 32.5%；农林水事务支出 5842.61 亿元，增长 34.8%；城乡社区事务支出 5098.18 亿元，增长 42%；医疗卫生支出 3965.2 亿元，增长 50.5%；住房保障支出 2285.91 亿元，增长 73.9%，同时要求确保住房公积金增值收益、土地出让收益按规定用于保障房建设。民生建设财政支出项目的增幅，绝大多数都显著大于同期全国财政收入的增幅，推动我国民生事业的快速发展。

2011 年以来，国家还加大了减税力度，实施了个人所得税制度改革，推进了资源税改革，完善了消费税制度，继续对部分小型微利企业实施所得税优惠政策等，这些税收政策的调整与完善，促进了企业的发展，也引导了居民消费。从 2011 年 9 月 1 日起，工薪收入的个人所得税起征点提高到 3500 元，全年个人所得税将因此减收 1600 亿元，纳税的工薪劳动者将减少 6000 万人。从 11 月 1 日起，上调增值税、营业税起征点，对中小型企业和个体工商户无疑是一个利好消息。

（三）就业形势明显好转，就业结构继续调整

国际金融危机之后，我国经济恢复较快增长，就业形势明显好转。根据人力资源和社会保障部在第二季度对全国 100 多个城市公共就业服务机构登记招聘和登记求职的信息监测，2011 年岗位空缺与求职人数的比例约为 1.07，比上年同期略有提高；第三季度有所回落为 1.04，但比上年同期高 0.05。2011 年 1～9 月，全国城镇新增就业 994 万人，城镇失业人员再就业

436 万人；至 9 月底，城镇登记失业率为 4.1%，预计全年城镇登记失业率仍为 4.1%。农民工就业仍在增加。截至 2011 年第三季度末，全国进城农民工总量为 1.64 亿人，比上年同期增加 606 万人。

就业的产业分布结构继续调整。根据上述劳动力市场监测结果，2011 年第二季度第一、第二、第三产业需求人数所占比重依次为 1.9%、36.9% 和 61.2%。第三季度的监测结果与此大体相同。与上年同期相比，第二产业用人需求下降约 3.5%，商业服务业中部分行业用人需求则有所上升。值得关注的是，随着劳动力供求关系的变化，对 45 岁及以上劳动力的需求有所上升，与上年同期相比，对 45 岁及以上年龄组的用人需求增长 5.5%。

大学毕业生就业形势也有所好转。2011 年全国高校毕业生达 660 万人，大学生毕业半年以后的就业率稳定在 90% 左右，专业与职业的吻合度也在不断提高。

（四）收入和消费水平稳步提高，人民生活继续改善

2011 年，城乡居民收入水平继续稳步提高。前三季度，城镇居民人均可支配收入 16301 元，扣除价格因素，实际增长 7.8%；农村居民人均现金收入 5875 元，扣除价格因素，实际增长 13.6%；预计全年农民人均纯收入增长 10%，将高于城镇居民可支配收入的增幅。

由于物价的较快上升，很多地区相应地提高了最低工资标准和离退休人员的补助标准，截至 2011 年 9 月底，全国有 21 个省区市相继调整最低工资标准，平均调整幅度达 21.7%。

在收入增长的基础上，城乡居民的生活继续改善，国内消费拉动经济社会发展的力量持续增强。2011 年前三季度，社会消费品零售总额 130811 亿元，同比增长 17.0%，扣除价格因素实际增长 11.3%，高于 GDP 和居民收入增长水平。

从消费结构来看，家庭消费恩格尔系数继续降低，非衣食类的消费品增长较快，特别是汽车类消费增长 16.0%，家具类消费增长 31.4%，家用电器和音像器材类消费增长 20.5%，黄金珠宝首饰类消费增长 50% 左右。

为推动居民消费，国家继续执行“家电下乡”政策。2011 年前 8 个月，家电下乡产品销售 6541 万台，实现销售额 1632 亿元，同比分别增长 41.3%

和61.9%。自2009年我国实施“家电下乡”政策以来，截至2011年8月，全国家电下乡产品累计销售1.8亿台，实现销售额4050亿元，发放补贴460亿元。

（五）社会保障体系更加完善，保障水平稳步提高

随着国家财政对民生事业的投入大幅度增加，全国社会保障体系得到进一步完善，保障水平有明显提高。《社会保险法》从2011年7月1日起生效，为劳动者权益保护提供了法律依据。

社会保险覆盖面继续扩大。截至2011年9月底，全国参加城镇基本养老保险、基本医疗保险、失业保险、工伤保险和生育保险人数分别为27497万人、46337万人、14053万人、17205万人、13472万人，分别比上年底增加1790万人、3074万人、677万人、1044万人、1136万人。1~9月，五项社会保险基金总收入16382.3亿元，同比增长26.9%；五项社会保险基金总支出12897.5亿元，同比增长21.2%。

“新农保”（新型农村社会养老保险）和“城老保”（城镇居民社会养老保险）试点快速推进。2011年年中，“新农保”已覆盖全国2000多个县（市）的60%；“城老保”于7月1日开始试点，到年底试点工作覆盖全国60%的县级区域，试点地区将城镇无收入居民纳入保障范围，年底基本完成将未参保集体企业退休人员纳入基本养老保险的范围。截至2011年9月底，全国已有12个省（区、市）实现了制度全覆盖，参加新型农村和城镇居民社会养老保险试点的总人数达1.99亿人，其中领取待遇人数5465.32万人；加上地方自行试点，总参保人数达到2.35亿人，领取待遇人数6694.11万人。

农民工参加社会保险的人数不断增长。截至2011年9月底，全国农民工参加基本养老、基本医疗、失业、工伤保险的人数分别为3991万人、4594万人、2269万人和6580万人，分别比上年底增加707万人、11万人、279万人和280万人，增幅分别为21.5%、0.24%、14.0%和4.4%。

城乡最低生活保障水平不断提高。2011年前三季度，城镇最低生活保障标准平均为278.15元，农村最低生活保障标准平均为135.05元，分别比上年同期增长15.9%和23.1%。从城乡实际支出看，2011年1~9月，城镇最低生活保障支出合计428.7亿元，农村最低生活保障支出合计406.2亿

元，分别比上年同期增长 26.4% 和 50% 。从 2010 年第三季度到 2011 年第三季度，全国城镇最低生活保障人数和户数分别从 2289.6 万人、1130.9 万户变为 2268.7 万人、1135.3 万户，而全国农村最低生活保障人数和户数分别从 5086.6 万人、2449.5 万户增加到 5267.4 万人、2608.6 万户。

（六）大规模建设保障性住房，遏制房价飞涨

房价高企，居民收入水平与房价严重失衡，在中国城镇社会造成了普遍的年轻人“住房难”问题，也引起群众的普遍不满。为了解决这一问题，国家一方面坚定地对房地产市场进行调控，努力迫使房价回归理性；另一方面全面大规模建设保障性住房，加大廉租房、公租房等政策性住房的供给。

房地产价格快速增长势头得到遏制。2011 年前三季度，房地产投资增幅有所下降。1 ~9 月份，房地产的开发投资同比增长 32% ，虽然增幅仍在高位运行，但比 1 ~8 月份回落 1.2 个百分点。房地产投资性的需求特别是投机性的需求开始得到控制。房地产的价格出现松动，前期价格快速上涨的势头得到了明显遏制。

大规模建设保障房显著提速。2011 年，全国开工建设保障性住房、改革各类棚户区住房 1000 万套，其中，廉租住房 165 万套，公共租赁住房 227 万套，经济适用住房 110 万套，限价商品住房 83 万套，各类棚户区改造 415 万套。此外，还计划新增发放廉租住房租赁补贴 60 万户。未来五年，中国将总计建设城镇保障性住房 3600 万套，使保障性住房的覆盖率达到 20% ，目前这些保障房建设用地已经得到落实。

（七）加强和创新社会管理，重点解决突出的食品药品安全问题

加强和创新社会管理在 2011 年成为国家的一项重大战略部署，这涉及社会领域的一系列体制改革、机制建设和秩序治理。

重点解决突出的食品药品安全问题，是加强和创新社会管理的一项重要内容。通过开展一系列的治理行动，食品药品安全秩序有所改善。

2011 年 8 月，公安部部署全国公安机关集中开展“打四黑，除四害”专项行动，严厉打击整治制售假劣食品药品的“黑作坊”、制售假劣生产生

活资料的“黑工厂”、收赃销赃的“黑市场”和涉黄涉赌涉毒的“黑窝点”。它们严重危害人民群众生命健康，严重危害青少年身心健康，严重危害群众财产安全，严重危害公共安全和社会诚信，成为害百姓、害家庭、害社会、害国家的“新四害”。到2011年10月初，全国共查破各类食品药品安全案件3.6万余起，打掉相关违法犯罪活动的作案团伙842个，捣毁制售有毒有害食品和假冒伪劣药品、农资的“黑作坊”“黑工厂”2083个，铲除“黑市场”881个，端掉“黑窝点”4201个，总计查处“四黑”场所7165个，抓获涉案人员1.7万余人。

（八）社会心态总体积极向上，公众对未来充满信心

2011年，我国城市居民生活满意度总体平稳并略有上升，公众对反腐败、解决收入差距过大问题和改善社会风气的信心有所增强。消费信心指数结束自去年以来的波动，有了显著的提高，最不满意的消费问题仍然集中在物价和房价上涨过快上。城乡居民对未来生活充满信心并持乐观态度。根据中国社会科学院社会学研究所2006年、2008年和2011年进行的全国社会状况综合调查，城乡居民认为与5年前相比生活水平“略有上升”和“上升很多”的人占全部被访者的比重，分别为63.4%、69.4%；认为5年后生活水平将会“略有上升”和“上升很多”的分别为53.9%、58.3%。

三　2011年中国社会发展面临的问题和挑战

2011年，国际经济环境中的不稳定、不确定因素增加，我国在就业、劳动关系、收入分配、安全生产以及中小企业发展等方面，面临一些新问题、新挑战。

（一）物价上涨影响民生，控制物价任务艰巨

虽然消费价格指数从8月份开始回落，到10月份回落到5.5%，但物价上涨的压力依然很大，国际输入性通胀、原材料价格的上涨、劳动成本的增加、农产品价格的提升等，都是推动消费价格上扬的因素。消费价格的上涨，对广大中低收入群体的生活影响很大。根据中国社会科学院社会

学研究所 2011 年进行的全国社会状况综合调查，在各种社会问题中，民众把物价问题置于首位。目前消费价格的上涨，从结构上看，食品价格的上涨是最大的影响因素，影响 10 月份总体消费价格水平 5.5% 中的 3.6 个百分点。但食品价格的上涨与农民收入的增加是一个两难问题，食品价格增长过快，会引起城镇居民的普遍不满，但食品价格过低，又会产生“谷贱伤农”和农民收入增长缓慢的问题。在市场经济条件下，要建立平衡城镇居民生活与农民收入的新机制。

（二）就业形势的复杂性增加，劳动力供求的结构性矛盾依然突出

我国目前的就业形势出现初级劳动力市场“招工难”、大学生“就业难”和农村富余劳动力“转移难”的“三难并存”复杂局面。一方面，自 2004 年出现的季节性、节日性“招工难”现象越来越经常化、常态化；另一方面，大学毕业生人数逐年增多，与就业要求相匹配的就业岗位增长越来越难以满足大学生就业需求的增长；另外，农村劳动力愈益老龄化，向第二、三产业的转移遇到越来越多的困难。

就业的结构性矛盾仍十分突出。在一些地区，企业“招工难”和劳动者“求职难”的现象并存。一方面，企业普遍反映难以招录到合乎需要的有技能的劳动力的情况更加突出，用人单位对技术等级无要求的普工岗位需求出现下降趋势，但根据城市劳动力市场监测结果，一些地方也出现了对普通体力工需求增加的现象。与此同时，全国高技术岗位的岗位空缺与求职人数的比例也在提高。从部分城市劳动力市场监测结果看，职高、技校和中专毕业生的就业形势较好。第二季度大专毕业生、大学本科毕业生和研究生的岗位空缺与求职人数之比分别为 0.95、0.85 和 0.91。第三季度，大专生的岗位空缺与求职人数之比略降至 0.94，大学生的这一比值保持不变，研究生的这一比值上升到 1.07。值得关注的是，在第二季度所监测的劳动力市场出现的新成长失业青年中，应届高校毕业生占 46.5%；到第三季度，这一比例上升到 47%。

（三）劳动关系紧张问题加剧，劳动争议事件增加

近若干年来，中国劳动关系进入相对紧张时期，劳动争议仲裁调解受

理案件两三年上一个台阶，从2001年的15.5万件增加到2008年的69.3万件，此后两年受理案件数有所下降，2010年减少为60.1万件。2011年，劳动关系的紧张状况又呈加剧态势。2011年仅1～9月就受理劳动争议案件93.3万件，比2010年全年受理案件数增长约55.3%。2011年第三季度劳动争议受理案件数的井喷式增长，与《社会保险法》于7月1日生效有关，但本质上仍然主要是中国劳动关系中存在的种种侵害劳动权益问题的结果，其中突出的问题是劳动报酬争议、社会保险争议以及劳动合同争议，并且呈现出劳动争议的诉求由单一的劳动报酬，向社会保险、经济补偿金、赔偿金等多种诉求发展的趋势，争议的焦点更加复杂，处理的难度也大大提高。

从目前来看，在解决劳动关系冲突方面，相关的法律法规还不健全，工会发挥的作用还不充分，劳动监察部门也受到各种因素的制约。这种状况往往导致各种劳动争议不能得到及时、合理、有效处理，容易酿成群体性事件，致使“劳资矛盾”转化成“劳政矛盾”，企业与社会的矛盾演变为政府与社会的矛盾。据某地总工会调查，在被调查的工人中，主张通过群体性事件维权的人所占比重高达45.43%。2011年各地源于劳动争议的集体停工等群体性事件仍时有发生，广东潮州某镇因讨薪者被挑断脚筋而引发数万农民工高喊“踏平某镇”的上街打砸事件。

（四）收入分配受普遍关注，收入差距扩大态势尚未得到根本扭转

由于受各种复杂利益关系的影响，中国收入分配制度改革进展缓慢。国家有关部门酝酿三年有余的工资条例的出台，因意见难以统一再次陷入僵局。提高最低工资标准、建立工资正常增长机制以及农民工同工同酬等要求，被很多企业认为将长期显著增加企业的用工成本。在实践中，一些企业在制定本企业实际工资标准时向所在地区的最低工资标准看齐，将其当作实际工资标准来执行，消解了最低工资制度的本来意义。而由于农民工制度的存在，以及从发达国家引入的弹性就业制度的实施，同工同酬要求的实现也遭遇来自企业的阻力。在国有企业中，随着总体盈利状况的好转，大锅饭体制又有所复归，为降低成本，国有企业普遍大量使用“劳务派遣工”，据估计总量已达几千万人，形成了国有企业在用工制度上“劳务派遣工”与“正式职工”的“新双轨制”，实行“同工同酬”则意味着企

业成本的大幅增加。如何改革现行的工资制度，成为两难选择和利益博弈。

尽管已经开始出现中西部地区经济增长快于东部、农村居民收入增长快于城镇居民的新趋势，但由于原有基数差距较大，区域之间、城乡之间和社会成员之间收入差距过大的态势仍未得到根本扭转。2000～2010 年，城镇居民家庭中 20% 最高收入户与 20% 最低收入户相比，生活消费水平差距从 2.8 倍扩大到 4.1 倍。群众对分配不公问题的反映仍普遍比较强烈。

（五）环境污染治理难题未解，生产安全事故仍然频发

中国转变经济增长方式的任务十分艰巨，多年来以环境为代价的发展积累了很多环境隐患，高能耗、高排放、高污染的产业仍然占有很大比重，加上一些企业和人员的环境责任意识不强，环境事件不断发生。2011 年 1～8 月，全国发生 11 起重金属污染重大环境事件，其中血铅事件又有 9 起，数以百计的居民深受其害。环保部最近的排查结果表明，在全国排查的 4.46 万家化学品企业中，72% 分布在长江、黄河、珠江、太湖等重点流域沿岸，距离饮用水水源保护区、重要生态功能区等环境敏感区不足 1 公里的占 12.2%。另外，中国机动车、家电等更新换代速度加快，电子废弃物、工业固体废物、医疗废物和危险废物产生量持续增加。例如，截至目前，全国仍有 198.2 万吨铬渣亟待处置，危险废物非法转移倾倒事件时有发生，发生在云南曲靖的铬渣非法倾倒事件就是一个典型。

环境问题同时也是一个社会问题，随着广大民众对环境安全的诉求越来越强烈，对环境问题的危害也越来越敏感，在近几年发生的各种群体性事件中，因环境原因引发的群体性事件数量是上升最快的。

仍需高度重视生产安全问题。2011 年 1～10 月，发生特大安全事故 3 起，死亡和失踪 110 人；重大事故 52 起，死亡和失踪 800 余人；较大事故 934 起，死亡和失踪近 4000 人；总计发生较大以上事故 989 起，平均每月近 100 起。虽然与上年同期相比情况有所好转，但问题依然突出。

（六）社会诚信问题引发关注，社会道德风险凸显

社会诚信水平、社会道德状况，是衡量一个国家社会生活质量的重要指标。在中国社会转型的过程中，社会失范和社会诚信缺失成为普遍的社

会问题。2011 年，中国社会接连发生多起老人摔倒、行人被车辆撞倒碾压、施救者受到被救者讹赖，或者路人对受害人见死不救的事件，让社会各界感到震惊。深圳 18 位路人对被撞倒的小女孩不施援手，致使其不治身亡，更是把民众对中国社会道德问题的关注推向社会舆论焦点，尽管近年来履行社会责任和见义勇为的行为不断增加，职业道德和社会公德建设取得进步，但人们对人际关系冷漠、社会道德问题的焦虑仍然与日俱增。

在经济生活中，不诚信、不道德的现象也相当普遍，过期的、伪劣有害的和低标准的食品药品问题不断被媒体曝光，而且参与其事的不仅有一些非法从业人员，甚至还有一些国际知名的品牌企业，这严重影响了中国民众对市场的信任。

四　2012 年中国社会发展的展望与对策建议

2012 年中国经济社会将会延续 2011 年总体稳健的发展形势，不会出现大的波动。继续加大公共财政对社会建设和文化建设事业的投入力度，全面推进社会体制和文化体制改革，加强和完善社会管理，将进一步提升经济社会发展质量。

（一）把握好宏观调控的方向、力度和节奏，确保经济继续平稳较快发展

2011 年宏观调控总体上是成功的，国民经济继续以平稳较快速度增长，年初人们担心的经济可能遭遇“硬着陆”“二次探底”的局面得以避免，为 2012 年经济健康运行提供了条件。2012 年，要继续落实“十二五”规划提出的任务，把转变经济发展方式落到实处，加快经济结构战略性调整。要准确判断经济形势，针对经济运行中的主要矛盾，把握好宏观调控的方向、力度和节奏。宏观调控的总体方向不能轻易改变，同时必须根据形势变化，提高宏观经济政策的针对性、灵活性、前瞻性，切实处理好保持经济平稳较快发展、调整经济结构、管理通胀预期三者的关系，不使经济增速出现大的波动。

对房地产市场的调控政策应继续坚持，今后需要认真关注的问题是，

房地产市场关联着60多个其他行业，在继续坚定调控房地产市场的同时，政府需要认真研究各个关联行业的稳定发展对策，继续加快经济结构调整，避免出现其他国家遭遇的房市泡沫破裂后经济发展乏力的困境。

近期中央政府陆续出台了支持中小企业尤其是微型企业发展的政策措施，包括减税、提高增值税和营业税起征点等财税政策，以及各种支持企业筹融资、提高金融服务水平、促进小型金融机构发展的金融信贷政策，包括降低市场准入限制、重点支持实体经济尤其是符合国家产业政策的中小企业的发展政策，都开始初见成效，要切实落实这些政策，确保中小企业平稳较快发展。

居民消费物价调控不能放松，这是影响民生最直接的因素。要加强重要商品特别是生活必需品的产运销衔接，保障市场供应。要进一步落实鲜活农产品绿色通道政策和其他扶持政策，切实降低流通成本。要整顿和规范市场秩序，依法惩处串通涨价等违法违规行为。同时也要注意到，2011年居民消费物价指数较高的重要推动因素是农产品尤其是食品价格，经过国家调控，9月份以来，食品价格指数出现较大幅度回落，猪肉等农产品价格回落更加明显。要认真研究年末农产品市场波动信号对农户2012年生产预期的影响，未雨绸缪，采取合适政策措施，激励农业生产，避免2012年农产品生产出现下行波动，反过来推高食品价格。

2012年的环境治理任务依然艰巨。要从确保国民经济健康和可持续发展、确保人民生命财产安全和生活质量提升以及促进社会和谐稳定的高度，来认识这个问题。要继续狠抓节能减排，继续从严控制高耗能、高污染项目投资。对多年积累起来的环境风险要有充分认识，对于2011年环境排查发现的环境隐患，要认真研究、抓紧制订近期治理措施和中长期治理规划方案，切实减少和消除环境隐患，实质性地降低环境风险。

（二）继续推进民生财政，进一步加大社会发展投入力度

按照世界上许多国家的经验，公共财政直接用于民生和社会发展的支出一般要占到公共财政总支出的60%左右。比较起来，中国财政用于民生和社会发展的支出还远远不够。必须进一步调整国家财政支出结构，继续加大民生和社会发展投入。除了确保保障性住房建设投资需要之外，教育、

社会保障和就业以及医疗卫生支出需要有更大幅度的增加。

2010年7月发布的《国家中长期教育改革和发展规划纲要（2010～2020年）》规定，提高国家财政性教育经费支出占国内生产总值比例，2012年达到4%。2011年前三季度全国财政教育支出总计9490.78亿元，平均每季度支出3163.6亿元，据此估计全年财政教育支出总额不会超过1.3万亿元。按照前三季度国内生产总值的增长情况，预计2011年全年国内生产总值将超过42万亿元，全年财政教育支出占国内生产总值的比重仍将只有3.1%左右，大致能与2010年持平。2012年要实现该比重达到4%的目标，任务相当艰巨。

按照2011年前三季度社会保障和就业支出情况，估计全年支出总额可达到10670亿元以上，预计全年国内生产总值的比重可达到2.5%以上，远低于世界上许多国家尤其是发达国家的水平。例如，2006年，经济合作与发展组织（OECD）国家财政的社会保障和就业支出占国内生产总值的比重平均接近14%，是中国相应比重的5倍多。中国目前自然不可能也不必要达到发达国家的水平，以免财政负担过重，但以发达国家水平的1/3～1/2为目标还是稳健可取的。也就是说，中国社会保障和就业支出占国内生产总值的比重，至少应当达到4.5%～7%的水平。如果这一比重每年能够提高0.4～0.9个百分点，可在五年之内达到这一目标。

提高公共财政医疗卫生支出水平，也是改善民生和提高社会发展质量的重要举措。2011年度全国财政医疗卫生总支出估计可达5200亿元左右，相当于预期全年国内生产总值的1.2%左右。从中国国情出发，要使中国民众看病难、看病贵的状况得到根本改观，国家财政的医疗卫生支出占国内生产总值的比重，至少应当达到2.5%。

（三）继续扩大就业，加大收入分配制度改革力度

就业是民生之本，也是“十二五”规划的重中之重。“十二五”时期，中国人口将达到13.7亿人左右，劳动力资源将达到峰值。城镇平均每年需要就业的新增劳动力大约为2500万人。综合考虑继续保持经济平稳快速发展、城镇化加速、服务业加快发展等有利因素，以及出口趋缓、结构调整产生新的失业等不利因素，即使经过努力城镇新增就业规模继续保持在900

万人以上，再加上补充自然减员，两项加起来大概有 1200 万人，供求缺口将达到 1300 万人的规模。农村劳动力需要转移就业的规模估计也有 1 亿人。2012 年，要继续执行就业优先战略，实施更加积极的就业政策，完善促进就业综合政策体系，多渠道、多形式创造更多就业机会，统筹城乡就业，继续做好高校毕业生、农民工、就业困难人员等重点群体的就业工作。

中国收入分配差距的总体形势仍然严峻。必须加大收入分配制度改革力度，从根本上改变这种局面。重点是在平衡工资增长与就业增长双重要求的前提下，加快工资制度改革，确保城乡居民收入与经济发展同步、劳动报酬增长与劳动生产率提高同步，逐步提高劳动者报酬在国民收入分配中所占的比重。2012 年要继续加大工资制度改革力度，尽快出台工资条例，真正建立工资正常增长机制。

（四）进一步完善社会保障体系，加快提高社会保险统筹层次的步伐

2012 年要进一步完善社会保障体系的工作，主要有三个重点。

一是继续扩大社会保障体系覆盖范围。特别是加快城镇居民养老保险和新型农村社会养老保险覆盖面的扩大工作。2011 年全国各项社会保险的参保人数有较大规模的增加，但就整体参保率而言还是较低的，与社会保险全覆盖目标之间的距离还比较远，农民工中没有参加任何社会保险的人所占比重仍然超过 50%。2012 年，要在扩大社会保障覆盖相关人口方面加大工作力度，逐步实现制度无缺失、覆盖无遗漏。

进一步提高社会保障的保障水平和公平度。社会保障的保障水平总体上要与经济承受能力相适应，在此前提之下逐步提高。从目前的情况看，各项社会保险的水平首先需要考虑的是努力提高最低生活保障的水平。2011 年第三季度，城镇低保标准平均为每人每月 278.15 元，农村低保标准平均为每人每月 135.05 元，换算成全年标准，分别为每人 3338 元和 1621 元，大抵就是目前中国实行的城乡贫困线了，分别约相当于城乡居民人均年收入水平的 16% 和 23%。提高低保标准，不仅是解决贫困人口生存和发展问题的重要措施，也是促进社会公平的重要措施。

加快提高社会保障体系统筹层次的步伐。根据《社会保险法》的要求，

基本养老保险要实现全国统筹，其他社会保险要逐步实现省级统筹。目前的现实是，社会保险统筹层次包括省级统筹、地市级统筹和县级统筹等，全国形成一万多个统筹单元，实现省级统筹的险种只有城镇基本养老保险。相应地，社会保险的转移接续也因为统筹层次问题而难以实现。2011 年在推动基本养老保险全国统筹方面尚未取得明显进展，2012 年需要加快步伐、创造条件，推动各项保险统筹层次的提升。

（五）加强和完善社会管理，促进社会和谐稳定

加强和完善社会管理，构建党委领导、政府负责、社会协同、公众参与的现代社会管理新模式，深化社会体制改革，是搞好社会建设、推进社会发展的需要。2012 年，要进一步加强和创新社会管理，把社会体制改革尤其是社会管理体制改革推向深入，在强化政府责任的同时，提高社会协同和公众参与的广度和深度，实质性地促进社会和谐与稳定。

要进一步推进和谐劳动关系建设。要改革劳动关系管理体制，加快工会转型和能力建设，完善集体劳动合同制度和工资集体协商制度，推动企业民主进程，构建劳动者依法维护自身合法权益的有效路径和正常化机制，减少和缓解劳动纠纷与冲突。要加强劳动监察队伍建设，转变劳动监察机构工作作风，加大劳动监察执法力度，杜绝不作为或乱作为现象。

要进一步强化政府工作以人为本、管理就是服务的理念，更加尊重和维护人民群众的合法利益和权利，减少直至杜绝侵害群众利益的行为，减少和化解矛盾，促进社会和谐稳定。

（六）促进文化大发展大繁荣，提高社会诚信水平

2011 年，党的十七届六中全会做出《中共中央关于深化文化体制改革、推动社会主义文化大发展大繁荣若干重大问题的决定》，体现了我国对文化发展在整体社会发展中的重要意义的新认识，这是建设中国特色社会主义的一项重大战略决策。2012 年，要从提高国家软实力的高度，大力加强文化建设，使文化领域的体制改革成为国家事业单位改革的突破口，促进文化的大发展大繁荣。要大力发展文化产业，使文化产业成为我国的支柱产业之一。要加强国家德治建设，实现依法治国与以德治国的有机结合，构建与社会主

义民主政治和市场经济相适应的文化体系和社会行为规范。

社会诚信建设是国家文化建设和社会道德建设的重要组成部分。要通过完善制度、加强教育，努力营造诚实、自律、守信、互信的社会信用环境。在社会诚信的建设过程中，政府诚信建设是重中之重，要坚持依法行政，进一步推进政务公开，不断提升政府的公信力和社会诚信水平。

2012 年将召开党的十八大，为中国未来的发展确定新的路线图和大政方针，中国的发展将进入一个新的成长阶段。

迈向全面建成小康社会的新阶段*

——2012～2013年中国社会形势分析与预测

近十年来，中国经济社会发展处于快速推进的阶段，取得了举世瞩目的伟大成就。国民经济总量跃居世界第二，出口成长为世界第一，综合国力显著增强，民生和社会建设事业取得显著进步。2012 年，国民经济继续增长，劳动就业形势平稳，物价稳定，居民收入和物质文化生活水平继续提高，社会保障体系进一步完善。国际经济社会环境中的不稳定、不确定因素仍然较多，国内经济社会运行中仍然存在种种问题和挑战。党的十八大胜利召开，提出了到 2020 年全面建成小康社会的战略任务，对促进公平正义、共同富裕和社会和谐提出了更加明确、具体的要求，推动经济社会发展进入一个新的阶段。

一　中国经济社会发展的十年成就

从 2002 年党的十六大到 2012 年党的十八大召开的十年中，中国成功地应对了“非典”、汶川大地震、国际金融危机等重大挑战，经济社会经历了为期十年的持续快速发展，取得了举世瞩目的巨大成就。国民经济高速增长，综合国力持续上升，民生和社会建设事业显著发展，社会管理体制改革创新不断推进，标志着中国社会主义现代化建设事业的伟大进步，也奠定了未来十年中国建成全面小康社会的坚实基础。

（一）国民经济总量十年增长近1.8倍，跃居世界第二

十年来，中国经济保持持续快速增长态势。国内生产总值（GDP）从

* 陈光金执笔。

2001 年的 10.8 万亿元增加到 2011 年的 47.2 万亿元，居于世界第二位。按 1978 年不变价计算，2011 年国内生产总值是 2001 年的 2.77 倍，增长了 1.77 倍。在改革开放以来的 30 多年中，2002 ~ 2011 年是中国经济增长最快的十年。按 1978 年不变价格计算，1982 ~ 1991 年 GDP 年均增长 9.8%，1992 ~ 2001 年 GDP 年均增长 10.2%，2002 ~ 2011 年 GDP 年均增长 10.7%。

特别值得一提的是，十年来，中国农业生产态势良好，粮食总产量在十年中连上台阶，2011 年全国粮食总产量达到 5.7 亿吨，比 2001 年增长 26.2%，年均增幅为 2.42%，确保了国家粮食安全，为经济社会发展奠定了良好的基础。

十年来，中国综合国力明显增强。国家财政收入持续快速增长，2001 ~ 2011 年，国家财政收入总额从 16386.04 亿元增至 103874.43 亿元，按 1978 年不变价格计算，2002 ~ 2011 年，国家财政收入总额实际增长 3 倍略强，年均增幅近 15%。国家外汇储备量高速增长，从 2006 年起外汇储备余额领先世界各国。根据国家外汇管理局的统计，2001 ~ 2011 年，全国外汇储备从 2121.65 亿美元增至 31811.48 亿美元，占全球美元储备的 1/3。

（二）城乡居民收入和消费较快增长，人民群众物质文化生活水平显著提高

2002 ~ 2011 年，全国城乡居民收入水平持续上升。全国城镇居民家庭人均可支配收入从 2001 年的 6859.6 元增至 2011 年的 21809.8 元，同期全国农村居民家庭人均纯收入从 2366.4 元增至 6977.3 元，按 1978 年不变价格计算，分别增长 2.18 倍和 1.95 倍，年均增幅分别为 9.7% 和 7.8%，与上一个十年相比年均增幅分别提高 2.7 个和 3 个百分点。在收入增长的同时，城乡居民家庭财富也显著增长。从城乡居民年末储蓄存款余额来看，2001 年为 73762.4 亿元，到 2011 年增至 343635.9 亿元，不考虑物价因素，十年间增长近 3.7 倍。

中国城乡居民生活消费水平也有质的提升。2001 年，城乡居民家庭人均生活消费的恩格尔系数分别为 38.2% 和 47.7%；到 2011 年，两者分别下降为 36.3% 和 40.4%。生活消费支出结构的改变标志着生活品质的提升，在城乡居民家庭人均生活消费支出中，除了衣食住支出之外，交通通信、

文教娱乐和医疗卫生支出的增长意义重大，据统计，2001～2011年，城镇居民家庭人均交通通信、文教娱乐和医疗卫生支出占城镇居民家庭人均生活消费支出的比例从28.1%上升到32.8%，农村居民家庭人均生活消费支出中这三项支出合计所占比重从22.9%上升到26.5%。

（三）就业规模不断扩大，就业结构较大幅度调整

就业是民生之本，国家对推进劳动就业高度关注。十年来，中国就业规模不断扩大。2001年，全国就业总人口为73884万人，到2011年增至76420万人，年均增幅为6.2‰，大体上与20世纪80年代的人口自然增长率持平。同期，城镇就业人员总数从23940万人增至35914万人，增幅达50%，其间城镇登记失业率稳定在4.2%左右的较低水平上。与此同时，农村劳动力转移就业获得较快发展。2003年农村劳动力外出务工人数约为1.1亿人①，2011年增加到2.5亿人。②

十年来，就业结构有了较大幅度的调整。从就业的产业分布来看，第一产业就业比重不断下降，第二、第三产业就业比重不断上升，是十年中就业结构调整的基本趋势。2001年，第一、第二和第三次产业的就业比重分别为50.0%、22.3%和27.7%；到2011年分别调整为34.8%、29.5%和35.7%，包括第二产业和第三产业就业在内的非农就业比重已经接近2/3。就业的市场化水平也日益提高。2011年，国有单位就业人员占城镇就业人员总数的比重为18.7%，比2001年下降13.2个百分点。

（四）教育和医疗卫生体制改革不断深入，教育和医疗卫生事业不断进步

十年来，中国教育改革不断深化，突出表现在高等教育扩大招生规模、义务教育学杂费减免、各级助学体制不断完善等方面。高等教育扩招始于

① 刘军、陈兰：《当前农民工流动就业的数量、结构与特点》，《中国劳动保障报》2005年7月26日。

② 国家统计局：《2011年我国农民工调查监测报告》，国家统计局网站，最后访问日期：2012年4月27日。

20世纪90年代末期，进入21世纪以来，高等教育招生规模持续扩大，2001年全国普通高等学校招生268.3万人，到2011年增至681.5万人，年均增长近10%。高等教育招生规模扩张的突出意义是推动中国的高等教育从精英教育阶段进入大众化教育阶段[①]，大大提高了中国适龄人口的大学入学率。据教育部统计，2011年中国全国高等教育毛入学率达到26.9%，比2002年的15%提高近12个百分点。为解决城乡家庭教育负担重的问题，2006年以来，国家先后出台政策，免除农村和城镇义务教育学杂费。为了帮助贫困大学生解决就读困难，国家在不断完善助学贷款制度的同时，先后出台国家奖学金、国家励志奖学金、国家助学金制度，大大缓解了城乡部分贫困家庭子女上大学难的问题。

在医疗卫生事业领域，2003年发生“非典”危机和2005年以后社会各界关于医疗卫生机构改革问题的讨论，对国家公共医疗卫生事业的健康发展产生了巨大的推动作用。2011年，全国城乡每千人拥有卫生技术人员分别为7.9人和3.19人，比2001年增加2.75人和0.81人；城镇社区卫生服务中心（站）从2002年的8211个增加到2011年的32860个；农村地区的村卫生室建设不断完善。另外，国家从2006年起探索医疗体制改革新路，2009年出台《中共中央、国务院关于深化医药卫生体制改革的意见》，明确和强化了公共医疗卫生体系的公共性和公益性，逐步解决城乡和区域医疗卫生事业发展不平衡等问题，努力实现人人享有基本医疗卫生服务的目标，提高全民健康水平。

（五）社会保障体制体系不断完善，保障水平逐年提高

进入21世纪以来，中国加快了现代社会保障体系建设步伐，逐步建立和完善城镇职工基本养老保险、失业保险、城镇基本医疗保险、工伤保险、生育保险、城镇居民社会养老保险、新型农村合作医疗制度以及新型农村社会养老保险等社会保险体系，建立和完善城乡最低生活保障制度、医疗救助等社会救助体系，发展和完善孤儿收养、优抚安置、残疾人事业等社会福利事业，初步形成了一个相对完整的社会保障体系。

---

① 国际上通常认为，高等教育毛入学率在15%以下时属于精英教育阶段，15%～50%为高等教育大众化阶段，50%以上为高等教育普及化阶段。

十年来，各类社会保险的参保人数显著增长。据统计，2001～2011年，失业保险的年末参保人数从10354.6万人增至14317.1万人，城镇职工基本医疗保险年末参保人数从5470.7万人增至18948.5万人，工伤保险年末参保人数从4345.3万人增至17695.9万人，生育保险年末参保人数从3455.1万人增至13892万人，城镇职工基本养老保险参保人数从14182.5万人增至28391.3万人。十年来，农村社会保障建设显著进步。截至2011年年底，全国2637个县（区、市）全部开展新型农村合作医疗制度建设，参合人数达到8.32亿人，参合率达到97.5%，基本实现农村人口的全覆盖。2009年开始农村新型社会养老保险制度建设试点工作，到2011年，全国农村已有32643.5万人参保，参保率超过38%。城乡最低生活保障制度是中国最主要的社会救助制度，2001年，全国城镇最低生活保障覆盖人数为1170.7万人，农村最低生活保障覆盖304.6万人；到2011年，分别增长到2276.8万人和5305.7万人，基本实现了应保尽保。

（六）城市化水平持续提升，城乡基层社区建设不断推进

与市场化和工业化相伴随的是城市化的发展。1977年，中国城镇人口占全国总人口的比重为17.52%，1981年升至20.16%，4年间年均上升0.66个百分点；1991年提高到26.94%，在此10年间年均上升0.68个百分点；2001年提高到37.66%，在此10年间年均上升1.07个百分点；2011年城镇居住人口比重升至51.27%，在此10年间年均上升1.36个百分点。

随着工业化和城市化的推进，中国城乡社区经历了巨大调整和发展。在农村，以行政村为单位的社区自治组织经过撤并调整改革，数量大幅减少。据民政部统计，2001年全国有行政村70万个，村干部316.4万人；到2011年，行政村减少为59万个，村干部减少为231.9万人。在城镇地区，基层社区不断增长，2003年，全国城镇基层社区居委会7.7万个，居委会成员39.7万人；到2011年，城镇基层社区增至89480个，居委会成员增至45.4万人，城镇基层社区工作得到加强。

（七）社会管理改革创新深入开展，社会组织发展较快

社会管理改革创新在近十年来尤其近五年来不断深入。在加强和完善

党的领导、强化政府责任的同时，促进社会协同和公民参与成为一个重要的主题。在社会管理体制改革方面，除了进一步完善基层社区自治之外，还对涉及城乡户籍管理、流动人口管理、社会组织管理、突发事件应急管理等相关管理制度逐步进行改革完善。这些改革创新不断扩大了社会管理中的社会协同和公民参与。

社会组织的快速发展是社会管理改革创新不断推进的一个重要标志。据民政部门统计，1997～2001 年，全国在民政部门登记注册的社会组织（社会团体、民办非企业单位、基金会）一直处于减少态势，自 2002 年起这一趋势得到扭转，全国社会组织总数 13.3 万个，比上年增长 3.1%；到 2011 年，全国在民政部门注册登记的社会组织增至 46.2 万个，比 2002 年增长近 2.5 倍，另外，在城镇还有 15.9 万个社区志愿服务组织。它们都是社会协同和公民参与的重要组织基础。值得注意的是，互联网的发展，尤其是手机上网，为更加广泛的社会参与提供了技术手段和平台。据中国互联网络信息中心（CNNIC）的调查统计，截至 2011 年 12 月底，中国网民数量突破 5 亿，达到 5.13 亿人。近年来，广大网民通过网络获取信息和参与公共事务及社会事务的影响日益扩大。总的来说，党委领导、政府负责、社会协同、公民参与和法治保障的新型社会管理格局正在形成。

二　2012 年中国社会发展总体形势

2012 年中国社会发展态势平稳，人民生活进一步改善，劳动就业没有因为经济增长速度回落而出现紧张局面，城乡差距扩大的趋势开始得到控制，社会事业尤其是教育卫生等事业的公共投入力度进一步加大，社会保障体系进一步完善，社会管理改革创新进一步深化。

（一）国民经济平稳增长，物价水平控制良好

2012 年，一方面由于 2009 年以来国际金融危机的持续影响，另一方面由于经济发展方式转变和经济结构调整的推进，中国经济增长速度与 2011 年相比明显回落。有关部门统计表明，第 1～3 季度，国内生产总值达 353480 亿元，与上年同期相比实际增长 7.7%，其中第一产业增加值同比增

长4.2%，第二产业增加值同比增长8.1%，第三产业增加值同比增长7.9%。从全球来看，这一增长速度仍然是比较快的。分季度来看，2012年第1季度GDP比2011年第4季度增长1.5%，第2季度比第1季度增长2.0%，第3季度比第2季度增长2.2%，这一环比增长态势表明，2012经济增长的总体形势是平稳的，预期全年GDP增长速度可达到8%左右。农业生产形势良好，2012年全国夏粮总产量达12995万吨（2599亿斤），比2011年增产356万吨（71亿斤），增长2.8%，超过1997年的历史最高水平。全国秋粮种植面积比2011年增加1100万亩左右，加上北方地区雨水丰沛、气候条件较好，秋粮丰收也不成问题，全年粮食生产将实现九年连增。

地区发展不平衡的格局进一步得到扭转。从固定资产的投资情况看，2012年1~10月份，全国固定资产投资（不含农户）292542亿元，同比名义增长20.7%。分地区看，东部地区投资137801亿元，同比名义增长18.2%；中部地区投资81645亿元，同比名义增长26%；西部地区投资70439亿元，同比名义增长24.2%；中西部投资速度继续快于东部地区。这缘于国家继续加大对中西部地区发展的投入，另外，中西部地区民间投资增长较快也是一个重要因素。2012年1~10月份，全国民间固定资产投资180997亿元，同比名义增长25.2%，继续快于全国固定资产投资增长速度。分地区看，东部地区民间固定资产投资89336亿元，比2011年同期名义增长21.8%；中部地区55186亿元，同比名义增长28.1%；西部地区36475亿元，同比名义增长29.5%。

物价水平相当平稳，而且总体呈现下行趋势，避免了2011年出现的经济增长速度下降、物价飙升的局面。国家统计局公布的2012年1~9月份居民消费价格变动数据表明，1月份的CPI仍为4.5%，2月份以后相对稳定下降，到9月份降至1.9%。

国家财政收入继续增长，但受经济增长速度回落的影响，财政收入增幅有所下降。据财政部统计，2012年前三季度累计，全国财政收入90588亿元，比2011年同期增加8925亿元，增长10.9%，增幅比2011年同期回落18.6个百分点。

（二）就业形势稳定，农民工和大学生就业未出现紧张局面

2012 年，国家实施了更加积极的就业政策，全国就业形势总体平稳，并未出现就业随着经济增长速度下降的态势。据人力资源和社会保障部统计，1～9 月，全国城镇新增就业 1024 万人，城镇失业人员再就业完成 432 万人，就业困难人员实现就业 135 万人。三个季度的城镇登记失业率稳定在 4.1% 左右。

就业增长主要出现在中西部地区。1～8 月份，东部的 11 个省市新增就业人数增幅较 2011 年同期有所下降，但中部和西部增幅高于 2011 年同期，其中中部新增就业增幅比上年同期高 7%，西部新增就业增幅比上年同期高 14%。

农民工就业形势较好，尽管经济增长速度回落，但并未出现农民工大批回乡的现象，根据人力资源和社会保障部对全国 100 多个城市劳动力市场的监测，2012 年前三季度外来务工求职人数总体呈增长趋势，这主要缘于中西部地区投资增长较快，消化外出农村劳动力较多。大学毕业生就业问题仍然存在，但社会舆论的反应有所缓解。同时，大学毕业生就业的机制也有所变化，不少大学毕业生毕业后进入劳动力市场求职。例如，根据人力资源和社会保障部对全国 100 多个城市劳动力市场的监测，2012 年第三季度进入劳动力市场求职的应届大学毕业生人数，相比上年同期，增长幅度较大，在所谓的新成长失业青年中，应届高校毕业生占 51.4%，而在 2011 年第三季度该比例为 47%；实际人数则比上年同期增长 20.1%。

就业结构继续调整。从行业就业形势看，制造业用人需求在下降，但高新技术产业、服务业用人需求在上升。人力资源和社会保障部对 11000 多个企业的用工情况按月监测的结果显示，7 月末与上年底相比，制造业岗位减少 1.35%，信息传输、计算机服务、软件企业岗位增长 4.65%，住宿餐饮业岗位增长 3%，居民服务和其他服务业岗位增长 1.48%。

（三）城乡居民收入和消费水平继续提高，生活水平继续提升

2012 年城乡居民收入水平继续提高，但城乡收入增幅变化不同。据有关部门统计，前三季度，农村居民的人均现金收入实际增长 12.3%，与上

年同期相比增幅回落1.3个百分点；城镇居民的收入实际增长9.8%，比上年同期提高2个百分点。预计2012年农村居民家庭人均纯收入实际增长将略低于2011年的水平，而城镇居民家庭人均可支配收入的实际增长则将高于2011年的水平，达到10%左右。特别值得一提的是，2012年农村居民家庭人均收入增长幅度将连续三年超过GDP年均增长幅度和城镇居民家庭人均收入增长幅度。

国家调节收入分配的力度继续加大。截至9月底，全国有18个省份调整最低工资标准，平均调增幅度为19.4%。同时，由于劳动力市场供求关系的改善，大量用工单位自行提高工资水平。这些因素推动了城镇居民家庭人均可支配收入增速的加快。

城乡居民消费水平继续提高。据国家统计局的统计，2012年前三季度，社会消费品零售总额149422亿元，与上年同期相比名义增长14.1%，扣除价格因素实际增长11.6%，实际增幅比上年同期略有提高。城镇社会消费品零售总额达129332亿元，同比增长14.0%；乡村社会消费品零售总额达20090亿元，同比增长14.4%。分项目来看，文化办公用品、家具、通信器材、建筑及装潢材料的社会零售额同比增幅都接近或超过20%，显示出城乡居民现代生活品质继续提高的趋势。

（四）社会保障制度体系进一步完善，农民工社会保障工作继续推进

2012年中国社会保障制度体系进一步完善。新型农村养老保险制度和城镇居民社会养老保险制度全覆盖的目标基本实现。据人力资源和社会保障部统计，截至9月底，全国所有县级行政区开展新型农村和城镇居民社会养老保险工作，城乡居民参保总人数达到4.49亿人，有1.24亿城乡老年居民按月领取养老金。

社会保险扩面征缴和支付工作进一步加强，截至9月底，全国参加城镇职工基本养老保险、基本医疗保险、失业保险、工伤保险和生育保险人数分别为29875万人、52906万人、14916万人、18567万人、15074万人，分别比上年底增加1484万人、5563万人、599万人、871万人、1182万人。1～9月，全国五项社会保险基金总收入为20407亿元，同比名义增长24.6%；总支出15889.8亿元，同比名义增长23.2%。

农民工参加社会保险工作进展顺利，截至 9 月底，全国农民工参加城镇职工基本养老、基本医疗、失业、工伤保险人数分别为 4453 万人、4922 万人、2609 万人、6995 万人，分别比上年底增加 313 万人、281 万人、217 万人、167 万人。其中，农民工基本医疗保险参保人数增幅最大。

城镇居民住房保障工作继续大力推进。据住房和城乡建设部统计，2012 年 1 ~ 10 月全国城镇保障性安居工程新开工 722 万套，基本建成 505 万套。另外，国家对房地产价格的调控见到一定成效，房价上涨得到控制。

（五）国家民生建设投入力度继续加大，教育事业公共投入显著增长

国家公共财政支出向民生建设倾斜，是实现公共财政转型的重要标志。2012 年，国家财政支出继续以民生建设支出为重点。据财政部统计，前三季度，全国财政支出累计 84119 亿元，比上年同期增加 14639 亿元，名义增长 21.1%。其中，教育支出 12588 亿元，同比名义增长 32.6%；医疗卫生支出 4935 亿元，同比名义增长 24.4%；社会保障和就业支出 9432 亿元，同比名义增长 17.8%；住房保障支出 2944 亿元，同比名义增长 28.8%（其中保障性安居工程支出 1982 亿元，同比名义增长 34.1%）。

2010 年发布的《国家中长期教育改革和发展规划纲要（2010 ~ 2020 年）》要求 2012 年教育财政性支出占 GDP 的比重达到 4%，为此，2012 年国家财政预算编制做出安排，全年财政性教育经费支出达到 21984 亿元，比 2011 年实际支出增长 33.3%。重点落实促进学前教育发展的一系列政策措施，支持中西部地区和东部困难地区，给予补助 150 亿元，增长 48.1%；完善农村义务教育经费保障机制，推进农村义务教育薄弱学校改造，促进义务教育均衡发展，安排资金 1057.54 亿元；在集中连片特殊困难地区实施农村义务教育学生营养改善计划，安排奖补资金 160 亿元；健全家庭经济困难学生国家资助政策体系，补助 206.97 亿元。

（六）社会管理体制改革继续推进，加快解决户籍制度和社会组织发展问题

2012 年，社会管理改革创新工作进一步加强，其中流动人口管理和社

会组织管理的改革创新是两个重点。2月23日，国务院办公厅发布《关于积极稳妥推进户籍管理制度改革的通知》（以下简称《通知》），《通知》要求，继续探索建立城乡统一的户口登记制度，逐步实行暂住人口居住证制度，对造成暂住人口学习、工作、生活不便的有关政策措施要进行一次集中清理，该修改的认真修改，该废止的坚决废止。《通知》还要求对于户口迁移政策实行分类，在县级市有合法职业和住所者即可落户；在设区的市有合法职业满三年者可落户；继续控制直辖市、副省级和其他大城市人口规模；今后出台有关就业、义务教育、技能培训等政策措施，不与户口性质挂钩。对农村人口已落户城镇的，要保证其与当地城镇居民享有同等的权益；对暂不具备落户条件的农民工，要有针对性地完善相关制度，下大力气解决他们当前在劳动报酬、子女上学、技能培训、公共卫生、住房租购、社会保障、职业安全卫生等方面的突出问题。

在社会组织管理方面，重点解决注册登记难的问题。国家有关部门开始对有关社会团体、民办非企业单位和基金会的管理条例进行修改论证，同时按照“两个一体化”的原则进行直接登记试点工作，即对工商经济类、公益慈善类、社会福利类和社会服务类社会组织，与民政业务相关的，按照业务主管和登记一体化进行直接登记；对不归属民政业务、业务职能跨越多个部门的社会组织，由民政部门征求有关部门意见达成共识后进行直接登记。到9月份，在民政部直接登记的全国性社会组织已达40多个。

三　2012年中国社会发展面临的问题和挑战

2012年，国际经济社会环境中的不稳定、不确定因素仍然突出，中国在就业、劳动关系、收入分配、社会管理等方面，仍然面临各种问题和挑战。

（一）经济结构调整的任务艰巨，消费拉动经济增长的作用仍待增强

2009年以来，国际经济环境恶化，中国对外出口受到制约，出口增长对经济增长的贡献为负，国内投资和消费成为经济增长的主要动力来源。同时，2012年1～10月份的固定资产投资名义增幅也小于2011年同期固定

资产投资名义增幅，在转变增长方式和调整经济结构两项任务的压力下，社会各界对消费增长拉动经济增长的期望加强。

然而，从2012年前三季度的情况来看，社会消费品零售总额的同比实际增幅非常有限（仅为0.3个百分点），消费拉动经济增长的作用仍有待增强。

（二）收入不平等问题仍然严重，城乡收入差距有反弹的风险

收入分配一直是近年来社会普遍关注的热点问题。有关调查表明，中国收入分配不平等程度总体上仍在继续提高。2011年国家将农村贫困线提高到2300元以后，农村贫困人口总数估计超过1亿人，导致这些人口贫困的因素非常复杂，农村减贫任务仍然十分艰巨。

2011年，城镇居民家庭收入是农村居民家庭人均收入的3.13倍，较2010年的3.23倍有所缩小。2012年1～9月城镇居民家庭人均收入实际增长幅度同比明显提高，农村居民家庭人均现金收入实际增长幅度同比则有所回落，按照这种态势，2012年城乡居民收入差距有反弹的风险，值得关注。

（三）就业的结构性矛盾依然存在，劳动关系紧张问题比较突出

就业的结构性矛盾集中表现为劳动力市场中的中高级技能人才供不应求，普通劳动力仍然供过于求。根据人力资源和社会保障部对全国劳动力市场的监测，2012年前三季度与上年同期相比，中高级技能劳动者的用人需求有较大幅度增长。从供求状况对比看，各技术等级的岗位空缺与求职人数的比率均大于1，其中，高级技师、技师、高级工程师的岗位空缺与求职人数的比率较大，分别为2.86、2.38和2.37。这个问题不解决好，对中国转变增长方式和调整经济结构都将造成不利影响。

劳动关系紧张的程度仍在加剧，尽管加剧的幅度有所下降。仅据人力资源和社会保障部的统计，2012年1～9月，全国各级劳动争议仲裁机构立案受理劳动争议案件47.9万件，同比增长11.9%；涉及劳动者66.0万人，同比增长19.4%。从一些典型案例看，劳动密集型企业和小微型企业仍然是劳动争议多发点，但一些大型企业特别是外资企业的劳动争议也频频发

生，甚至引发罢工、游行等群体性事件。引发劳动争议的因素，主要是直接利益矛盾和企业管理不规范。

（四）社会矛盾仍然多发，群体性事件具有新的特点

现阶段中国社会处于矛盾多发时期，且社会矛盾多样而复杂。近年来，每年因各种社会矛盾而发生的群体性事件多达数万起甚至十余万起，2012 年的情况也不容乐观。据全国总工会统计，2012 年 1 ~ 8 月，全国共发生围绕工资纠纷的、规模在百人以上的集体停工事件 120 多起，发生在 19 个省、规模在 30 人以上的 270 多起。

群体性事件的形成原因，以征地拆迁冲突、环境污染冲突和劳动争议为主。对各类群体性事件的形成原因的分析表明，征地拆迁引发的群体性事件占一半左右，环境污染和劳动争议引发的群体性事件占 30% 左右，其他社会矛盾引发的群体性事件占 20% 左右。

四　2013 年中国社会发展的展望与对策建议

2012 年 11 月召开的党的第十八次全国代表大会提出，中国已经进入全面建成小康社会的决定性阶段。党的十八大报告制定了中国未来发展的蓝图。2013 年，中国经济社会发展将按照党的十八大勾画的蓝图迈向一个新的阶段。

（一）加快转变经济增长方式，保持经济平稳较快增长

2009 年以来的三年经验表明，在国际经济环境不稳定、不确定因素较多的情况下，主要依靠投资和出口的增长方式已经难以为继，货物和服务出口增长对经济增长的拉动作用减弱已成定局。中国还是一个发展中国家，保持平稳较快的经济增长速度仍然是今后一个时期经济工作的中心任务，总的来说，至少在未来几年要维持 GDP 年均增长 7% ~8% 的速度，从就业的角度来说，随着人口年龄结构的调整和新增就业人口总量的减少，要求经济增长速度达到 10% 的压力也会减轻。这就为中国加快转变经济增长方式和调整经济结构提供了有利条件。

一是要立足于扩大国内需求，使经济发展根植于国内需求特别是居民消费需求，形成消费与投资、出口“三驾马车”协调拉动经济增长的新格局，当然这种转型必然要经历一个较长的阵痛期。二是要优化要素投入结构，转变以往依靠人口红利、低土地成本、高能源成本和环境成本形成的所谓“投资成本洼地”效应，通过产业结构升级、加速人力资本形成、技术进步以及制度化改革加大对经济增长的溢出作用，由粗放型增长向内涵型增长转变。三是要积极调整能源结构，把提高能源效率、大力发展新兴能源和清洁能源作为调整能源结构的突破口。总之，2012 年经济增长速度降到 8% 或者以下，既是一个挑战，也是一个机会。要抓住机会，把挑战转变为机会，使其演化为中国经济迈上新台阶的促动力，以科学发展观为主导，加快经济的大转型。

（二）加快提高劳动力素质，促进劳动就业向技能化转化

提高劳动力素质，既是解决现阶段存在的劳动就业结构性矛盾的途径，也是适应经济增长方式转型的需要。现阶段中国劳动力的素质结构，已经难以适应时代发展的要求。

加快提高劳动力素质，一要大力改革教育和劳动培训制度及其体系，使其更好地面向市场、面向未来。尤其是现有的劳动培训体系，存在着供给不足、效率不高、结构不合理、管理体制不顺等问题，改革的方向是加快劳动培训的市场化，使目前大量劳动培训由政府主导转变为由政府购买服务之下的市场主导。二要继续加大劳动培训公共投入，目前中国公共财政就业支出占公共财政支出的比重仍然过低，远低于发达国家普遍达到的 1% 的水平。同时，用于就业的公共财政资源的配置，要尽快从以培训供给者为主要对象转变为以培训服务接受者为主要对象，以确保在劳动培训市场化的同时，劳动者有能力获得培训服务。

当然，目前中国普通劳动力的供给仍然大于需求，为促进他们的就业，还要继续坚持实行积极的就业政策，多渠道扩大就业，扶持企业稳定就业岗位，扩大就业机会；做好高校毕业生就业工作，大力支持农村劳动力转移就业和创业。

（三）加快调节收入和利益分配结构的步伐，真正从根本上扭转收入差距扩大趋势

为确保到2020年实现全面建成小康社会的目标，十八大报告提出了“实现国内生产总值和城乡居民人均收入比2010年翻一番”的目标，为千方百计地增加居民收入，报告还重申了“两个同步”的要求，即居民收入增长和经济发展同步、劳动报酬增长和劳动生产率提高同步，实现发展成果由人民共享和社会公平。

坚持富民优先发展的基本思路，将初次分配与再分配视为有机整体，不仅从再分配环节即社会保障、公共服务等总体水平及其合理结构入手，还要扩展到初次分配环节包括“工资、保险、福利”三位一体的薪酬体系改革；不仅要调整政府、企业和个人之间的分配关系，加大国民收入向个人倾斜的政策力度，还要调整资本要素所得与劳动要素所得之间的比例关系，完善按要素分配的收益分配制度。为此，要继续深化工资制度改革方案，克服阻力，尽快出台适应“两个同步”要求的工资条例。

要继续加快城市化进程，深化户籍制度等相关制度改革，促进农村人口向城镇转移，进一步降低农村人口占总人口的比重，这是从根本上解决城乡差距较大问题的重要举措。与此同时，要加快农村经济社会发展步伐，加快改革土地等资源配置制度改革，确保农民能够获得应有的土地增值收益；加大农村反贫困力度，逐步提高农村最低生活保障水平，尽快实现城乡居民平等获得公共财政转移性收入的权利。

（四）进一步完善社会保障制度体系，提高保障水平

目前，中国社会保障体系的基本框架已经初步建构起来，扩大社会保障覆盖面、提高社会保障水平、提高目前适应不同社会群体的社会保障制度之间的整合程度，促进社会保障获得的公平，是下一步完善中国社会保障体系的重要目标。

一是要进一步提高农村新型合作医疗的保障水平，目前新型农村合作医疗能够在一定程度上帮助农民应对治病需要，但一旦患上大病重病，他们仍感束手无策。二是要进一步扩大新型农村养老保险的人口覆盖面，应对农村

人口老龄化和劳动力转移造成的养老风险。目前新型农村养老保险已经实现制度全覆盖，但人口覆盖率还比较低。三是要进一步加强农民工保险工作，截至2012年9月，全国农民工参加城镇职工基本养老、基本医疗、失业、工伤保险者占农民工总人数的比重，分别仅为17.8%、19.7%、10.4%和28.0%（按全国农民工总数2.5亿人计算），提升的空间仍然很大。

（五）加大环保问题治理力度，推进生态文明建设

近年来，中国各种环境事件层出不穷，不仅对国民经济发展形成阻力，给社会发展及社会的和谐稳定也带来了巨大的消极影响。环境污染问题已经成为社会各界高度关注，并且大量引发群体性事件的公共问题。环境污染问题的解决刻不容缓。党的十八大提出加强生态文明建设的要求，将生态文明建设与经济建设、政治建设、文化建设和社会建设并列，作为中国特色社会主义事业发展总体布局的重要组成部分。要求在经济建设、政治建设、文化建设和社会各个领域全面落实生态文明建设，是完全必要和非常及时的。加强环境保护制度建设，加快转变经济增长方式，降低经济增长的能源和资源消耗，在生产生活中强化生态文明理念，加强政府的环境监管，动员全社会广泛参与环境问题的监督治理，是推进生态文明建设的根本举措。

（六）继续深化体制改革，促进社会公平正义

党的十八大报告提出，公平正义是中国特色社会主义的内在要求，要加紧建设对保障社会公平正义具有重大作用的制度，逐步建立以权利公平、机会公平、规则公平为主要内容的社会公平保障体系，努力营造公平的社会环境，保证人民平等参与、平等发展的权利，坚持人民共享发展成果和共同富裕。这是一项十分艰巨的任务，需要以巨大的决心，努力落实科学发展观，不断排除阻力，确立新的经济社会发展理念和战略，深化经济体制、收入分配体制和社会体制改革，最重要的是要保证人民平等参与、平等发展的权利，只有这样，才能更好地促进社会公平正义，促进社会和谐，实现到2020年全面建成小康社会的目标。

在全面深化改革中创新社会治理*

——2013～2014年中国社会形势分析与预测

2013 年是中国改革开放历史上具有里程碑意义的一年。面对十分复杂的国际形势和艰巨繁重的国内改革发展稳定任务，党的十八届三中全会审议通过了《中共中央关于全面深化改革若干重大问题的决定》，确定要推进国家治理水平和治理能力的现代化，使市场在资源配置中起决定性作用。全会还明确指出，要加快形成科学有效的社会治理体制，确保社会既充满活力又和谐有序。中国步入中等收入国家行列之后，过去发展中积累的问题和当前发展面临的新问题使中国进入“矛盾凸显期”。党的十八届三中全会向全世界释放出强烈的改革开放信号，中国将在新的历史起点上展开新一轮改革。

一 2013 年社会发展基本形势

在复杂多变的世界经济大环境的影响下，伴随经济结构调整的深入，2013 年中国的经济增长呈现出了“先下行、后拉起”的 V 形走势。第一季度 GDP 增长率为 7.7%，第二季度为 7.5%，第三季度又上升到 7.8%，预计全年 GDP 增长率能够保持在 7.7% 以上。调结构、稳增长、促改革的政策配置为经济平稳运行注入了新的动力和活力，做到既稳增长又调结构，既利当前又利长远，避免了经济的大起大落，稳定了经济社会大局。

（一）经济增速企稳，结构调整初见成效

自 20 世纪 80 年代以来，我国经济在波动增长中出现过三次周期性下

---

* 李培林、张翼执笔。

行。1985～1990 年是第一次下行周期，1993～1999 年是第二次下行周期，2008 年之后进入了第三次下行周期。虽然在巨大投资的拉动下，2009～2011 年经济仍保持较快的增长速度，但 2012 年 GDP 增长率又下降到 7.8%，这是自 20 世纪 90 年代以后最低的增长水平。面对这种局面，中央继续加大了调整结构力度，没有像以往那样采取相对宽松的货币政策。即使在年中出现"钱荒"的情况下，也保持定力，坚决贯彻"调结构、稳增长、促改革"的方针，显示了中央保证经济平稳增长、化解发展中积累的问题、加大结构调整力度的决心和信心，结构调整初见成效。

2013 年我国粮食生产连续第 10 年大丰收。全国夏粮总产量 13189 万吨，同比增长 1.5%；早稻总产量 3407 万吨，同比增长 2.4%；秋粮有望再获丰收。2013 年前三季度，猪牛羊禽肉产量 5803 万吨，同比增长 1.3%，其中猪肉产量 3831 万吨，增长 2.1%。粮食与肉类产量的稳步增长，对于稳定物价和发展经济具有举足轻重的作用。

2013 年前 10 个月，全国财政收入突破 11 亿元，达到 110525 亿元，同比增长 9.4%。2012 年年末，按照农村扶贫标准年人均纯收入 2300 元（2010 年不变价），农村扶贫对象减少到 9899 万人，比 2011 年减少了 2339 万人，预计 2013 年全国扶贫对象将减少到 8000 万人以下。2300 元/年已经相当于中位国际贫困标准，我国将按照这一标准在未来若干年实施大幅度减少扶贫对象的计划。

（二）就业形势总体稳定，就业市场总需求略大于总供给

从全国来看，2013 年的就业形势总体稳定，没有出现大起大落，也没有出现与经济下行相伴生的失业率的上升。1～9 月份，城镇新增就业人数 1066 万人。在经济增速放缓的情况下，平均工资水平继续上升。截至 2013 年 9 月底，全国共有 24 个地区上调了最低工资标准，平均上调幅度为 18%。目前，全国"月最低工资标准"最高的是上海，为 1620 元；"小时最低工资标准"最高的是北京和新疆，为 15.2 元。到第三季度末，全国城镇登记失业率控制在 4.04%，预计全年城镇登记失业率为 4.1%。

2013 年全国城市劳动力市场上出现需求人数略大于求职人数的情况。第三季度，我国东部、中部、西部的求人倍率分别为 1.06、1.08 和 1.13。

由于我国人口结构巨大而快速的变化，今后农民工每年的净增长率会被限定在一定的幅度内，农村作为取之不尽、用之不竭的劳动力蓄水池的情况已经一去不复返了。在现有技术水平与产业结构下，由农民工的短缺所造成的人工成本的上升还将持续。因此，在经济增长率被稳定在现有水平的情况下，岗位需求人数将持续多于求职人数。

（三）人口结构转型加速，城镇化水平将超过54%

2012年全年的死亡人口达到966万人。0～14岁人口占总人口的比重继续降低，从2010年年底的16.6%降低到2012年年底的16.5%，60岁及以上老年人口占总人口的比重达到14.3%的新高峰。中国人口的自然增长率连年下滑，截至2012年年末，自然增长率已经下降到4.95‰。但中国大陆每年仍净增人口660多万人，中国人口结构面临着人口老龄化和年均净增人口较多的双重压力。

与此同时，2013年中国经济增速下滑，罕见地未出现对农民工的“挤出效应”。2013年前三季度，农村外出务工劳动力达到17392万人，超过了1.7亿人，比上年增加了525万人，同比增长3.1%。另外，外出务工劳动力月均收入上升到2542元，同比增长13.0%。这就是说，即使在经济增速放缓的趋势下，由于城镇化的推动，中国GDP每增长1%，会在城镇新创造130万～170万个就业岗位。2009年、2010年、2011年、2012年城镇新增就业岗位分别达到了1102万个、1168万个、1221万个和1266万个。从最近几年的发展趋势看，城镇新增就业岗位有逐渐增加的趋势。

城镇化进入新一轮的快速发展期，到2013年年底，我国城镇化水平将超过54%，按目前的增长速度，估计到2018年将达到60%。

（四）义务教育进一步均衡发展，大学招生向中西部地区倾斜

针对教育事权与财权的矛盾，中央实施从地方政府土地出让收益中计提教育资金的政策，保证和拓宽教育经费的供给渠道。2013年，中央财政继续支持农村义务教育学生的营养改善计划。截至2013年8月底，22个国家试点省份的699个国家试点县中，有9.59万所学校开餐，受益学生达到2243.21万人；19个地方试点省份的529个县中，有3.98万所学校开餐，

受益学生达到 1002.01 万人。

2013 年 5 月教育部、国家发改委、财政部联合发布了《中西部高等教育振兴计划（2012～2020 年）》（简称《振兴计划》），启动了中西部高校基础能力建设工程。该工程以五年为一周期，第一期实施期限为 2012～2015 年，计划投入 100 亿元支持 100 所中西部地方本科高校建设。在 2013 年的高等教育招生名额安排中，要求东部高校招收中西部地区考生 18.5 万人。更多高等教育优质资源惠及农村、边远、贫困、民族地区的农家子弟。

（五）转变政府职能力度加大，社会组织将出现大幅增长态势

近年来，中国政府不断深化行政审批制度改革，国务院 10 年来共分 6 批取消和调整了 2497 项行政审批项目，占原有总数的 69.3%。新一届中央政府进一步加大转变政府职能力度，决心将国务院各部门 1700 多项行政审批事项再削减 1/3 以上。截至 2013 年 11 月底，已经分三批取消和下放 238 项行政审批项目。

新一轮改革将加大社会力量在提供公共服务和参与社会治理中的作用，加快实施政社分开。2013 年，在全国民政部门登记的社团、基金会、民办非企业单位等民间组织的总数将首次突破 50 万个。预计在出台促进社会组织发展的“直接依法申请登记”政策后，社会组织将会在 2014 年之后出现大幅度增长态势。

（六）社会保障制度更加健全，各项参保人数继续上升

社会保障制度覆盖面继续扩大，城镇职工和城乡居民参加养老保险人数合计已经达到 8.06 亿人。截至 2013 年 9 月底，城镇职工基本养老、城镇基本医疗、工伤、生育、失业五项保险参保人数分别达到 31626 万人、56360 万人、19603 万人、16061 万人、16195 万人，比上年底分别增加 1200 万人、2719 万人、593 万人、632 万人、971 万人。五项社会保险基金总收入合计达到 23198 亿元，同比增长了 13.7%；五项社会保险基金总支出合计为 19161 亿元，同比增长 20.6%；基金收入 1503 亿元，同比增长 25.2%，基金支出 1067 亿元，同比增长 34.7%。2013 年城乡居民社会养老保险参保人数为 49030 万人，比上年底增加 661 万人。

农村医疗保险发挥重要作用。2012年年末，全国共有2566个县（市、区）开展了新型农村合作医疗工作，新型农村合作医疗参合率达到98.1%，人均筹资为290~300元。2013年，全国新农合人均筹资金额上涨到340元左右，并力争使平均住院报销额提高到55%左右。另外，2013年，国家基本公共卫生服务项目人均经费标准还从27.2元提高到了30元，并使地广人稀边远地区的人均经费标准保持在40元。

二　2013年社会发展中存在的问题

（一）城乡居民人均收入增速放缓，食品价格趋于攀升

在经济增速放缓的同时，城镇居民与农村居民人均收入的增速也放缓了。2013年前三季度，城镇居民人均可支配收入为20169元，同比名义增长9.5%，扣除价格因素后实际增长6.8%；农村居民人均现金收入7627元，同比名义增长12.5%，扣除价格因素实际增长9.6%，预计全年农民人均纯收入将增长8%左右。农村居民收入增长速度继续保持了超过GDP增长速度的局面，并且连续第四年超过城镇居民收入增长率，收入分配结构继续得到改善。但是，2013年城镇居民人均可支配收入增长速度，在连续几年高于GDP增速之后，再次跌落到GDP增速之下，这给扩大国内消费和完成到2020年城乡居民收入比2010年翻一番的目标增加了难度，需要引起高度关注。

通过宏观调控，物价总体平稳，保持了较低上涨水平。2013年前三季度，居民消费价格同比上涨2.5%。但是，2013年10月份全国居民消费价格总水平上涨了3.2%，创下了近8个月以来的新高，特别是食品价格同比上涨6.5%。在食品价格中，鲜菜价格上涨31.5%，肉禽及其制品价格上涨5.8%，鲜果价格上涨8.8%；水产品价格上涨6.4%，粮食价格上涨3.8%。冬季是蔬菜生产和供应的淡季，所以CPI还有可能在食品价格的拉动下有所上升。食品价格的上升，对低收入家庭的影响大于对中高收入家庭的影响，再加上房租价格的涨幅也高达4.5%，所以，应该高度关注低收入群体和生活困难家庭的生活变化情况。

（二）大学生毕业人数增加，就业压力逐渐加大

劳动力市场的分割带来白领就业市场和蓝领就业市场的结构性差异。每年春节后的“民工荒”与年中大学生的“就业难”在相当一段时期内会并存。大学持续扩招使每年应届大学毕业生数量不断增加，2013 年大学毕业生的数量达到了 699 万人。为保障大学生的就业，国务院办公厅于 2013 年 5 月专门下发了《关于做好 2013 年全国普通高等学校毕业生就业工作的通知》。

根据《国家中长期教育改革和发展规划纲要》，到 2015 年高等教育在校生总规模要达到 3350 万人，大学毛入学率达到 36.0%，今后若干年大学毕业生数量将继续处于上升态势。但大学生的就业与农民工的就业截然不同。对于农民工来说，转换工作和找到新工作相对容易。但大学生的就业，却存在较大的专业区分，这种专业区分很难在短时间通过培训弥合。在现实劳动力市场，大学生找到满意的工作较难，最后找到的工作往往与所学专业不对口，只有 50% 多一点的人找到了专业对口的岗位，而在随后半年或一年内，转岗率也比较高，很多人会处于间歇性就业与间歇性失业之中。而且，与西方发达国家不同的是，我国大学生的创业率很低。对大学生而言，最好是成为公务员，其次是到事业单位工作，再次是去国企。只有在难以找到上述工作岗位时，才不得不去非国有企业。学历越高的毕业生，成为公务员和进入事业单位就业的比例也越高。但在整个劳动力市场上，70% 以上的就业岗位是由民营经济和其他非国有企业创造的。从“下海”到“入公”，反映的是大学生就业取向的变化。必须通过增强劳动力市场的活力，改变目前数百万大学生过“独木桥”争相“入公”的局面。

（三）人口老龄化加速，60岁及以上老年人口达到2亿人

中国迎来了人口转型的拐点，人口红利将进入逐渐收缩时期。未来若干年，中国劳动力人口会在波动中趋于下降，出现负增长趋势，人口老龄化开始加速，2013 年 60 岁及以上老年人口达到 2 亿。老年人口总量的上升，也带来了生活不能自理的“失能老人”数量的迅速攀升。现在“失能老人”的总数已经超过 3700 万人，估计到 2015 年将接近 4000 万人。

在人口老化速度逐渐加快的过程中，整个社会高度关注退休与养老问题。对于公务员与事业单位工作人员，甚至对整个白领职业群体而言，延迟退休年龄的政策容易被接受；但对于蓝领工人，尤其是对于那些从事建筑、纺织、煤炭、清洁、生产组装等重体力劳动的职工来说，延迟退休年龄是难以接受的。国家延迟退休年龄的政策配置，要把握好职业群体的差别和渐进推行的步骤。

（四）住房价格继续上升，农民工市民化面临新困难

2013 年 3 月，国务院颁发了“国五条”，采取了完善和稳定房价的工作责任制、坚决抑制投机投资性购房、增加普通商品住房及用地供应、加快保障性安居工程规划建设、加大房地产市场监管力度等一系列措施，力图控制和稳定住房价格的上涨。

然而，住房价格却继续呈现上升态势，2013 年第三季度公布的对全国 70 个大中城市的监测表明，2013 年 9 月份与上年同月相比，在 70 个大中城市中，新建商品住宅（不含保障性住房）价格下降的城市只有 1 个，上涨的城市有 69 个，其中同比价格上涨 10% 以上的城市有 13 个，而北京、上海和广州同比价格上涨则分别达到 20.6%、20.4%、20.2%。即便是二手房市场，在 70 个大中城市中，2013 年 9 月份与上年同月相比，二手住宅价格下降的城市也只有 2 个，上涨的城市有 68 个，其中最高涨幅达到了 17.8%。

伴随新建住房和二手房价格的上升，城市的房租价格也日趋攀升。农民工增长的收入，也因为房租的上升、粮食价格的上升以及蔬菜水果类价格的上升而显得微不足道或难以承受城市生活费用之重。这对农民工的市民化极其不利，估计 2014 年春节后企业招工（农民工）会更加困难。

（五）环境群体性事件多发，暴力恐怖事件影响社会安全感

空气污染和水污染正在成为影响人民群众生活品质的重要负面因素。现在，我国 70% 左右的城市空气质量达不到新的环境空气质量标准，京津冀、长三角、珠三角等地区空气污染严重。中国气象局国家气候中心发布的数据显示，从 2013 年 1 月 1 日至 4 月 10 日，中国内地的平均雾霾天数达到了 12.1 天，较常年同期多 4.3 天，为 1961 年以来历史同期最多。同期北

京市雾霾天数竟然多达46天，较常年同期的7.1天多出了5.5倍，为近60年来雾霾天气最多的时期。另外，当前70%的江河湖泊被污染，90%流经城市的河段受到严重污染。国土资源部2012年公报显示，在全国198个地市级行政区4929个监测点，近六成的地下水为“差”，其中16.8%为“极差”。环境污染在影响居民身心健康的同时，也难以避免地导致群体性事件的多发。最近，在信访总量、集体上访总量、群体性事件总量下降的情况下，因为环境问题而发生的群体性事件却在快速上升，这说明了环境问题的敏感性和尖锐性。

暴力恐怖事件严重影响社会稳定。2013年新疆连续发生多起暴力恐怖事件，造成民警、社区工作人员和居民数十人伤亡，造成很大的负面影响。要认真研究新疆新形势下的事态，防止类似事件频发。

三 2014年社会发展态势与政策建议

（一）继续把握好宏观调控力度，保障和改善民生

从长远考虑，保持经济持续增长的最好办法就是转变发展方式，调整产业结构，化解过剩产能，实现产业结构升级。经济增长与社会发展仍然是化解社会矛盾的最好药方。没有一定程度的经济增长，就难以创造劳动就业岗位。没有就业岗位，也就没有民生之本，更无社会稳定的前提。通过对21世纪中国国内生产总值增长率与就业之间关系的推测，GDP每增长1个百分点，城镇就会新增加130万~170万个就业岗位。在第三产业成为吸纳劳动力就业的主渠道之后，GDP的增长所带动的就业机会更趋于增多。虽然2013年前三季度的GDP增长率低于2012年，但前三季度创造的就业岗位却超过了1000多万个。

在经济增长和居民收入增长放缓的情况下，更要高度关注保障和改善民生，控制好通货膨胀，特别是解决好低收入和生活困难群体的生活改善问题。

（二）推进城乡教育公平，让每个公民都有“中国梦”

要高度关注教育资源均衡配置的实际效果。近年来，为了推进教育公

平和公共服务均等化，国家向农村、欠发达地区、边远地区援建很多小学，虽然校舍很好，但由于农民工子女随迁进入城市，农村生源不足，造成了校舍闲置。很多地方因为农村生源不足，实行“撤村并校”，造成村无小学、乡无中学，边远地区小学或初中师资匮乏，很多农村学生上学路途遥远、成本增加，出现新的辍学。而在城市，仍然存在着相当数量的农民工子弟只能在农民工子弟学校上学的现象。

在九年义务教育和高中教育阶段产生的城乡教育质量差异，在很大程度上衍生了高等教育机会的不公平。农业户籍生源在重点大学学生中所占比重较低，但在高职院校成为主流。虽然高职院校毕业的学生易于找到工作，但其初职收入却较低。要构筑公民的中国梦，就必须首先维护好起点的公平，在相对均衡的教育资源配置中让每一个学生建构自己的中国梦。我国进入人口红利收缩期，要通过推进城乡教育公平，大规模提供农村劳动力的素质，延长人口红利期。

（三）强化户籍制度改革的政策指向，统筹推进相关改革

户籍制度的改革将全面启动，建制镇和小城市将全面放开落户限制；中等城市将有序放开落户限制，将合理确定大城市的落户条件，对于特大城市人口规模则严格控制。但流动人口尤其是农民工的主要流入地，仍然是大城市与特大城市。北京流动人口的总量接近 1000 万，上海流动人口的总量超过 1200 万，广州和深圳等一线城市的流动人口总量也极其庞大。流动人口选择大城市和特大城市的一个重要原因，是大城市和特大城市有更多的就业机会和较高的劳动收入。所以，户籍改革和城镇落户政策要与就业岗位等资源配置相配合。只有缩小中小城市与大城市和特大城市之间的发展差距，使农民工易于在家门口找到相对稳定的工作，户籍制度的改革才会让农民工受益更多。如果中小城市和小城镇缺乏相对稳定的就业机会，农民工就难以就近就地城镇化。世界很多国家的著名大学与新产业孵化基地都建立在中小城市，这一点值得借鉴。除就业岗位的创造外，教育、卫生医疗、养老等民生工程的建立健全与否，也影响着农民工的流动选择。

户籍制度改革要注重社会保障制度的整合和公共服务的均等化。从全国范围考察，目前将暂住证改为居住证的改革红利还不明显。要尽快出台

将农村养老保险和医疗保险接入城镇社保体系的制度规范与实施细则。

（四）有序放开“单独”二孩政策，防止人口净增长的规模反弹

实施放开“单独”二孩的生育政策，对延缓老龄化和保证劳动力供给都是必要的。现在，全国的独生子女家庭达到1.5亿多户。在很多大城市和特大城市，城镇户籍人口的实际生育率大大低于政策生育率。第六次人口普查发现，全国的总和生育率只有1.18，而北京的总和生育率才0.71，上海的总和生育率也仅仅为0.74。城市房价的上升、养育孩子成本的提高、女性在正规学校受教育时间的延长、女性较高的劳动参与率，以及女性对职业升迁的重视等，都会延迟初婚年龄和降低生育率。现在，上海女性的初婚年龄接近30岁，北京女性的初婚年龄也接近28岁。另外，由于受地域因素、收入与家庭背景因素的影响，城镇户籍适龄年龄段人口的择偶结果，往往是独生子女与独生子女结婚的多。一个独生子女与另外一个非独生子女婚配所形成的“单独”比例并不高。放开“单独”二孩政策，短期内可能会刺激生育，但长期的生育冲动一定会随收入和受教育水平的快速提高而降低，不会造成太大的人口增长波动。

但是，我国目前每年仍然有660多万的人口净增长，距离人口零增长还有很长一段时间，而婚龄青年人群占总人口的比重，将在未来几年达到顶点。因此，放开“单独”二孩政策要渐进有序，防止人口净增长出现较大反弹。

（五）慎重稳妥进行农村土地和住宅制度改革，切实保护农民利益

农村土地制度和住宅制度的改革是一项重大变革。在符合规划和用途管制的前提下，允许农村集体经营性建设用地出让、租赁、入股，实行其与国有土地同等入市、同权同价；在坚持和完善最严格的耕地保护制度前提下，赋予农民对承包地的占有、使用、收益、流转及承包经营权抵押、担保权能；慎重稳妥地推进农民住房财产权抵押、担保、转让，探索农民增加财产性收入渠道。这一系列关于农村土地制度和住宅制度的改革措施，将产生非常深远的影响。在这些政策的实施过程中，要采取慎重稳妥、循序渐进、试点先行的方针，认真研究由此带来的后果和影响，把握好改革

的进度与力度，坚决防止在政策实施过程中偏离轨道。

在推出改革的相关实施细则时，应该对农民在市场中较之资本所处的弱势地位，对可能产生的对地方财政、地方债务和基础设施建设的影响，对释放改革红利过程中可能衍生的新矛盾等，有足够的估计，同时还应该警惕强势利益集团的违规操作和不正当获利。

（六）创新社会治理方式，促进社会和谐稳定

党的十八届三中全会提出要创新社会治理方式，这为激发社会活力、有效预防和化解社会矛盾、维护社会和谐稳定提供了新的视野。要尽快走出过度依赖无限责任政府实施社会管控的老路，充分调动社会各方面的力量，加强社会治理的体制机制建设，保障社会的平安有序，维护国家的长治久安。

中国社会朝着更加注重质量提升的导向迈进*

——2014～2015年中国社会形势分析与预测

随着中国经济发展进入新常态，经济社会发展在导向上出现重大调整，这就是从以往较多注重数量增长转向更加注重质量导向；经济发展不仅要重视总量的增长，更要注重就业的增加和民生的改善；社会治理不仅要激发社会活力，更要促进社会的公平正义与和谐稳定。2014 年以来中国经济社会发展的现实进程，为这种转变创造了良好的开端。

一 2014 年经济社会发展总体形势

2014 年，全球经济呈现温和复苏态势，中国国内经济结构调整进入关键时期，经济增长速度相比上年同期有所回落，从以往的“八九不离十”进入所谓“七上八下”的增幅区间，中国经济增长进入“新常态”。就本年度而言，中国社会发展形势总体较好，就业稳定增长，居民收入增幅大于国内生产总值、企业利润以及国家财政收入的增幅，居民消费增长较快，对经济增长的贡献继续加大，国家财政的社会发展投入总量和比重都有明显的增长和提升，社会发展质量得到提高。

（一）经济发展总体平稳，发展质量较快提升

进入 2014 年以来，中国政府和社会各界对经济增长速度继 2013 年回落到 7.7%之后将会继续下降有着比较清醒的认识，年初预计会回落到 7.5%

* 陈光金执笔。

左右，针对这一预期，党中央、国务院纵观全局、把握大势，坚持稳中求进、改革创新的工作总基调，科学统筹稳增长、促改革、调结构、惠民生、防风险，在区间调控基础上更加注重定向调控，国民经济在新常态下的运行总体平稳、稳中有进、稳中提质。据初步核算，2014 年前三季度中国国内生产总值 419908 亿元，按可比价格计算，同比增长 7.4%。分季度看，第一季度同比增长 7.4%，第二季度增长 7.5%，第三季度增长 7.3%，总体平稳，微幅波动也在预期之内。预计第四季度，在一系列保增长政策的支持下，新型工业化、城镇化、信息化、农业现代化的发展仍具潜力，中西部地区后发优势还有发挥空间，消费也处于结构升级的关键阶段，这些都将为经济持续平稳增长提供新动力，因此预计经济增速还会有所回升，全年增速达到 7.5% 还是有希望的。同时，农业经济总体上仍呈增长态势。2014 年全国夏粮总产量 13660 万吨，比上年增加 475 万吨，增长 3.6%；中国粮食产量实现十一年连续增长。另外，前三季度，猪牛羊禽肉产量 5975 万吨，同比增长 2.0%。

经济结构继续调整，经济发展质量进一步提升。2014 年前三季度，第三产业增长 7.9%，第二产业增长 7.4%，前者快于后者的趋势得到延续；在总量构成中，第三产业增加值占比从 2013 年的 46.1% 提高到 46.7%，第三产业增加值占比超出第二产业增加值占比的差额从上年的 2.2 个百分点扩大到 2.5 个百分点，随着新的服务经济如网店经济的继续发展，这一趋势在 2014 年第四季度有望得到保持。

结构调整还表现在全社会固定资产投资增长的结构变化上。2014 年前三季度，全国固定资产投资（不含农户）357787 亿元，扣除价格因素后实际增长 15.3%。相比 2013 年全国固定资产投资实际增长 19.2%，2014 年前三季度全国固定资产投资增速明显放缓。更值得注意的是投资增长的结构变化。一是民间投资比重继续提高。2014 年前三季度，国有及国有控股投资 112369 亿元，增长 14.1%；民间投资 231509 亿元，增长 18.3%，占全部投资的比重为 64.7%，比 2013 年的 63.0% 提高 1.7 个百分点。二是中西部地区投资增长继续快于东部地区投资增长。2014 年前三季度，东部地区投资同比增长 14.9%，中部地区增长 17.8%，西部地区增长 17.9%，这有助于继续促进区域发展平衡。三是第一产业和第三产业的投资增速继续明显快于第二产业投资增速。前三季度，第一产业投资 8642 亿元，同比增长 27.7%；第二产业投资 150180 亿元，同比增长 13.7%；第三产业投资 198965 亿元，同比增长 17.4%，第三产业固定资产投资总量比第二产业投资总量超出 32.5%。

（二）就业形势继续向好，就业结构进一步调整

2014 年以来中国就业形势总体较好，经济增速的回落并未造成就业震荡。从全国来看，前三季度全国城镇新增就业 1000 万人。另外，全国农民工队伍也继续扩大，9 月末，农村外出务工劳动力 17561 万人，同比增加 169 万人，增长 1.0%。大学毕业生人数创历史新高，达到 727 万人，在政府和社会各界的共同努力下，虽然年初舆论估计 2014 年是大学毕业生的“更困难就业季”，但实际并未形成比往年更严重的就业困难。根据中华英才网发布的第十二届《中国大学生最佳雇主调查报告》，截至 2014 年 5 月底，在全部受访大学生中，已经签约的大学生所占比重已经达到 61.1%。另外，毕业大学生的就业取向也发生重要变化，例如，在已经毕业的大学生中，有自主创业倾向的人占到 18.9%，比 2013 年的 2.21% 有了大幅度的增长。

就业形势向好有多方面的原因。首先，政府把促进就业作为促进经济发展质量的重要标志和目标，对就业问题始终高度重视。其次，经济结构的调整尤其是第三产业的更快发展，为吸纳更多劳动力就业创造了条件。最后，有就业需求的社会劳动力的总量开始出现下降趋势。根据人力资源和社会保障部的部分城市劳动力市场监测报告，在 2014 年第一季度、第二季度和第三季度，劳动力市场的岗位空缺与求职人数的比率分别约为 1.11、1.11 和 1.09。从这些劳动力市场的需求人数与供给人数总量看，除了第一季度比 2013 年第四季度有所增加外，第二季度和第三季度均分别比上季度和上年同期有所减少，如第三季度的需求人数和求职人数与上季度相比分别减少了 9.1% 和 8.2%，与上年同期相比分别下降了 4.5% 和 5.2%。这可能意味着中国劳动力总供给下降，这种趋势在 2013 年初显端倪，到 2014 年更加显著。上述报告发现，2013 年第三季度的相对求职指数为 99，2014 年

第三季度的相对求职指数为92。①

就业的结构调整，突出地表现为各行业劳动力需求的变化。根据上述劳动力市场监测报告，与上年度相比，2014年第三季度各行业劳动力需求的变化为：公共管理与社会组织增加41.8%，教育行业增加6%，金融业增加2.7%，国际组织增加66.4%；同时，租赁和商务服务业下降22.9%，批发和零售业下降15.8%，居民服务和其他服务业下降15.1%，建筑业下降11.5%，住宿和餐饮业下降6.5%，制造业下降5.9%，其他一些行业也有不同程度的下降。这表明，第二产业和传统服务业的劳动力需求基本上呈减少趋势，而新兴现代服务业的劳动力需求则呈上升趋势。

（三）居民收入更快增长，收入分配格局开始向劳动者倾斜

2014年，城乡居民收入水平都有较快增长。据有关部门统计，前三季度，全国农村居民人均现金收入8527元，同比名义增长11.8%，扣除价格因素后实际增长9.7%。全国城镇居民人均可支配收入22044元，同比名义增长9.3%，扣除价格因素实际增长6.9%。2014年全年，农村居民人均纯收入的增幅预计可达9.5%左右，城镇居民可支配收入的增幅可达7%左右。另外，根据城乡一体化住户调查，前三季度全国居民人均可支配收入14986元，同比名义增长10.5%，扣除价格因素后实际增长8.2%。

可以看到，2014年前三季度农村居民现金收入的增长继续快于国内生产总值和城镇居民可支配收入的增长。究其原因，与农民工收入的增长有着很大关系。据有关部门统计，2014年前三季度，外出务工劳动力月收入2797元，与上年同期相比实际增长了10%。而农民工工资水平的提升，也与各级政府重视增加农民工的收入分不开。据统计，截至2014年9月底，全国共有17个地区调整了最低工资标准，平均调增幅度14.1%。城镇居民人均可支配收入的实际增幅虽然不如国内生产总值的实际增幅，但与上年同期相比，其增幅仍然有所提升。2013年的1季度、1～2季度和1～3季度，城镇居民人均可支配收入的实际增长分别为6.7%、6.5%和6.8%，

① 该指数为100时表示与往年同期平均水平相比没有变化，高于100表示相对求职规模是扩大的，小于100则表示相对求职规模是收缩的。

2014 年同期分别为 7.2%、7.1% 和 6.9%。

收入分配格局有所改善。从城乡收入格局看，2014 年前三季度城镇居民人均可支配收入是农民居民人均现金收入的 2.59 倍，而上年同期为 2.64 倍。同时，2014 年前三季度，基于城乡一体化住户调查的全国居民可支配收入的实际增幅开始大于企业利润的实际增幅，例如 1～9 月份全国规模以上工业企业的利润增幅为 7.9%，比全国居民 1～9 月可支配收入实际增幅低了 0.3 个百分点。另外，据财政部统计，2014 年前三季度全国财政收入总计 106362 亿元，同比增长 8.1%，也略小于同期全国居民收入增幅。这些数据表明，一是城乡居民收入差距继续微幅收缩；二是整体收入分配格局开始向劳动者倾斜。这是昭示中国经济社会发展质量提升的一个重要迹象。

（四）居民消费物价基本稳定，人民生活消费较快增长

2014 年以来，中国居民消费物价上涨总水平相对较低，对改善民生是一个利好。据国家统计局统计，1～10 月，全国居民消费物价与上年同期相比平均上涨 2.1%。其中，城市物价上涨 2.2%，农村物价上涨 1.9%；食品价格上涨 3.2%，非食品价格上涨 1.5%；消费品价格上涨 1.9%，服务价格上涨 1.9%。另外，2014 年房地产市场价格增幅变动的总趋势也是稳中有降，尤其是 9 月和 10 月两个月，大中城市房地产价格出现环比下降，9 月份有 58 个大中城市的房价环比下降，10 月份 70 个大中城市新建住宅的销售价格同比下降 2.5%。

物价的基本稳定和较低涨幅有助于推动居民消费。2014 年 1～10 月份，中国社会消费品零售总额达 213118 亿元，与上年同期相比增长 12.0%，扣除价格因素后实际增长 10.8%，远高于国内生产总值的增幅，也高于城镇居民可支配收入和农村居民现金收入的增幅。从居民生活消费来看，1～9 月份，全国农村居民人均生活消费支出增长 9.7%，与其现金收入实际增长同步；城镇居民生活消费支出增长 6.0%，略低于其可支配收入的增速；城乡一体化的居民人均生活消费支出增长 7.5%，比人均收入增幅仅低 0.7 个百分点。可以看到，农村居民的消费积极性更高，进一步提高他们的收入是促进消费增长的重点所在。

消费增长对经济增长的贡献继续加大。前三季度，最终消费支出对国内生产总值增长的贡献率为48.5%，比上年同期提高2.7个百分点，比资本形成总额增长的贡献率要高7个百分点左右。这意味着中国经济增长的需求结构进一步优化，要让人民生活改善和消费增长成为经济社会发展的主要目标。当然，固定资产投资增速放缓也从一个方面为这种调整做出了贡献。

（五）社会保障体系继续完善，社会保险和救助水平进一步提高

通过进一步的改革，2014年中国社会保障体系在制度层面进一步完善。年初出台了《城乡养老保险制度衔接暂行办法》，以贯彻落实国务院关于建立统一的城乡居民基本养老保险制度的部署。到9月份，全国已有24个省份出台了具体实施办法，12个省份出台了经办规程，《城乡养老保险制度衔接暂行办法实施平稳》。“全民参保登记计划”稳步实施，在浙江等50个地区开展全民参保登记计划试点，开展了全民参保登记信息系统和数据库建设需求分析。社会保障卡发放数量稳步增长，截至9月底，全国社会保障卡实际持卡人数达到6.43亿人。大病保险工作进展较快，到9月份，全国共有31个省（自治区、直辖市）和新疆生产建设兵团出台了大病保险实施方案，220多个地市已启动实施。

社会保险覆盖面继续扩大。到9月末，全国职工基本养老保险、城乡居民养老保险、城镇基本医疗保险、失业保险、工伤保险、生育保险等社会保险的参保人数分别达到33255万人、49793万人、58935万人、16796万人、20380万人、16817万人，分别比2013年全年参保人数增长3.2%、0.9%、3.3%、3.3%、2.3%和2.6%。随着参保率的提高，社会保险基金总收入也水涨船高，1~9月份全国社保基金总收入达到28043.5亿元，与上年同期相比增长13.5%。从社会发展的角度看，社会保险体系建构及其实施质量的提升，不仅表现为覆盖面的扩大，也表现为保险支付水平的提高，从而能够为有需要的人员提供更好的支持。从实践来看，一方面，2014年社会保险待遇水平稳步提高，全国已有24个省份提高了城乡居民基本养老保险基础养老金标准；另一方面，全国社会保险基金总支出也显著增长，前三季度总支出达到23930.7亿元，同比增长18.3%，扣除物价因素后也

远远快于国内生产总值的增长速度。

社会救助是社会保障体系的一个重要组成部分。从全国来看，随着国家扶贫救助工作的推进，农村扶贫对象人数有较大幅度减少，获得最低生活保障救助的城乡人口也有所减少，但扶贫救助水平则有明显的提高。2014年前三季度，全国城镇居民最低生活保障支出人均每月为265.4元，同比名义增长10.5%；农村居民最低生活保障支出人均每月为118.6元，同比名义增长11.6%。

（六）公共财政继续向民生和社会发展倾斜，民间社会参与水平不断提升

政府进一步转变职能是全面深化改革的一个重要方面。从国际经验看，政府职能转变的一个主要标志是更多地重视民生和社会发展，突出地表现为公共财政在民生和社会发展领域的配置水平不断提高。从中央财政支出来看，按照2014年财政支出预算方案，预算支出总量为74880亿元，其中社会保障和就业支出7152.96亿元，比上年增长9.8%；教育支出4133.55亿元，比上年增长9.1%；医疗卫生与计划生育支出3038.05亿元，比上年增长15.1%；住房保障支出2528.69亿元，比上年增长9%。综合起来，这四项预算支出占中央财政预算总支出的比重为22.5%，比2013年中央财政预算支出执行结果中该四项支出所占比重提高约0.5个百分点。合并考虑中央财政与地方财政支出情况，2013年上述四项支出占全国财政总支出的比重为33.7%；由于中央财政支出预算中该四项支出的较大幅度增长必将对地方财政支出产生示范影响，预计2014年全年全国财政支出中该四项支出所占比重将会接近35%。尽管增幅不是很明显，但这种变化具有方向性的意义。

社会力量参与民生改善和社会发展，正在成为中国社会发展的一个重要趋势。社会组织的发展是其中一个重要方面。随着中国社会组织登记注册管理制度的改革，2014年社会组织获得了较快的发展。据统计，到9月底，全国有社会团体29.6万个，民办非企业单位26.9万个，基金会3872个，总数接近57万个，分别比上年同期增加8.0%、15.0%、17.3%和11.3%。这一增长速度比以往许多年份都快。

社会力量广泛参与民生改善和社会发展的另一个重要表现，是民间在社会发展领域的投资与日俱增，而且增长速度相当快。从有关统计看，2014年前三季度，民间固定资产投资在教育领域达到1317亿元，同比增长28.9%；在卫生和社会工作领域达到902亿元，同比增长42.4%；在公共管理、社会保障和社会组织方面达到1322亿元，同比增长11.4%。2013年1~9月，民间固定资产投资在这三个领域的增长速度分别为26.5%、40.4%和-7.3%，分别比2014年低2.4、2.0和18.7个百分点。

二 2014年中国社会发展面临的问题和挑战

2014年中国经济社会发展总体形势是稳中有进，但各种历史性因素、结构性问题以及发展过程中产生的新情况新问题，也使得社会发展面临种种难题和挑战，需要在全面深化改革、大力调整经济社会结构和推进法治社会建设中逐步加以克服和应对。

（一）劳动力供给与需求出现双重转变，仍然需要高度重视就业问题

从人力资源和社会保障部的全国劳动力市场监测结果来看，从2013年起，中国劳动力供给与需求出现双重转变，2014年这种转变更加明显。一方面，劳动力市场的用工需求总体上已经比较稳定地超过了求职需求，岗位空缺与求职人数之比连续三个季度超过了1；而且相对求职指数下降到了92，表明劳动力无限供给时代已经结束。另一方面，劳动力供给与需求的结构性矛盾仍然存在，亦即市场对劳动力的技术和技能等级要求继续提高。综合人力资源和社会保障部第二季度和第三季度的劳动力市场监测结果，可以看到一个共同趋势，即无论与上季度相比还是与上年同期相比，劳动力市场对初级技能人员和中级技能人员的用人需求都出现显著下降。在第二季度，劳动力市场对这两类人员的用人需求，与上季度相比，分别下降4.0%和12.6%；与上年同期相比，分别下降13.9%和1.7%。在第三季度，与上季度相比分别下降7.7%和12.3%；与上年同期相比，对初级技能人员的需求增加3%，但对中级技能人员的需求则下降10.9%。相应地，对技

师、高级技师和高级技能人员的用人需求则有较为显著的增长。例如，在第二季度，劳动力市场对技师的用人需求，与上季度和上年同期相比分别增长 4.3% 和 20.1%；在第三季度，则分别增长 119.5% 和 109.8%。这一双重变化，无疑对中国就业促进工作带来新的挑战。

2014 年大学生的就业问题得到较为平稳的解决，但这并不意味着我们可以轻视这一问题。到 2015 年，全国高校毕业生总人数预计将会继续增加，达到 740 万人左右。可以说，在最近几年之内，大学毕业生就业将没有最难，只有更难。

因此，适应经济结构继续调整，大力提高劳动力的技能水平，调整改革高校教育模式，将成为长期面临的就业难题和挑战。

（二）收入分配形势变化复杂，缩小收入不平等需要多方努力

近两年来，中国居民收入分配格局的总体变动趋势是差距有所缩小，但在这个过程中仍然存在一些不协调的复杂变化，要促成收入分配差距稳定地缩小，必须对这些变化予以高度重视。

在各种不协调的变化中，特别值得关注的是城镇居民内部与农民居民内部收入差距的异变。就城镇居民来说，通过整理分析各省份 2014 年前三季度收入增幅统计数据可以看到，东部地区 11 个省份的城镇居民可支配收入名义增长幅度全部都在 9.0% 以上，最高为 9.5%，最低为 9.0%；中部地区 7 个省份（缺黑龙江的数据）中有 6 个省份的增幅高于 9.0%，最高的 9.8%，最低的 8.8%；西部地区 12 个省份中有 9 个省份的增幅高于 9.0%，3 个省份的增幅低于 9.0%，其中最高为 10.5%，最低为 8.5%。平均来看，西部地区城镇居民的收入增长幅度要低于东部地区，考虑到东部地区城镇居民收入原本就比西部地区城镇居民收入水平高出很多，缩小地区差异的前提条件就是西部地区城镇居民收入增幅要在较大程度上高于东部地区的相应增幅，否则这种差距就会继续拉大。另外，2013 年城镇居民中高收入群体与低收入群体之间的收入差距缩小的幅度不明显，而且相比于 2012 年还有所回落。这种趋势在 2014 年有可能延续。还要注意的是，城镇居民收入增幅连续几年显著低于国内生产总值增幅，值得关注。

从农村来看，2014 年前三季度居民现金收入的增幅，在不同地区表现

出另一种趋势。在东部地区的9个省份（缺辽宁与河北的数据）中，8个省份的农村居民现金收入名义增幅低于12%，最低名义增幅为10.4%；在中部地区的7个省份（缺黑龙江的数据）中，有3个省份的农村居民现金收入低于12%，最高增幅为12.3%，最低增幅为11.5%；在西部地区的12个省份中，农村居民现金收入增幅低于12%的有2个省份，最高的增幅为13.8%（且高于13%的省份有4个），最低增幅为10.8%。比较起来，中部地区农村居民现金收入增幅平均水平低于西部地区。从往年相关统计数据看，中、西部地区农村居民收入水平比较接近，如果现有增幅格局维持几年不变，可能出现西部农村居民收入水平反超中部地区的态势；同时，中、西部与东部地区农村居民收入的差距都比较大，而三大地区居民收入增幅虽然有差距，但平均差距不会超过1个百分点，如果维持目前态势，要缩小中西部地区农村居民收入水平与东部地区农村居民收入水平的差距，还需要一个较长时期。另外，2013年农村居民中的高收入群体与低收入群体的收入差距出现扩大态势。由于农村低收入居民的收入来源主要是家庭农业经营收入，在农产品总量增幅有限（而且并不为低收入群体所独享）、价格上涨水平较低的情况下，这种态势在2014年将继续维持。这种趋势既不利于进一步缩小城乡居民收入差距，也不利于缩小全社会的总体收入差距。

2014年前三季度，个人所得税同比增长12.4%，而全部税收的同比增幅为7.4%，前者比后者高出5个百分点。另外，2014年前三季度国内生产总值的名义增长率约为8.6%，比同期个人所得税增幅低了3.8个百分点。这一现象也引起了社会的广泛关注。财政部认为，出现这一现象的原因是城镇居民人均可支配收入的提高，使得工资薪金及劳动报酬所得税增长。但是，2014年前三季度城镇居民可支配收入增幅既低于国内生产总值的增幅，也低于财政收入的增幅，可见个人所得税的快速增长，仍然是值得重视的问题。

（三）环保问题依然突出，部分地区雾霾有所加剧

环境问题是近年来愈演愈烈的一个广泛影响经济可持续发展和城乡居民生活质量提升的问题。尽管2014年全国能源使用效率有所提高，但各种环境污染和破坏问题仍然严重。从国家环境保护部公布的重点环境案件处

理情况看，1～9月份，该部共处理重点环境案件197件，是2013年同期处理的65件的3倍多。

雾霾问题的加剧，对广大人民群众生活的影响更加广泛。根据环境保护部的统计，每年的第三季度是雾霾天气多发频发季节。2014年第三季度，74个重点监测城市天气质量达标天数比例在30.4%～100.0%，平均达标天数比例为79.1%，轻度污染天数比例为16.5%，中度污染为3.7%，重度污染为0.7%。

分地区来看，京津冀区域13个城市空气质量达标天数比例在30.4%～98.9%，平均为55.4%（比上年同期提高8.3个百分点）；平均超标天数比例为44.6%，其中重度污染天数比例为2.9%。长三角区域25个城市空气质量达标天数比例在65.2%～100.0%，平均为83.5%，比上年同期降低2.2个百分点；平均超标天数比例为16.5%。珠三角区域9个城市空气质量达标天数比例在54.9%～97.8%，平均为82.9%，比上年同期降低3.9个百分点；平均超标天数比例为17.1%，其中重度污染天数比例为0.9%。总的来讲，京津冀地区天气质量问题最为严重，但相比上年有所好转；长三角和珠三角地区天气质量则出现下降趋势。

（四）社会矛盾冲突事件数量出现反弹式增长，网络舆情关注有增无减

近几年，政府和社会各界做出了大量努力，化解社会矛盾冲突，各种矛盾冲突事件呈现减少态势。2014年以来，社会矛盾现象出现反弹，大规模群体性事件时有发生。农村征地问题、劳动关系问题、环境问题、城管执法问题继续成为社会矛盾冲突多发频发的主要诱因。10月14日，发生在云南晋宁县富有村与当地泛亚工业品商贸物流中心项目建设方人员之间的与征地相关的暴力冲突，导致8人死亡18人受伤，造成巨大社会影响。截至目前，引发全国舆情关注的社会矛盾冲突热点事件有近400起。

劳动争议仍然是社会矛盾冲突数量最多的一个方面。据统计，前三个季度，各级劳动人事争议调解组织和仲裁机构共受理案件52.2万件，涉及劳动者72.1万人，同比分别增加5.6%和11.1%，共审结48.7万件，同比增加3.7%。由各种劳动争议引发的劳动者群体性事件数量也有较大增长，

事件焦点主要涉及工资（讨薪）、企业裁员和经济补偿、出租车运营争议、职工保险福利争议等问题。特别值得注意的1000人以上的群体性劳动争议事件的多发频发，根据全国总工会的数据，前三季度这类大规模群体性劳动争议事件发生了52起。

社会舆情对各种社会热点事件的关注继续增强，对各级地方政府、涉事部门以及相关企业形成了较大的社会舆情压力。本课题组的网络舆情分析报告表明，在党政部门中，公检法和纪检监察是舆情压力的主要承担者，近一半的舆情压力指向这些机构。交通、教育和医疗卫生部门也是舆情热点事件的高发区。另外，网络舆情本身也成为社会矛盾问题的发生场域，各种不负责任的网络言论、各种网络谣言，对社会矛盾冲突以及相关事件产生了推波助澜、加剧恶化的影响。网络舆情问题成为社会治理的一个重大挑战。

三　2015年中国社会发展态势与政策建议

2015年中国经济社会发展将在继续全面深化改革和推进法治社会建设的总战略引领下，朝着进一步调整结构、稳定增长和提升发展质量的方向迈进。

（一）适应经济增长“新常态”，在调结构、稳增长的同时不断提升发展质量

中国必须适应经济“新常态”的特点来构建经济社会发展新战略。经济“新常态”包含着丰富的政策寓意。第一，经济发展已经度过了超高速增长时期，潜在增长率在一段时期内将维持在7.5%左右，由于中国经济总量规模已经很大，以及人口结构的变化，这一潜在增长率是可接受的。第二，宏观政策告别旧常态的调控和刺激模式，只要在一个时期内经济增速能够维持在7.5%左右的合理区间，宏观政策就无须采取非常规的刺激措施，重点在于维护市场机制在经济资源配置中的决定性作用。第三，促进经济增长动力结构转换，包括让民间投资在更大程度上成为投资主渠道，让国内消费在更大程度上成为经济增长的主动力，让创新在更大程度上成

为引领经济发展方向的新动力。第四，在推动新型工业化的同时，扶持和发展电子信息、高端装备制造业、节能环保产业和新型服务业，使经济结构更加优化，消除对已经繁荣了许多年的房地产等行业的过度依赖，完成新旧经济增长点的成功接续。第五，继续把改善和促进民生作为推动经济社会发展的主要目标，把就业增长作为提升经济社会发展质量的重要指标。

要继续着力清除落后产能，要围绕扩大家庭消费、推进新型城镇化和发展现代服务业等新常态下的新战略，进一步化解体制机制矛盾，着力挖掘提振城乡居民在信息、健康、养老、文化、教育、旅游、体育等领域的消费需求，挖掘重大基础工程、保障性安居工程等领域的巨大内需潜力。传统行业和企业仍有存在的理由和发展的空间，同时应当积极面对市场倒逼机制压力并将其转化为新的发展机遇，创新生产经营方式，在整体经济社会发展调结构、稳增长、提质量的新时代发挥其应有作用。加大财政体制改革力度，把重点和焦点转移到财政收支平衡之上，减轻各级政府增加财政税收的任务压力，从而弱化各级政府过度追求财税收入的动力，更多地履行政府服务市场、服务社会、服务人民的职责。

（二）适应劳动力供求双重转变趋势，致力于提升劳动者素质和技能水平

劳动力总量供给增长幅度缩小，劳动力市场对劳动力的基本素质技能的要求不断提高，是今后一个时期促进劳动就业需要高度重视的问题。

首先，要进一步改革、完善劳动力培训制度，规范劳动培训服务供给标准和行为，全面确立真正以市场需求、劳动者需要为导向的劳动培训体系，确立劳动培训服务供给的市场化竞争机制。要继续加大劳动就业的财政投入，提高劳动就业支出占国内生产总值的比重，使其与劳动就业对国内生产总值的贡献度相适应。2013 年全国公共财政支出中，就业补助支出 822.56 亿元，占总支出的 0.59%。而在国际上，这一比重一般可达到 1%。就业培训的主要目的，是不断提升现有劳动力（不包括在校劳动年龄人口）的文化素质和技能水平。根据国家统计局的全国农民工监测报告，2013 年，农民工中接受过技能培训的人所占比例仍然只有 32.7%，这是远远不够的。

其次，要加快推进各级教育体制改革，尤其要加大高中和高等教育的

改革力度。在现阶段，中国解决就业结构性矛盾的主要焦点之一就是教育改革。教育改革的突破口是建立现代职业教育体系，在大量培养学术型、研究型的专门人才的同时，培养更多文化素质和技术技能水平较高的职业型人才，实现“招生就是招工”的战略目标。按照有关部门的改革设想，中国今后将以建设现代职业教育体系为重要目标，对高中和高等教育体系的结构进行战略性调整，尤其是对高等教育体系进行结构性调整。其中重点对象被初步确定为1999年大学扩招后“专升本”的600多所地方本科院校，推动它们向发展职业教育转型。据统计，目前，已有150多所地方院校报名参加教育部的转型改革。但在实践中这一改革的实施还有难度。国家应当出台相应的激励政策，鼓励这些地方高校尽快参与改革，实现转型。教育体系改革还需要与各种用人单位合作，按照有关部门提出的实施现代“学徒制”的设想，制定相关的政策措施，吸引和鼓励用人单位尤其是企业参与教育改革。

（三）进一步改革收入分配制度，更好地调节社会利益关系

继续深化收入分配制度改革，进一步缩小收入差距，不仅是调节社会利益关系、实现社会公平正义、促进社会和谐稳定的需要，也是适应新常态下使居民消费成为经济发展主要动力源泉的需要。

一是要继续加大力度，建立农民增收新机制，进一步缩小城乡收入差距。从国际经验看，城乡收入差距是难以完全消灭的，在现阶段经济社会发展条件下，有一个大体合理的差距区间，即城镇居民收入与农村居民收入之比维持在1.5～1.7倍的范围之内。在这方面，不仅要建立合理的农民工收入增长机制，还要建立以农业家庭经营收入为主要收入来源的农户收入增长机制。现行各种农业补贴政策能够起到一定的作用，但随着农用地流转的扩张，这一部分政策支出往往成为农业经营大户的重要收入来源，而对于一般小农户来说，这些政策支出的增收意义并不特别突出。在维持和完善现行农业补贴政策的前提下，需要研究建立一些对小型农户更加有效的收入增长机制。在中西部地区，研究建立这样的机制尤为重要。

二是要重视城镇居民收入增长速度连续几年低于国内生产总值增长速度的问题。以城镇居民收入增长速度持续低于经济增长速度为代价来缩小

城乡居民收入差距，并不是一种好的策略，短时期内也许可行，但长期如此必将对城镇居民产生不利影响，也不利于推进新型城镇化的国家战略（例如，一部分农民一方面在城镇务工经商，另一方面则不太愿意放弃农业户籍在城镇落户，因为城镇的吸引力对他们来说还是不足的）。深化改革的重点仍然是建立合理的工资增长机制，而实现低收入城镇就业人口的工资较快增长则更加重要。

三是要进一步改革，完善个人所得税制度和征缴管理。一方面要慎重考虑根据经济社会发展水平的变化调整起征点；另一方面要根据应税者家庭收入、消费情况而不是个人收入情况，来确立个人所得税税率和税收返还制度，这也是许多国家通行的做法。同时，还要进一步改革、完善居民非工薪收入的个人所得税征缴制度。现行的个人所得税基本上仍然是依托工薪发放来征缴的，一部分非工薪收入被遗漏在个人所得税征缴之外，这是现阶段中国居民收入不平等的重要根源之一。

（四）进一步改革、完善社会保障体系，建立更好地促进社会公平的转移支付制度

现行社会保障体系虽然年年都能取得进展，但相对于建立起能够更好地促进社会公平的现代社会保障体系的目标要求来说，其实还有很大的距离。客观地说，要调节社会利益关系，缩小地区之间、城乡之间以及不同社会阶层之间的收入差距的关键，不在于个人所得税，毕竟在目前整个公共财政收入中，个人所得税所占比重不过6%左右；以整个社会保障体系为依托的转移支付所能发挥的作用要大得多。因此，今后要加快做好以下几项工作。

一是要实质性地解决农民工的同工同保问题。这一问题已经讨论多年，有关方面也做出了很大的努力，但农民工的总体参保率仍然极低。例如，根据国家统计局的全国农民工监测报告，2013 年，农民工的养老保险参保率为 15.7%，工伤保险参保率为 28.5%，医疗保险的参保率为 17.6%，失业保险的参保率为 9.1%，生育保险的参保率为 6.6%。其中原因有很多，而且不少农民工已经在农村参加新型农村合作医疗保险和新型农村养老保险，但相比城镇职工基本养老保险和基本医疗保险的保险水平，则显得过

低，而且他们中的绝大多数人实际上在城镇就业，水平相对较低的新农合和新农保将对他们在城镇的生活和发展造成不利影响。无论如何，现阶段扩大社会保障体系覆盖面的重头任务，是提升农民工的社会保险参与率。

二是要根据经济社会发展状况，适时适度地提升社会保障水平，农村居民社会保障水平的提升又是重中之重。例如，与城镇居民相比，农村居民基本养老保险的水平相对过低。虽然目前农村居民的生活消费水平总体上低于城镇居民，因而农村居民的基本养老保险适当低一些是可以理解的。但是，当参保农村居民将来领取社会保险金时，按照现行标准计算的给付水平可能根本就不能保证他们的基本生活需要得到满足。社会救助特别是城乡居民最低生活保障的支付标准同样过低，而且地区间、城乡间差异很大。针对这种状况，人力资源和社会保障部已经提出，今后的一项工作是要建立健全各项社会保险待遇确定和正常调整机制，确保各项待遇按时足额发放。

三是要继续努力提升社会保障体系的统一性和统筹层次，让社会保障体系更好地发挥转移支付应有的调节收入差距的作用。要做到这一点，需要中央或者省一级财政具有足够的统筹能力。现在中央财政的转移支付中，有一大部分是以税收返还的形式转移给地方政府的，这使得中央财政的转移支付能力受到极大削弱，同时也不利于利用中央财政的能力缩小不同地区和不同社会阶层的差距。因此，要加快国家财税制度改革，总结汲取一些国家的好经验、好做法，更多地发挥中央政府的统筹作用。

（五）全面推进法治建设，依法治理社会矛盾冲突，促进社会和谐稳定

党的十八届四中全会的决定指出，在现阶段，依法治国在党和国家工作全局中的地位更加突出、作用更加重大。全面深化改革，需要于法有据；调节社会矛盾，解决社会冲突，促进社会和谐，需要采用法治手段和法治方式；打击各种犯罪和暴力恐怖活动，维护社会安全和秩序，同样需要以法律为依据和准绳；治理环境污染和破坏问题，促进人与环境和谐，也离不开法治的保障和支持。

加快各个领域的法律法规的废改立进程，不断提升整个法律体系的系

统性、协同性和科学性，不断强化国家工作人员、社会各界以及广大人民群众知法、懂法、信法、守法、用法的意识和能力，这是全面推进现代社会主义法治建设的几个关键所在。

2015 年，将是中国推进法治国家、法治政府和法治社会建设的重要开局之年。在党的领导下，在全党全国各族人民的共同努力下，法治中国的建设一定会取得良好进展。

主要参考文献

财政部：《关于 2013 年中央和地方预算执行情况与 2014 年中央和地方预算草案的报告》，2014 年 3 月 5 日（第十二届全国人民代表大会第二次会议）。

国家统计局：《2013 年全国农民工监测调查报告》，国家统计局网站，最后访问日期：2014 年 5 月 12 日。

国家统计局：《2014 年 9 月份社会消费品零售总额增长 11.6%》，国家统计局网站，最后访问日期：2014 年 10 月 21 日。

国家统计局：《2014 年 1～9 月份全国固定资产投资（不含农户）增长 16.1%》，国家统计局网站，最后访问日期：2014 年 10 月 21 日。

国家统计局：《2014 年 1～4 季度我国 GDP（国内生产总值）初步核算情况》，国家统计局网站，最后访问日期：2014 年 10 月 22 日。

民政部：《社会服务统计季报》（2014 年第三季度），民政部网站，最后访问日期：2014 年 11 月 5 日。

人力资源和社会保障部：《2013 年人力资源和社会保障事业发展统计公报》，人力资源和社会保障部网站，最后访问日期：2014 年 5 月 28 日。

中国人力资源市场信息监测中心：《2014 年第一季度部分城市公共就业服务机构市场供求状况分析》，人力资源和社会保障部网站，最后访问日期：2014 年 4 月 25 日。

中国人力资源市场信息监测中心：《2014 年第二季度部分城市公共就业服务机构市场供求状况分析》，人力资源和社会保障部网站，最后访问日期：2014 年 7 月 10 日。

中国人力资源市场信息监测中心：《2014 年第三季度部分城市公共就业服务机构市场供求状况分析》，人力资源和社会保障部网站，最后访问日期：2014 年 11 月 4 日。

迈入全面建成小康社会决胜阶段*

——2015～2016年中国社会形势分析与预测

2015 年是中国经济社会发展第十二个五年规划的收官之年，也是第十三个五年规划的布局之年。在这一年里，在经济新常态下，中国经济仍实现 7% 左右的增长，社会领域的发展更加注重提升质量，劳动就业在经济增速下调的情况下保持稳中有增的态势，城乡居民收入水平增长继续快于经济增长，反贫困事业快速推进，社会保障体系建设和社会事业发展水平进一步提高。党的十八届五中全会胜利召开，全会通过了《中共中央关于制定国民经济和社会发展第十三个五年规划的建议》，提出“十三五”时期是中国全面建成小康社会的决胜阶段。2015 年以及整个“十二五”时期的经济社会发展，为中国迈入这样一个关乎中华民族和平崛起的阶段奠定了坚实的基础。

一　2015 年中国经济社会发展总体形势

2015 年，在全球经济复苏不如预期的情况下，中国经济仍然维持着两个基本不变，一是继续维持总体平稳的基本格局，二是继续维持稳中有进和稳中向好的基本态势。与此同时，经济结构调整继续推进，经济增长质量继续提高。统计数据显示，前三季度，服务业继续保持更快发展态势，单位国内生产总值能耗同比继续下降；公共财政收入增速下降，但仍然略快于国内生产总值增速，同时财政支出预算尤其是社会发展领域的财政预算支出也保持了较快的增长速度，为中国社会发展提供了有力保障；城乡居民收入水平和消费水平继续提升，并保持高于经济增长速度的趋势，居民消费对

* 陈光金执笔。

经济增长的拉动作用进一步增强；新增劳动就业超额完成预期任务目标，劳动力市场继续维持需求略大于供给的态势，调查失业率维持在较低水平，大学生就业压力继续缓解；劳动关系协调工作取得新进展，最低工资水平进一步提高；国家反腐败力度加大，民众对反腐败取得胜利的信心增强；社会保障扩面工作取得成效，参保人数、社会保险基金收入和社会保险支出继续大幅增长，社会保障制度建设迈出新的步伐，社会保险待遇稳步提高。

（一）国民经济稳中求进，结构调整取得新成效

2015 年，世界经济复苏形势不及预期，到年中，世界银行、货币基金组织等国际机构都纷纷下调世界经济增长的预期，普遍下调了 0.2～0.3 个百分点。面对世界经济复苏不及预期和国内经济下行压力加大的困难局面，党中央、国务院立足国内、国际两个大局，科学统筹稳增长、促改革、调结构、惠民生、防风险，实施有效的区间调控、定向调控、相机调控，进一步深化改革开放，大力推进大众创业、万众创新，积极增加公共产品和服务供给，全国经济运行继续维持总体平稳格局，继续维持稳中求进的态势。第一季度、上半年、前三个季度，国内生产总值同比增幅分别为 7.0%、7.0% 和 6.9%。尽管第三季度增幅下滑，但幅度仅为 0.1 个百分点，显著低于一些国际机构下调世界经济增长预期的幅度，从全年来看经济增长仍可维持在 7% 左右。这一成就是在中国全社会固定资产投资增速下滑、出口继续同比下降的情况下取得的，表明中国经济增长动力结构有了进一步的改善。全国农业生产形势较好，夏粮总产量 14107 万吨，比上年增长 3.3%，秋粮再获丰收。

经济结构调整和产业转型升级继续向前推进并取得新的成效。在国内生产总值的三次产业构成中，前三季度，第一产业增加值同比增长 3.8%，第二产业增加值同比增长 6.0%，第三产业增加值同比增长 8.4%。第三产业的增长明显快于第二产业的增长。在前三季度的累计国内生产总值中，第一产业累计增加值占 8.0%，第二产业累计增加值占 40.6%，第三产业累计增加值占 51.4%，与上年同期相比，第三产业累计增加值所占比重提高 2.3 个百分点。

从全社会固定资产投资来看，虽然增长幅度回落，2015 年 1～9 月为

10.3%，与上年同期相比降低5.8个百分点，但投资分布结构进一步改善，第一产业投资增长27.4%，第二产业投资增长8.0%，第三产业投资增长11.2%。社会发展领域的固定资产投资增长尤为迅速，据统计，在第三产业的投资中，教育投资增长16.1%，卫生和社会工作投资增长30.2%，公共管理、社会保障和社会组织投资增长11.6%。民间投资在这些领域的增长更加引人注目，其中，民间教育投资增长13.5%，卫生和社会工作投资增长58.8%，民间公共管理、社会保障和社会组织投资增长20.5%。

（二）城镇化率超过55%，户籍改革全面提速

2015年，中国按常住人口计算的城镇化率已经超过55%，这意味着中国城镇常住人口的总规模已达7.53亿人，中国社会的生活方式和消费方式正逐步发生根本性变化。当然，目前中国城镇化方面存在的一个突出问题，就是户籍人口城镇化率大大低于常住人口城镇化率。党的十八届五中全会关于“十三五”规划建议稿提出，要深化户籍制度改革，促进有能力在城镇稳定就业和生活的农业转移人口举家进城落户，并与原城镇居民享有同等的权利和义务。这意味着我国将加快户籍人口城镇化的速度，争取到2020年把数量上亿的进城农民工全面转化为城镇户籍人口，这将是一个涉及就业、教育、医疗、社会保障、住房等方面制度改革的宏大工程。中国数以亿计的中等收入群体，绝大多数聚居在城镇，2015年“双十一”网购节显示出我国中等收入群体的巨大消费能力和消费潜力。

（三）就业形势总体稳定，就业结构继续优化

2015年，全国就业形势总体稳定，没有受到经济增长速度继续下滑的显著影响。1～9月，全国城镇新增就业1066万人，城镇失业人员再就业435万人，就业困难人员实现就业129万人。在第三季度末，全国城镇登记失业率为4.05%，调查失业率5.2%，均保持在较低水平。2015年4月，国务院出台《关于进一步做好新形势下就业创业工作的意见》，各省区市陆续出台了相关实施意见，对稳定就业形势发挥了积极的作用。

2015年，全国高校毕业生数量为748万人，比2014年增加22万人，但就业总体形势相比上年并无明显波动。国家继续把高校毕业生就业工作摆

在首位，出台了技师学院、特殊教育院校部分毕业生同等享受高校毕业生就业政策和加强离校未就业高校毕业生实名制就业服务文件，推进离校未就业高校毕业生就业促进计划和大学生创业引领计划；在全国范围内开展“高校毕业生就业服务月”活动，为离校未就业高校毕业生提供有针对性的就业服务。据有关部门统计，2015 年 5 月份，20～24 岁的大专及以上学历人员（主要是高校新毕业学生）的失业率同比下降了 1.09 个百分点。

劳动力总量继续下降，供求关系继续维持需求略大于供给的态势。根据人力资源和社会保障部的全国城市劳动力市场监测报告，前三季度求职人数与上年同期相比分别减少 78.6 万人、13.2 万人和 35.8 万人，岗位空缺仍然多于求职人数，两者之比分别为 1.12、1.06 和 1.09。值得注意的是，与关于中国农民工供给下降的判断不同，2015 年农民工外出就业仍然呈现持续增长趋势。据统计，截至第一季度末、第二季度末和第三季度末外出农民工人数分别为 16331 万人、17436 万人和 17554 万人，第二季度比第一季度增加 1105 万人，第三季度比第二季度增加 118 万人。

就业结构的调整优化，短期来看，主要表现为新型行业劳动力需求的增加和传统产业劳动力需求的下降。据人力资源和社会保障部的城市劳动力市场监测结果，与上年同期相比，在 2015 年第三季度，信息传输计算机服务和软件业的用人需求增长 16%，居民服务和其他服务业用人需求增长 5%，交通运输仓储和邮政业用人需求增长 8.8%，电力煤气及水的生产和供应业用人需求增长 1%。其他各行业的用人需求均有所减少，其中比较突出的是，建筑业用人需求减少 18.3%，房地产业用人需求减少 16.3%，制造业用人需求减少 14.7%，租赁和商务服务业用人需求减少 8.8%，批发和零售业用人需求减少 7.7%。

（四）城乡居民收入增长维持较高水平，收入分配格局继续改善

2015 年中国城乡居民收入继续较快增长，但随着经济新常态的到来，经济增长速度从高速换挡到中高速，居民收入增长速度也受到一定影响，但仍然维持在较高水平上。据国家统计局调查数据，2015 年前三季度，按新口径计算的城乡居民人均可支配收入累计为 16367.2 元，同比名义增长 9.2%，扣除价格因素后实际同比增长 7.7%。城镇居民人均可支配收入累

计 23512.13 元，同比名义增长 8.4%，扣除价格因素后实际增长 6.8%。农村居民人均可支配收入累计 8297.15 元，同比名义增长 9.5%，扣除价格因素后实际同比增长 8.1%。

在经济增长速度回落到 7% 以下的情况下，居民收入继续保持较快增速，原因是多方面的。一是农民工的工资继续较快增长。2015 年前三季度，外出务工劳动力人均月收入达到 3052 元，比上年同期增加 255 元，名义增长 9.1%，扣除价格因素实际增长 7.6%。二是自 2014 年以来，城乡公职人员工资标准有所提高，2015 年很多地方补发了 2014 年 10 月以来的加薪工资，拉动了工资收入的增长。三是政府转移支付力度加大，离退休人员工资标准和养老保险补助水平都有所提高，例如，全国城乡居民基本养老保险基础养老金的最低标准从人均每月 55 元提高到 70 元到，增加了 15 元，增幅为 27.3%。四是城乡居民财产性收入有所增长。据统计，前三季度城镇居民人均出租房屋净收入增长 12.6%，农村居民人均转让承包土地经营权租金净收入增长 17.1%，综合其他财产性收入增长情况，城乡居民财产性收入增长 10.1%。

宏观收入分配结构继续改善也表现在多个方面。第一，从城乡居民收入看，2015 年前三季度农村居民收入增速继续快于同期城镇居民收入增速，两者的实际收入增速相差 1.3 个百分点。由此带动城乡居民收入差距进一步缩小，按前三季度城乡居民人均可支配收入累计计算，城镇居民人均可支配收入与农村居民人均可支配收入之比为 2.83∶1 有，比上年同期的 2.86∶1 有所缩小。第二，按城乡一体化口径计算的居民人均实际可支配收入增速继续快于同期国内生产总值实际增速，达 0.7 个百分点。分开来看，农村居民人均可支配收入的实际增速比同期国内生产总值实际增速高 1.1 个百分点。第三，居民收入增速继续快于国家财政收入增速。前三季度，全国一般公共预算收入累计 114412 亿元，比上年同期增长 7.6%，同口径增长 5.4%，分别比城乡一体化口径的居民收入增幅低 0.1 个和 2.3 个百分点。

（五）居民消费物价指数回落，人民生活消费水平继续提高

2015 年中国居民消费物价非常稳定，指数与上年同期相比有所回落。前三季度，综合的居民消费物价指数为 1.4%，比上年同期的 2.2% 回落 0.8 个百分点。其中，城镇居民消费价格指数为 1.5%，比上年同期回落 0.7 个百

分点。农村居民消费价格指数为1.3%，比上年同期回落0.6个百分点。特别值得一提的是居住消费价格指数相对较低，前三季度仅为0.7%。

消费价格指数较低支持社会消费的增长。2015年1~9月份，社会消费品零售总额216080亿元，同比增长10.5%，扣除价格因素后实际增长约10.4%。从居民人均生活消费方面看，2015年前三季度的名义增速为8.5%。其中农村居民人均生活消费的名义增速为10.7%，继续快于农村居民人均收入的增长速度。居民生活消费结构升级的趋势也较为明显。2015年前三季度，消费品零售额增幅位居前五的项目有通信器材（名义增长35.8%）、建筑及装潢材料（名义增长18.6%）、家具（名义增长16.7%）、饮料（名义增长15.4%）和文化办公用品（名义增长15.3%）。

消费增长对经济增长的贡献继续增加。前三季度，最终消费支出对国内生产总值增长的贡献率为58.4%，同比提高9.3个百分点。而2014年前三季度最终消费对国内生产总值增长的贡献率仅比2013年同期的贡献率提高2.7个百分点。可见消费拉动经济增长的作用变得更加突出。当然，这也与2015年固定资产投资增速更多的回落有关。

（六）国家财政支出继续向民生等重点领域倾斜，社会保障体系建设加快推进

2015年，国家一般公共预算支出继续增长，其中中央一般公共预算支出增长9.5%。在支出项目安排方面，社会保障和就业支出729.3亿元，增长4.2%（比上年回落5.6个百分点）；教育支出1351.51亿元，增长8.8%（比上年回落0.3个百分点）；医疗卫生与计划生育支出110.19亿元，增长22.1%（比上年提高7个百分点）。从实际财政支出情况看，增长幅度更为显著。据财政部统计，2015年1~9月累计，教育支出同比增长16.5%，医疗卫生与计划生育支出同比增长20.1%，社会保障和就业支出同比增长22.4%，城乡社区支出同比增长27.5%。

民生等重点领域公共财政支出的增长，促进了各项社会事业和社会保障体系的建设。2015年上半年，国家加强对人才发展事业的支持，累计组织政府补贴性职业培训800余万人次，其中农民工职业培训400余万人次。在社会保障体系建设方面也取得新的进展。一是扩面征缴工作稳步推进。

截至9月底，全国基本养老、基本医疗、失业、工伤、生育保险参保人数分别为8.52亿人、6.58亿人、1.71亿人、2.11亿人、1.78亿人，分别比上年底增长939万人、6017万人、86万人、427万人、742万人。二是社会保障制度进一步完善。机关事业单位养老保险制度改革稳步推进，全国机关事业单位养老保险制度改革方案的备案工作已完成。大病保险工作取得积极成效，全国31个省（区、市）及新疆生产建设兵团出台推进大病保险工作方案并进行专项部署，全国84%以上地区启动实施。按照国务院统一部署，各地扎实推动降低失业、工伤、生育保险费率工作，截至9月底，31个省（区、市）及新疆生产建设兵团出台了降低失业保险费率的相关政策措施，26个省份部署落实降低工伤保险费率，符合地方基金结余规定的30个省份下调生育保险费率。三是待遇水平进一步提高。全国近8000万企业退休人员基本养老金调整全部发放到位，调整后的月人均养老金水平达到2200多元。全国1.46亿城乡居民基础养老金最低标准从每人每月55元提高至70元，有27个省级政府及新疆生产建设兵团在全国标准之上增加了基础养老金，提高后的月人均养老金水平超过100元。四是社会保险管理服务不断加强。第三季度末，全国社会保障卡持卡人数达到8.09亿人，提前完成国家“十二五”规划目标。社会保障卡普及率达到59%，全国80%以上的社会保障卡已加载金融功能。

（七）国家和社会治理力度加大，社会组织发展加速

2015年，党中央出台了一系列从严治党的规范规定，加大了反腐败工作力度，取得了显著成效。治党和治国理政是一体化的事业，反腐败是从严治党和规范治国理政工作的重要抓手。一大批曾经位高权重的腐败分子受到党纪国法的严厉惩处，充分表明我们党对腐败始终保持高压态势的决心，也增强了广大人民群众对反腐败工作取得成功的信心。2015年中国社会科学院社会学研究所组织实施的全国综合社会调查（以下简称“2015年全国综合社会调查）[①] 结果显示，77.1%的受访者认为党和国家反腐败工作

① 本次调查尚未全部完成，目前获得的有效样本8925个，尚缺三个省份的样本。本报告使用该数据，仅仅是为了反映全国大部分地区的情况。

的效果很明显或比较明显；77%的人认为查处腐败分子的工作成效很明显或比较明显，87.3%的人对中国未来反腐败取得明显成效有信心。

在劳动关系协调方面，国家加大了工作力度。2015年以来，各地深入贯彻落实《中共中央国务院关于构建和谐劳动关系的意见》和新修订的《劳动合同法》，指导督促企业按规定调整劳务派遣用工比例，做好企业工资分配宏观调控指导，稳慎调整最低工资标准，截至9月底，全国有21个地区调整了最低工资标准，平均增长13.3%。劳动标准管理工作进一步强化，加强了对地方贯彻落实企业职工带薪年休假的指导，规定2015年9月3日放假期间劳动者工作工资计发办法。劳动人事争议调处机制得到进一步完善。各地推动健全专业性劳动争议调解工作机制，推进基层调解工作规范化建设。劳动保障监察执法力度进一步加大，省级劳动保障监察举报投诉案件联动处理机制逐步建立，劳动保障监察“两网化”建设工作取得进展。

社会组织的发展是社会治理现代化建设的一个重要组成部分。2015年，中国社会组织发展加速。前三季度，全国累计有各类社会组织63.8万多个，比上年同期增长11.9%，增速比上年同期提高0.6个百分点。其中，社会团体32万个，同比增长8.1%，增速比上年同期提高0.1个百分点；民办非企业单位31.4万个，同比增长16.7%，增速比上年同期提高1.7个百分点；基金会4553个，同比增长17.7%，增速比上年同期提高0.3个百分点。

二　2015年中国经济社会发展中的挑战和难题

在取得显著成就的同时，2015年的经济社会发展也存在一些值得关注的难题，面临一些需要认真应对的新挑战。需要在认真贯彻落实中央各项发展理念和战略部署的基础上，兼顾国内国际总体形势，全面深化改革，进一步调整经济社会结构，完善社会治理体制机制。

（一）经济发展面临若干风险，增长动力结构调整的基础不够牢固

2015年中国经济运行中存在一些明波暗涌，构成必须予以高度重视的

风险。党的十八届五中全会也着重指出，我们必须做好防风险的工作。2014 年中国一般公共财政收入增长 8.6%。2015 年 1~9 月累计，全国一般公共预算收入 114412 亿元，比上年同期增长 7.6%，同口径增长 5.4%。在地方财政收入中，土地财政收入受到较大挑战，财政部《关于 2014 年中央和地方预算执行情况与 2015 年中央和地方预算草案的报告》预计，2015 年，国有土地使用权出让收入将比 2014 年下降 4.7%，实际可能不止于此，据财政部统计，2015 年 1~2 月，全国国有土地使用权出让收入同比下降 36.2%。另据国家统计局数据，2015 年前 9 个月，全国房地产投资累计增长率逐月下降，即从 2 月份的 10.4% 下降到 9 月份的 2.6%；2014 年 9 月的房地产投资累计额的增长率还有 12.5%。可以预期，2015 年全国财政收入增幅将会远低于 2014 年。2015 年全国股民经历了过山车般的股市变化，其中存在的一个核心问题是场外配资，反映的是中国金融监管中存在的漏洞，亟待加快金融管理体制改革。工业经济增长面临压力。当前中国经济运行正处于结构调整和转型升级“爬坡过坎”的关键阶段，在主动调整的过程中，不仅传统产业去库存、去产能，短期内对工业形成一定下行压力，汽车、手机等部分前期增长较快的行业，也受市场容量限制进入了调整期。统计数据表明，传统制造业、建筑业都面临收缩压力。2015 年前 10 个月，工业增加值的同比增速先从年初的 5.6% 上升到 6 月份的 6.8%，然后逐月下行，到 10 月份降至 5.7%。对外贸易压力不断加大。目前世界经济仍在调整分化，复苏动力不足，世界大宗商品市场、股市、汇市都出现动荡，加剧了中国出口的压力。2015 年 3 月以来，中国进出口总值一直处于负增长态势，尤其是 6 月以来，进出口负增长形势更是逐月加剧，即从 6 月份的 -1.2% 恶化为 10 月份的 -12.1%。

从中国经济增长动力结构来看，消费、投资和出口“三驾马车”的作用发生具有积极意义的重大变化，前三季度最终消费对经济增长的贡献率达到 58.4%，资本形成总额的贡献率为 43.4%，出口的贡献率为 -1.8%，最终消费如人们期待的那样占据主导地位。但是，这种新的动力结构形成的基础并不牢固。一方面，最终消费贡献率的上升是以固定资产投资增速下滑和对外贸易的巨大负增长为代价的，在实体经济亟待转型升级的现阶段，至少大规模投资仍然是非常重要的。另一方面，城乡居民消费品零售总额的增幅也在回落，一旦经济结构调整和产业转型升级进入快车道，至少固定资产投资的增长率和资本形成总额对经济增长的贡献率就都会回升，从而会对最终消费对经济增长的贡献率上升趋势造成冲击。如何真正拉动城乡居民消费就成为必须予以持续重视的关键问题。

（二）劳动就业的潜在压力增强，劳动力素质需要进一步提升

2015 年中国劳动就业总体形势比较稳定，宏观经济下行对就业的影响不显著，但也存在一些潜在的影响，对就业增长形成潜在压力。根据人力资源和社会保障部的城镇劳动力市场监测结果，2014 年前三季度劳动力的供给和需求有增有减，而 2015 年则是每个季度的监测都呈现出减少的结果；与此同时，劳动力供给与需求减少的差异也呈现某种程度的扩大趋势。2015 年第一季度需求人数同比减少 15.7%，供给人数同比减少 15.1%，两者相差 0.6 个百分点；第二季度需求人数同比减少 5.4%，供给人数同比减少 2.7%，两者相差 2.7 个百分点；第三季度需求人数同比减少 9.3%，供给人数同比减少 7.4%，两者相差 1.9 个百分点。总的来看，需求人数减少幅度都大于供给人数减少幅度，长期维持这样一种趋势，近年来因为劳动年龄人口总量增幅回落而形成的相对稳定就业形势，就会受到潜在的威胁。另外，据人力资源和社会保障部估计，2015 年因为城镇化的推进有 300 万农村劳动力转移就业，加上非因城镇化而外出就业的农民工，实际将要转移出来的农村劳动力将远不止 300 万人。中国就业的潜在压力仍然不可小觑。民众对这个问题也有一些感受。2015 年全国综合社会调查结果显示，在调查问卷提供的 15 类备选的重大社会问题中，就业失业问题排在了第五位。

宏观经济下行对就业的苗头性影响还表现其他方面，例如，一部分企业因为开工不足而出现就业人员工作时间减少的现象（这实际上是一种隐性失业现象），在劳动力市场上农业户籍劳动力和初高中文化程度劳动力的失业率上升，等等。这些现象的存在表明，还需要进一步加大劳动力培训工作力度，提升劳动力素质，以适应经济结构调整和产业转型升级的发展需要。

（三）居民收入增长速度有所回落，反贫困问题受到广泛关注

2015年前三季度，按新口径计算的城乡居民人均可支配收入同比名义增速比上年同期的同比名义增速回落1.3个百分点，扣除价格因素后的同比实际增速比上年同期的同比实际增速回落0.5个百分点。其中，城镇居民人均可支配收入的同比名义增速比上年同期的同比名义增速回落0.9个百分点，扣除价格因素后的同比实际增速比上年同期的同比实际增速回落0.1个百分点。农村居民人均可支配收入的同比名义增速比上年同期的同比名义增速回落2.3个百分点，扣除价格因素后同比实际增速比上年同期的同比实际增速回落1.6个百分点。从全年来看，城镇居民人均可支配收入增幅或可与2014年的增幅持平，但农村居民人均实际可支配收入增幅将低于2014年，增幅回落可能超过1个百分点。这种趋势将会影响城乡居民收入差距缩小的进程。实际上，据统计，2013年第三季度城乡居民人均可支配收入之比为2.93∶1，2014年第三季度为2.86∶1，2015年第三季度为2.83∶1，城乡居民收入差距缩小的速度初步呈现放缓之势。农村居民收入增速回落的一个重要原因是粮价下跌。由于国际粮价下行和国内库存积压的双重压力，2015年第三季度以来，中国粮食主产区的玉米、小麦价格均出现不同程度的下跌，其中玉米价格平均同比下跌20%以上，同比最高跌幅达到30%；小麦的价格在9月也经历了一轮大幅下跌；水稻收购价总体稳定，但部分地区也出现了小幅下跌。谷贱伤农，多年未见的“丰产不丰收”问题重现，值得高度关注。

反贫困成为2015年社会各界广泛关注的问题。按照中共中央的战略部署，中国到2020年要全面建成小康社会，现在距离2020年仅剩5年时间。党和国家主要领导人在各种场合反复强调，作为全面建成小康社会的一个不可缺少的组成部分，中国到2020年要全面消除极端贫困现象。按照现行农村贫困线测算，到2014年底，中国农村尚有贫困人口7017万人，贫困发生率为16.6%，而且从以往的反贫困经验看，减贫难度逐年提高，包括产业扶持、转移就业、异地安置等在内的主要减贫路径也面临着诸多挑战。除了农村还存在贫困人口外，在城镇也有规模不小的生活困难人口。据民政部统计，2015年第三季度，全国城市低保救助人口1755.5万人，低保救

助标准全国平均为438.9元/人·月，意味着年收入为5266.8元/人，仅及2014年城镇居民人均可支配收入的18.3%，这也是一个很低的水平，与小康的目标要求有很大的距离。

（四）社会矛盾仍然多发频发，国家和社会治理仍待进一步加强

总的来看，中国社会仍处于矛盾多发频发阶段。从民众的感受来看，潜在的社会矛盾和冲突主要存在于贫富之间以及官员与民众之间。2015年全国综合社会调查数据表明，45.1%的被调查者认为中国贫富人口之间存在严重甚至非常严重的社会冲突，认为官员与民众之间存在比较严重或非常严重的冲突的被调查者也占到37.3%。

劳动关系矛盾有加剧的趋势。据人力资源和社会保障部的统计，2015年前三季度，全国劳动人事争议仲裁机构共立案受理案件60.7万件，涉及劳动者85.2万人，同比增幅分别为16.3%和18.1%。截至9月底，全国各级劳动保障监察机构共查处各类劳动保障违法案件27.5万件，督促用人单位与284.3万个劳动者补签劳动合同，追发劳动者工资等待遇324亿元，涉及劳动者344.8万人。

干群关系问题是国家和社会治理的一个重点领域。2015年，“民告官”的案件与往年相比明显增多。2014年11月1日第十二届全国人民代表大会常务委员会第十一次会议做出《全国人民代表大会常务委员会关于修改〈中华人民共和国行政诉讼法〉的决定》，新修订的行政诉讼法自2015年5月1日起施行，这是2015年“民告官”案件增多的一个诱因，其背后反映的则是社会矛盾在干群关系方面的积累。据统计，一些地方在新修订行政诉讼法生效后的第一个月，法院受理行政诉讼案件数增长率在两位数以上，甚至成倍增长。

此外，因劳动关系冲突、征地拆迁矛盾以及环境污染问题而引发的群体性事件也是多发频发，屡见报道。究其原因，一个重要问题是经济社会发展中存在着一些不够公平公正的现象。根据2015年全国综合社会调查，在全部被调查者中，认为财富和收入分配不太公平甚至非常不公平的占51.2%，认为城乡居民之间的权利和待遇不太公平或非常不公平的占50.3%，认为工作和就业机会分配不太公平或非常不公平的占40.3%，认为养老等方面的社会

保障待遇不太公平或非常不公平的占 33.9%。

三　2016 年中国社会发展态势与政策建议

2015 年党的十八届五中全会通过的《中共中央关于制定国民经济和社会发展第十三个五年规划的建议》系统地明确了未来五年中国经济社会发展的总体目标，即要实现全面建成小康社会，包括经济保持中高速增长、人民生活水平和质量普遍提高、国民素质和社会文明程度显著提高、生态环境质量总体改善、各方面制度更加成熟更加定型五个方面。并且提出，为实现这些目标，必须努力破解发展难题，厚植发展优势，必须牢固树立创新、协调、绿色、开放、共享的发展理念。在 2015 年经济社会发展的基础上，2016 年进入"十三五"规划的开局之年，要贯彻落实这些发展理念，推动经济社会发展向着全面建成小康社会的目标迈进，为"十三五"规划的实施打开一个良好的局面。

（一）继续加快转变经济增长方式，构建新的增长动力

2015 年经济运行面临较大的下行压力，但同时还存在着支撑经济保持中高速增长的力量。充分发挥这些支撑力量的作用，是能够实现国内生产总值 6.5% 以上的年度增长速度的。中国的工业化和城镇化尚未完成，继续推动工业化和以人为本的城镇化是中共中央"十三五"规划建议做出的一个战略部署。中国城乡发展和地区发展不平衡，实现协调发展是必然要求，从 2015 年的情况看，在固定资产投资增长等方面，中西部地区继续走在前面。1～9 月，东部地区投资同比增长 8.6%，中部地区投资同比增长 14.5%，西部地区投资同比增长 8.7%。随着"一带一路"战略的实施，西部地区的后发优势将进一步凸显。中国居民消费结构升级趋势已经形成，与居民消费结构升级相关的旅游、保健、卫生、教育、医疗等行业的增长速度快，增长后劲足。人才储备总量不断增长，每年 700 多万名高校毕业生构成了人才队伍发展的基础，在人口数量红利逐步耗尽之际，人口质量红利必将发挥重大作用。

在这些因素的影响下，2015 年第三季度市场信心提升。9 月，中国制造

业采购经理指数（PMI）回升到49.8%，其中大型企业的PMI为51.1%，生产指数为52.3%，均高于临界点，表明制造业生产继续保持增长，增速有所加快。新订单指数为50.2%，比上月上升0.5个百分点，重回临界点上方，表明制造业市场需求有所改善。特别值得注意的是，非制造业商务活动指数始终保持在53%以上，表明非制造业持续保持平稳增长，市场信心稳定。

转变增长动力结构，不仅要进一步提升消费水平，还要进一步加大创新力度，逐步把以往由要素增长主导的发展动力结构转变为由创新引领的新型动力结构，形成创新红利。中共中央“十三五”规划建议提出，要深入实施创新驱动发展战略，形成大众创业、万众创新的充满活力的新局面。这是2016年以及整个“十三五”时期的根本性发展战略。

（二）全力推动就业创业，消解潜在就业压力

党的十八届五中全会关于“十三五”规划的建议要求，全面建成小康社会，必须坚持就业优先战略，努力实现比较充分的就业。要实施更加积极的就业政策，创造出更多的就业岗位，还要着力解决各种结构性就业矛盾。扩大就业空间，增加就业机会，结合现实情况和已有的经验来看，企业是全社会用工主体，要大力促进各种所有制企业发展，促进非公有制企业做大做强。从2014年中央统战部、全国工商联和国家工商行政管理总局联合实施的全国私营企业抽样调查（以下简称“2014年全国私营企业抽样调查”）的结果看，大中型企业用工总量大，而且更加稳定。在接受调查的5541家企业中，有大型企业435家，中型企业1996家，小微型企业3110家，大型企业、中型企业和小微型企业雇工人数占三类企业总雇工人数的比重分别为52.5%、35.7%和11.8%。在调查年份这些被调查企业的新增就业人员中，大型企业新增员工数占41.5%，中型企业新增员工数占44.1%，小微型企业新增员工数占14.4%。当然，这一结果也意味着，中国小微型企业的发展很不够，远未像一般国际经验所显示的那样成为社会就业主体，因此还要加强对灵活就业、新就业形态（如互联网就业）的支持，促进劳动者自主创业就业，尤其是要进一步落实高校毕业生就业促进和创业引领计划，带动青年就业创业。

要继续大力提高劳动力素质，这是中国在人口数量红利窗口期即将或已经结束的时候开启人口质量红利窗口的关键，也是解决结构性失业问题（这个问题的关键在于劳动力的素质技能状况与用人单位的用人要求之间不匹配）的必由之路。一是要紧跟劳动力市场的需要，下大力气发展各种类型的职业教育，不仅要大力发展职业学校，还要改革普通学校教学结构，引入职业教育的部分内容。二是要加快推行和完善职业技能培训制度，尤其是要为城乡贫困家庭子女、未升学初高中毕业生、农民工、失业人员和转岗职工、退役军人提供日益充分并且负担得起的职业技能培训机会。

（三）努力稳定城乡居民收入增长，全面实施精准扶贫战略

“稳增长”是中共中央十八届五中全会关于“十三五”规划建议提出的一个战略要求。不仅要稳定经济增长，也要稳定城乡居民收入增长。2015年的经济社会发展进一步凸显了最终消费在经济增长动力结构中的主导地位。收入增长是消费增长的决定性因素，居民收入增速放缓，必然带来居民消费增速的回落。相较于上年同期的社会消费品零售总额的实际增速，2015年前三季度社会消费品零售总额实际增速同比回落0.4个百分点。从城乡居民家庭人均生活消费支出看，在从2014年第四季度到2015年第三季度的四个季度中，城镇居民家庭人均生活消费支出同比名义增速分别为8.0%、6.6%、7.6%、7.0%，在波动中下行。农村居民家庭人均生活消费支出同比名义增速分别为12.0%、11.7%、11.5%、10.7%，呈现持续下行的趋势，与同期农村居民人均可支配收入的同比增速变动趋势一致。因此稳定居民收入增长速度，是2016年收入分配政策需要重点关注的问题。尤其要关注农村居民收入增速的稳定问题，其中一个重要方面是要采取措施稳定粮价。中央的“十三五”规划建议提出试行耕地轮作、休耕，在国际粮价下降和国家粮食库存压力较大的情况下，不失为一项应对措施，但2016年可能也只是会在部分地区尤其是地下水漏斗区和重金属污染区启动试点，对调节全国粮食生产的作用还不会很显著。还要加大农业生产补助力度并进一步完善补助执行机制，完善国家粮食收购制度。

要继续推进收入分配结构的调整和利益关系的调节，不仅要加快缩小城乡居民收入差距，还要加快缩小不同社会群体和阶层之间的收入差距，

不断扩大中等收入者群体的规模。目前，全社会的收入差距问题仍然是受到广泛关注的问题。2015 年全国综合社会调查结果显示，在 15 类备选的重大社会问题中选择收入差距过大和贫富分化问题作为当前最重大社会问题的被调查者所占比重排在第三位，而认为贫富之间存在比较严重或者非常严重的冲突的被调查者所占比重则位居第一。

总结以往反贫困工作的经验，中央正式提出精准扶贫的战略，并且提出要从产业扶持、转移就业、异地搬迁和社会保障托底四条主要路径入手，把精准扶贫工作推向深入。应该说，社会保障托底只是最后手段，主要针对那些自身能力比较欠缺、只有得到国家和社会的帮助才能走出贫困的扶贫对象，并且一般只能使他们从物质上初步或暂时摆脱贫困。从长远的角度考虑，还要根据他们的具体情况帮助他们进行能力建设，逐步形成自我发展的能力。同时，还要注意到，产业扶持、转移就业和异地搬迁等措施在以往的扶贫实践中也存在一些问题，特别是瞄准偏差问题比较普遍，因此在实施产业扶持政策时一定要深刻理解和严格遵循精准原则。通过转移就业进行扶贫的关键，则在于扶贫对象的能力建设，而不只是简单地给他们安排一个工作，要加大贫困劳动力的职业技能培训工作力度，使他们的转移就业可持续。在实施异地搬迁时，要充分尊重扶贫对象自身意愿，要关注他们搬迁以后在迁入地的社会融入需要（如果是整村搬迁，还有一个社会重建需要），同时也要充分满足他们的职业技能培训需要。

（四）加快发展社会事业，进一步推进社会保障体系建设

全面建成小康社会，需要社会事业的充分发展，尤其是教育事业和医疗卫生事业的发展。2015 年国家投入医疗卫生事业发展的力度有所加大，但目前城乡居民“看病难、看病贵”的问题仍然严重。根据 2015 年全国综合社会调查，有 51.4% 的被调查者认为“看病难、看病贵”是当前中国最重大的社会问题，排在第一位。近年来，国家为了解决“看病难、看病贵”的问题，启动了基层医疗机构改革、基本药物制度改革以及公立医院改革等重大改革，但由于长期积累下来的资源配置格局和医疗卫生事业激励制度安排问题，改革工作在政府（公益）与市场（激励）之间艰难徘徊，成效不明显。未来的工作方向，综合来看，除了继续深化这些方面的改革之

外，还要深化医保支付制度改革，要大力发展非公立医疗卫生机构，增加多样化的医疗卫生服务供给，在“体制内”解决不了的问题，交由“体制外”力量解决，从而反过来带动“体制内”问题的解决。

教育事业的发展在近年来成效显著，但当前需要解决的问题也很多。高考制度改革引发了关注和讨论，但改革的关键可能并不是高考等招生制度的改革，而是教学制度和课程体系的改革。现行高考制度在广大人民群众中还是得到高度认可的。根据2015年全国综合社会调查的初步结果，认为现行高考制度比较公平或非常公平的被调查者所占比重高达74.1%，高居榜首。而认为其不太公平或非常不公平的被调查者仅占14.0%，排在末位。高等教育改革的重点是促使教学制度和课程安排更好地适应劳动力市场的需要。发展中等教育尤其是高中阶段教育，是今后中国教育事业发展的重点领域。中央关于“十三五”规划的建议提出，从全面建成小康社会的目标要求出发，要普及高中教育。这是教育事业发展的一项重大决策。2010年发布的《国家中长期教育改革和发展规划纲要（2010～2020年）》提出，高中阶段教育普及的目标是，到2020年，全国高中阶段毛入学率达到90%。中国目前已经具备普及高中阶段教育的基础。据统计，2014年，中国高中阶段毛入学率已经达到86%，距离90%的目标值还差4个百分点。如果算上2015年，总共有6年时间，平均每年需要提高毛入学率不到0.7个百分点，因此数量的扩张并不是普及高中阶段教育的关键，重要的是提升高中阶段教育的质量，尤其要高度重视更加合理地在城乡之间和地区之间配置相关教育资源，以及根据高等教育发展的需要和劳动力市场的需要，合理规划普通高中教育和高中阶段职业教育。

2015年社会保障体系建设已经取得很好的成效，但与全面建成小康社会的战略要求相比还有较大距离。各项主要社会保险的覆盖率要进一步提高，特别是要提高基本养老保险和基本医疗保险覆盖率，要加快迈向覆盖全民目标的进程。从2015年全国综合社会调查数据看，基本养老保险和基本医疗保险的覆盖率都不到50%。农民工社会保险覆盖率更低。从用人单位看，要特别加强内资非公有制企业的社会保险体系建设工作。2015年全国私营企业抽样调查结果显示，在全部被调查企业中，只有67.8%的企业明确承认为其员工缴交了一定数额的社会保险费。继续合理提高社会保障待遇水平也是今后社会保障体系建设的一项重要工作。此外，社会救助也是社会保障体系建设的重要组成部分，目前大体实现了应保尽保的目标，但救助水平偏低仍然是一个突出问题，尤其是对于那些因为各种原因丧失劳动力的城乡低保人员，已经不存在因为低保依赖而不积极就业的问题，应当合理提高他们的救助水平。要改革最低生活保障救助制度，根据救助对象的年龄、体能和技能情况设置不同的救助水平档次，实现低保救助的精准化，做到既救助了需要救助的人，又不造成所谓的福利依赖。要扩大各种临时救助的规模和范围，为规模不低于现有低保对象群体的城乡低保边缘群体提供帮助。

（五）加快国家和社会治理现代化进程，促进社会整体和谐稳定

继续加大从严治党和反腐败工作力度，坚持把权力关在法治的笼子里，始终保持对腐败分子的高压态势，不断减少腐败存量，严厉遏制腐败增量，建设一个清正廉洁的政府，是国家治理现代化建设的重要目标，也是广大人民群众的期盼。要加快政府职能转变，建设高效的服务型政府，加强和改善党群关系、干群关系，最大限度地减少和化解干群矛盾，是促进社会和谐稳定的首要任务。

中央关于“十三五”规划的建议提出，在“十三五”期间，要建立和谐劳动关系，维护职工和企业合法权益。建立和谐劳动关系的主战场在企业，重点又在非公有制企业。要加快建设和完善劳资协商以及三方协商体制机制，推动集体协商。要加大企业签订劳动合同相关工作力度，提高劳动合同签订率，推动企业实施集体劳动合同制度。根据2014年全国私营企业抽样调查结果，在全部被调查企业中，只有68.3%的企业与员工签订了劳动合同，覆盖这些企业72.8%的员工。集体劳动合同的普及率更低，仅为13.9%。要严格劳动合同的执行，逐步杜绝各种损害劳动者利益的现象（尤其是拖欠工资现象）。

要建立健全社会矛盾冲突预警监控体制机制，预防和化解社会矛盾冲突，减少群体性事件（包括网络群体性事件）的发生和已经发生的群体性事件所造成的损失。树立现代社会治理理念，把现代社会治理体制机制建设放在更加广泛的社会基础上，现代社会治理追求的不只是社会治安，更

是整个社会的自我发展和自我治理，是自上而下与自下而上两种机制有机结合的社会建设发展过程，在党的领导下，既要注重发挥好政府的社会治理职能，又要调动社会（包括广大社会成员以及各种社会组织）广泛参与的积极性。

2016年，作为“十三五”规划实施的开局之年，在党的坚强领导下，在中央“十三五”规划建议提出的各项发展战略的引领下，全面建成小康社会的工作必将取得显著进展。

主要参考文献

《国家统计局新闻发言人就2015年前三季度国民经济运行情况答记者问》，http://www.stats.gov.cn/tjsj/sjjd/201510/t20151019_1258043.html。

民政部：《社会服务统计季报（2015年第3季度）》，http://files2.mca.gov.cn/www/201510/20151027154202430.htm。

人力资源和社会保障部：《人力资源和社会保障部2015年第三季度新闻发布会》（文字实录），http://www.china.com.cn/zhibo/2015-10/27/content_36875672.htm。

中国人力资源市场信息监测中心：《2015年第一季度部分城市公共就业服务机构市场供求状况分析》，http://www.mohrss.gov.cn/SYrlzyhshbzb/ldbk/jiuye/JYzonghe/201504/t20150420_156598.htm。

中国人力资源市场信息监测中心：《2015年第二季度部分城市公共就业服务机构市场供求状况分析》，http://www.mohrss.gov.cn/SYrlzyhshbzb/ldbk/jiuye/renliziyuanshichang/201507/t20150715_214874.htm。

中国人力资源市场信息监测中心：《2015年第三季度部分城市公共就业服务机构市场供求状况分析》，http://www.lm.gov.cn/EmploymentServices/content/2015-10/19/content_1115208_2.htm。

《中共中央关于制定国民经济和社会发展第十三个五年规划的建议》，新华社，11月3日。

扩大中等收入群体　建设现代橄榄形社会*

——2016～2017年中国社会形势分析与预测

2016 年是中国经济社会发展第十三个五年规划的开局之年。按照中共十八届五中全会提出的“创新、协调、绿色、开放、共享”五大发展理念和稳增长、调结构、转方式、补短板、惠民生的战略部署，中国经济总体保持平稳，经济结构进一步调整，经济增长质量有所提升。社会发展形势向好，民生继续得到改善。在国内生产总值增长率相比上年同期微幅下降的同时，劳动就业总体形势好于预期。城乡居民收入增长基本与经济增长同步，城乡居民消费增长略高于同期收入增长，最终消费对经济增长的贡献显著增大；国家财政支出继续向民生和社会发展事业倾斜，社会保障体系进一步完善。社会结构现代化进程继续推进，中等收入群体规模不断扩大，中国社会发展进入加快建设现代橄榄形社会的新阶段。

一　2016 年中国经济社会发展总体形势

2016 年，全球经济仍然复杂多变，国际油价波动下行，国际汇率变动无常，全球经济的不确定性持续增大。在这种情况下，中国经济总体形势仍然保持平稳，并且呈现稳中有进、稳中提质、好于预期的态势。经济结构继续调整升级，去产能、去库存、去杠杆、降成本、补短板初见成效。服务业继续保持快速发展态势，工业向中高端发展，高技术产业增加值和装备制造业增加值更快增长。公共财政收入增速继续下降，低于国内生产总值增速，但高于年初预期水平，同时国家继续实施积极的财政政策，财政预算支出和实际支出仍然保持较快增长，社会发展领域的财政预算支出

* 陈光金执笔。

和实际支出的增长更加突出。全国劳动就业形势好于预期，调查失业率维持较低水平，劳动关系协调工作取得进展，部分地区继续提高最低工资水平。居民收入的平均增长低于上年同期水平，但城乡居民收入差距继续微幅收缩；居民消费增长潜力得到进一步释放，城乡居民消费平均增长速度略高于收入的平均增长速度，社会总消费对经济增长的拉动作用更加突出。社会保障制度进一步完善，城乡医保整合工作取得显著进展，促进了社会公平。社会秩序和社会安全形势继续好转，社会和谐稳定状况在经济增速下行的情况下保持良好态势。

（一）国民经济平稳增长，经济质量得到提升

2016 年，全国各地区各部门贯彻落实党的十八届五中全会提出的“创新、协调、绿色、开放、共享”五大发展理念和稳增长、促改革、转方式、补短板、惠民生的战略部署，积极适应引领新常态，坚持稳中求进的工作总基调，推进供给侧结构性改革，适度扩大总需求，加快培育经济增长的新动能，国民经济运行形势总体平稳，在平稳中推动经济发展，提升经济质量，经济增长好于预期。据国家有关部门初步核算，1～9 月，中国国内生产总值达到 529971 亿元，按可比价格计算，同比增长 6.7%，略低于上年同期的同比增长速度，但本年度经济运行的稳定性呈现增强态势，从环比增长情况看，2015 年前三个季度分别为 1.6%、1.9%、1.7%，2016 年分别为 1.2%、1.9%、1.8%。更加重要的是，经济增长质量得到提升。

全国 PPI 降幅不断收窄，在连续 54 个月同比持续下降之后，到 9 月份首次由负转正，表明中国工业领域供求关系有了重要变化。供给侧结构性改革取得积极进展。前三季度原煤产量同比下降 10.5%，到 8 月规模以上工业企业成品存货连续 5 个月同比下降，到 9 月末商品房待售面积连续 7 个月减少，在环境保护、农林水和基础设施等以往处于“短板”状况的领域投资较快增长。产业结构继续升级，1～9 月份，服务业增加值占 GDP 的比重为 52.8%，比上年同期提高 1.6 个百分点；在整个服务业中，与民生改善相关的旅游、文化、体育、健康、养老所谓“五大幸福产业”快速发展，据 1～8 月规模以上服务业企业调查，旅游服务业营业收入同比增长 7.5%，文化及相关产业服务业同比增长 14.7%，体育服务业同比增长 30.7%，健

康服务业同比增长 16.9%，养老服务业同比增长 17.7%。工业领域高技术产业和装备制造业的投资需求扩大。1～9 月，其增加值的增速分别比规模以上工业增加值的增速快 4.6 和 3.1 个百分点，呈现向中高端领域转移的态势。以新产业、新技术、新业态、新模式、新产品、新服务为代表的新经济快速增长，战略性新兴产业、高技术产业保持 10% 以上的增长速度，网上零售额累计增长 26.1%，新能源汽车销售额累计增长 83.7%。

全国固定资产投资增长率相比上年同期有所回落，但仍处于较高水平。据统计，1～9 月，全国固定资产投资（不含农户）同比名义增长 8.2%，扣除价格因素影响后实际增长 9.5%，并且从月度统计结果看呈现增速加快态势。投资来源结构继续调整，分所有制看，民间新增投资规模远超国有控股新增投资规模。1～9 月，国有控股投资 151617 亿元，民间投资 261934 亿元，后者是前者的 1.73 倍，在全国固定资产新增投资总额中后者占到 61.4%。分产业来看，第一产业和第三产业固定资产投资增速明显快于第二产业增速。1～9 月，第一产业投资 13402 亿元，同比增长 21.8%；第二产业投资 167497 亿元，同比增长 3.3%；第三产业投资 246008 亿元，同比增长 11.1%，其中基础设施投资 83245 亿元，同比增长 19.4%；三次产业固定资产新增投资总额之比为 1∶12.5∶18.4（以第一产业为 1）。

（二）国家财政收入增长好于预期，财政支出继续向民生和社会发展倾斜

鉴于全国经济增长下行压力持续存在以及政策性降税减税等减收性因素的影响，年初出台的国家一般预算收入增幅仅为 3.3%。随着国民经济运行形势呈现出总体平稳和稳中求进的态势，国家财政收入增长明显好于预期。据统计，2016 年 1～9 月，全国一般公共预算收入 121400 亿元，同比增长 5.9%。其中，中央一般公共预算收入 54628 亿元，同比增长 4.4%，同口径增长 1.5%；地方一般公共预算本级收入 66772 亿元，同比增长 7.2%，同口径增长 9.8%。全国一般公共预算收入中税收收入 100881 亿元，同比增长 6.6%。

财政支出继续向民生和社会发展领域倾斜。从年初国家财政支出预算情况看，对社会保障和救助、住房保障、扶贫攻坚等民生领域的支出受到

特别重视，在社会保障和救助、企业和机关事业单位退休人员养老金、医药卫生、脱贫攻坚、保障性安居工程等方面，中央财政支出预算都呈现两位数的增长态势。

从实际财政支出看，社会发展领域财政支出增长显著。据统计，1～10月，全国公共财政的教育支出 21395 亿元，增长 11.4%；社会保障和就业支出 17801 亿元，增长 12.8%；医疗卫生与计划生育支出 10792 亿元，增长 18.4%；城乡社区支出 16546 亿元，增长 27.4%；住房保障支出 5143 亿元，增长 18.4%。

（三）劳动就业稳定增长，劳动关系调节取得进展

2016 年全国劳动就业形势同样好于预期。根据有关部门对全国主要劳动力市场的监测调查，劳动力的需求继续略大于劳动供给，这是劳动就业形势向好的重要表现。据统计，1～9 月，城镇新增就业 1067 万人，提前完成全年预期目标。城镇失业人员再就业 426 万人；就业困难人员实现就业 125 万人，超额完成全年 120 万人的目标任务。在劳动就业总体形势平稳增长的情况下，失业率也处于较低水平，据有关部门对 31 个大城市的调查，9 月份城镇调查失业率低于 5%，是 2013 年以来的最低水平。高校毕业生有 765 万人，创历史新高，加上中职毕业生，两项新增就业人数达 1200 多万人。国家采取多方措施，拓宽就业渠道，确保本年度高校毕业生就业水平稳定。据有关机构调查，大多数高校毕业生就业心态乐观，并且继续放低就业待遇期望，期望月薪平均值低于 5000 元。

在经济增长速度继续下行的情况下，劳动就业形势好于预期，原因是多方面的。总的来讲，中国经济增长速度保持在中高速区间，经济规模持续扩大，经济增长拉动就业的能力相对增强。产业结构不断优化，第三产业增加值占 GDP 的比重不断上升，为劳动就业增长和就业质量提高提供了空间和机遇。从国际经验看，第三产业的就业带动能力要比第二产业高出 20% 左右。还要注意到，近年来，国家持续推进简政放权的改革，鼓励"大众创业、万众创新"的一系列政策措施密集出台，对于促进劳动就业也是利好因素。据统计，2016 年 1～9 月，全国新登记注册企业 400 多万户，平均每日新登记企业 1.46 万户，与上年同期相比每日新增企业 2000 户，尽

管它们多数是中小微型企业，但将对劳动就业产生显著的拉动作用。此外，劳动年龄人口的总量和占总人口的比重都在持续下降，农村外出劳动力增幅也在下降，一定程度上减轻了城镇就业压力。据统计，7～9月份，农村外出务工劳动力总量17649万人，同比增加95万人，增幅仅为0.5%。最后，国家近年来密集出台的各项就业创业促进政策，开始发挥实际的就业促进效应，降低了经济增速下行对劳动就业的不利影响。

劳动关系协调取得进展。截至2016年9月底，全国共有辽宁、江苏、重庆、上海等9个地区调整了最低工资标准，平均增幅10.7%。与此同时，全国劳动人事争议调处机制不断完善，劳动保障监察执法制度建设进一步加强，制定出台了企业劳动保障守法诚信等级评价办法和重大劳动保障违法行为社会公布办法，将劳动用工、工资支付情况作为企业诚信评价的重要依据，实行分类分级动态监管。截至9月底，全国各级劳动保障监察机构共查处各类劳动保障违法案件24.3万件，主动检查用人单位140.1万户，督促用人单位与160.1万名劳动者补签劳动合同，追发劳动者工资等待遇286.2亿元。

（四）城乡居民收入继续增长，中等收入群体规模较快扩张

城乡居民收入增长出现新的态势。总的来说，城乡居民收入继续增长，但同比增速明显下降。1～9月，全国居民人均可支配收入累计17735元，同比名义增长8.4%，扣除价格因素影响后实际增长6.3%。分常住地看，城镇居民人均可支配收入25337元，同比名义增长7.8%，扣除价格因素影响后实际增长5.7%；农村居民人均可支配收入8998元，同比名义增长8.4%，扣除价格因素影响后实际增长6.5%。城乡居民收入差距继续缩小，城镇居民人均可支配收入是农村居民人均可支配收入的2.82倍，比上年同期缩小0.01倍。

应当注意的是，中国社会的收入差距并不仅仅表现在城乡居民收入差距一个维度上，行业差距、地区差距以及社会成员差距都对总体的收入差距有重要影响。总的来说，这些方面的收入差距近年来也在不断缩小，加上国家对低收入和贫困人口的转移支付力度逐年加大，并且努力缩小不同社会阶层和群体间的转移性收入的差距，中国社会的总体收入差距从2009

年以来不断缩小，全国居民收入分配基尼系数从2008年的0.491下降到2015年的0.462。收入分配差距缩小，从社会阶层结构上来说，意味着中等收入群体规模的扩大。

如何界定中等收入群体，在国际上都是一个重大的理论和实践问题。如果把家庭人均收入在城乡居民家庭人均可支配收入中位数的75%以下、75%～125%、125%～200%和200%以上，分别作为界定低收入群体、中低收入群体、中高收入群体和高收入群体的标准①，利用中国社会科学院社会学研究所2015年开展的全国社会状况综合调查（CSS2015）数据来测算结果显示，在所有被调查户中，不包括未提供家庭收入信息的被调查户，2014年低收入群体占39.9%，中低收入群体占18.9%，中高收入群体占18.5%，高收入群体占22.8%，若把中低收入群体与中高收入群体合并成中等收入群体，则中等收入群体所占比重为37.4%。

（五）居民消费物价水平略有回升，人民生活消费继续扩张

2016年中国居民消费物价指数总体上有所回升。据统计，1～9月，居民消费价格同比上涨2.0%，比上年同期消费物价指数提高大约0.6个百分点，但总体还在可接受的水平上。同期，城镇居民消费价格涨幅为2.0%，农村消费价格涨幅为1.8%；食品价格涨幅为4.8%，非食品为1.3%。在食品中，鲜菜的价格涨幅为12.3%，畜肉类为12.4%，猪肉涨幅尤其大，达到21.2%（10月份有所回落）。

同期，全社会消费品零售总额238482亿元，同比名义增长10.4%，扣除价格因素实际增长9.8%，相比上年同期回落0.6个百分点。从零售消费品分类增长情况看，属于消费升级类的商品零售额增长较快，与文化、教育、养老、健康、保健等相关的产品服务的消费也持续增长。另外，在作为新业态的互联网零售业的发展方面，1～9月全国网上零售额34651亿元，同比增长26.1%。消费拉动经济增长的作用加速增强，1～9月，消费对经济增长的贡献率达到71%，比2015年同期增加13.3个百分点，比2014年同期

① 此一界定标准为中国社会科学院社会学研究所“中俄社会变迁比较研究”课题组与俄罗斯科学院社会学研究所研究人员共同研究确定的相对标准。这里予以借用，特此感谢。

增加 21.9 个百分点；资本形成的贡献率为 36.8%，同比略有下降；净出口对经济增长的负贡献率继续提高，达到 -7.8%，而上年同期仅为 -1.8%。

城乡居民的消费同样继续增长。1～9 月，全国居民人均生活消费支出 12247 元，比上年同期增长 6.4%。其中，城镇居民家庭人均生活消费支出 16797 元，同比增长 5.3%；农村居民家庭人均生活消费支出 7017 元，同比增长 8.2%。农村居民生活消费支出增速快于其收入增速和城镇居民家庭人均生活消费支出增速，而城镇居民家庭人均生活消费支出增速则继续慢于其家庭人均收入增速，这一趋势延续了近 5 年时间，表明现阶段确实是农村居民消费较快增长时期。

（六）社会保障和救助体系更加完善，教育和医疗卫生事业稳步发展

2016 年，中国社会保险覆盖范围持续扩大，截至 9 月底，全国基本养老、基本医疗、失业、工伤、生育保险参保人数分别为 8.71 亿人、6.98 亿人、1.78 亿人、2.16 亿人、1.82 亿人，分别比上年底增加 1225 万人、3247 万人、506 万人、187 万人、397 万人。城乡居民基本医疗保险制度整合工作取得进展。年初国务院下发《关于整合城乡居民基本医疗保险制度的意见》，其后全国已有 20 个省份出台了整合制度相关文件，这一举措有利于解决医保制度碎片化问题，促进社会公平和人员流动，增进人民福祉。社会保险待遇稳步改善，全国 1 亿多企业和机关事业单位退休人员待遇增加，部分地区城乡居民养老保险基础养老金标准得到提高。最低生活保障水平随着经济社会发展而继续提升，第三季度，全国城镇居民最低生活保障平均标准为 486.2 元/（人·月），支出水平为 322.9 元/（人·月），同比名义增长率分别为 10.8% 和 9.3%，快于同期城镇居民人均可支配收入增长率；农村平均标准为 301.0 元/（人·年），支出水平为 295.3 元/（人·月），同比名义增长率分别为 17.8% 和 15.9%，既显著高于同期农村居民人均可支配收入增长率，也显著高于同期城镇低保水平增长率，为缩小城乡居民收入差距做出了贡献。精准扶贫、精准脱贫工作取得成效，国家对扶贫事业加大投资力度，2016 年中央财政预算安排拨付财政扶贫资金 660.95 亿元，比上年增加 200 亿元。

中国教育事业的发展，从若干数量指标来看，已经达到或超过世界中上收入国家的水平。目前，全国学前教育毛入学率为75%，达到世界中上收入国家平均水平；小学净入学率99.9%，初中毛入学率为104%，九年义务教育普及率超过世界高收入国家平均水平；高中阶段毛入学率为87%，高等教育毛入学率为40%，均高于世界中上收入国家平均水平。

中国医疗卫生体制改革继续深化，分级诊疗和公立医院改革是2016年医改重点，改革内容和目标更为明确，考核更为严格。在此基础上，国家启动以"三医联动"的系统化改革为主题的改革新思路。国家财政对医疗卫生事业的投入力度加大，城乡居民医保的人均政府补助标准提高到420元；全国新增100个公立医院试点城市，中央财政对每个新增试点城市按照2000万元的标准予以一次性补助，对所有试点城市有公立医院的市辖区按照每个100万元的标准给予补助；人均基本公共卫生服务经费财政补助标准提高到45元，中央财政安排城乡医疗救助补助资金达到160亿元。这样，中国的"看病难"问题得到缓解。

（七）妇女儿童发展事业成就巨大，社会公益事业和社会组织继续进步

2011年，国务院颁布《中国儿童发展纲要（2011～2020年）》（以下简称《纲要》）。五年来《纲要》实施总体进展顺利，在可监测的33项重点统计指标中，有31项指标提前实现《纲要》目标，总达标率达到93.9%。2015年，婴儿死亡率为8.1‰，五岁以下儿童死亡率为10.7‰，分别比2010年下降5个和5.7个千分点，儿童的生命质量持续提高。农村义务教育学生营养改善计划实施五年来，中央财政累计安排资金1591亿元，为699个国家连片特困地区县农村义务教育学生提供营养膳食补助，标准为每生每天4元。

2011年，国务院还颁布了《中国妇女发展纲要（2011～2020年）》（以下简称《纲要》）。五年来，《纲要》实施总体进展顺利，在可监测的54项重点统计指标中，有44项指标提前实现或基本实现《纲要》目标，总达标率81.5%。2015年，孕产妇死亡率为20.1/10万，比2010年降低近10个十万分点，并且已经基本消除全国孕产妇死亡率的城乡差距。在教育方面，性别差距基本消除。2015年，高等教育在校生中女研究生占全部研究生的

49.7%；普通本专科女生占全部本专科在校生的52.4%，成人本专科女生占56.9%。在劳动参与方面，2015年全国女性就业人员占全社会就业人员的比例为42.9%，超过《纲要》规定40%的目标；女性公务员比例不断提高，2015年中央机关及其直属机构新录用的女公务员占录用总人数的51.9%，地方新录用公务员中女性占总人数的比例达到44.1%。

民众的社会公益意识不断增强，社会公益事业参与次数不断增加。2016年前三季度，国家民政部门直接接受和由其他部门转交的社会捐款总计49.1亿元。社会自我组织化程度继续提高，社会组织继续增长，但与上年同期增速相比有所回落。2016年前三季度，全国有社会团体32.8万个，民办非企业单位34.2万个，基金会5204个，总计67.5万多个，分别比上年同期增长2.5%、8.9%、14.8%和5.6%。

二 2016年中国经济社会发展的挑战和难题

2016年的经济社会发展形势，就其本身而言总体上是好于预期的，但无论是从外部环境看，还是从内部的结构和质量方面看，仍旧面临不少挑战和难题。整个国民经济仍处在转型升级、动能转换的关键阶段，国内因素和国际因素相互影响，不稳定、不确定因素仍然较多，经济持续发展的基础尚不牢固。经济增长从要素驱动向创新驱动的转变亟待加速推进，民间投资增长速度显著下降，亟须深化市场化的改革。推动供给侧结构性改革，更加需要加大力度促进劳动就业和劳动关系的协调有机结合。农业生产相对于上年度呈现更加显著的下行趋势，需要继续深化农村土地制度改革，加快推进农业现代化建设。居民收入和消费支出的增速双双下滑，稳定居民收入增长、继续推动收入差距缩小成为更加紧迫的任务。社会保障制度体系的系统整合和医疗卫生体制的深度改革仍然任重道远，克服地区间经济社会发展不平衡是根本条件。中等收入群体规模扩张面临城乡之间和地区之间不平衡的挑战，需要进一步促进城乡和地区协调发展，促进共享发展。社会秩序、食品药品安全和环境安全形势有喜有忧，需要继续加大社会治理和环境治理力度。

（一）民间固定资产投资增速显著下降，大宗农产品普遍出现负增长

2016年，消费拉动经济增长的贡献率，以超乎寻常的幅度提高，即从2015年1~9月的58.4%猛增到2016年1~9月的71%。实际上，2015年前三季度全社会消费品零售总额的实际增幅为10.4%，2016年同期的实际增幅为9.8%，后者低于前者0.6个百分点。因此，除了其本身的实际增长外，导致其对经济增长的贡献幅度猛增的因素，首先是经济增长速度本身的下滑，其次是新增投资的增长速度下降和净出口的负增长。出口的负增长主要是全球经济形势所致，而投资增速下滑的重要原因则是民间固定资产投资增速显著下降。2016年前三季度，民间固定资产投资增速仅为2.5%，比2015年同期增速低了9.6个百分点；比较而言，2016年前三季度国有控股固定资产投资增长21.1%，也比2015年同期增速高出9.7个百分点。但由于民间固定资产投资份额远远多于国有控股固定资产投资份额，所以民间固定资产投资的迅猛下降，决定了2016年资本形成对GDP增长的贡献率继续下降，即从2015年前三季度的43.4%下降到2016年前三季度的36.8%，降幅达6.6个百分点。可见，如果民间固定资产投资增速能够保持上年同期水平甚至有所加快，则消费对经济增长的贡献率便不可能有如此迅猛的提升。

2016年的农业生产从长时段来看仍然是丰收的，全国夏粮总产量13926万吨，是历史上的第二高产年；秋粮也将丰收。但相对于2015年来说，2016年全国农业生产仍在多个方面出现不同程度的下行趋势。2016年夏粮产量同比下降1.2%（2015年同期则增长3.3%），其中早稻产量同比下降2.7%（2015年同期下降0.9%）。肉类生产形势更加不容乐观。前三季度，全国猪牛羊禽肉同比减产1.1%，其中猪肉同比减产3.6%，生猪存栏数同比减少3.4%，生猪出栏数同比减少3.7%。与此同时，中国农业生产还受到来自价格明显高于国际市场价格的“倒挂”现象的压力，这是2016年以来中国粮食安全中出现的突出问题。这就带来一个两难问题。一方面，当国外粮食价格比国内低时，中国不能进口太多粮食，否则将会打压国内农民生产的积极性，损害农民利益；另一方面，尽管国内粮食库存量大，但

中国难以大批量出口粮食，否则需要付出巨额价差补贴。

（二）全方位自主创新亟待加速推进，劳动力市场用人需求与供给侧结构性改革目标不尽协调

供给侧结构性改革要求去产能、去库存、去杠杆、补短板、降成本，这“三去一补一降”都需要加速推进自主创新，尤其是自主技术创新，从而使得国民经济增长从主要依靠要素驱动转向主要依靠创新驱动。长期以来，中国的技术进步更多地来源于对国外技术的引进和吸收，自主创新能力相对薄弱。然而，随着国民经济的发展，中国作为发展中国家所具有的后发优势逐渐弱化，技术引进和吸收对经济增长的推动逐渐减弱。据研究，技术进步的速度在逐年递减，其对全要素生产率（TFP）的贡献率也在下降。相应地，TFP 对经济增长的贡献远远小于生产要素投入对经济增长的贡献，后者的贡献率在一般年份都超过 75%。在实际实施“三去一补一降”战略的过程中，运作方式上急于求成以致过于简单化；对于调结构、转方式，一些地方简单地认为就是减少传统的尤其是劳动密集型的产业，转向中高端产业。作为一个人口大国和人力资源大国，在全球化的时代背景下，中国需要体系比较完整的产业结构，这就要求全方位地推进自主创新，通过自主创新来发展中高端产业，同时提升传统的、中低端的、劳动密集型的产业的效率和质量。

供给侧结构性改革对劳动就业产生了值得重视的影响。从有关部门对全国主要城市劳动力市场的监测调查结果看，尽管三个季度都存在需求略大于供给的情况，亦即求人倍率超过 1，但相比上年同期，出现一些重要趋势。一是上半年求人倍率的同比和环比都呈下降趋势，第三季度略有回升。一季度的求人倍率比上年同期和上季度分别减少 0.05 和 0.03，二季度的求人倍率比上年同期和上季度分别下降了 0.01 和 0.02，三季度的求人倍率比上年同期和上季度分别上升了 0.01 和 0.05，同比总体上是下降趋势。二是岗位空缺数和市场求职人数均呈下降趋势，但岗位空缺数的减少总体上要大于求职人数的减少。与上年同期相比，一季度的岗位空缺数减少和求职人数分别减少 22.9 万人和 0.5 万人，各自下降 4.5% 和 0.1%；二季度分别减少 50.8 万人和 45.3 万人，各自下降 9.5% 和 9%；三季度分别减少 29.5

万人和29.7万人，各自下降了6.1%和6.8%。三是总体上无专业技能和专业技术职称的非熟练劳动力的市场求人倍率低于1，而在具备一定职业技能或技术职称的求职者中，具有一定职业技能的熟练劳动力的市场需求呈增长趋势，而具有专业技术职称的求职者的市场需求则总体呈下降趋势。一季度，与上年同期相比，对高级技师和技师的用人需求有所增长，增长率分别为23.4%和2.2%，对其他各类技术等级的用人需求均有所减少，对初级、中级、高级专业技术职称的用人需求则分别减少4.4%、9.5%和5.0%；二季度，对高级技师的用人需求增长18.9%，对其他各技术等级的用人需求均有所减少，对初级、中级、高级专业技术职称的用人需求分别减少14.2%、13.6%和3.0%；三季度，对高级技师和技师的用人需求有所增长，增长率分别为21.5%和1.4%，对其他各类技术等级的用人需求均有所减少，对初级、中级、高级专业技术职称的用人需求分别减少14.9%、11.9%和7.2%。可见，劳动力就业的结构性矛盾比以往更加突出；而对作为自主创新重要力量的专业技术人员的用人需求下降，也与宏观经济政策调整方向不一致。

（三）城乡居民收入增速双双下降，缩小收入差距的难度加大

与经济增长下行相呼应，2016年城乡居民人均可支配收入增速同比双双下降。前三季度，城乡居民人均可支配收入的增速比上年同期降低1.4个百分点，其中城镇居民和农村居民的人均可支配收入增速相比上年同期分别下降1.1个百分点和2.6个百分点；并且，与本年度同期GDP增速相比，城乡居民人均可支配收入、城镇居民人均可支配收入和农村居民可支配收入的增速分别低了0.4个、1.0个和0.2个百分点。另外，本年度城乡居民人均可支配收入差距的缩小幅度，仅及上年同期缩小幅度的1/3，表明缩小城乡收入差距的难度加大。这种趋势不利于扩大中等收入群体规模。

从扩大中等收入群体规模、建设现代橄榄形社会的时代要求看，城乡之间和地区之间的不平衡也是一个重要的不利因素。利用CSS2015的数据进行分析的结果显示，城镇居民中的中低收入群体占18.9%，中高收入群体占23.1%，而农村居民中的这两个占比分别为18.8%和12.9%，城乡居民中的中低收入群体所占比重差距很小，但城镇居民中的中高收入群体所

占比重比农村居民中的相应比重高出 10.2 个百分点，差距显著；另外，农村居民和城镇居民中的低收入群体所占比重分别为 58.4% 和 24.4%，高收入群体所占比重分别为 9.9% 和 33.6%。分地区来看，东部、中部和西部地区的中低收入群体比重分别为 18.2%、20.4% 和 17.4%，中高收入群体比重分别为 20.5%、19.2% 和 15.3%，西部地区扩大中等收入群体规模的难度更大；同时，东部、中部和西部地区的低收入群体的比重分别为 28.5%、43.4% 和 49.0%，高收入群体的比重分别为 32.8%、17.1% 和 18.4%。比较起来，城镇和东部地区基于收入分配的橄榄形社会结构已现雏形，而农村和中西部地区的社会结构基本上还是金字塔形的。

（四）社会保障制度系统整合任重道远，医疗卫生体制深度改革仍然艰难

社会保障制度的碎片化问题一直受到社会诟病。2016 年启动了城乡居民医保体系的整合，但各地区进度不一。已经出台相关制度和政策的 20 个省份，目前多半还在研究相关细节问题，尚未真正付诸实施；其余 11 个省份，还停留在研究制定相关制度和政策的层面，未见制度和政策出台的时间表。城乡居民养老保险体系的整合问题更加复杂，难度更大。总的来说，社会保障制度的系统整合任重道远。另外，在社会救助体系方面，城乡差异有所缩小，但仍不可小视。2016 年第三季度，城镇居民最低生活保障支出水平平均为 322.9 元/（人·月），农村平均为 161 元/（人·月），前者是后者的 2.01 倍；比上年同期 2.13 倍缩小了 5.6%，缩小幅度仍不理想。

2016 年医疗卫生体制改革继续深入，但难度仍然很大。“看病贵”的问题初步得到缓解，但主要表现在公立医院的药品费用占比下降，而零售药品费用总额和其占药品总费用的比重都在继续上升，使得人均药品费用支出仍然呈上升趋势。“看病难”的问题仍然比较严重，卫生总费用的上涨趋势尚未得到有效控制，用于医疗卫生的财政支出和医保资金仍然面临较大压力；同时，医疗卫生费用的使用效率也存在问题，并且尚未引起足够的重视。民营医疗机构有所发展，但是服务量仍比较少，一直是公立医院的微不足道的“补充”，甚至民营基层医疗机构的数量也呈现下降态势。2016 年医疗卫生体制改革的重点是实施“分级诊疗”和深化公立医院改革，但

改革效果尚待观察。

（五）社会秩序状况有喜有忧，食品药品和环境安全问题不可轻视

在社会治安领域，总的来看，人民群众的生命安全保障状况进一步改善，但财产安全形势依然严峻。从统计数据看，从 2010 年到 2015 年，杀人刑事案件由 13410 起下降到 9200 起，下降 31.39%；伤害刑事案件由 174990 起下降到 132242 起，下降 24.43%；抢劫刑事案件由 237258 起下降到 86747 起，下降率达到 63.44%，表明社会公众广泛关心的以“杀人”“伤害”和“抢劫”为主的“人身安全”问题不断显著缓解。但与此同时，“财产安全”在新时期面临前所未有的风险和挑战，突出表现为诈骗案件数量急剧上升。据统计，2015 年与财产安全相关的刑事案件达 717.40 万起，比上年增加 63.43 万起，增幅为 9.7%。其中诈骗案件一项就增加了 26.45 万起，占总增量的 41.70%。另外，有关部门最新数据显示，“新兴”的金融诈骗案件数量剧增，突出表现为电信诈骗发案数的飞速增长，从 2010 年的 10 万起增加到 2015 年的 59 万起。2016 年上半年，电信诈骗案件再度高发，且涉外案件增多，“互联网金融”“虚拟货币”以及“金融互助”等成为不法分子进行诈骗的重要平台。另外，民间纠纷调解案件数量也呈现上升趋势。据统计，2015 年，全国调解房屋、宅基地纠纷数量为 65.3 万件，同比增长 0.93%；调解邻里纠纷数量为 237.5 万件，同比增加 0.59%。

食品安全的总体形势较好，从 2015 年进行的食品和农产品安全抽检情况看，总体合格率分别达到 96.8% 和 95%。但其中存在的问题仍然不可忽视，不安全的食品和农产品直接危害着人民群众的身体安全。据有关机构的监测，中国社会食源性疾病数量呈现逐年缓慢递增趋势。2015 年，全国食源性疾病共发生 2401 起，中毒人数 21374 人，其中 139 人死亡。在导致食品安全问题的诸多因素中，农兽药残留、微生物超标和滥用不合法添加剂是主要因素。在药品安全形势方面，问题相对更多一些。2015 年，国家药品不良反应监测网络收到药品不良反应/事件报告 139.8 万份，较上年增长 5.3%。其中，新的和严重药品不良反应/事件报告 39.3 万份，占同期报告总数的 28.2%。药品不良反应报告县级覆盖率达到 96.6%，全国每百万人口平均报告数量达到 1044 份。

在环境安全方面，中国生态环境保护的复杂性、紧迫性和长期性没有改变。总体来看，中国环境保护依然滞后于经济社会发展。由于多阶段、多领域、多类型的问题长期累积叠加，环境承载能力已经达到或者接近上限，环境污染重、生态受损大、环境风险高，生态环境恶化趋势尚未得到根本扭转。在大气环境质量方面，主要污染物排放量仍然很大，污染程度高，部分地区冬季雾霾频发高发。在水环境质量方面，重点流域支流污染严重，城镇河流沟渠存在黑臭水体，湖泊富营养化形势严峻。在土壤环境质量方面，长三角、珠三角、东北老工业基地等部分区域污染问题突出，西南、中南地区的土壤重金属超标范围比较大，不少大中城市面临着工业企业关闭和搬迁后废弃污染场地修复再利用问题。生态环境方面，水土流失、土地沙化依然严重，生态被破坏的速度远快于自然生态恢复的速度。

三　2017 年中国社会发展态势与政策建议

作为中国经济社会发展第十三个五年规划的开局之年，2016 年的经济运行和社会发展的形势总体处在合理范围之内，2017 年的经济社会发展将在稳定 2016 年发展成果的基础上，继续遵循“创新、协调、绿色、开放、共享”的发展理念，在经济发展方面将进一步推进去产能、去成本、去杠杆、补短板、降成本的工作，在民生和社会发展方面进一步促进社会公平。在 2016 年 10 月召开的党的十八届六中全会上，习近平总书记指出，当前，民生工作面临的宏观环境和内在条件都在发生变化，过去人民群众有饭吃、有学上、有住房是基本要求，现在人民群众对收入稳步提升、优质医疗服务、教育公平、住房改善、环境优美和空气洁净等有更多层次的需求。我们要适应这些新变化，要按照守住底线、突出重点、完善制度、引导预期的工作思路，集中力量搞好基础性、兜底性民生建设，统筹做好教育、收入分配、就业、社会保障、医疗卫生、住房等方面的工作。

（一）深化经济体制改革，构建科学合理的经济结构和动力体系

科学合理的经济发展动力体系建设要符合中国现实国情。一方面，要继续加大经济结构调整力度，加快产业升级和自主创新进程，大力发展中

高端制造业和新兴服务业；另一方面，要通过广泛深入的技术创新、管理创新和劳动力技能素质提升，改造传统的、中低端的和劳动密集型的产业，提高这些产业的效率和质量，更好地发挥这些产业满足人民群众的一般需求和庞大的相对非熟练劳动力队伍的就业需求的作用。中国经济调结构和转方式不能像一些发达国家那样把传统的、中低端的和劳动密集型的产业转移到国外，在国内主要发展所谓中高端产业，必须坚持两条腿走路的战略，构建中低端和中高端产业共同发展的产业结构体系。

在经济增长动力三驾马车中，消费的拉动作用更加突出和强大，投资的拉动作用相应减弱，净出口对经济增长的贡献甚至是负值。在目前的情况下，这种格局具有特殊性甚至扭曲性。投资增长的意义仍然不可忽视。必须深化经济体制改革，进一步转变政府职能，发挥市场机制在经济资源配置领域的决定性作用，推动民间资本投资的增长。2016 年 9 月份以来，民间固定资产投资出现企稳回升态势，9 月份当月民间投资增长率提高到 4.5%，主要原因就是市场环境也在好转，企业的利润在改善，而且工业品出厂价格也在提升。

2017 年要继续深化农村土地制度改革，加快农业现代化进程，改变农业生产下降的局面。2016 年农业产业固定资产投资增长较快，农地使用权、宅基地使用权和集体用地使用权的改革取得成效，2017 年将加快推进农村土地“三权”改革进程，为农业现代化进程加速创造制度条件。与此同时，要尽快推进农业经营方式的转变，进一步提高农业劳动力的技能素质，不断提高农业劳动生产率，扭转中国农业劳动生产率低于发达国家甚至低于新兴经济体的态势。

（二）继续推进就业创业工程，进一步做好劳动关系协调工作

在全面实施“三去一补一降”战略的过程中，要继续坚持就业优先，大力推进就业创业。要做好重点劳动力群体的就业工作，化解去产能过程中产生的退出劳动力再就业安置工作，以去产能任务重、待岗职工多、失业风险较大的就业困难城市和企业为重点，继续开展困难地区就业援助专项行动。要更好地组织实施高校毕业生就业创业促进计划和农民工返乡创业三年行动计划的实施，提高高校毕业生和返乡农民工就业创业水平。要

继续促进以创业带动就业，推进创业孵化示范基地建设，营造鼓励创业创新的社会氛围。要加强公共就业服务，加快推进公共就业服务信息化建设和应用，进一步提升服务能力和管理水平；继续完善人力资源服务行业发展政策体系，培育一批龙头骨干企业和行业领军人才，推进人力资源服务产业园建设。

要加强劳动关系协调。近两年来，中国劳动关系协调问题有所回潮。据统计，2015 年，各地劳动人事争议调解组织和仲裁机构共处理劳动争议 172.1 万件，同比上升 10.4%；2016 年前三季度，全国劳动人事争议调解仲裁机构共受理案件超过 110 万件，同比也略有上升。另外，在一些行业，如建筑、交通、水利等工程建设领域和劳动密集型加工制造、餐饮服务业领域，超时劳动和拖欠工资问题也有所抬头。在推进“降成本”的过程中，职工工资水平的增长也是一个有争议的问题，需要理性解决。要进一步加强化解过剩产能职工安置工作中劳动关系处理工作，确保化解过剩产能过程中职工劳动关系处理工作平稳有序。要总结和推进集体合同制度实施攻坚计划，进一步完善调解仲裁制度，完善劳动人事争议多元处理机制，加强拖欠农民工工资争议案件处理工作。要加大劳动保障监察执法力度。完善欠薪预警、工资保障、工资支付违法失信联合惩戒、行政执法与刑事司法衔接等制度机制。

（三）进一步改革和完善收入分配体制，促进社会公平和中等收入群体增长

2016 年城乡居民收入增长速度同比下滑已成定局，结合以往经验判断，全年城镇居民家庭人均可支配收入增速不会超过 6%，农村居民人均可支配收入增速将在 6.5% 左右。城乡居民收入增速放缓带来了居民消费增长的放缓，不利于消费拉动经济增长作用的进一步发挥。1～9 月城乡居民收入差距幅度缩小，这一局面难以通过第四季度的可能变化来加以改变。2017 年要进一步深化收入分配制度改革，促进经济社会发展的共建共享。要保持就业人员工资水平稳定增长，继续合理调节高收入，推动低收入群体的收入较快增长，确保城乡居民收入增长与国民经济增长同步。要加快缩小城乡居民和各社会群体之间的转移支付差距，为缩小社会总体收入差距做出

应有的贡献。

推动中等收入群体规模扩大，是缩小收入差距的重要途径。要加快人口城镇化进程，减少农村人口，从一个方面缩小农村低收入群体的规模。要高度重视农村经济社会发展问题，推进农业现代化进程，提高农业劳动生产率，为农民增收创造新的渠道和来源，继续实施好精准扶贫和精准脱贫战略，减少农村贫困人口并帮助他们致富，从另一个方面缩小农村低收入群体规模。要继续加快中西部地区的经济社会发展，推动中西部地区城乡低收入人口增收，逐步和较快地缓解中等收入群体发展的地区间不平衡问题。

（四）继续完善社会保障体系，进一步加快社会事业改革发展

社会保障体系建设是保基本、兜底性的民生事业。2017 年要继续推动各地抓好阶段性降低社会保险费率的落实，深化机关事业单位养老保险制度改革。要加快城乡居民基本医疗保险制度整合进程，开展长期护理保险制度试点和生育保险与基本医疗保险合并实施试点。要推进工伤保险基金省级统筹，加强建筑业参加工伤保险工作，继续提高在建项目特别是新开工项目的参保率，建立健全职工非因工或因病丧失劳动能力程度的鉴定标准，加强工伤预防费管理。要继续做好社会保险扩面和征缴工作，增加社会保险基金收入，更好地防范社保基金支付穿底风险。要在实施城乡基本医疗保险制度整合的基础上总结经验，研究和探索社会养老保险制度整合问题，使其能够有效配合新型城镇化的推进和更加有利于人员流动。

教育发展事业和医疗卫生事业是与民生发展关系最为密切的社会事业。要继续深化教育体制改革，促进城乡和地区间的教育公平。重点仍然是进一步提升义务教育阶段城乡和地区间教育资源配置的公平性，提高高中阶段教育的质量，以及根据高等教育发展的需要和劳动力市场的要求，合理规划普通高中教育和高中阶段职业教育。在医疗卫生体制改革方面，要结合医保支付方式改革，做好药品目录调整工作。要继续深化公立医院改革，扭转目前出现的民营医院经营下滑的态势，夯实基层医疗卫生体系，继续缓解“看病难”的问题。要进一步提高医疗卫生资源的使用效率，解决好医疗机构药品费用占比下降的同时药品零售费用占比上升所致个人医疗卫

生费用继续上升的问题，真正破解“看病贵”的顽症。

（五）进一步加强和创新社会治理，确保社会秩序及食品、药品和环境安全

现阶段中国社会秩序总体形势较好，但各种新老问题仍然层出不穷。要进一步加强和完善社会治理。要加快推进社会治安网络信息防控体系建设，编织好防治结合的“天网”。要进一步加强城乡社区安全防控能力建设，把“短租房集中社区”“村改居社区”和“拆围墙社区”作为社区安全防控的重要切入点，提升社区安全治理能力。面对当前中国物流安全风险危机及监管体系缺失的困境，要汲取英国、美国和日本等国家物流寄递安全监管经验，结合我国物流寄递运营的现实情况，尝试构建回应性监管视野下的物流安全监管体系。

在促进食品药品安全方面，要加大追查农药兽药残留源头以及处罚违禁药物使用和非法添加行为的力度。要严格监管食品药品生产环境和保存条件，有针对性地管控食品添加剂滥用行为，鼓励使用新型保鲜技术。要加强食源性疾病相关知识宣传，增加官方食品药品安全信息发布，发挥舆论正面导向作用。要建立和完善多部门、跨地区、开放型的信息资源共享平台，实现食品药品安全信息互通共享，实现食品药品安全问题的共同防治和及时应对。目前，国家卫计委已发布683项食品安全国家标准，加上待发布的400余项整合标准，共涵盖1.2万余项指标，初步构建起符合我国国情的食品安全国家标准体系，要加大这些标准的宣传力度和违反相关标准问题的治理力度。

环境保护和环境问题治理极为重要。环境质量事关人民群众最直接、最现实的利益，良好环境是最公平的公共产品，是最普惠的民生福祉。习近平总书记曾经指出，“环境就是民生，青山就是美丽，蓝天也是幸福”。必须贯彻落实好绿色发展的理念，从生产生活的各方面各环节全面治理环境问题。要更加严格地执行国家环境保护相关法律法规，以法治精神和制度治理环境问题。要不断提升政府、企业和公众的环保责任意识，提升企业和公众参与环境保护的意识。要创造更好的制度和社会环境条件，动员社会公众和社会组织与政府和企业一起，共同参与环境问题的治理，形成

全方位和全民参与的环境治理新格局。

主要参考文献

民政部：《社会服务统计季报（2016 年 3 季度）》，http://www.mca.gov.cn/article/sj/tjjb/qgsj/20160033/2016 年 3 季度季报.html。

国家食品药品监督管理总局：《2015 年度药品核查报告》，http://www.cfdi.org.cn。

国家食品药品监督管理总局：《国家药品不良反应监测年度报告（2015 年）》，http://www.sda.gov.cn/WS01/CL0844/158940.html。

国家统计局：《前三季度国民经济运行稳中有进、稳中提质》，http://www.stats.gov.cn/tjsj/zxfb/201610/t20161019_1411224.html。

国家统计局：《中国儿童发展纲要（2011 - 2020 年）》中期统计监测报告，http://www.stats.gov.cn/tjsj/zxfb/201611/t20161103_1423705.html。

国家统计局：《中国妇女发展纲要（2011 - 2020 年）》中期统计监测报告，http://www.stats.gov.cn/tjsj/zxfb/201611/t20161103_1423701.html。

陆学艺主编《当代中国社会阶层研究报告》，社会科学文献出版社，2002。

人力资源和社会保障部：《2016 年第三季度新闻发布会（文字实录）》，http://www.china.com.cn/zhibo/2016 - 10/25/content_39551391.htm? show = t。

邬琼：《中国全要素生产率的测算及分解》，http://www.sic.gov.cn/News/455/6841.htm，2016 年 9 月。

中国人力资源市场信息监测中心：《2016 年第一至第三季度部分城市公共就业服务机构市场供求状况分析》，http://www.lm.gov.cn。

附录　25年社会蓝皮书总目录

《1992~1993年中国社会形势分析与预测》目录

主　编　江　流　陆学艺　单天伦

《1993～1994年中国社会形势分析与预测》 目录

主　编　江　流　陆学艺　单天伦

《1994~1995 年中国社会形势分析与预测》 目录

主　编　江　流　陆学艺　单天伦

副主编　李培林　黄　平　陆建华

综合篇

专题篇

部门篇

阶层篇

《1995～1996 年中国社会形势分析与预测》 目录

主　编　江　流　陆学艺　单天伦

副主编　李培林　黄　平　陆建华

综合篇

专题篇

部门篇

阶层篇

《1996～1997年中国社会形势分析与预测》 目录

主　编　江　流　汝　信　陆学艺　单天伦
副主编　李培林　黄　平　陆建华

综合篇

专题篇

部门篇

阶层篇

地区篇

《1998 年：中国社会形势分析与预测》 目录

顾　问　江　流
主　编　汝　信　陆学艺　单天伦
副主编　李培林　黄　平　陆建华

总报告

专题篇

问卷调查篇

部门篇

阶层篇

《1999 年：中国社会形势分析与预测》

顾　问　江　流
主　编　汝　信　陆学艺　单天伦
副主编　李培林　黄　平　陆建华

总报告

社会心态篇

热点问题篇

专题篇

部门篇

阶层篇

《2000 年：中国社会形势分析与预测》 目录

顾　问　江　流

主　编　汝　信　陆学艺　单天伦

副主编　李培林　黄　平　陆建华

部门篇

阶层篇

《2001 年：中国社会形势分析与预测》

顾　问　江　流
主　编　汝　信　陆学艺　单天伦
副主编　李培林　黄　平　陆建华

总报告

调查篇

改革篇

专题篇

部门篇

阶层篇

附录

《2002年：中国社会形势分析与预测》

顾　问　江　流
主　编　汝　信　陆学艺　李培林
副主编　黄　平　陆建华

总报告

调查篇

改革篇

专题篇

部门篇

阶层篇

附录

《2003 年：中国社会形势分析与预测》 目录

顾　问　江　流
主　编　汝　信　陆学艺　李培林
副主编　黄　平　陆建华

总报告

发展篇

调查篇

改革篇

专题篇

阶层篇

《2004 年：中国社会形势分析与预测》 目录

主　编　汝　信　陆学艺　李培林
副主编　黄　平　陆建华

总报告

调查篇

发展篇

改革篇

专题篇

阶层篇

附录

《2005 年：中国社会形势分析与预测》目录

主　编　汝　信　陆学艺　李培林

副主编　黄　平　陆建华

总报告

调查篇

发展篇

专题篇

阶层篇

《2006年：中国社会形势分析与预测》 目录

主　编 汝 信 陆学艺 李培林
副主编 黄 平 陈光金

总报告

调查篇

发展篇

专题篇

阶层篇

附录

《2007 年：中国社会形势分析与预测》 目录

主　编　汝　信　陆学艺　李培林

副主编　陈光金　李　炜　许欣欣

总报告

调查篇

发展篇

专题篇

阶层篇

附表

《2008 年中国社会形势分析与预测》 目录

主　编　汝　信　陆学艺　李培林

副主编　陈光金　李　炜　许欣欣

发展篇

调查篇

专题篇

阶层篇

奥运篇

附录

《2009年中国社会形势分析与预测》目录

主　编　汝　信　陆学艺　李培林
副主编　陈光金　李　炜　许欣欣

专题篇

阶层篇

附录

《2010 年中国社会形势分析与预测》

主　编　汝　信　陆学艺　李培林

副主编　陈光金　李　炜　许欣欣

总报告

发展篇

调查篇

专题篇

阶层篇

《2011 年中国社会形势分析与预测》 目录

主　编　汝　信　陆学艺　李培林

副主编　陈光金　李　炜　许欣欣

专题篇

阶层篇

附录

《2012年中国社会形势分析与预测》目录

主　编　汝　信　陆学艺　李培林

副主编　陈光金　李　炜　许欣欣

总报告

发展篇

调查篇

专题篇

阶层篇

附录

《2013 年中国社会形势分析与预测》

主　编　陆学艺　李培林　陈光金
副主编　张　翼　李　炜　许欣欣

总报告

发展篇

调查篇

专题篇

阶层篇

附录

《2014 年中国社会形势分析与预测》

主　编　李培林　陈光金　张　翼

副主编　李　炜　许欣欣

总报告

在全面深化改革中创新社会治理
——2013~2014年中国社会形势分析与预测
………………………… 中国社会科学院“社会形势分析与预测”课题组
李培林　张翼执笔

发展篇

2013年中国城乡居民收入和消费状况 ………………………………… 吕庆喆
新一轮产业转型升级与中国就业的发展 ………… 莫　荣　周　宵　孟续铎
中国收入分配与收入差距现状及其未来发展趋势
……………………………………………………………… 杨宜勇　池振合
2013年社会保障事业稳中求进 ………………………………… 王发运　丁　谊
2013年中国教育的发展、改革与展望 ……………………………… 王　建
2013年中国医疗卫生事业改革发展报告 ………………………… 房莉杰

调查篇

中国梦是每个中国人的梦
——2013年中国社会状况综合调查报告
……………………………………………… 中国社会状况综合调查项目组
2013年中国六城市社会质量的调查报告 ………… 张海东　毕婧千　姚烨琳
2013年中国城市居民生活质量指数报告 ………… 袁　岳　张　慧　姜健健
2012年中国劳动力状况调查报告 ………………………………… 梁　宏
“最难就业年”的大学毕业生就业状况
——基于12所高校毕业生追踪调查 ………………………………… 李春玲

专题篇

2013年中国互联网舆情分析报告 ………………………… 人民网舆情监测室
大学生生活和价值观
——基于12所高校学生调查数据的分析 …………………… 赵联飞　田　丰

阶层篇

附录

《2015年中国社会形势分析与预测》

主　编　李培林　陈光金　张　翼
副主编　李　炜　许欣欣

总报告

发展篇

调查篇

专题篇

附录

《2016 年中国社会形势分析与预测》

主　编　李培林　陈光金　张　翼

副主编　李　炜　许欣欣

总报告

发展篇

调查篇

专题篇

附录

《2017 年中国社会形势分析与预测》

主　编　李培林　陈光金　张　翼
副主编　李　炜　范　雷　田　丰

总报告

发展篇

调查篇

专题篇

附录

后　记

《中国社会形势研究25年》终于和大家见面了。这本书是《社会蓝皮书：中国社会形势分析与预测》系列报告的一个精华本。在编辑此书的过程中，我们时常会想起这25年来编辑出版社会蓝皮书的日日夜夜，时常会想起参与社会蓝皮书写作的众多学者。没有这些人为社会蓝皮书供稿，没有这些人为社会蓝皮书的出版辛勤工作，社会蓝皮书是不可能走过25年的旅程的。在这里，我代表本书编者衷心感谢参与社会蓝皮书写作、编辑的所有同志。在这里，我们要深切缅怀已故的江流、陆学艺、王颉、胡刚同志，他们为社会蓝皮书的出版做出重要贡献。在这里，我们要衷心感谢社会学所科研处的傅学军、宋煜同志，他们在本书的编写过程中做了大量的资料收集、加工整理等方面的工作，并提出一些很好的建议。最后，我们还要感谢社会科学文献出版社谢寿光社长和社会学编辑部的童根兴主任，他们为本书的编辑出版给予了大力支持。

编辑出版《中国社会形势研究25年》是一项探索性工作，它的目的在于落实习近平总书记系列重要讲话精神，加强社会学学科建设，发挥社会学的智库功能，因此在编辑出版过程中不可避免地会出现挂一漏万、值得商榷的地方，我们真诚地希望大家批评指正。

赵克斌

2017年6月10日

图书在版编目(CIP)数据

中国社会形势研究 25 年 / 李培林主编. -- 北京 : 社会科学文献出版社, 2017.7
ISBN 978 - 7 - 5201 - 0955 - 0

Ⅰ. ①中… Ⅱ. ①李… Ⅲ. ①社会分析 - 中国 - 1993 - 2016②社会预测 - 中国 - 1993 - 2016 Ⅳ. ①D668

中国版本图书馆 CIP 数据核字 (2017) 第 136165 号

中国社会形势研究 25 年

主　　编 / 李培林
副 主 编 / 陈光金　赵克斌

出 版 人 / 谢寿光
项目统筹 / 谢蕊芬
责任编辑 / 胡　亮

出　　版 / 社会科学文献出版社 · 社会学编辑部 (010) 59367159
地址: 北京市北三环中路甲 29 号院华龙大厦　邮编: 100029
网址: www. ssap. com. cn
发　　行 / 市场营销中心 (010) 59367081　59367018
印　　装 / 北京季蜂印刷有限公司

规　　格 / 开 本: 787mm × 1092mm　1/16
印 张: 30.5　字 数: 483 千字
版　　次 / 2017 年 7 月第 1 版　2017 年 7 月第 1 次印刷
书　　号 / ISBN 978 - 7 - 5201 - 0955 - 0
定　　价 / 139.00 元